U0621250

21世纪高职高专经管专业精编教材

物流服务营销

刘晗兵　陈　燕◎主　编

容　毅　史琦　滕　威　李　琳◎副主编

清华大学出版社
北　京

内 容 简 介

本书将现代物流理论、方法和管理技术与现代市场营销理论相结合，并根据物流企业在实际运作中的特点，阐述了物流企业服务营销的基本理论、方法和策略。

全书共四大模块，分15个项目。模块一：物流·服务·营销，内容包括认识营销、了解物流、服务营销与物流服务营销；模块二：物流服务营销战略，内容包括物流服务营销环境、物流市场调研与预测、物流服务目标市场营销；模块三：物流服务营销组合，内容包括物流服务营销组合策略，物流服务产品策略，物流服务定价策略，物流服务分销渠道策略，物流服务促销策略，物流服务人员参与、有形展示和过程设计策略；模块四：物流服务营销应用，内容包括物流服务营销客户关系管理、顾客满意度战略策划、物流服务营销管理。

全书内容循序渐进、逐步深入，题材新颖，打破传统教材学科体系模式，突出技能培养，根据项目设置导入学习内容，实现理论与实践的一体化教学。

图书在版编目（CIP）数据

物流服务营销/刘晗兵，陈燕主编. —北京：清华大学出版社，2017（2022.1重印）
（21世纪高职高专经管专业精编教材）
ISBN 978-7-302-46332-0

Ⅰ. ①物… Ⅱ. ①刘… ②陈… Ⅲ. ①物资市场－服务营销－高等职业教育－教材 Ⅳ. ①F252.2

中国版本图书馆 CIP 数据核字（2017）第 021372 号

责任编辑：杜春杰
封面设计：刘　超
版式设计：李会影
责任校对：赵丽杰
责任印制：丛怀宇

出版发行：清华大学出版社
　　　　网　　址：http://www.tup.com.cn，http://www.wqbook.com
　　　　地　　址：北京清华大学学研大厦 A 座　　　邮　　编：100084
　　　　社 总 机：010-62770175　　　　　　　　　邮　　购：010-62786544
　　　　投稿与读者服务：010-62776969，c-service@tup.tsinghua.edu.cn
　　　　质量反馈：010-62772015，zhiliang@tup.tsinghua.edu.cn
印 装 者：北京嘉实印刷有限公司
经　　销：全国新华书店
开　　本：185mm×260mm　　印　　张：22.5　　字　　数：587 千字
版　　次：2017 年 6 月第 1 版　　印　　次：2022 年 1 月第 5 次印刷
定　　价：48.00 元

产品编号：071968-02

前　　言

"物流服务营销"是物流管理专业的核心课程，能够直接提升学生的物流营销、自我营销能力，帮助学生摆脱低端就业的苦恼，赋予学生直接进入富有挑战性的物流营销部门的机会。本书在编写过程中，考虑到目前高职高专院校的水平，突出以职业工作过程为导向、职业工作项目为载体，充分体现教学做一体化的思想，贯彻"学中做、做中学"的要求，按照项目教学的模式，特别注重对学生实践技能的培养与训练。本书体现了以下四个方面的特色：

第一，教材编写形式新颖。全书共四个模块，分15个项目，每个项目包含若干任务，而每个项目均有"知识目标""能力目标""本项目知识结构图""职业标准与岗位要求""任务的提出""任务分析""项目小结""知识巩固""案例讨论""实训拓展"等内容。从提出任务入手，增强学生的学习兴趣；以案例讨论和实训拓展检验学生分析问题、解决问题的能力。

第二，强化实际操作，工学结合，提高实践技能。实训是高职高专院校教学活动中不可缺少的重要环节。本书根据管理人才培养的要求，选取的模拟实训项目结合实际情境，经过一定加工整理后作为教学项目的原始资料，可采取课内课外、校内校外多种形式进行实训，使学生的学习内容与实践工作内容相一致，实现学生与岗位实践工作的零距离接触，教学过程中注重"学中做、做中学"，使传统的教学方法与现代教学方法相结合。

第三，具有综合性、应用性等特点。物流服务营销是一门新兴的交叉学科。本书将物流学与市场营销学的知识有机结合，针对当前我国物流市场的现状而编写，其内容具有综合性、应用性等特点。

第四，重点突出，难点适度。本书从高职高专院校人才培养对知识的层次要求入手，本着够用与适度的原则，努力做到知识量适中，深浅适度。

本书适合高职高专院校、成人教育高等专科学院及相关经济管理专业的教学用书，也适合作为仓储、物资管理、流通管理等企业市场营销人才的职业培训用书和岗位培训参考用书。

本书由陕西交通职业技术学院的刘晗兵、陈燕担任主编，陕西交通职业技术学院的容毅、史琦、滕威、李琳担任副主编，项目3、5、12、14由刘晗兵老师编写，项目1、2、6由陈燕老师编写，项目10、11由容毅老师编写，项目7、8、9由史琦老师编写，项目4、13由滕威老师编写，项目15由李琳老师编写。

本书在编写过程中，参阅并引用了国内外有关市场营销、物流市场营销方面的论著和资料及相关网站的资料，有的可能在参考文献中没有列出，在此一并致谢。由于物流营销某些领域的理论和实际操作还在探索之中，加之编者水平所限，书中难免存在不足之处，恳请专家和读者予以批评指正，以便我们进一步完善。

目 录

模块一 物流·服务·营销

模块二　物流服务营销战略

模块三　物流服务营销组合

模块四　物流服务营销应用

模块一　物流·服务·营销

项目 1 认 识 营 销

◇ **知识目标**

1. 了解市场营销的历史起源；
2. 理解市场营销相关概念；
3. 了解市场营销的发展现状。

◇ **能力目标**

1. 认识市场营销历史起源与发展历程；
2. 能够认识市场营销的重要作用；
3. 能够对市场营销发展现状进行分析。

◇ **本项目知识结构图**

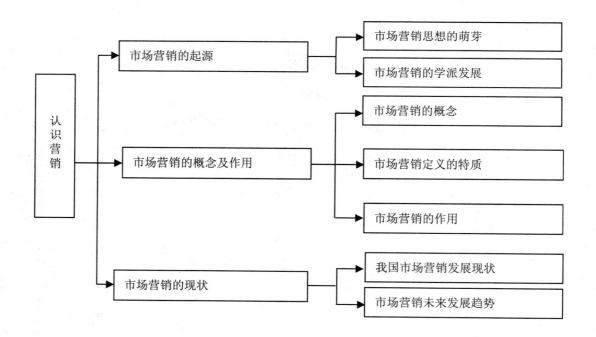

◇ 职业标准与岗位要求

职业功能	工作内容	技能要求	相关知识
市场营销的认知	认识市场营销的起源、概念与作用	➤ 能认识营销理论的历史起源 ➤ 能熟知市场营销的概念与作用	➤ 营销起源 ➤ 市场营销的概念 ➤ 市场营销的作用
营销人员的素质要求	认识营销人员应具备的技能与素质	➤ 能掌握市场营销的发展现状 ➤ 能熟知一名合格的营销人员应具备的技能 ➤ 能熟知一名合格的营销人员应具备的素质	➤ 市场营销的发展现状 ➤ 营销人员技能要求 ➤ 营销人员素质要求

◇ 任务的提出

卖梳子给和尚的启示

和尚的头剃得溜光像灯泡，怎么能买梳子？这个不可思议的市场，却被有创新思维的人打开。

一家大公司为了招聘营销人员，出了一道把梳子卖给和尚的实践题。不少应聘者见了这个怪题很生气，说出家人怎么会买梳子？认为这是故意捉弄人，于是拂袖而去。可是有三个人却想试一试。

第一个人拿着梳子到几家寺院进行简单推销，却一整天也没卖出去一把，在下山时见到一个小和尚一边晒太阳一边挠着又脏又硬又痒的头皮，他见状忙送上一把梳子，小和尚用后很高兴，当即买下一把。

第二个人去了一座较大的庙卖了10把。是因为他见这座庙山高风大，前来烧香叩头者的头发被风吹得乱七八糟，对此他灵机一动找到方丈说，你看进香朝拜者蓬头散发，这是对佛的不敬。寺院应该在香案上摆着梳子，供虔诚的人梳头，方丈一听觉得很有道理，于是为10个庙门的香案买了10把梳子。

第三个人最有心计，他找到一座闻名遐迩、香火旺盛的宝刹，对方丈说：这么多心诚的朝拜者，又购票又买香还买纪念品，他们是寺院的财神。如果方丈对这些善男信女有所馈赠，定能温暖人心，招来更多的回头客。再说方丈的书法超群，可以在梳子上题写"积善梳"三个字，让人们带着题字梳将佛教的真善美广传天下。方丈听后大喜，当即买了1 000把梳子，并同卖梳者一起向香客举行了赠梳仪式。宝刹向香客赠梳施善之事不胫而走，吸引香客纷至沓来，宝刹香火越来越旺，方丈乐开了怀，又找到第三个卖梳人续签了合同，让他保证今后源源不断地供梳。不用说，公司录取了第三个人为营销人员。

在竞争激烈的市场经济中，有的人茫然不知所措，抱怨做买卖的人太多了，嫌什么东西都有人卖，什么买卖都有人做，发愁钱太难赚。有的被困难吓破了胆，缺乏创业精神，坐等受穷。有的缺乏创新意识，因循守旧，只按传统常规做生意，成不了大事。其实，只要灵活开动脑筋，逆向思维创新，市场是可以打开的。能让和尚签约买梳子这件事就是证明。

思考题：1. 营销发挥了怎样的作用？
2. 市场营销活动要求企业的营销人员应具备什么营销技能和素质？
3. 分析三名业务员对市场的职业敏感性。

◇ **任务分析**

为了完成上述任务，学生需掌握如下内容或要点：
1. 市场营销的概念和作用；
2. 营销人员应具备的职业技能和素质。

任务一　市场营销的起源

市场营销学来源于企业的市场营销实践，同时营销理论又作用于企业的实践活动。因此营销的起源就是我们理解企业市场营销活动的产生和发展的起点。

一、市场营销思想的萌芽

1. 起源的时间

市场营销最早起源于 17 世纪的日本（1650 年）；19 世纪中期市场营销在美国国际收割机公司产生；19 世纪末，美国学者开始发表和出版一些关于营销方面的论文和书籍；20 世纪初，"marketing"一词开始出现在美国大学的讲坛上；1912 年，美国哈佛大学出版了赫杰特齐编写的世界上第一本 Marketing 的教科书。

2. 特点

这一阶段市场营销学的研究建立在卖方市场的基础上，其内容很狭窄，现代市场营销学原理、观念和学科体系并未形成，并且市场研究活动只限于大学讲坛上，在社会上还未被重视。

二、市场营销的学派发展

市场营销学的发展和其他事物的发展一样，经历了很长一段时间，并且出现了很多学派。

1. 古典学派

20 世纪初，古典学派产生于市场营销理论的萌芽时期，主要派别有商品学派、职能学派、区域学派和机构学派。

（1）商品学派

1912 年，查尔斯·帕林首先提出了商品分类体系（便利品、急需品、选购品）；1923 年，梅尔文·科普兰提出三个分类（便利品、选购品、特殊品）；1986 年，商品四个分类的定义开始明确（便利品、偏好品、选购品、特殊品）。商品学派的理论认为：营销是有关产品从生产者向消费者的流动，营销学应该集中研究交易的物品，即产品。商品学派的产品分类和市场营销战略组合的综合模型对市场营销的理论和实践都很有吸引力；但同时其缺陷也很明显（只局限于消费品，不具有普遍性）。

（2）职能学派

阿齐·沙奥首先提出市场营销职能的分类：风险承担、运输物品融资、销售、对产品进行集中配货和转运；1960 年麦卡锡的 4P 理论（产品、价格、渠道、促销）起源于早期的职能学派；20 世纪 50 年代以来，职能学派主张市场营销的两大职能：获取需求和需求服务。职能学派的理论认为：将市场营销行为作为研究的重点，研究市场营销中的"怎么办"。

（3）区域学派

20 世纪 30 年代开始出现区域学派，1931 年威廉·J.雷利出版《零售引力法则》；接着，区域学派提出了考虑空间距离对销售组织影响的区域变量分析；区域学派还重视对营销区域的研究，并且近年来开始专注于对贸易领域数学模型的研究。区域学派的理论认为：市场是一种填补买卖在地理或空间上空白的经济行为，商品学派和职能学派很重要，但更重要的是买卖双方的空间距离所起的作用。

（4）机构学派

1916 年，韦尔的《农产品市场营销》中提出渠道效率问题；1923 年，美国橡胶公司广告部经理拉尔夫·斯达尔·巴特勒出版的《市场营销与经销》中强调了中间商为生产者和消费者所创造的效用；1954—1973 年，机构学派开始分析市场营销渠道的出现、渠道结构的演变、高效率机构框架的设计等。机构学派强调研究重点应该放在组织上。

2. 管理学派

管理学派产生于 20 世纪四五十年代，主要派别包括：管理学派、系统学派。

（1）管理学派

基本理论：立足于管理的市场营销研究方法。

发展过程：管理学派提出了市场营销观念，还提出了市场细分问题、产品生命周期问题、定价理论、分销和促销问题等。

（2）系统学派

基本理论：公司不能简单地被视为独立功能的集合，而应视为一个系统，在这个系统中，信息、原材料、人力、资本设备和资金的流动产生了决定成长、波动和衰退等基本趋势的力量。

发展过程：探索有关市场营销的系统理论，采用多种研究方法；提出三种新式的系统：原子系统、机械系统、生态系统。

3. 行为学派

行为学派产生于 20 世纪 50 年代以后，主要派别包括：组织动力学派、消费者主义学派、购买者行为学派。

（1）组织动力学派

基本理论：强调分销渠道成员（制造商、批发商、零售商）的目标和需要。

发展过程：20 世纪 50 年代后期开始萌芽，20 世纪 70 年代和 80 年代开始成熟。

（2）消费者主义学派

基本理论：从消费者的角度出发分析问题，研究市场中买者与卖者力量的不平衡及私人企业营销中的舞弊问题。

发展过程：消费者保护主义问题的研究、营销道德问题的研究。

（3）购买者行为学派

基本理论：研究市场中的顾客，研究顾客是谁，他们有多少，为什么在市场中采取这种行为方式。

发展过程：20 世纪 50 年代末至 60 年代初，顾客导向的营销处于萌芽期，后来，商业领域开始应用行为科学方法。

 小贴士

早期古希腊营销起源的证据

古希腊是我们所能了解营销的最早的时期，通过对这一时期的考察可以确定当时的人们是否实践过营销活动。应用休斯顿的标准"顾客关注"，美国学者 Terence R. Nevett 和 Lisa Nevett 相信有充分的证据（尤其是来源于考古学）表明贸易商人实际上已经开始从事营销实践。他们会随时调整其提供的商品以满足不同的市场偏好、满足随时间不断变化的需求，并通过各种方式被消费者熟识。

巴特斯认为营销思想起源于 20 世纪早期，而历史学者们不太认可这一观点。正如休斯顿所指出的那样，"营销概念实际上是商人对买方在购买过程中重要性的认识。"我们并不是要单纯地介绍营销概念才提出如此解释；在实践中可以发现，当国王向皮靴制造商订购皮靴时，对于制造商来说，显然存在顾客关注这一事实。随之又产生了这样一个问题，即是否可能去辨别某一特殊时期或者事件来标志营销的产生。就如休斯顿所提到的"顾客关注"概念的产生。如果商人们根据顾客需求的多样性来适当设计和调整其产品，就存在休斯顿所说的"顾客关注"。因为商人们都期望从交易中获取最大价值，并采取行动达成这一目的，所以我们相信在早期的交易形式中，商人们都应该会设计和调整相应的产品来满足顾客的多样性需求。

尽管这些是对于早期时代，尤其是古希腊克里特文明时期（公元前 3000—1100 年）的短暂的回顾，但可以发现早期古希腊似乎是为一些理想的结论（如"顾客关注"）提供贸易行为证据的最早的历史时期。到了大约公元前 500 年，由于人口的增长、城邦的产生和殖民地的建立，以及在公元前 7 世纪和 6 世纪货币的出现等因素的刺激，贸易开始成为公众普遍接受认可的行为，而且这一时期为营销推论提供了最早的丰富的证据来源。双耳酒罐——那些古希腊双把特征容器的发现，提供了有关食品酒类贸易的丰富证据，同时，书面资料为我们了解那一商业时代所发生的事情展现了一幅更为立体完整的画卷。

我们相信在早期的古希腊时期，需求是随着市场不同和时间不同而变化的，而且贸易商也寻求改变来应对这些变化。他们设计出产品以满足当地的偏好，当偏好发生变化时，他们也对产品进行了相应调整，并且以容易被消费者识别的方法来提供产品。这些表明在当时的贸易商活动中，存在最基本的市场导向；而正是从那个时候，营销实践开始了其漫长的演绎进程。

任务二　市场营销的概念及作用

一、市场营销的概念

西方市场营销学者从不同角度及发展的观点对市场营销下了不同的定义。

1. 宏观角度

有些学者从宏观角度对市场营销下定义。例如，麦卡锡把市场营销定义为一种社会经济活动过程，其目的在于满足社会或人类的需要，实现社会目标。又如，Philop Kotler 指出，"市场营销是与市场有关的人类活动。市场营销意味着和市场打交道，为了满足人类需要和欲望，去实现潜在的交换"。

2. 微观角度

还有些定义是从微观角度来表述的。例如，美国市场营销协会于 1960 年对市场营销下的定义是：市场营销是"引导产品或劳务从生产者流向消费者的企业营销活动"。麦卡锡于 1960 年也对微观市场营销下了定义：市场营销"是企业经营活动的职责，它将产品及劳务从生产者直接引向消费者或使用者以满足顾客需求及实现公司利润"。这一定义虽比美国市场营销协会的定义前进了一步，指出了满足顾客需求及实现企业盈利成为公司的经营目标，但这两种定义都说明，市场营销活动是在产品生产活动结束时开始的，中间经过一系列经营销售活动，当商品转到用户手中就结束了，因而把企业营销活动仅局限于流通领域的狭窄范围，而不是视为企业经营销售的全过程，即包括市场营销调研、产品开发、定价、分销广告、宣传报道、销售促进、人员推销、售后服务等。

3. 市场营销定义

美国市场营销协会（AMA）于 1985 年对市场营销下了更完整的定义：市场营销"是对思想、产品及劳务进行设计、定价、促销及分销的计划和实施的过程，从而产生满足个人和组织目标的交换"。2005 年，AMA 又对市场营销的概念进行了进一步的完善，得出了关于市场营销的定义：市场营销既是一种组织职能，也是为了组织自身及利益相关者的利益而创造、传播、传递价值给客户，并进行客户关系管理的一系列过程。

 小贴士

产品和服务

产品是满足人们各种欲望与需要的任何载体或方法，它分为有形产品与无形产品、物质产品与精神产品。人们通常用产品和服务来区分实体物品和无形物品。对于产品来说，重要的并不是它们的形态、性能和对它们的占有，而是它们所能解决人们因欲望和需要而产生的问题的能力。

二、市场营销定义的特质

新定义不论在表述的重点还是在着眼点上都有了创新，具体表现如下。

1. 着眼于顾客

首先，明确了顾客地位，新定义在表述上始终是围绕"顾客"而展开的，尤其强调了要重视"管理客户关系"。随着技术和营销的发展，在近年来的市场营销实践中，尤其是在近 5～10 年来，对"顾客"的重视程度已经达到了前所未有的高度。其次，承认顾客价值，新定义不是停留在市场营销要有盈利的水平上，顾客构成市场，市场沉浮企业。无论何时何地都要争取顾客的支持，千方百计地满足顾客，应当永远是企业思考营销问题的核心。顾客凭借什么力量来驱动市场呢？凭借的就是他们的购买权。这种购买权对于企业来说是稀缺的，因而也就具有了价值。这种价值足以使得企业千方百计来为顾客提供利益。最后，强调与顾客的互动，市场营销活动应该在营销的各个环节强调与顾客的互动。新经济条件下的市场营销发展趋势之一就是客户越来越多地参与到营销活动中来。从新产品开发到售后服务、从营销战略开发到营销策略实施，这样一系列的过程中应当重视客户更多地参与，也只有这样才能真正做到尊重客户价值。

2. 继续肯定市场营销是一个过程

市场营销不仅是一种经营哲学，更是一种应用性很强的学问。它的发展历程就注定了它的实践性，强调它的操作性，自然可以把市场营销活动看作一个过程。和 1985 年的定义一样，新定义也肯定了市场营销是一个过程，但是这次定义的过程和旧版定义的过程有了明显的差别。1985 年的定义注重从企业营销的自身角度来阐述，而新定义主要是从客户价值的角度来阐述，这样一个角度的转变其实是对市场营销提出了更高的要求。它要求抛弃市场营销就是围绕 4P 而展开的传统看法，而应该着眼于客户价值来综合运用各种营销策略，以期给客户提供更多、更有意义的价值。

3. 肯定了市场营销的地位

新定义中一开始就明确了市场营销作为组织职能的地位。在国外的组织中，市场营销作为一项组织的作用受到了高度的重视，但在中国的企业中，对营销的重视也就是近几年的事情，是否将其上升到一项组织职能这样的地位，还有待发展。目前，大多数企业还是把市场营销看作一项盈利的手段，并没有将其当作一项经营哲学或者理念来指导组织的行为。

4. 肯定了市场营销的目标

市场营销不仅仅是某一个组织的事情。在现代社会里，随着经济全球化的发展，各种组织与组织之间的联系比历史上任何一个时候都更为广泛。市场营销不仅要以本组织的利益为目标，而且要兼顾和它有相关关系的各种组织的利益。小至个人、群体，大至企业、社会，各方面的关系都要协调好，这样才能保证组织市场营销活动的可持续发展。

5. 肯定了市场营销的导向

市场营销以客户为导向还是以竞争者为导向？不同的市场营销者会有不同的观点。新定义中明确给出了市场营销应该着重于客户价值的表述，市场营销在理念上应该以关注客户价值为核心，专注于更好地创造、传播和传递客户价值，管理客户关系，专注于把自己的事情做好，这就是最好的市场营销，这也是市场营销最本质的要求。当然，在市场营销操作上也要重视竞争，但是需强调的是始终应该围绕"客户"这样一个核心，否则就会偏离了方向。

 小贴士

价值、满意和质量

顾客价值是指顾客拥有和使用某种产品所获得的利益和为此所需要的成本之间的差额；满意即顾客满意，它取决于顾客对产品的感知使用效果，这种感知效果和顾客的期望值有关；质量是指与一种产品满足顾客需要的能力有关的各种特色和特征的总和。

需要、欲望和需求

（1）需要是身心没有得到基本满足的一种感受状态。

（2）欲望是人们欲获取某种能满足自己需要的东西的心愿。

（3）需求是人们有支付能力作保证的欲望。需求对市场营销最具现实意义，企业必须高度重视对市场需求的研究，研究需求的种类、规模、人群等现状，尤其是研究需求的发展趋势，准确把握市场需求的方向和水平。

三、市场营销的作用

市场营销的根本任务，就是通过努力解决生产与消费的各种分离、差异和矛盾，使生产者不同的供给与消费者、用户不同的需要与欲望相适应，具体地实现生产与消费的统一。因而，市场营销在社会生产与社会需要之间的平衡方面发挥着重要作用。

1. 便利作用

便利作用指便利的交换、便利的物流功能，包括资金融通、风险承担、信息沟通、产品标准化和分级等。借助资金融通和商业信用，可以控制或改变产品的流向和流量，在一定条件下能够给买卖双方带来交易上的方便和利益。风险承担，是指在产品交易和产品的储运中，必然要承担的某些财务损失，如产品积压而不得不削价出售；产品损坏、短少、腐烂而造成的经济损失等。市场信息的收集、加工和传递，对于生产者、中间商、消费者或用户都是重要的，没有信息的沟通，其他功能都难以实现。产品的标准化和分等分级，可以大大加快交换过程，不但方便储存与运输，也方便顾客购买。

2. 市场需求探测作用

企业面临的是动态市场，市场环境在时刻变化着。也就是说，消费者的需求在不断变化。比如服装，年年推出流行色，随时可能流行新款式；刚推出的"时髦"皮鞋，很快就在消费者眼里变得"俗气"了。在令人眼花缭乱的变化中，要准确识别、确定甚至根据趋势成功地预测消费者需求是一件困难的事。而对企业来说，不能随时把握消费者的需求，就意味着不能获取它、满足它，更谈不上企业目标的实现。有效的市场营销活动则可以成为"市场需求探测器"，使企业清楚地了解消费者需求的方向、结构及其分布，从而为企业找到生存、发展的机会。

3. 产品开发推进器

企业之所以要不断改进原有产品，不断推出新产品，不断进行产品更新换代，从根本上说是为了满足消费者的需求。不了解消费者的需求，作为新产品开发承担者的科研、技术部门就会迷失方向，失去动力。有效的市场营销通过市场需求信息的反馈为产品改进、产品开发、产品换代指明方向，客观上也督促、推动着产品开发系统的快速运转。从这个意义上讲，我们把市场营销称作"产品开发推进器"。

4. 维护客户关系的凝聚器

市场营销不仅把握并满足了消费者的需要，而且通过售前、售中和售后服务，以及不断横向扩展服务范围，对顾客形成吸引力，使顾客自发地向企业靠拢，保持和增加对企业或品牌的忠诚度,扩大产品的潜在市场。这种维持和提高消费者忠诚度的任务在供需矛盾突出的买方市场非常艰巨,也非常重要,只能依靠市场营销这个凝聚器来完成。

此外,市场营销的信息沟通功能能把市场需求具体地反馈给生产者,有助于生产出适销对路的产品,从而对产品形态效用的创造也发挥着不可或缺的重要作用。

任务三 市场营销的现状

一、我国市场营销发展现状

1. 人们对市场营销有了初步的认识

在 20 年前,人们对市场营销感到既陌生又新鲜。而今天中国企业的领导者多半对"市场营销""生产面向消费""以消费者为中心,满足消费者需要"不再陌生,有些甚至对市场营销的理论及其发展十分熟悉。发展比较快、比较好的一些企业(比如青岛海尔)已经建立了完备的市场营销体系,并因此受益匪浅。但中国改革开放的时间不长,我们对市场营销理论的理解和运用十分浅显,中国企业受计划经济的影响也对市场营销观念的渗入和市场营销理念的建立起了直接的阻碍作用。

2. 经营观念滞后,营销理念不明的情况普遍存在

当前中国企业领导者有了一定的市场营销概念,但在企业的经营运作过程中,他们把理论应用于实践并取得成效的比率却不高。企业的库存过高、丢失市场、竞争力低下、低水平运作的情况仍较多。在买方市场上,在竞争愈来愈激烈的状态下、在消费者愈来愈成熟的过程中,中国的企业开拓市场、把握市场的能力远远落后于形势的发展需要。一方面,企业在改革的攻坚阶段面临着各种深层次的矛盾,使企业承受着巨大的压力和挑战;另一方面,企业也为找不到提升企业竞争力的灵丹妙药而苦恼,为如何把市场营销的理论应用于企业的经营实践,解决企业的问题而困惑。

我国的企业从改革开放以来,经历着计划体制向市场经济体制的过渡,从卖方市场到买方市场的转变,更将面临与国际上的跨国大企业的正面交锋。短短的二三十年,中国的企业从没有竞争、没有市场观念到进入完全的国际竞争局面中,很多人的思想观念都没有提上来。受昔日浓厚的小农经济意识影响,大部分企业仍然没有把营销工作提升到战略的高度。虽然他们都在想方设法搞好企业的经营活动、扩大企业的市场,但是单纯追求广告的投入、宣传手法低劣、竞争手段单一(多次的价格大战)、品牌意识淡漠、短期行为等问题依然普遍存在于企业中。落后的经营观念极大地阻碍了企业竞争能力的提高,并使企业经营活动不适应市场竞争规律,企业缺乏参与国际市场营销活动的能力。

受滞后经营观念的影响,企业的经营手段、方法、措施也较为落后。其中一个较为普遍的问题是,中国企业对市场调查研究的重视程度不够,且投入严重不足。企业不了解市场,谈"生产面向消费"、接近市场、把握市场也就是一句空话。企业不接近市场、把握市场,对市场仅有一些模糊的认识,就会导致企业对市场需求量、需求品种的估计不足,甚至估计错误。有些企业在初战告捷或初有成就后,还没来得及进行详细的研究分析就马上拿出一个宏伟的发展规

划，受目前成就的影响，往往高估了企业潜量和市场潜量。这样的规划缺乏客观基础，也很容易使企业掉进盲目扩张的陷阱。这是许多企业的一个误区。

3. 企业的品牌意识不强

品牌的内涵非常广泛，它确立的是企业产品在消费者心目中的形象。品牌除了包含产品质量因素外，企业的服务质量、对消费者承诺的兑现情况、消费者的满意程度等因素也包括其中，它反映了企业的经营思想和经营观念。因此，塑造品牌不是单纯依靠形象广告，且品牌的树立要经历一个漫长的积累过程。树立企业品牌必须要有一个战略的思想和计划，要摒弃短期行为，脚踏实地地为消费者服务。形象广告是一种辅助手段，企业行为只有与形象广告相符才会产生强化作用。现在许多企业的问题是，要么对品牌形象不重视，要么对品牌的理解仍然停留在"实施品牌策略就是增加广告投入"上，我们有些企业很善于利用媒体，在短时间里取得了巨大的成功，但舆论造势不以创业、实力、技术领先等为基础只会是一个媒体泡沫。只会造势，忽视了产品的结构调整，忽视了企业的长远发展，最终只会导致失败。我们身边不乏这样的例子。因此，不能忽视品牌的全面内涵及品牌策略的基础：合适的技术和产品设计、信得过的质量、能兑现的承诺、完善和方便的服务、从消费者角度出发的措施、有效的管理水平以及企业拥有的强大实力、全心全意为消费者服务的企业文化等。企业的品牌策略是开拓市场的最有效途径之一，但我们应该知道，品牌策略绝少能在一夜之间成功。

4. 市场营销人员素质较低

中国的市场营销工作人员素质普遍没有达到要求，特别是生产性企业的销售队伍素质偏低。他们对营销工作的理解较多地停留在"营销等于销售（推销）"的层面，营销管理工作落后，缺乏有效的营销网络，营销策划工作水平较低等现象。由于市场营销观念在企业中的地位没有真正确立，企业不能取得长足发展。

二、市场营销未来的发展趋势

1. 营销理念将更加重视战略

传统计划经济下诞生的国有企业，甚至包括一些知名的民营企业，大都没有明确的经营目标和长期的战略规划，常常为了追求眼前的利润，只重视商品一时的畅销，不注重维护、创造企业的经营特色，在生产经营设施和技术开发上不愿进行大的投资，浮躁和急功近利的特征明显。未来企业营销将更强调可持续发展，要求企业营销必须重视战略的制定、战略与战术的协调以确保市场营销作用的充分发挥。

2. 更加重视合作

"商场如战场"是一种将竞争的成功建立在对手失败上的传统竞争观念。这种观念在我国企业的市场营销上表现尤为突出。我们看到的国内企业竞争基本上都是低水平的价格战和广告战，其结果往往是两败俱伤。这种传统的营销竞争观念显然落伍了，客观上要求实行资源共享、优势互补的双赢战略联盟，企业间合作已是大势所趋。

3. 更加重视"知本"

以前企业营销活动中更多依靠的是有形的资本，一旦资本缺失，营销活动就难以开展。而知识经济时代企业要重视资本，更要重视"知本"，即营销人才的作用，没有资本但如果有"知本"，企业营销同样可以开展。美国通用公司总裁说过："如果我一夜之间失去了所有的财产，而只要我们的员工还在，我同样可以重新开始。"从这句话中我们不难看出营销"知本"的重要性。"知本"是未来营销制胜的核心资本。

4. 更加重视顾客

从营销观念的发展进程中可以看出，每一次营销观念的重大变革，无不是向重视顾客方向更进一步发展的结果。未来营销观念的演进也是如此，不过，更加重视的是顾客的个性化需求、差别化需求或更加细化与深化的需求。

5. 营销渠道结构由金字塔式向扁平化转变

如有的企业由多层次批发环节变为一层批发，还有一些企业在大城市设立配送中心，直接面向经销商、零售商提供服务。这种扁平化结构的销售渠道通过通路层次的减少来提高企业和消费者的利益，增加了品质保证，同时也有利于企业把握消费者需求。此外，渠道方式实施 E 化分销，即随着互联网技术和电子商务的飞速发展，为企业渠道 E 化提供了广阔的空间。E 化渠道以跨时空、交互式、虚拟化、高效率为特征，能够适应新经济时代消费者快速、便捷并富有个性的需求。

6. 网络广告、网络公关关系将成为新兴促销手段

网络使得企业与企业、企业与公众之间可以通过网络进行双向互动沟通，站点宣传、网上新闻发布、栏目赞助、参与或主持网上会议、发送电子推销信、在网络论坛和新闻组发送信息传单等网络公共关系出现。与此同时，电子邮件广告、E-mail、电子公告牌、BBS 广告、Usenet 广告和 Web 广告等新型网络广告形式将成为未来广告的重要组成部分。

近年来，全球化、国际化营销趋势日渐明显，世界经济一体化使国内市场与国际市场对接，进而导致国内市场国际化，不可避免地把现代企业营销置于国际化的环境之中。营销国际化成为企业营销发展的必然趋势。更重要的是，加入 WTO 使中国企业营销走向国际化的步伐加快。可以预计，未来若干年内，随着自由贸易区域的扩大和各国政策法规对外国投资的放宽，全球市场将进一步开放，所有企业面临的市场竞争不仅来自本国，更严峻的是要接受外国强大竞争者的挑战。

 小贴士

营销人员应具备的能力和素质

营销人员是企业营销的核心和关键，是企业在销售上不可或缺的武器，其连接买方与卖方，达成连接顾客的欲望、需要与购买的任务，是关乎企业营销乃至整个企业成功的关键。那么如何成为一名优秀的营销人员呢？

一、营销人员应具备的思想素质

1. 热情健谈，具有亲和力，随和豁达

对于一个成功的营销人员来说，第一步要做到的便是给客户留下一个良好的印象，让顾客

愿意与之接触。而一个随和、有亲和力的人往往使得他人更愿意和他接触与亲近，这就为进一步的营销打下了一个良好的基础。一个热情、坚定、勤劳、具有较好的语言修养的人往往能够博得他人的好感，这类人天生对别人感兴趣，喜欢与人交往，容易发现他人的优点，富有同情心，待人真诚，尤其是在营销过程中，适度的热情还会使客户敞开心扉，真正和营销人员推心置腹地交流，这样的交谈更容易使得营销人员了解客户的需求，也能得到顾客更多的信任，使营销过程变得更加顺利。同时，也要对营销本身具备热情，只有具备热情，才能保证你能发挥自己的全部力量和才能。人的能力有差异，关键是看你能发挥出多少，这就取决于热情。热情是可传递的，一个人全力投入工作，可带动、感染周围的人全力去干。一个人即使能力很强，但没热情，也不会有成就。

2. 诚信，尊重顾客

在营销中，诚信、热爱和尊重顾客是营销人员良好情感品质的重要方面。在实际的营销工作中，营销人员表现出的诚信、尊重和坦然不仅能反映其个人品质的闪光点，同时也能为企业树立良好的形象。良好的信誉已成为在激烈的市场竞争环境中企业制胜的极为重要的手段之一。营销人员在与顾客的沟通交往过程中，就承担着和顾客树立企业信誉、传播企业形象的重大责任。吉拉德说："诚实是推销之本。"因此，营销人员的一言一行都关系到企业在社会和顾客心中的形象，直接影响了营销活动的成败。

3. 自信和信心

信心应包括三个方面。第一，对自己有信心。一位敬业、优秀的营销人员，相信"事在人为"，相信自己能够克服一切困难，干好工作。第二，对企业有信心，相信企业能为你提供好的产品，给你提供实现价值和才能的机会，你自己的一切活动完全纳入企业行为中，并以你能成为该企业的一员而骄傲，即一种企业自豪感。第三，对产品有信心，相信你所推销的产品是最优秀的，你是在用该产品向你的消费者、你的朋友提供最好的服务，一定会让对方幸福、快乐的。

4. 良好的心理素质

因为营销工作充满酸甜苦辣，可以说挫折是营销人员的家常便饭，没有良好的心理素质、没有开朗的性格是干不下去的。有许多营销人员受到一些挫折后，就掉队转行。"不经历风雨，哪能见彩虹"，营销人员必须具备良好的心理素质，胜不骄，败不馁。营销的初始阶段受冷遇、遭白眼，一场空是家常便饭，千万不要因此而泄气。没有走不出的泥潭，没有渡不过的险滩。要做到三个"然"：失意时淡然，得意时泰然，一生都坦然。

5. 爱岗敬业，潜心工作，吃苦耐劳，锲而不舍的精神

"没有疲软的市场，只有没跑开的市场。"目前我国最需要的是营销员，最缺的也是营销员，最容易出成就的也是营销员。但由于营销员工作量大、工作不稳定、无固定收入、没有安全感，使许多求职者望而却步。实际上，众多就业岗位中最有潜力可挖的是营销员，我们要树立风险意识，越危险的地方越安全，温室里的花朵只有到市场上去搏击，才能经得起风吹雨打。

二、营销人员应具备的能力

1. 必要的学识

一名优秀的营销人员必须掌握系统的业务知识，营销人员的业务知识越广博越好。一般来讲，这种业务知识体系主要有以下方面：与营销工作相关的专业学科知识；有关本企业的知识，营销人员对外是企业的代表，对本企业的情况应当十分熟悉；有关本企业产品的知识，营销人员至少要掌握顾客想了解的有关本企业产品的信息；市场知识，营销人员的活力来自于市场，价值体现在市场，了解市场运行的基本原理和营销活动规律，是企业及营销人员获得成功的重要基础。

2. 观察能力

作为营销人员必须要有观察能力，到瞬息万变的市场中去捕捉所需信息。例如，在商业谈判中，营销人员应该从对方的谈话用词、语气、动作、神态等微妙的变化去洞察对方的心理，这对销售成功至关重要。新产品、新广告、新观念、新技术之所以有魅力，主要在其"新"，营销人员在具体的营销活动中，若要有吸引力也必须"新"。营销人员在工作过程中的创新，有赖于营销人员对新鲜事物的敏感，要求营销人员具有超凡的洞察能力。这是营销人员了解顾客心理和准确判断顾客特征的必要前提。顾客在与营销人员的洽谈中，往往掩饰自己的某些真实意图，也会使用各种购买技巧，目的是在交易过程中获得尽可能多的利益。具备敏锐的洞察能力，才能看清顾客的真实意图，获得营销的成功。

3. 分析能力

营销是一个系统而又复杂的过程，如何在这复杂中找出简单、在这纷纭的幻象中发现本质，这就需要营销人员具备去伪存真的分析能力。透过表面现象发现实质问题，并及时将自己的时间和精力投放到核心问题的解决上，这样才能取得事半功倍的效果。在商务谈判过程中，顾客受到各种渠道信息的干扰和环境因素的影响，其心态经常变化。营销人员应具有及时抓住对方心理变化的能力，随时应付各种情景；要准确地了解顾客的愿望、需求、爱好、职业及购买习惯等；对企业的产品能帮助顾客解决什么问题，营销人员必须做到心中有数；能非常圆满地解答顾客的疑问，同时可用事实来证明。

4. 组织能力

营销人员经常面临的有两个活动，一个是全国统一性的销售活动，再一个就是区域性的市场促销活动。如何高效地策划、组织、实施好各项活动，这就需要营销人员去争取有利于活动开展的各项资源，然后整合所能掌握的资源去落实活动的有效实施。营销人员在推销过程中，通常要开展宣传活动，做好用户的导购工作，美化营销环境，扩大企业的影响，适时进行产品展销和举行新闻发布会，散发相关材料等，这些工作都需要营销人员具有人与人之间、企业与用户之间、企业与工商等组织之间的协调能力，对新环境的适应能力，对各环节的组织能力等。没有出色的组织协调能力，就很难把营销活动搞得有声有色、有章有法、有条不紊。

5. 应变能力

营销人员虽然在与顾客接触前对顾客进行了一定程度的分析与研究，但是影响销售成功的不确定因素很多，必然会出现一些意想不到的情况。对于这样突然的变化，营销人员要理智地分析和处理，遇事不惊，随机应变，并及时提出对策。

6. 创新能力

对于营销人员而言，开拓一个新市场，发展一个新客户，采用一种别出心裁的推销手段，都必须具备开拓创新的精神和能力。所以善于思考，敢于突破传统，不断创新是对营销人员的基本要求。

7. 沟通能力

营销人员每天要在不同的场合面对各种各样的客户或消费者，并扮演不同的角色来处理各类不同的问题，怎样跟不同的人打交道，如何高效地解决不同的问题，这都需具备较强的沟通能力。营销人员从接近顾客到与其洽谈必须耗费心血和心机。在有限的时间内,顾客可能不愿意停止他的工作与你长时间面谈,这就要求营销人员在有限的时间内,熟练地演示所推销的产品,通过演示来吸引顾客的注意力,使之对产品产生兴趣。同时,营销人员可以借助一些宣传资料和其他器具,向顾客宣传展示自己企业的产品。这里的关键是能否拥有吸引顾客的演示技术,这种技术包括营销人员的语言表达能力等。

8. 协调能力

协调能力主要体现在营销过程中,当企业与客户之间的利益发生冲突时,营销人员要具备协调好相互关系的能力,将冲突降到最低点。协调的精髓在于寻找一个"平衡点",即运用适当的谈判技巧使双方的合作继续进行下去。营销人员要与形形色色的人打交道,在各种复杂甚至是突如其来的恶劣环境下,只用一种模式和姿态对待顾客是很难取得成功的,这就要求营销人员具有灵活机动的应变能力,做到在不丧失原则的前提下,能化复杂为简单、化干戈为玉帛,取得营销活动的成功。反之,如果营销人员缺乏灵活的应变能力,在处理错综复杂的情况时,则会束手无策而招致工作失败。

9. 管理能力

一名成功的营销人员不会把自己仅视为一名业务人员,他会认为自己更应该是一名成功的管理人员,他身上肩负着管理渠道、管理客户、管理团队、管理市场等使命,其实质就是一名管理者。

◇ 项目小结

本项目主要讲述了市场营销的历史起源与发展,介绍了市场营销的相关概念及其作用,并系统阐述了市场营销的发展现状以及未来的发展趋势,最后明确了作为一名优秀的营销人员所应具备的能力和素质。

重点概念:市场营销的定义、市场营销的作用、市场营销的发展趋势。

◇ 知识巩固

一、选择题

1. (   )的理论认为:营销是有关产品从生产者向消费者的流动,营销学应该集中研究交易的物品。

    A. 机构学派   B. 区域学派   C. 职能学派   D. 商品学派

2. 市场营销在理念上应该以关注(   )为核心。

    A. 组织机构   B. 客户价值   C. 企业利益   D. 核心竞争力

3. (   )对市场营销最具现实意义,企业必须高度重视。

    A. 需要   B. 欲望   C. 需求   D. 利益

4. 面临复杂、多变的市场环境,消费者的需求不断变化,要求市场营销具有(   )的作用。

    A. 便利   B. 需求探测   C. 推进产品开发 D. 维护客户关系

5. 企业要想对顾客形成吸引力,必须通过市场营销(   )。

    A. 提供便利条件　B. 加大优惠力度　　C. 投放新产品　　D. 维护客户关系

二、判断题

1. 区域学派开始分析市场营销渠道的出现、渠道结构的演变及高效率机构框架的设计。
2. 市场营销就是商品的销售活动。
3. 市场营销定义能够着眼于顾客，明确顾客的地位。
4. 市场营销仅仅是企业的一种盈利手段。
5. 市场营销应以竞争为导向、以竞争者为核心。

三、简答题

1. 市场营销古典学派主要包括哪些派别？
2. 什么是市场营销？
3. 市场营销的定义具有哪些特质？
4. 市场营销具有哪些作用？
5. 简述我国市场营销的发展现状及存在的问题。
6. 市场营销未来的发展趋势怎样？

◇ 案例讨论

案例 1　如家酒店的营销模式

    2001 年，携程网（Ctrip.com）总裁季琦注意到一位网友抱怨预订酒店的价格太贵。于是，他对携程网上订房的数据做了分析，发现中国遍布星级酒店，但在高档酒店和低档酒店之间，缺乏价格实惠、既干净又能让人信任的酒店，而这在中国正有巨大的市场需求。中国 2007 年的国内旅游人次高达近 16.1 亿，同比增长 15.5%。由此他产生了创建一个经济型全国连锁酒店品牌的想法。2002 年，中国最大的酒店分销商（携程旅行服务公司）和中国资产最大的酒店集团（首都旅游国际酒店集团）战略合作创立了如家连锁酒店。

    如家很快实现了高速跳跃式成长。截至 2009 年 2 月，如家在中国 87 个城市开业酒店数达到 500 家。每家酒店的平均运营房间数量为 119 间。平均每个可用房间收入为 174 元，如家酒店入住率为 95%，位居中国经济型酒店第一位。在一个传统的酒店行业，如家为什么能取得如此显著的成功？如家成功的原因是综合的，以下三点应予以特别重视。

    1. 品牌定位

    如家创始人季琦说："我们成功的根本原因在于市场定位准确，瞄准了酒店业的'真空'地带"。以建立酒店服务业的全国品牌为目标，如家酒店的定位是干净、简洁、现代、经济、温馨。"一张舒服的床，热水，干净整洁的房间，温馨的环境，交通相对便利"。这意味着既要有明显的价格竞争力，又要提供创新的顾客价值。如家被形象地称为"二星级的价格，五星级的床"。为避免因雷同而陷入同质竞争，如家塑造了新的价值曲线。根据顾客的实际需求，如家减弱或剔除了不必要的传统元素，如高档星级豪华的外表和公共空间，无所不包的服务，从而为顾客节省了成本。同时，如家创造了新的顾客价值。把经济型酒店从"临时住宿地"提升为"家的感觉"。很多人住酒店往往都睡不香，如家提出"洁净似月，温馨如家"的经营理念，并在细节上为顾客营造家的温馨感觉。例如，床单和枕套不用传统的白色，改用碎花的；毛巾有两种不同颜色，便于顾客区分；墙壁也不再是白色或是暗色，而漆成温馨的淡粉色、黄色或者蓝色。商务人士和年轻人外出最需要上网，为此如家提供五星级酒店才有的免费宽带上网服务。如家还推出一个名为"书适如家"的活动，在客房里摆放供顾客免费阅读的图书，也可以随手购买。这项服务让很多人对如家的好感倍增，一位网友在自己的博客里写道："在这一点上，如家超过了任何一家四星级酒店。"

2. 客户信息

捕获顾客是酒店盈利的关键。中国外出人口数量巨大为如家提供了非常可观的市场空间的可能性，但信息能否传达及吸引潜在顾客是市场推广的一个"瓶颈"。如家充分利用和整合其原有的优势——携程网的客户信息和销售网络，建立关联的商务顾客数据库，十分便捷地将其信息有效送至潜在的目标顾客，由于其目标人群有高度的相关重合，如家迅速得到了大量的新顾客，然后再靠如家的品牌价值留住顾客和发展顾客关系。

3. 如家的商业模式

如家的商业模式是：好的品牌定位—初步业绩—引入风险投资—业务扩张—更好的业绩—获得更多资本—品牌更强。引入外部风险投资，实现快速铺网、互动滚动发展是如家的发展战略。中国地理空间大，能否快速扩张布点是另一个关键，而这需要大量的资本。如家凭出色的业绩成功争取到美国的风险投资，并很快实现了上市目标。为了业绩优秀，如家创造了"租用硬件"的方案，即一部分酒店是租用后改建，这样既压缩了扩张成本，又实现了快速抢占有利的酒店位置这一重要部署。严格的成本控制是经济型酒店的根本。例如，如家的人员配备只有同等规模高星级酒店的1/4；客房客用品的成本控制在每间2.6元/夜。

问题：

（1）如家成功的模式和要素是什么？

（2）结合实际调查，如家目前营销模式还有哪些需要改进的地方？

案例2 淘宝如何实现"后来者居上"

在快速发展的中国网络购物和电子支付市场中，2006 年，阿里巴巴旗下的淘宝网全年交易总额突破 169 亿元，超过了易初莲花（100 亿元）和沃尔玛（99.3 亿元）当年在中国的全年营业额。2015 年，淘宝的市场交易额达到 3 万亿元。

2003 年中国淘宝网问世时，eBay 易趣已经收购了大部分网络，并占据了中国在线购物70%～80%的市场份额。4 年之后，2007 年第一季度，淘宝网在中国客户对客户市场（C2C）在线购物市场份额超过 80%，在商家对客户市场（B2C）在线购物市场占了 2/3 的市场份额。而 eBay 的中国 C2C 在线购物市场份额下降了 15.4%。按照 2007 年第一季度的购物金额计算，淘宝网占有京沪穗三市 C2C 在线购物市场的 81.9%。淘宝在 2005 年 5 月成为微软网络服务（MSN）中国拍卖频道的合作伙伴，这是一个例外，因为在全球其他国家 MSN 拍卖合作伙伴都是选择与 eBay 合作。2006 年 12 月，汤姆（TOM）公司宣布以 49%的股份入股 eBay 易趣，eBay 则推出易趣的具体经营，但 eBay 仍持有新成立的合资公司 TOM 易趣 51%的股份。

淘宝为何能快速成功、后来居上？以下逐一简略比较淘宝和 eBay 易趣在中国市场的策略表现。

1. 支付安全方面

阿里巴巴创始人马云强调，中国电子商务市场亟待解决的瓶颈是诚信环境。在线购物，用户最担心的就是诚信和支付安全问题。2003年10月，淘宝抓住了支付风险这个人人回避的市场空白，试探性地开通了"支付宝"服务——买家将货款打入淘宝提供的第三方账户，确认收到货物之后再将货款支付给卖家。这无疑大大降低了买家的风险，由此淘宝的会员注册数和成交率节节攀升。时隔一年，借助"支付宝"之力，淘宝注册会员突破了300万大关，同比增长了10倍多，单日成交额更升至900万元。后来，阿里巴巴又宣布"支付宝"实行"全额赔偿"制度，对于因使用"支付宝"而受骗遭受损失的用户，支付宝将全额赔偿其损失，这在在线购物市场是开先河之举。相比之下，eBay易趣虽然也实施了用户实名认证，推出与"支付宝"相类似的支付工具"安付通"，并在2005年与eBay全球领先的在线支付工具"贝宝"进行对接，单笔赔付最高限额为1 000~2 000元。但是，显然eBay易趣解决安全和信用问题的力度不及淘宝。

2. 价格策略方面

淘宝的策略是"先圈人，再圈钱"。淘宝承诺6年免费服务，执行全面免费策略（免会员注册费、免商品登录费、免交易手续费），财务上靠阿里巴巴的供血。eBay易趣最初在2001年实行收费政策（交易费、登录费、推广费用）。在淘宝的免费压力下，2004—2006年，eBay易趣逐次调低价格。淘宝的免费策略很快招揽了大量卖家，也让很多eBay易趣的用户蜂拥而来。淘宝允许卖家和买家在交易前通过淘宝的交易平台讨价还价，而这在eBay易趣是严格禁止的。淘宝允许卖家为每一次交易设计折扣券，但eBay易趣折扣券只能由eBay易趣官方发行。

3. 目标市场与品牌个性

eBay易趣和淘宝虽然都关注年青一代，但目标市场各有侧重。eBay易趣的主流顾客群是受过良好教育，熟悉网络，每月工资在3 000元以上，20~40岁的白领人群，而淘宝的顾客群范围更广、更时尚、更平民化。eBay易趣要将自身塑造成"严谨、给人以信任感的形象"；淘宝则希望"人人都买得起，人人都爱吃，像北京大街上流行的掉渣饼"。eBay易趣像高贵稳重的公主；淘宝明显就是邻家男孩，坚守自己土生土长的个性，让更多人乐于亲近它、接受它。淘宝活泼友好、年轻化的界面是很多网友对它的第一印象。

4. 客户服务管理

提供在线交易业务的网站提供各种用户沟通服务（电话、邮件、论坛和在线聊天等），以缩短买家和卖家的距离，消除交易顾虑。2006年1月，eBay易趣在中国市场引入Skype，Skype提供极为便宜的国际长途，让在线交易的买卖双方借助Skype解决沟通难题，提高在线交易的成交率。但为了控制收费，eBay易趣要求买方必须在拍下商品之后才能与卖方联系，且不支持私下沟通。淘宝则开通了"淘宝旺旺"供买方和卖方直接在线交流，"淘宝旺旺"类似中国人熟悉并喜好的聊天工具QQ，通过聊天双方甚至有可能成为朋友，这很符合中国人做生意的习惯。尤为特别的是，用户有机会在论坛和在线工具上与马云、孙彤宇等淘宝的高层管理者直接聊天，因此深受买卖双方的欢迎。

值得指出的是，淘宝尽管得到了目前较高的市场份额，其免费政策却并不意味着有稳定的顾客关系。而且淘宝一直未能独立盈利，在财务上一直依赖阿里巴巴总部的投入（2003年1亿元，2004年3.5亿元，2005年10亿元）。因此，从长远来看，淘宝与eBay易趣在中国市场上最后的胜负尚须拭目以待。

问题：

（1）淘宝为何能在中国市场上赶超 eBay 易趣，后来者居上？

（2）你认为淘宝在未来发展中应采取何种策略才能更加稳定客户关系？

◇ 实训拓展

实训 1 典型物流企业的市场营销现状

【项目情景】

以我国某典型物流企业为例，通过实地调研和网上资料搜集了解其市场营销发展现状，目前采取的市场营销策略及市场营销手段，通过调查研究，发现物流企业市场营销存在的问题并提出解决对策，要求最终形成调研报告。

【实训目标】

通过实训，学生能够根据实际企业案例了解市场营销的相关知识。

【实训准备】

（1）掌握市场营销的基本知识。

（2）了解我国典型企业市场营销的应用与发展。

【实训步骤】

（1）学生每 5 人为一组，每个小组选 1 名队长。

（2）以小组为单位，针对典型物流企业的市场营销情况进行调研分析，并撰写调研报告，内容涉及企业市场营销现状、采用的市场营销策略及手段、取得的市场营销效果、存在的问题及建议等。

（3）各组根据调研报告制作 PPT。

（4）各组选派一名代表利用 PPT 进行展示交流。

【实训评价】

教师对各组调研报告、PPT 制作和课堂展示做出综合评价（见表 1-1）。

表 1-1 考评表

考评人		被考评人		
考评地点				
考评内容	典型物流企业的市场营销现状			
考评标准	具体内容		分值	实际得分
	市场营销现状分析		20	
	市场营销策略及手段分析		20	
	取得的营销效果		20	
	调研报告及 PPT 展示		30	
	团队合作和职业素养		10	
	合　计		100	

实训 2　物流企业营销人才需求及岗位能力分析

【项目情景】

伴随中国物流服务产业突飞猛进的发展，市场对物流人才的需求与日俱增。这就要求物流服务观念不断更新、技术不断进步、设备不断完善。与此同时，客户需求的不断增加引发了对多种物流人才的需求。其中，营销人才也成为很多物流企业的急需人才。市场营销可以帮助物流企业更好地开拓市场、更好地维护客户关系，增强企业竞争力，鉴于此，请围绕我国典型物流企业，通过调研和资料搜集了解其对营销类人才的需求情况。

【实训目标】

通过实训，学生能够根据情景案例了解物流企业对营销人才的需求。

【实训准备】

（1）物流企业市场营销人才需求分析。

（2）物流企业营销岗位设置与岗位能力分析。

【实训步骤】

（1）本次实训要求以个人为单位，每个同学分别通过调研和资料搜集了解物流企业对市场营销类人才的需求情况、物流企业的营销岗位设置及相关岗位的技能要求。

（2）通过结合自身情况，找出自身条件与企业要求存在的差距，明确今后学习和努力的方向，形成文字报告，主要包括以下三个内容：一是物流企业营销类人才需求情况分析；二是营销岗位能力与职业素养分析；三是自身存在问题及改进措施。

（3）选定若干同学进行交流发言。

（4）由教师对每位同学进行点评打分。

【实训评价】

教师对每位同学提交的报告及交流情况做出综合评价，如表 1-2 所示。

表 1-2　考评表

考评人		被考评人		
考评地点				
考评内容	我国典型物流企业营销类人才需求及岗位能力分析			
考评标准	具体内容		分值	实际得分
	我国物流企业对营销人才的需求情况分析		10	
	典型物流企业营销类岗位设置情况		20	
	典型物流企业营销岗位能力分析		20	
	调研报告的撰写		20	
	个人发言与交流		30	
合　计			100	

项目 2 了 解 物 流

◇ **知识目标**

1. 掌握物流的定义；
2. 掌握物流活动的过程；
3. 掌握物流不同的分类形式及物流的作用；
4. 了解物流的发展历程及未来发展趋势。

◇ **能力目标**

1. 能够认识物流的定义与发展历程；
2. 能够认识物流的分类及重要作用；
3. 能够对物流的发展现状及未来趋势进行分析。

◇ **本项目知识结构图**

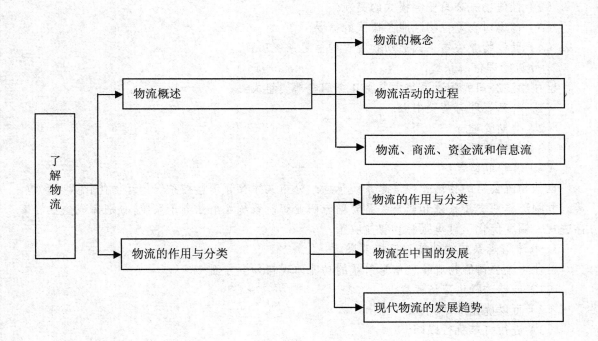

◇ 职业标准与岗位要求

职业功能	工作内容	技能要求	相关知识
物流的认知	认识物流的起源、概念与作用	➤ 能认识物流的概念与发展历程 ➤ 能熟知物流的分类与作用	➤ 物流的起源 ➤ 物流的概念 ➤ 物流的分类和作用
物流从业人员素质要求	认识物流人才应具备的技能与素质	➤ 能掌握物流行业在我国的发展现状 ➤ 能掌握现代物流未来的发展趋势	➤ 物流业的发展现状 ➤ 现代物流未来的发展趋势

◇ 任务的提出

北京世佳物流的发展之路

1. 背景介绍

北京世佳物流公司借助北京世佳经贸集团在 9 年的时间内建立了销售网络，最初，世佳物流公司仍以单一的物流配送为主要服务方式，配送服务形式可以分为两种：B2B 模式和 B2C 模式。由于受到以下 4 个因素的影响，世佳物流公司决定重新进行物流管理系统设计。

（1）居民消费观念的转变；

（2）世佳物流公司业务模式的更新；

（3）市场对全方位物流服务模式的需要；

（4）世佳物流公司正式启动物流管理信息系统项目。

2. 物流管理信息系统

世佳物流公司的物流系统主要由 4 个职能部门组成：

（1）总部管理与营销中心；

（2）仓储管理部；

（3）运输管理部；

（4）客户联络部。

世佳物流公司的物流管理信息系统包括：分布式库存管理监控系统、运输优化调度系统、第三方物流作业支持系统和客户关系管理与商业智能系统 4 个业务子系统，分别完成企业的库存透视、调度优化、订单跟踪和智能决策。

3. 物流信息系统的功能与实施效果

世佳物流公司的物流管理信息系统的功能体现在如下方面：

（1）能够透视供应链库存；

（2）可以优化配送流程；

（3）进行订单执行跟踪；

（4）实现客户关系管理。

世佳物流公司的物流信息系统在充分利用运输资源、提高客户服务水平以及加快资金周转速度等方面取得良好效果，实现了以下目标：

（1）充分利用库存；

（2）提高服务水平；

（3）进行客观决策分析。

通过本案例可以看出，一个物流企业所要实现的管理目标是：一要提高对顾客的服务，也就是迅速、准确地把顾客所订的物品送到顾客的手中；二要想方设法降低物流总成本，以减少和消除有关物流在各个活动环节上的浪费。

思考题：1. 物流企业的发展会受到哪些因素的影响？

2. 物流活动的核心环节有哪些？

3. 一个完善的物流管理系统应包括哪些功能？

◇ **任务分析**

为了完成上述任务，学生需掌握如下内容或要点：

1. 物流的概念和作用；

2. 物流活动的过程；

3. 物流管理的作用。

任务一　物 流 概 述

人们对物流的最早认识是从流通领域开始的，流通是以货币为媒介的商品交换行为，在具体的流通活动中，消费者用货币取得商品所有权的过程，即购销过程，称之为商流过程。而在买卖成交、商流完成后，还需要把商品运送到消费者的所在地，这个过程就是物流过程，即从包装开始，通过装卸搬运、储存、运输和配送等环节，将商品送达消费者的全过程。

一、物流的概念

1. 物流概念的起源

物流概念的发展经历了一个漫长而曲折的过程。从 20 世纪初到 20 世纪 50 年代，是物流概念的孕育和提出阶段。

美国少校琼西·贝克（Chauncey B. Baker）于 1905 年从军事后勤的角度提出了 Logistics 的物流概念，主要是指物资的供应保障、运输储存等。

1915 年，美国市场营销学者阿奇·萧（Arch W. Shaw）从市场分销的角度提出了 Physical Distribution 的物流概念。Physical Distribution——分销物流，实际上是指把企业的产品怎样分送到客户手中的活动。

1935 年，美国销售协会对物流进行了定义："物流是包含于销售之中的物质资料和服务从生产地点到消费地点的流动过程中，伴随的种种经济活动。"

1963 年，日本派出由早稻田大学宇野正雄教授率领专家学者组成的"流通技术专业考察团"一行 12 人赴美国考察。历时一个多月，弄清了日本以往称为"流通技术"的内容就相当于美国的 Physical Distribution（PD），此后日本亦将此类活动改称为 PD，并将其翻译为"物的流通",以后这一术语又逐渐被简称为"物流"。从引进物流概念到 20 世纪 70 年代的近 20 年间,日本逐渐发展成为世界上物流产业最发达的国家之一。

物流概念传入我国主要通过两条途径。一条途径是 20 世纪 60 年代末直接从日本引入"物流"这个名词,并沿用 PD 这一英文称谓;另一条途径是 20 世纪 80 年代初,物流随着欧美的市场营销理论传入我国。20 世纪 80 年代后期,当西方企业用 Logistics 取代 PD 之后,我国和日本仍把 Logistics 翻译为"物流",有时也直译为"后勤"。1988 年中国台湾地区开始使用"物流"这一称谓。1989 年 4 月,第八届国际物流会议在北京召开,"物流"一词的使用日益普遍。我国在引进物流概念的过程中,为了将 Logistics 与 Physical Distribution 区分开来,也常常将前者称为"现代物流",而将后者称为"传统物流"。

2. 物流的概念

《中华人民共和国国家标准物流术语》(GB/T 18354—2006)对物流的定义如下:物流是为物品及其信息流动提供相关服务的过程,指物品从供应地向接收地的实体流动过程。根据实际需要,将运输、储存、装卸搬运、包装、流通加工、配送、回收、信息处理等基本功能实施有机地结合。对物流概念的标准化有利于人们正确地理解物流,对我国的物流实践也有重要的指导意义。理解物流概念,应当注意以下几点:

(1)物流是物品物质实体的流动。物品物质实体的流动是物流,物品社会实体的流动是商流。商流是通过交易实现物品所有权的转移,而物流是通过运输、储运等实现物品物质实体的转移。

(2)物流是物品由供应地流向接收地的流动。物流是一种满足社会需求的活动,是一种经济活动。不属于经济活动的物质实体流动也就不属于物流的范畴。

(3)物流包括运输、搬运、存储、保管、包装、装卸、流通加工和物流信息处理等基本功能活动。

(4)物流包括空间位置的移动、时间位置的移动以及形状性质的变动,因而通过物流活动,可以创造物品的空间效用、时间效用和形状性质效用。

二、物流活动的过程

根据我国的标准物流术语,物流活动由物品的包装、装卸搬运、运输、储存、流通加工、配送和物流信息等工作内容构成,以上内容也常被称为"物流的基本功能要素"。

1. 包装活动

包装可以分为工业包装和商业包装两大类,具体包括产品的出厂包装,生产过程中制成品、半成品的包装以及在物流过程中的换、分装、再包装等。工业包装纯属物流的范畴,它是为了便于物资的运输、保管、提高装卸效率和装载率而进行的。商业包装则是把商品分装成方便顾客购买和易于消费的商品单位,属于销售学研究的内容,商业包装的目的是为了向消费者展示商品的内容和特征。包装与物流的其他功能要素有着密切的联系,对物流合理化进程起着极为重要的推动作用。

2. 装卸搬运活动

装卸搬运活动是为衔接物资的运输、储存、包装及流通加工等作业环节而进行的，以改变"物"的存放地点、支撑状态或空间位置为目的的机械或人工作业过程。运输、保管等物流环节的两端都离不开装卸搬运活动，只有装卸搬运伴随着物流的全过程，其具体内容包括物品的装上卸下、移送、拣选和分类等。对装卸搬运活动的管理包括选择适当的装卸搬运方式、合理配置和使用装卸搬运机具、减少装卸搬运事故和损失等。

3. 运输活动

运输活动的目的是改变物品的空间位置。物流组织者依靠运输克服生产地与需求地之间存在的空间距离问题，创造商品的空间效用。运输是物流的核心，在许多场合，人们甚至把它作为整个物流的代名词。对运输活动进行管理时，组织者应该选择技术、经济效果最好的运输方式或联运组合，合理地确定输送路线，以满足运输的安全、迅速、准时和低成本的要求。

4. 储存活动

储存活动也称为保管活动，是为了克服生产和消费在时间上的不一致所进行的物流活动。物品通过储存活动以满足用户的需要，从而产生时间效用。储存活动借助各种仓库、堆场、货棚等，完成物资的保管、养护、堆存等作业，以便最大限度地减少物品使用价值的下降。储存管理要求组织者确定仓库的合理库存量，建立各种物资的保管制度，确定仓储作业流程，改进保管设施和提高储存技术等。储存的目的是"以与最低的总成本相一致的最低限度的存货来实现所期望的顾客服务"。储存活动也是物流的核心，与运输活动具有同等重要的地位。

5. 流通加工活动

流通加工活动又称为流通过程中的辅助加工。流通加工是在物品从生产者向消费者流动的过程中，为了促进销售、维护产品质量、实现物流的高效率所采取的使物品发生物理和化学变化的功能。商业企业或物流企业为了弥补生产过程中的加工不足，以更有效地满足消费者的需要、更好地衔接生产需要，往往进行各种不同形式的流通加工。

6. 配送活动

配送活动是按用户的订货要求，在物流据点完成分货和配货等作业后，将配好的货物送交收货人的物流过程。配送活动大多以配送中心为始点，而配送中心本身又具备储存的功能。配送活动中的分货和配货作业是为了满足用户要求而进行的，所以经常开展拣选、改包装等组合性工作，必要的情况下还要对货物进行流通加工。配送的最终实现离不开运输，所以人们经常把面向城市或特定区域范围内的运输也称为"配送"。

7. 物流信息活动

物流活动中大量信息的产生、传送和处理为合理地组织物流提供了可能。物流信息对上述各种物流活动的相互联系起着协调作用。物流信息包括与上述各种活动有关的计划、预测、动态信息，以及相关联的费用情况、生产信息、市场信息等。对物流信息的管理，要求组织者建立有效的情报系统和情报渠道，正确选定情报科目，合理进行情报收集、汇总和统计，以保证物流活动的可靠性和及时性。现代物流信息以网络和计算机技术为手段，为实现物流的系统化、合理化、高效率化提供了技术保证。

小贴士

物流信息的特点

（1）物流信息量大、分布广，信息的生产、加工、传播和应用在时间、空间上不一致，方式也不同。物流是联系生产和消费（生产消费和生活消费）的桥梁，任何生产和消费的情况都可称为物流信息的组成部分。

（2）物流信息动态性强，时效性强，实时性高，信息价值衰减速度快。

（3）物流信息种类多，不仅本系统内部各个环节有不同种类的信息，而且由于物流系统与其他系统（如生产系统、供应系统）密切相关，因而还必须搜集这些物流系统外的有关信息，使得物流信息的搜集、分类、筛选、统计、研究等工作的难度增加。

（4）物流信息趋于标准化。信息处理手段的电子化要求物流信息标准化。

三、物流、商流、资金流和信息流

1. 商流

物品所有权转移的活动称为商流。在商流中的物资也称为商品，商流活动一般称为贸易或交易。商品通过交易活动由供应方转让给需求方，这种转让是按价值规律进行的。商流的研究内容是商品交换活动的全过程，具体包括市场需求预测、计划分配与供应、货源组织、订货、采购调拨和销售等，其中既包括贸易决策，也包括具体业务及财务的处理。

2. 信息流与资金流

有人认为，流通活动还包括信息流，是由商流、物流和信息流共同构成的，所以有"三流"之说；也有人提出，除了上述"三流"外，还应包括资金流，即流通活动共包含"四流"。不论哪一种提法，都不能否认商流与物流的核心地位。

3. 商流与物流的关系

商流和物流是商品流通过程的两个方面，它们既相互联系，又相互区别；既相互结合，又相互分离。

（1）商流与物流的统一。商流是物流的前提。没有产品所有权的转移，即买卖活动的发生，那么实物的空间位移则无从谈起。实物运动方向与商品交易方向具有一致性。

物流是商流的保证。如果物流条件不具备或实物运动过程受阻，商品不能到达购买者手中，那么商流则失去了保证。

（2）商流与物流的分离。商流与物流产生分离的最根本原因是商流运动的基础——资金，与物流运动的实体——物资，两者具有相对独立性。物资的运动是通过资金的运动来实现的，也就是说，资金的分配是物资运动的前提。但是，由于物资受到实物形态的限制，其运动渠道、运动形式与资金运动不同。比如资金的运动是通过财政、信贷、价格、工资等形式进行的；而物资运动则是通过空间位移来实现的。资金的转移可以通过邮局汇款、银行转账瞬息完成；而物资的空间位移，则需经过运输、储存等一系列漫长的过程来实现。

在实际的流通活动中，既存在只有物流而没有商流的情形，如搬家、自有物品的保管等；

又存在只有商流而没有物流的特殊现象，如房屋、建筑物等的交易。这些商品虽然会发生所有权的转移，但并不发生位置上的转移。商流和物流并不一定同时发生。

四、物流与电子商务

电子商务（Electronic Commerce，EC）是将电子信息技术和商务活动相结合、基于互联网的商务运行方式。从涵盖范围方面看，交易各方以电子交易方式而不是通过当面交换或直接面谈方式进行商业交易；从技术方面看，电子商务是多技术的集合体，包括数据交换、数据获取和数据处理等。电子商务必须通过计算机网络和通信网络将交易各方的信息、产品和服务相关联。

供货方将商品信息通过网络展示给客户，需求方通过浏览器访问网站，选择所需商品并填写订单；供货方通过订单确认客户，告知收费方法，同时通知自己的应用系统组织货源；需求方通过电子结算方式付款；供货方组织货物并送到客户手中。

电子商务=网上信息传递+网上交易+网上结算+配送

电子商务是由网络经济和现代物流共同创造的，是两者一体化的产物。电子商务的任何交易都包含以下几种基本的"流"：信息流、商流、资金流和物流，交易过程的实现也需要这"四流"的协调和整合。其中物流是电子商务的重要组成部分，当信息流、资金流在电子工具和网络通信技术的支持下，可通过轻轻单击鼠标完成时，物流——物质资料的空间位移，即具体的运输、存储、配送等各种活动，作为电子商务实现过程中一个必不可少的实物流通环节，是不可能通过网络传输来完成的，物流过程的逐步完善需要经历一个较长的成长时期。

在电子商务的交易过程中，物流直接服务于最终顾客，因而，物流服务水平的高低决定了顾客的满意程度，同时也决定了电子商务能否成功实现。良好的物流服务系统能够做到：在物资的采购和供应上，用最低的采购费用、最低的成本消耗以及最快的供应速度及时获取所需的资源；在物流配送和顾客服务上，获得合理的送货方式、最优的配送路线和良好的顾客服务水平，从而保证了电子商务在信息流、资金流、商流和物流这"四流"之间的紧密协调。

随着电子商务的发展，人们发现作为支持有形商品网上商务活动的物流，已经成为有形商品网上商务活动能否顺利进行的一个关键因素。在整个电子商务的交易过程中，物流实际上是以商流的后续者和服务者的姿态出现的，没有现代化的物流，多么轻松的商流活动都会失败，电子商务给供货方和购买方带来的便捷则不存在。因此，一个有效的、合理的、畅通的物流系统是电子商务优势得以发挥的前提和保证。

任务二　物流的作用与分类

一、物流的作用

1. 物流的效用

物流作为一种社会经济活动，对社会生产和生活活动的效用主要表现为创造时间效用和创造空间效用两个方面。

（1）物流创造时间效用

物品从供给者到需求者之间存在一段时间差距,改变这一时间差距创造的价值称作时间效用。物流可以通过以下几种形式获得时间效用。

① 缩短时间。缩短物流时间可获得多方面的益处,如减少物流损失、降低物流消耗、加速物品的周转和节约资金等。物流周期的结束是资本周转的前提条件。这个时间越短,资本周转越快,资本的增值速度就越高。从全社会物流的总体来看,加快物流速度、缩短物流时间,是物流必须遵循的一条经济规律。

② 弥补时间差。经济社会中,需求和供给普遍存在着时间差,例如,粮食集中产出,但是人们的消费是一年 365 天,天天有需求,因而供给和需求之间出现时间差。供给与需求之间存在时间差是一种普遍的客观存在,正是有了这个时间差,商品才能取得自身的最高价值,才能获得十分理想的效益。但是商品本身是不会自动弥合这个时间差的,如果没有有效方法,集中生产出的粮食除了当时的少量消耗外,就会损坏、腐烂掉,而在非产出时间,人们就会找不到粮食吃。物流便是以科学的、系统的方法弥补、改变这种时间差,以实现其时间效用。

③ 延长时间差。在某些具体物流活动中也存在人为地、能动地延长物流时间来创造价值,例如,秋季集中产出的粮食、棉花等农产品,通过物流的储存、储备活动,有意识地延长物流的时间,以均衡人们的需求;配合待机销售的囤积性营销活动的物流便是一种有意识地延长物流时间、有意识增加时间差来创造价值的方式。

（2）物流创造空间效用

物品从供给者到需求者之间有一段空间差距,供给者和需求者往往处于不同的空间,改变物品的不同空间创造的价值称作空间效用。物流创造空间效用是由现代社会产业结构、社会分工决定的,空间效用有以下几种具体形式。

① 从集中生产地流入分散需求地。现代化大生产的特点之一,往往是通过集中的、大规模的生产来提高生产效率,降低成本。一个小范围集中生产的产品可以覆盖大面积的需求地区,有时甚至可覆盖一个国家乃至若干个国家。通过物流将产品从集中生产的低价值区转移到分散于各处的高价值区往往可以获得很高的利益。

② 从分散生产地流入集中需求地。与上述情况相反的一种情况在现代社会中也不少见,例如粮食是在多块土地上分散生产出来的,而一个大城市的需求却相对集中,一辆大汽车的零配件生产也分布得非常广,但却集中在一个大厂中装配,这也形成了分散生产和集中需求,物流便因此取得了空间效用。

③ 从低价值生产地流入高价值需求地。现代社会中供应与需求的空间差比比皆是,十分普遍,除了由大生产所决定之外,有不少是由自然地理和社会发展因素决定的,例如农村生产粮食、蔬菜而在城市消费,南方生产荔枝而在北方消费。现代人每日消费的物品几乎都是在相距一定距离甚至十分遥远的地方生产的,这么复杂交错的供给与需求的空间差都是靠物流来弥合的,当然物流也从中取得了利益。

在经济全球化的浪潮中,国际分工和全球供应链的构筑,一个基本选择是在成本最低的地区进行生产,通过有效的物流系统和全球供应链,在价值最高的地区销售,信息技术和现代物流技术为此创造了条件,使物流得以创造价值。

2. 物流对企业的作用

（1）物流是企业生产的前提保证

从企业这一微观角度来看，物流对企业的作用有以下几个方面。

① 物流为企业创造经营的外部环境。一个企业的正常运转，必须有以下外部条件：一方面要保证企业生产计划和生产节奏提供和运送原材料、燃料、零部件；另一方面，要将产品和制成品不断运离企业，这个最基本的外部环境正是要依靠物流及有关的其他活动创造条件和提供保证的。

② 物流是企业生产运行的保证。企业生产过程的连续性和衔接性，依靠生产工艺中不断的物流活动，有时候生产过程本身便和物流活动结合在一起，物流的支持保证作用是不可或缺的。

③ 物流是发展企业的重要支撑力量。企业的发展靠质量、产品和效益，物流作为全面质量的一环，是接近用户阶段的质量保证手段，更重要的是，物流通过降低成本间接增加企业利润，通过改进物流直接取得效益，这些都会有效地促进企业的发展。

（2）物流可以降低成本

物流合理化有大幅度降低企业经营成本的作用，对改善我国经济运行的环境、降低和解决企业的困难有重要作用。我国当前许多企业面临困难的重要原因之一是成本过高。发展物流产业，能够有效降低社会流通成本，从而降低企业供应及销售的成本，起到改善企业外部环境的作用。企业生产过程的物流合理化，又能降低生产成本，对于解决我国企业当前的困难无疑是非常有利的。

（3）物流的利润价值

物流活动的合理化，可以通过降低生产的经营成本间接提高利润，这只是物流利润价值的一个表现。对于专门从事物流经营活动的企业而言，通过有效的经营可以为其直接创造利润。

许多物流企业在为用户服务的同时，可以起到自己的"利润中心"作用，还可以成为企业和国民经济新的利润增长点。过去国民经济中的许多物流活动被当作公益活动来办，投入没有回报，组织不合理、服务水平低、技术落后；这些领域采用现代物流的组织、管理和技术之后，可以成为国民经济新的利润源；企业中许多物流活动，例如连锁配送、流通加工等，都可以直接成为企业利润新的来源。

（4）物流的服务价值

物流可以提供良好的服务，这种服务有利于参与市场竞争，有利于树立企业和品牌的形象，有利于和服务对象结成长期的、稳定的战略合作伙伴，这对企业长远的、战略性的发展有非常重要的意义。物流的服务价值，实际上就是促进企业战略发展的价值。

二、物流的分类

从物流的需求、在社会再生产过程中的地位与作用等不同角度，物流活动可以划分为不同的类型。在物流研究与实践过程中，针对不同类型的物流活动，需要采取不同的运作方式、管理方法等；针对相同类型的物流活动，可以进行类比分析、规模整合等。

1. 按物流活动在企业中的地位分类

按物流活动在企业中的地位,物流可以分为供应物流、生产物流、销售物流、回收物流和废弃物物流。

(1)供应物流。为生产企业提供原材料、零部件或其他物品时,物品在提供者与需求者之间的实体流动。

(2)生产物流。生产过程中,原材料、在制品、半成品及产成品等,在企业内部的实体流动。

(3)销售物流。生产企业、流通企业出售商品时,物品在供方和需方之间的实体流动。

(4)回收物流。不合格物品的返修、退货以及周转使用的包装容器从需方返回到供方所形成的物品实体流动。

(5)废弃物物流。将经济活动中失去原有使用价值的物品,根据实际需要进行收集、分类、加工、包装、搬运和储存等,并分送到专门处理场所时所形成的物品实体流动。

2. 按物流作业执行者分类

从物流作业执行者的角度,物流可以分为企业自营物流和第三方物流。

(1)企业自营物流。企业自身提供物流服务的业务模式。

(2)第三方物流。由供方与需方以外的物流企业提供物流服务的业务模式。

随着社会经济的发展和社会分工的不断深化,第三方物流得到了巨大发展,日益成为重要的物流模式。

3. 按物流活动地域范围分类

从物流活动地域范围的角度,物流可以分为国际物流和国内物流。

(1)国际物流。不同国家(地区)之间的物流。

(2)国内物流。可以分为区域物流和城乡物流。前者可以细分为行政区域物流和经济区域物流,后者又可以细分为城镇物流和乡村物流。

4. 按物流活动发生主体分类

从物流活动发生主体的角度,物流可以分为工业企业物流、商业企业物流(包括批发企业物流及零售企业物流等)、非营利组织物流(包括医院、社会团体、学校和军队等单位物流)及废品回收企业物流等。

5. 按物流活动所属产业分类

从物流活动所属产业的角度,物流可以分为第一产业物流(农业物流)、第二产业物流(工业物流和建筑业物流)、第三产业物流(商业物流、服务业物流及军事物流等)等;也可以根据各产业中的具体业态对物流活动做进一步的划分,如钢铁业物流、建筑业物流、连锁业物流及餐饮业物流等。

隶属于不同产业的物流活动,在物品、载体、流量、流向与流程上都有其各自的特点,相互之间的差异很大,对物流服务的需求也各不相同。

三、物流在中国的发展

我国对物流概念、物流理论的研究是从 20 世纪 70 年代末引进西方发达国家的有关物流理念才开始展开的。物流作为经济管理的一个基本领域、基本功能，是经济社会发展的产物，其物流活动和物流管理在新中国经受了半个多世纪的洗礼，先后经历了计划经济下的发展阶段、有计划的商品经济下的发展阶段和在社会主义市场经济体制建立过程中的发展阶段。

1. 计划经济下的物流（新中国成立初期至 20 世纪 80 年代初）

这一时期，我国实行的是高度集中的计划经济管理体制，国家的整个经济运行处于计划管理之下。国家对各种商品特别是生产资料和主要消费品，实行指令性计划生产、分配和供应，商品流通企业的主要职责是保证指令性分配计划的实现。为了节省商品流通领域的费用，政府努力发展各种运输方式，合理布局物资储运点，建立合理库存，编制并不断修改主要物资的合理流向图，提倡综合利用各种运输方式及发展多式联运，但总体上是按计划生产、储存和运输，实现计划分配与供应。特别是 1963 年物资部门实现统一管理中转供销仓库以后，全国物流活动基本上由各种物资储运公司和商业储运公司来承担。物资储运公司遵循"以收抵支，收支平衡"的原则，无论中转次数多少，只向用货单位按国家规定的收费标准收取一次性管理费用，物资系统内部调拨物资不收管理费，国家要求物资企业发挥蓄水池的作用，导致社会物资库存量不断上升，物资周转缓慢。工业消费品的储存和运输按三级批发的供销体制进行，即对应一、二、三级商品批发供应站设立相应的商业储运公司，分别承担三级批发过程中的储运业务。当时的商品零售业主要是由国营的百货商店、粮店、副食店和各种物资供应站构成的，它们成为物流的终点，而且大都规模不大，内部物流活动主要是储存。与此相对应，企业生产按计划安排、物资供应按计划调拨、产品销售按计划分配、交通运输按计划执行，几乎所有的生产资料和消费资料都是由各级政府按部门、按行政区域通过计划手段进行分配和供应的。涉及"物流"的各个环节，包括采购、运输、仓储、包装、加工和配送等，均完全通过计划手段进行管理和控制，企业基本没有自主经营的空间。计划经济体制下形成的物流管理方式，处在生产规模小、产业机构简单、基础设施短缺、物资供应匮乏的经济发展阶段，虽然使政府比较容易掌握当时的社会物资供应状况，能在一定范围内调剂余缺，保持社会供应的相对稳定，但却导致了条块分割，自成体系，机构重叠，生产、流通及销售等环节互相分离，社会库存量大，物资周转缓慢，资金占用较多，给社会资源造成了极大的浪费。

可以说，这个时期中国尚未有"物流"概念，更没有现代物流的理念。资源分配和组织供应是按部门、行政区域划分的，物流活动的主要目标是保证国家指令性计划分配指标的落实，物流的经济效益目标被放到了次要位置。物流活动仅限于对商品的储存和运输，物流各个环节相互割裂，系统性差，整体经济效益低下。

2. 有计划的商品经济下的物流（20 世纪 80 年代初至 90 年代初）

这个时期，中国引入了"物流"概念，物流发展进入部分一体化的管理阶段。中国经济开始从计划经济逐步向市场经济过渡，随着产品和服务的商业化和市场化，市场竞争日益加剧，各类企业开始意识到现代物流的重要作用，不仅流通部门加强了物流管理，生产部门也开始重视物流问题；不仅国营物流企业的建设有所加强，同时一些集体和个体物流企业也有了发展，物流业已打破部门、地区的界限，向社会化、专业化的方向发展，但是这个时期还没有真正意义上的现代物流运作和现代物流企业。

这个时期，我国实行了"对内搞活、对外开放"的政策，宏观经济环境发生了变化，企业经营自主权增加，多种经济成分进入市场，国民经济步入高速发展时期。与此同时，中国的物资分配体制、商品流通体制、交通运输体制也发生了重大变化，政府逐步放开了对企业生产、物资、价格的控制管理。工业企业自主决定其原材料的采购和产品的生产与销售；商贸企业根据流通体制改革和物资供应方式的调整变化，建设配送中心，开展商品物流配送服务；交通运输企业突破传统的观念，把业务范围向运输前后的两头延伸；货运代理企业作为托运人与承运人之间的桥梁与纽带，开办了代理货物托运、接取送达、订舱配载、联运服务等多项业务。国外先进的物流概念和物流管理方式开始进入我国，渗透至我国物流活动的各个领域。

这个时期，由于经济活动已向市场经济转变，物流业开始注重经济效益。物流活动已不仅仅局限于被动的仓储和运输，而开始注重系统化运作，即考虑包括运输、仓储、包装、装卸搬运和流通加工在内的物流系统的整体效益。按系统化思想，推出了仓库一次性作业、集装单元化技术、自动化立体仓库、各种运输方式综合利用和联合运输等系统应用形式，用系统思想对物流全过程进行优化，使物流总费用降低，物流的经济效益和社会效益提高。

3. 社会主义市场经济下的物流（20 世纪 90 年代中期至今）

1993 年，党的十四届三中全会通过了《中共中央关于建立社会主义市场经济体制若干问题的决定》，我国加快了经济体制改革的步伐，经济建设开始进入一个新的历史发展阶段。科学技术的迅速发展和信息技术的普及应用，消费需求个性化、多元化趋势的加强，竞争机制的建立，使得我国工商企业，特别是中外合资企业，为了提高竞争力不断提出新的物流需求，我国经济界开始把物流发展提到重要议事日程。国家逐渐加大力度对一些老的仓储、运输企业进行改造和重组，使他们不断提供新的物流服务，与此同时出现了一批适应市场经济发展需要的现代物流企业。

目前，深圳、北京、天津、上海和广州等地政府极为重视本地区物流产业的发展，研究制定地区物流发展规划和政策措施，物流企业逐渐摆脱部门附属机构的地位，开始按照市场规律的要求开展物流活动。目前我国已经在交通运输、仓储设施、信息通信、货物包装与装卸搬运等物流基础设施和设备方面取得了长足的发展，为现代物流发展奠定了必要的物质基础。物流园区、配送中心、商品代理配送制、第三方物流的发展使得物流产业呈现一片欣欣向荣的景象。随着买方市场的形成，企业对物流领域中存在的"第三利润源泉"开始有了比较深刻的认识，优化企业内部物流管理、降低物流成本成为目前我国企业最为强烈的愿望和要求。

 小贴士

物流——第三利润源泉

"第三利润源泉"的说法主要出自日本。从历史发展来看，人类历史上曾经有两个大量提供利润的领域。第一个是资源领域，第二个是人力领域。在这两个利润源潜力越来越小，利润开拓越来越困难的情况下，物流领域的潜力被人重视，按时间序列排为"第三利润源泉"。

"第三利润源泉"是日本早稻田大学教授、日本物流成本学说的权威学者西泽修先生在 1970 年提出的。在生产力相对落后、社会产品处于供不应求的历史阶段，由于市场商品匮乏，制造企业无论生产多少产品都能销售出去。于是就大力进行设备更新改造、扩大生产能力、增加产品数量、降低生产成本，以此来创造企业剩余价值，即第一利润。当产品充斥市场，转为供大于求，销售产生困难时，也就是第一利润达到一定极限，很难持续发展时，便采取扩大销售的办法寻求新的利润源泉，这就是第二利润。当销售达到了一定极限，人们发现物流不仅可以帮助扩大销售，而且也是一个很好的新利润增长源泉。

于是，出现了西泽修教授的"第三利润源泉"说。物流作为"第三利润源泉"，在降低成本、提高效益、增强企业市场竞争力方面起着极其重要的作用。

四、现代物流的发展趋势

进入 21 世纪，随着全球经济一体化进程的加快，企业面临着尤为激烈的竞争环境，资源在全球范围内的流动和配置大大加强，世界各国更加重视物流发展对于本国经济发展、民生素质和军事实力增强的影响，更加重视物流的现代化，从而使现代物流呈现一系列新的发展趋势。根据国内外物流发展的新情况，未来物流的发展趋势可以归纳为信息化、网络化、自动化、电子化、共享化、协同化、集成化、智能化、移动化、标准化、柔性化、社会化和全球化。

1. 信息化

现代社会已步入了信息时代，物流信息化是社会信息化的必然要求和重要组成部分。物流信息化表现在：物流信息的商品化、物流信息收集的代码化和商业智能化、物流信息处理的电子化和计算机化、物流信息传递的标准化和实时化、物流信息存储的数字化和物流业务数据的共享化等。它是现代物流发展的基础，没有信息化，任何先进的技术装备都无法顺畅使用，信息技术的应用将会彻底改变世界物流的面貌，更多新的信息技术在未来物流作业中将得到普遍采用。

信息化促进了物流功能的改变，使得那些在工业社会里的产品生产中心、商业贸易中心发挥的主导功能发生了转变，传统的物流业以物为对象，聚散的是物；而信息社会是以信息为对象。物流不再仅仅传输产品，同时也在传输信息，例如物流中心的聚散功能除针对实物之外，还要完成对各种信息的采集和传输，各种信息被聚集在那里，经过加工、处理、使用，再传播出去供社会使用。总之，信息社会使物流的功能更强大，并形成一个社会经济的综合服务中心。

2. 网络化

网络化是指物流系统的组织网络和信息网络体系。从组织上来讲，它是供应链成员间的物理联系和业务体系，国际电信联盟（ITU）将射频识别技术（RFID）、传感器技术、纳米技术、智能嵌入技术等列为物联网的关键技术，这种过程需要高效的物流网络支持。而信息网络使供应链上企业之间的业务运作通过互联网实现信息的传递和共享，并运用电子方式完成操作。例如配送中心向供应商发放订单就可以利用网上的电子订货系统来实现，对下游分销商的送货通知也可通过网上的分销系统，甚至是移动手持设备来实现等。

3. 自动化

物流自动化的基础是信息化，核心是机电一体化，其外在表现是无人化，效果是省力化。此外，它还能扩大物流能力、提高劳动生产率、减少物流作业的差错等。物流自动化的技术很多，如射频自动识别、自动化立体仓库、自动存取、自动分拣、自动导向和自动定位、货物自动跟踪等技术。这些技术在经济发达国家已普遍用于物流作业中，在我国，虽然某些技术已被采用，但达到普遍应用还需要相当长的时间。

4. 电子化

电子化是指物流作业中的电子商务。它也是以信息化和网络化为基础。它具体表现为：业务流程实现电子化和无纸化；商务的货币实现数字化和电子化；交易商品实现符号化和数字化；业务处理实现全程自动化和透明化；交易场所和市场空间实现虚拟化；消费行为实现个性化；企业或供应链之间实现无边界化；市场结构实现网络化和全球化，等等。作为电子商务发展关键性因素之一的物流，是商流、信息流和资金流的基础与载体。电子化使得跨国物流更加频繁，对物流的需求更加强烈。

5. 共享化

供应链管理强调链上成员的协作和社会整体资源的高效利用，以最优化的资源最大化地满足整体市场的需求。企业只有在建立共赢伙伴关系的基础上，才能实现业务过程间的高度协作和资源的高效利用，通过资源、信息、技术、知识、业务流程等的共享，才能实现社会资源优化配置和物流业务的优势互补、快速对市场需求做出响应。近年来，一些新型的供应链管理策略，如 VMI、JIT II、CPFR、第四方物流、RSP 与 DI 等都实现了信息、技术、知识、客户和市场等资源的共享化。

6. 协同化

市场需求的瞬息万变、竞争环境的日益激烈都要求企业具有与上下游进行实时业务沟通的协同能力。企业不仅要及时掌握客户的需求，更快地响应、跟踪和满足其需求，还要使供应商对自己的需求具有可预见能力，并能把握好供应商的供应能力，使其能为自己提供更好的供给。为了实现物流的协同化，合作伙伴需要共享业务信息、集成业务流程，共同进行预测、计划、执行和绩效评估等业务。而只有企业间真正实现了全方位的协同，才能使物流作业的响应速度更快、预见性更好、抵御风险能力更强、成本更低和效益更多。

7. 集成化

物流业务是由多个成员与环节组成的，全球化和协同化的物流运作要求物流业中成员之间的业务衔接更加紧密，因此要对业务信息进行高度集成，实现供应链的整体化和集成化运作，缩短供应链的长度，使物流作业更流畅、更高效、更快速，更加接近客户和需求。集成化的基础是业务流程的优化和信息系统的集成，二者都需要有完善的信息系统支持，从而实现系统、信息、业务、流程和资源等的集成。同时，集成化也是共享化和协同化的基础，没有集成化，就无法实现共享化和协同化。

8. 智能化

智能化是自动化、信息化的一种高层次应用。物流涉及大量的运筹和决策，例如物流网络的设计优化、运输（搬运）路径和每次运输装载量的选择，多货物的拼装优化、运输工具的安排和调度、库存水平的确定与补货策略的选择、有限资源的调配、配送策略的选择等优化处理，都需要借助智能的优化工具来解决。近年来，专家系统、人工智能、仿真学、运筹学、商务智能、数据挖掘和机器人等相关技术已经有比较成熟的研究成果，并在实际物流业中得到了较好的应用，使智能化成为物流发展的一个新趋势，智能化还是实现物联网优化运作的一个不可缺少的前提条件。

9. 移动化

移动化是指物流业务的信息与业务的处理移动化。它是现代移动信息技术发展的必然选择。由于物流作业更多地体现为载体与载物的移动，除了暂时静态的存储环节外全都处于移动状态，因此移动化对物流业具有更加重要和深远的意义。应用现代移动信息技术（通信、计算机、互联网、GPS、GIS、RFID、传感、智能等技术）能够在物流作业中实现移动数据采集、移动信息传输、移动办公、移动跟踪、移动查询、移动业务处理、移动沟通、移动导航控制、移动检测、移动支付、移动服务等，将这些业务与物体形成闭环的网络系统，才能在真正意义上实现物联网。它不仅使物流作业降低成本、加速响应、提高效率、增加盈利，而且还使其更加环保、节能和安全。

10. 标准化

标准化是现代物流技术的一个显著特征和发展趋势，也是实现现代物流的根本保证。货物的运输配送、存储保管、装卸搬运、分类包装、流通加工等作业与信息技术的应用，都要求有科学的标准。例如，物流设施、设备及商品包装、信息传输等的标准化等。只有实现了物流系统各个环节的标准化，才能真正实现物流技术的信息化、自动化、网络化、智能化等。特别是在经济贸易全球化的 21 世纪，如果没有标准化，就无法实现高效的全球化物流运作，这将阻碍经济全球化的发展进程。

11. 柔性化

柔性化是 20 世纪 90 年代由生产领域提出来的，为了更好地满足消费者的个性化需求，实现多品种、小批量以及灵活易变的生产方式，国际制造业推出柔性制造系统 FMS（Flexible Manufacturing System），实行柔性化生产。随后，柔性化又扩展到流通领域，根据供应链末端市场的需求组织生产和安排物流活动。物流作业的柔性化是生产领域柔性化的延长，它可以帮助物流企业更好地适应消费需求的"多品种、小批量、多批次、短周期"趋势，灵活地组织和完成物流作业，为客户提供订制化的物流服务来满足他们的个性化需求。

12. 社会化

物流社会化也是今后物流发展的方向，其最明显的趋势就是物流业开始出现第三方和第四方物流服务方式。它一方面是为了满足企业物流活动社会化要求所形成的，另一方面又为企业的物流活动提供了社会保障。而第三方、第四方乃至未来发展可能出现的更多服务方式是物流业发展的必然产物，是物流过程产业化和专业化的一种形式。人们预测下一阶段的物流将向虚拟物流和第 N 方物流发展，物流管理和其他服务也将逐渐被外包出去。这将使物流业告别"小而全、大而全"的纵向一体化运作模式，转变为新型的横向一体化的运作模式。

13. 全球化

为了实现资源和商品在世界各国之间的高效流动与交换，促进区域经济的发展和全球资源的优化配置，物流运作必须向全球化的方向发展。在全球化趋势下，物流目标是为国际贸易和跨国经营提供服务，选择最佳的方式与路径，以最低的费用和最小的风险，保质、保量、准时地将货物从某国的供方运到另一国的需方，使各国物流系统相互"接轨"，它代表物流发展的更高阶段。

我国企业正面临着国内、国际市场更加激烈的竞争，面对资源在全球范围内的流动和配置大大加强，越来越多的外国公司加入中国市场，同时一大批中国企业也将真正融入全球产业链，这将加剧中国企业在本土和国际范围内与外商的竞争，这都将对我国的物流业提出更高的要求。在新的环境下，我国的企业必须把握好现代物流的发展趋势，运用先进的管理技术和信息技术，提高物流作业的管理能力和创新能力，提升自己的竞争力。

◇ 项目小结

本项目主要讲述了物流的概念，物流活动的过程，物流与商流、资金流、信息流及电子商务之间的关系，物流的作用以及分类，物流在我国的发展历程，以及现代物流未来的发展趋势。

重点概念：物流、物流活动过程、物流的作用、物流的分类。

◇ 知识巩固

一、选择题

1. 对于物流的说法下列不正确的是（　　）。
   A. 物流是物品物质实体的流动
   B. 物流是物品由供应地流向接收地的流动
   C. 物流包括运输、搬运、存储、保管、包装、装卸、流通加工和物流信息处理等
   D. 物流只涉及空间位置的移动，而不会产生时间变化
2. 下列哪一项不属于物流活动的过程？（　　）
   A. 运输活动　　　B. 装卸搬运活动　　　C. 生产活动　　　D. 仓储活动
3. 对于物流能够创造空间效用的说法下列不正确的是（　　）。
   A. 从集中生产地流入分散需求地　　　B. 从高价值生产地流入低价值需求地
   C. 从分散生产地流入集中需求地　　　D. 从低价值生产地流入高价值需求地
4. 对于物流对企业的作用的说法下列不正确的是（　　）。
   A. 物流是企业生产的前提保证　　　B. 物流只会增加企业的成本
   C. 合理的物流活动可以为企业创造利润　D. 物流可以提供良好的服务
5. 从物流作业执行者的角度，物流可以分为企业自营物流和（　　）。
   A. 第三方物流　　B. 商业企业物流　　C. 工业企业物流　　D. 非营利组织物流
6. 以下不属于第三产业物流的是（　　）。
   A. 商业物流　　　B. 服务业物流　　　C. 军事物流　　　D. 农业物流

二、判断题

1. 所有物质实体的流动都属于物流的范畴。
2. 物流就是运输，运输就是物流。
3. 物流信息对物流活动之间的相互联系起着良好的协调作用。
4. 流通活动包含的"四流"是指物流、生产流、资金流和信息流。
5. 国内物流可以分为区域物流和城乡物流。

三、简答题

1. 如何理解物流的概念？
2. 物流活动包括哪几个过程？
3. 简述商流与物流之间的关系。
4. 简述物流与电子商务之间的关系。
5. 物流的效用体现在哪两个方面？
6. 按物流活动在企业中的地位，物流可以分为哪些种类？
7. 简述现代物流的发展趋势。

◇ 案例讨论

德国不来梅物流中心的规划与建设

德国联邦政府20世纪80年代规划在全国建立40个物流中心，下面以不来梅物流中心为例介绍德国的物流中心组建情况。

1. 物流中心的规划

不莱梅州政府通过直接投资和土地置换的方式对物流中心投资。物流中心的原址是一片盐碱地，州政府从当地农、牧民手中以每平方米6~8马克的价格征用土地200万平方米，由经济促进公司负责物流中心的建设工作。经济促进公司由不来梅州政府的相关部门组成，是私营的事业单位。经济促进公司主要负责物流中心的"三通一平"和与物流中心相连的公路、铁路等基础设施建设工作，还代表州政府负责物流中心的招商工作。经济促进公司通过招商让企业进入物流中心，进入物流中心的企业承担地面以上的建筑、设施的建设。经过"三通一平"的土地变卖或租用给进入物流中心的企业。第一阶段，每平方米土地卖30马克（租用30年后再签协议）；第二阶段，只卖不租，每平方米土地卖50马克；第三阶段，每平方米土地卖70马克。现有的200万平方米土地全部卖出或租用。

2. 物流中心的布局

物流中心的选址非常重要，德国政府对物流中心的选址和功能提出以下要求：（1）物流中心紧临港口，靠近铁路编组站，周围有高速公路网；（2）该区域内有许多大型的工商企业，工商企业是物流中心生存的基础；（3）附近有从事运输、仓储的物流企业；（4）有银行、保险等机构或企业；（5）物流中心要远离闹区，面积至少为100万平方米，周围要有发展空间。物流中心的功能主要为区域的工业、销售企业提供物流服务，同时要成为当地的货物枢纽、集散地，通过其良好的集散条件，积极吸引物资到该区域，形成物资的交易中心，促进当地的经济发展。

3. 物流中心的组织机构

德国自定的物流企业条件包括：

（1）有一定的资本，其资本额要达到国家或银行规定的最低注册资本；

（2）具有经营物流业的能力，具备一定数量的物流管理人员和物流管理技能；

（3）企业法人没有犯罪记录。

问题：

（1）德国不来梅州政府进行物流中心建设时考虑到哪些问题？

（2）对于德国不来梅物流中心的规划布局，我国在建设物流中心时有哪些值得借鉴的经验？

（3）参照德国物流企业的要求，搜集资料并思考我国物流企业需要满足哪些条件。

◇ 实训拓展

实训 1　以典型物流企业为例了解我国物流业的发展情况

【项目情景】

现代物流业是我国经济发展中的一个新的经济增长点，是我国产业结构调整中的一个重大突破，是当今服务市场竞争中的两个热点，目前已成为我国经济发展中的重要产业之一。因此，了解我国物流业的发展现状尤为重要。

【实训目标】

以我国典型物流企业为例，学生根据实际调研和搜集的案例资料对我国物流企业的发展进行分析。

【实训准备】

（1）物流的基本知识。

（2）物流在我国的发展现状。

【实训步骤】

（1）学生每 5 人为一组，每个小组选 1 名队长。

（2）以小组为单位，每组选定一家物流企业作为调研对象，选取的企业不可重复，通过调研和网络资料搜集了解选定物流企业的发展概况、简介、文化、设施设备、经营业务范围等情况，各组分别撰写调研报告。

（3）各组根据调研报告制作 PPT，进行小组展示。

（4）各组对各自调研的物流企业提出存在的问题并思考解决对策。

（5）进行 PPT 展示后，其他同学可以提问交流。

（6）由教师对每组作品进行点评打分。

【实训评价】

教师对各组提交的调研报告及 PPT 综合展示做出综合评价，如表 2-1 所示。

表 2-1　考评表

考评人		被考评人		
考评地点				
考评内容	物流企业发展现状调研分析			
考评标准	具体内容		分值	实际得分
	物流行业发展背景		10	
	物流企业发展概况		20	
	主营业务与设施设备		20	
	调研报告的撰写		20	
	PPT 展示		30	
	合　　计		100	

实训 2　我国物流人才需求及岗位能力分析

【项目情景】

物流业是融合运输业、仓储业、货代业和信息产业等的复合型服务产业，是国民经济的重要组成部分，进入 21 世纪以来，我国物流业总体规模快速增长，服务水平显著提高，发展的环境和条件不断改善。随着物流产业的蓬勃发展，国内对物流人才的需求量越来越大。但由于我国物流产业的起步比西方发达国家晚，物流人才的教育培养更是跟不上经济发展的步伐，各地纷纷出现了"物流人才荒"。虽然国内有 200 多家大学开设了物流类专业，但物流人才的培养数量及质量仍成为制约我国现代物流发展的"瓶颈"。

【实训目标】

通过实地调研和网络搜集，了解我国物流企业对物流人才的需求情况。

【实训准备】

（1）物流企业人才需求。

（2）物流人才岗位能力。

【实训步骤】

（1）本次实训要求以个人为单位，每个同学分别通过调研和资料搜集了解物流企业对人才的需求情况、物流企业的岗位设置及各类岗位的技能要求。

（2）通过结合自身情况，找出自身条件与企业要求存在的差距，明确今后学习和努力的方向，形成文字报告，主要包括以下三个内容：① 物流企业人才需求情况分析；② 物流企业岗位能力与职业素养分析；③ 自身存在的问题及改进措施。

（3）选定若干同学进行交流发言。

（4）由教师对每位同学进行点评打分。

【实训评价】

教师对每个同学提交的报告及交流情况做出综合评价，如表 2-2 所示。

表 2-2　考评表

考评人			被考评人	
考评地点				
考评内容		我国物流人才需求及岗位能力分析		
考评标准	具体内容		分值	实际得分
	我国物流人才需求情况分析		10	
	典型物流企业岗位设置情况		20	
	典型物流企业岗位能力分析		20	
	调研报告的撰写		20	
	个人发言与交流		30	
合　计			100	

项目 3　服务营销与物流服务营销

◇ **知 识 目 标**

1. 了解服务营销理论的含义；
2. 掌握物流服务的特点；
3. 了解服务营销与市场营销的本质区别；
4. 了解物流服务营销的概念；
5. 树立现代物流营销的观念。

◇ **能 力 目 标**

1. 能够准备把握物流服务营销的概念；
2. 能够正确运用物流服务营销观念分析问题；
3. 了解物流营销的最新发展趋势。

◇ **本 项 目 知 识 结 构 图**

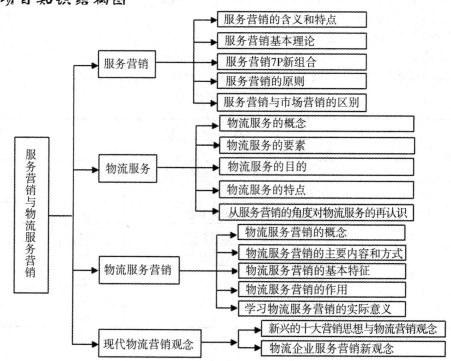

◇　职业标准与岗位要求

职业功能	工作内容	技能要求	相关知识
服务营销知识认知	服务营销理论的认识及把握	➢ 能熟知服务营销的概念 ➢ 能熟知服务营销的 7P 理论 ➢ 能准确区分服务营销与市场营销	➢ 服务营销 ➢ 7P 理论 ➢ 服务营销的原则
物流服务知识认知	物流服务知识的了解	➢ 能掌握物流服务的要素和目的 ➢ 能熟练掌握物流服务的特点 ➢ 能从服务营销的角度理解物流服务	➢ 物流服务 ➢ 物流服务的特点
物流服务营销知识认知	物流服务营销理论的把握与应用	➢ 能熟知物流服务营销的概念 ➢ 能掌握物流服务营销的主要方式 ➢ 能熟练掌握物流服务营销的基本特征 ➢ 能理解学习物流服务营销的意义	➢ 物流服务营销 ➢ 物流服务营销的基本特征 ➢ 物流服务营销的作用
了解现代物流营销观念	最新营销观念的理解	➢ 能了解最新的物流企业的服务营销观念	➢ 物流企业服务营销新观念

◇　任务的提出

运用智慧，商人娶富家儿媳

一位优秀的商人杰克，有一天告诉他的儿子——

杰克：我已经选好了一个女孩子，我要你娶她。

儿子：我自己要娶的新娘我自己会决定。

杰克：但我说的这女孩可是比尔·盖茨的女儿噢。

儿子：哇！那这样的话……

在一个聚会中，杰克走向比尔·盖茨——

杰克：我来帮你女儿介绍个好丈夫。

比尔：我女儿还不想嫁人呢。

杰克：但我说的这年轻人可是世界银行的副总裁噢。

比尔：哇！那这样的话……

接着，杰克去见世界银行的总裁——

杰克：我想介绍一个年轻人来当贵行的副总裁。

总裁：我们已经有很多位副总裁了。

杰克：但我说的这年轻人可是比尔·盖茨的女婿噢。

总裁：哇！那这样的话……

最后，杰克的儿子娶了比尔·盖茨的女儿，又当上了世界银行的副总裁。

知道吗？生意通常都是这样谈成的。

如果你肯动脑，说不定你也会像巴菲特那样富裕。

营销的成功就在于创意，只有想不到，没有做不到；思想有多远，你就能走多远。物流营销也需要这种创意吗？

◇ **任务分析**

为了完成上述任务，学生需掌握如下内容或要点：

1. 物流服务营销的概念；
2. 现代物流营销观念；
3. 物流服务营销的特点。

任务一　服　务　营　销

纵观人类社会发展的历史，人类先后经历了农业经济社会、工业经济社会和服务经济社会三个不同的阶段。全球服务业产出在整个经济中的比重早已超过 60%，甚至一些发达国家接近或超过 70%。服务业的地位迅速上升、作用明显增强。国家统计局的数据显示：2015 年全年第三产业增加值占 GDP 的比重为 50.5%，比上年提高 2.4 个百分点，高于第二产业 10 个百分点。这是继 2013 年服务业占比首次超过工业后，服务业又一个里程碑式的变化。在服务经济社会中，企业将越来越重视对服务的营销。

一、服务营销的含义和特点

1. 服务营销的含义

服务营销，一般指依靠服务质量来获得顾客的良好评价，以口碑的方式吸引、维护和增进与顾客的关系，从而达到营销的目的。这里所说的顾客是"潜在顾客""顾客""长期顾客""支持者"的统称。

服务作为一种营销组合要素，真正引起人们重视是在 20 世纪 80 年代后期，这一时期，由于科学技术的进步和社会生产力的显著提高，产业升级和生产的专业化发展日益加速。一方面，使产品的服务含量，即产品的服务密集度日益增大；另一方面，随着劳动生产率的提高，市场转向买方市场，随着消费者收入水平的提高，他们的消费需求也逐渐发生变化，需求层次也相应提高，并向多样化方向拓展。

"服务营销"是一种通过关注顾客，进而提供服务，最终实现有利交换的营销手段，作为服务营销的重要环节，"顾客关注"工作质量的高低，将决定后续环节的成败，影响服务整体方案的效果。

2. 服务营销的特点

（1）服务营销以提供无形服务为目标。无形是服务最明显的特点。如果说有形产品是一个物体或一样东西，服务则表现为一种行为、绩效或努力。服务不是实物产品，它是无形的。虽然有些服务项目包括一些物质产品，但服务的中心内容是向顾客提供有价值的活动，并非转移某种产品的所有权。因此，顾客只能从看到的服务设备、资料、人员、价格上对服务质量进行评价。这不仅增加了服务营销的难度，而且也对营销组织者及有关人员提出了更高的要求。

（2）服务营销以顾客为核心。服务的不可分离性决定了服务产品的消费与服务产品的提供是同时进行的，也就是服务的消费者要直接参与服务的生产过程，并与服务提供者密切配合，顾客成为服务的一部分。在这一过程中，服务效果的好坏不仅取决于服务者的素质，也与顾客个人的行为密切相关，这就使得服务营销工作复杂化。服务营销者在努力提高自己的素质、创建良好信誉的同时，还要时时注意揣摩消费者的心理喜好，区别不同类型消费者对同一服务的需求差异特征，有针对性地开展服务营销工作，以提高消费者的满足感，消除和弱化其不满和抱怨情绪。

（3）服务营销质量的整体控制。由于人的个性的存在，对于服务的质量检验很难采用统一的标准。一方面，由于服务人员自身因素（如心理因素）的影响，即使由同一服务人员所提供的服务也可能会有不同的水准；另一方面，由于顾客直接参与服务的生产和消费过程，顾客本身的因素（如知识水平、兴趣爱好等）也直接影响服务的质量和效果。因此，全面意义上的服务质量需从两方面来描述：一方面，技术质量，以服务操作过程来描述和控制；另一方面，功能质量，以顾客感受和获得的满意度来描述。由于服务过程中顾客与服务者之间广泛接触和互动影响，现代服务营销的管理扩展到内部营销（Internal Marketing）、外部营销（External Marketing）以及顾客管理（Customer Management）的整体控制。

（4）服务营销时间的重要性。由于服务的不可感知形态以及生产与消费的同时进行，服务具有不可存储性。虽然服务设备、劳动力等能够以实物形态存在，但它们只代表了一种服务供应能力，而非服务本身。服务供过于求，会造成服务供应力的浪费；供不应求，则又使顾客失望。因此，使波动的市场需求与企业服务供应能力相匹配并在时间上一致，便成为企业服务营销管理的一项重要课题。另外，在服务市场上，既然服务生产和消费过程是由顾客同服务提供者面对面进行的，服务的推广就必须及时、快捷，以缩短顾客等候服务的时间。因为等待时间过长会引起顾客的厌烦情绪，使其对企业的服务质量及形象产生怀疑。服务营销中的时间因素对提高服务效率、提高顾客对服务的满意度起着重要的杠杆作用。

（5）服务分销渠道的特定化。在现实生活中，分销渠道概念并不局限于实体产品的分配，服务领域同样存在分销渠道。提供服务和产品的生产商同样面临着如何使其产品接近目标消费者并为其采用的问题，他们必须找出适于接近在空间上散布于各地的人群的机构和地点。例如，医院必须建立在需要充分医疗服务的人们所在地区，学校必须设在接近学龄儿童的地方。但是由于服务产品的不可分离性，企业服务不可能像有形产品的生产企业那样通过批发、零售等物流渠道，把服务产品从生产地送到顾客手中，而只能借助特定的分销渠道推广服务产品。可提供服务的企业选择的分销渠道有：直销、经由中介机构销售、租赁服务、特许经营和综合服务等。

二、服务营销基本理论

1953 年，尼尔·博登在美国市场营销学会的就职演说中提出了"市场营销组合"这一术语，指出市场需求在某种程度上受到"营销变量"或"营销要素"的影响，为了寻求有效的市场反应，企业要对这些要素进行有效的组合，从而满足市场需求，获得最大利润。营销组合实际上有几十个要素，麦卡锡将这些要素概括为 4 类：产品、价格、渠道、促销，即 4P。1967 年，菲利普·科特勒在其畅销书《营销管理：分析、规划与控制》中进一步确认了以 4P 为核心的营销组合方法。迄今为止，4P 理论模型仍然是服务营销决策实践中一个非常有效的基本理论。

4P 为营销提供了一个简洁和易于操作的框架，因此提出以后便为人们所广泛接受，成为长期占据统治地位的无可置疑的市场营销学基本理论。美国市场营销学会甚至认为市场营销是"通过对观念、产品和服务的设计、定价、促销和分销进行计划和实施，以促成交易和满足个人和组织目标的过程"。而且如何在 4P 理论的指导下实现营销组合，实际上也是市场营销的基本运营方法。

后来的学者们又在不断丰富 4P 模型，在每一个营销组合因素中又增加了许多子因素，从而分别形成产品组合、定价组合、分销组合、沟通和促销组合，这四个方面每一个因素的变化都会引起其他因素的变化。营销因素组合的要求及目的就是，用最适宜的促销办法及营销网络，最大地满足目标市场的消费者的需求，以取得最佳的信誉及最好的经济效益。

三、服务营销 7P 新组合

由于服务本身的特征，服务营销也有其新的营销组合。在服务营销中，传统的 4P 营销组合依然重要。但是由于服务的生产与消费同步，服务提供者在服务过程中进行着实时的促销活动，由于"单位成本"难以确定，同时顾客往往把价格高低看成质量的好坏，使得定价十分复杂，因此，有必要赋予传统的营销组合因素以新的意义。而且由于服务是无形的，顾客经常会寻找并借助某些有形的线索（有形展示）来帮助他们理解服务体验。为此，需要在 4P 的基础上增加一些新的、反映上述服务特征的因素，组成服务营销新的营销组合。服务营销组合在 4P 的基础上增加了 3 个 P。

1. 人（people）

指包含在服务流程中的所有人。包括服务人员、消费服务的顾客以及在服务环境中的其他顾客的活动。在服务环境中的其他顾客的活动也会影响购买者的感知。

2. 有形展示（physical evidence）

指服务环境、服务生产者与顾客互动的场所以及促使服务实现或服务沟通的任何有形的物品。

3. 过程（process）

指实际服务过程、服务手段和服务流程——服务生产和提供关系。

以上 3 个新组合因素不但影响顾客最初的购买决定，而且影响着顾客的满意度和再购买决定。同时，这 3 个 P 又是服务提供商所能控制的。从商品营销到服务营销，营销的职能扩大到了整个企业，4P 也扩充到 7P，如表 3-1 所示。

表 3-1　服务营销组合 7P

产品 product	分销 place	促销 promotion	定价 price	人 people	有形展示 Physical evidence	过程 process
货物的物理特征	渠道类型	促销混合	适应性	雇员	性能设计	活动流程
质量水平	陈列	推销员	价格水平	招聘	美学	标准化
备件	中介	数量	期限	培训	功能	客户化
包装	销售点	挑选	差异	激励	周围条件	步骤数目
保修期	运输	培训	折扣	报酬	设备	简单
生产线	仓储	激励	补贴	合作	标识	复杂
品牌	渠道管理	广告		顾客	雇员制服	顾客的水平
		目标市场		教育	其他有形物品	卷入程度
		媒体类型		培训	报表	
		广告类型		沟通	业务名片	
		复制信任		文化价值观	说明书	
		推销员促销宣传		雇员研究	保证书	

四、服务营销的原则

要实施服务营销首先必须明确服务对象，即"谁是顾客"。例如，饮料行业的顾客可分为两个层次：分销商和消费者。对于企业来说，应该把所有分销商和消费者看作上帝，为其提供优质服务。通过服务，提高顾客的满意度和建立顾客忠诚度。

作为服务营销的重要环节，"顾客关注"工作质量的高低，将决定后续环节的成败，影响服务营销整体方案的效果。

1. 获得一个新顾客比留住一个已有的顾客花费更大

企业在拓展市场、扩大市场份额的时候，往往会把更多的精力放在发展新顾客上，但发展新顾客和保留已有顾客相比花费将更大。此外，根据国外调查资料显示，新顾客的期望值普遍高于老顾客，这使发展新顾客的成功率大受影响。不可否认，新顾客代表新的市场，不能忽视，但我们必须找到一个平衡点，而这个平衡点需要每家企业不断摸索。

2. 除非你能很快弥补损失，否则失去的顾客将永远失去

每个企业对于各自的顾客群都有不同的划分，各个客户因而享受不同的客户政策。但企业必须清楚地认识到一点，即每个顾客都是我们的衣食父母，不管他们为公司所做贡献的大小，我们应该避免出现客户歧视政策，所以不要轻言放弃客户，退出市场。

3. 不满意的顾客比满意的顾客拥有更多的"朋友"

竞争对手会利用顾客的不满情绪，逐步蚕食其忠诚度，同时在你的顾客群中扩大不良影响。

4. 畅通沟通渠道，欢迎投诉

有投诉才有对工作改进的动力，及时处理投诉能提高顾客的满意度，以免影响顾客的忠诚度。畅通沟通渠道，便于企业收集各方反馈信息，有利于市场营销工作的开展。

5. 顾客不总是对的，但怎样告诉他们是错的会产生不同的结果

"顾客永远是对的"是留给顾客的，而不是企业的。企业必须及时发现并清楚了解顾客与自身所处立场有差异的原因，告知并引导他们。当然，这需要一定的营销艺术和技巧，不同的方法会产生不同的结果。

6. 顾客有充分的选择权利

不论什么行业和什么产品，即使是专卖，我们也不能忽略顾客的选择权。市场是需求的体现，顾客是需求的源泉。

7. 你必须倾听顾客的意见以了解他们的需求

为客户服务不能是盲目的，要有针对性。企业必须倾听顾客的意见，了解他们的需求，并在此基础上为顾客服务，这样才能做到事半功倍，提高客户的忠诚度。

8. 如果你不愿意相信，你怎么能希望你的顾客愿意相信

企业在向顾客推荐新产品或是要求顾客配合进行一项合作时，必须站在顾客的角度，设身处地为顾客考虑。如果自己觉得不合理，就绝对不要轻易尝试。你的强迫永远和顾客的抵触在一起。

9. 如果你不去照顾你的顾客，那么别人就会去照顾

市场竞争是激烈的，竞争对手对彼此的顾客都时刻关注。企业必须对自己的顾客定期沟通了解，解决顾客提出的问题。忽视你的顾客等于拱手将顾客送给竞争对手。

五、服务营销与市场营销的区别

服务营销观念与市场营销观念有着质的不同，市场营销观念是以市场为导向，企业的营销活动是围绕市场需求来做的，虽然它也重视产品的售后服务，但认为售后服务是解决产品的售后维修，认为售后服务部门是成本中心而不是利润中心，认为做好售后服务是为了推销出更多的产品。

服务营销观念是以服务为导向，企业营销的是服务，服务是企业的产品设计、生产、广告宣传、销售安装、售后服务等各个部门的事，甚至是每一位员工的事。售后服务也不是成本消耗部门，企业的产品在经过每一个部门时都被赋予了新的价值。在服务营销观念下，企业关心的不仅是产品是否成功售出，更注重的是用户在享受企业通过有形或无形的产品所提供服务的全过程感受。因此，企业将更积极主动地关注售后维修保养、收集用户对产品的意见和建议并及时反馈给产品设计开发部门，以便不断推出满足甚至超出用户预期的新产品，同时在可能的情况下对已售出的产品进行改进或升级。

从服务营销观念理解，用户购买了你的产品，你的营销工作仅仅是开始而不是结束。对用户而言，产品的价值体现在服务期内能否满足自身的需求。例如，一个移动通信用户选择了你的网络，购买了你的手机和 SIM 卡，显然买方与卖方的交易并没有结束，真正的交易在今后该用户长期使用你提供的网络通信服务并按时缴纳通信费，手机和 SIM 卡只是你向用户提供电信服务的媒介。同样，生产空调产品的企业，当用户购买了你的空调时也可看作营销工作的开始，因为用户买空调不是最终目的，而是购买了由你提供的室内温度自动控制服务，只是用户已为这种服务预支了今后若干时间的服务费而已。在这里，空调也只是你向用户提供室内温度自动控制服务的媒介。显然，这种观念与传统的市场营销观念有质的不同。你将不再认为售后服务是成本中心，是不产生利润的。实际上这种观念给用户留下的体验是完全不同的，这将使企业与用户建立长久的、良好的客户关系，为企业积累宝贵的用户资源。

任务二　物　流　服　务

物流服务业属于服务业，服务业与工业的最大不同在于产出的不同，工业的产出是有形的商品，服务业的产出是无形的服务。

一、物流服务的概念

服务是为他人做事，并使他人从中受益的一种有偿或无偿的活动，不以实物形式而以提供劳动的形式满足他人某种特殊需要。物流服务是指物流企业或是企业的物流部门从处理客户订货开始，直至将商品送到客户手中，为满足客户要求，有效地完成商品供应、减轻客户物流作业负荷所进行的全部活动。

二、物流服务的要素

（1）拥有客户所期望的商品（备货保证）；

（2）在顾客所期望的时间内传递商品（输送保证）；

（3）符合顾客期望的质量（品质保证）。

三、物流服务的目的

物流服务的目的，就是提供更多能满足客户要求的服务，扩大与竞争对手之间的差距，从而通过销售额的增加来获得或增加企业的利润。

（1）有效地完成商品的供应；

（2）减轻客户的物流作业负担。提高作业效率，减轻顾客的物流作业负担。

四、物流服务的特点

物流服务的特点主要是通过与一般产品相比较而表现出来的。物流服务所具有的独特属性是物流服务市场营销人员在营销管理过程中自始至终要牢记和考虑的重要因素。正是服务所具有的特征属性才使得物流服务市场营销更有特点和更富有挑战性。

物流服务与一般产品的区分在于：

1. 从属性

由于货主企业的物流需求是以商流为基础，伴随商流而发生，因此，物流服务从属于货主企业物流系统，表现在流通货物的种类、流通时间、流通方式、提货配送方式都是由货主选择决定，物流企业只是按照货主的需求，提供相应的物流服务。

2. 无形性

服务是一种活动或利益，而不是实物，所以我们不能像对有形产品那样去看、感觉或触摸服务。

3. 不可存储性

物流服务是属于非物质形态的劳动，它生产的不是有形的产品，而是一种伴随销售和消费同时发生的即时服务，不可储存。

4. 移动性和分散性

物流服务是以分布广泛、大多数是不固定的客户为对象，所以，具有移动性以及面广、分散的特性，它的移动性和分散性会使产业局部的供需不平衡，也会给经营管理带来一定的难度。

5. 差异性

差异性是指物流服务的构成成分及其质量水平经常变化，很难统一界定。物流企业提供的服务不可能完全相同，物流企业难以制定和执行服务质量标准，不易保证服务质量。

6. 人为性

人员直接参与服务过程，对服务质量影响很大，人的职业素质、服务态度和技能对服务效果影响很大。

7. 需求波动性

由于物流服务是以数量多而又不固定的顾客为对象,它们的需求在方式和数量上是多变的,有较强的波动性,为此容易造成供需失衡,成为在经营上劳动效率低、费用高的重要原因。

8. 可替代性

从物流活动承担主体的角度看,产生于货主企业生产经营的物流需求,既可以由货主企业采用自营运输、自营保管等自营物流的形式来完成,也可以委托给专业的物流企业来完成。因此,对于专业物流企业,不仅有来自行业内部的竞争,也有来自货主企业的竞争。如果物流行业的服务水准难以达到货主的要求,货主企业就会以自营物流的形式拒绝物流企业的服务,物流企业市场空间的扩展就会面临困难。

五、从服务营销的角度对物流服务的再认识

1. 从产品到服务的过渡过程来看物流服务

在营销对象中纯产品和纯服务是两个极端认识。例如,交通运输、物流服务等营销对象实际上是实体产品与服务的结合,提供基础性服务。因此,我们需要从服务营销理念的角度对交通运输、物流服务业务有一个新的认识。显然,交通运输、物流服务都涉及专用车辆、设备与通用车辆的差别,硬件内容对服务系统都有深刻的影响,因此,物流服务属于纯产品和纯服务之间的过渡过程(见表3-2),需要用唯物辩证的观点分析认识。

表3-2 从产品到服务的过渡过程

营 销 对 象	纯 产 品	附带服务的有形产品	附带少部分产品的主要服务	纯 服 务
典型实例	香皂、牙膏、盐等	计算机、空调等	空中旅行、高速客运、轿车专运、集成物流等	心理服务、教育等

2. 服务营销理念对物流服务的启示

物流企业以服务营销作为生存与发展的基准,必须在物流服务营销中重视以下方面。

(1)物流服务的本质。主要体现为非实体性,从而导致生产与供应链管理在其他诸多方面的不同特征。

(2)生产组织与用户的关系。要清楚建立什么样的关系对成功提供物流服务最为重要。

(3)完善物流服务的规范,建立判别服务质量的详细标准,增加生产服务规范约束的硬化程度,有效进行物流服务质量的控制。

(4)明确物流服务的供求特点。运输、仓储等物流服务一般不能存储,在多数情况下,生产服务与服务消费是同一过程。要正确看待物流服务能力与客户需求量的关系,在同时性的约束条件下,优化物流服务资源。

(5)服务的传递方式。人的素质在生产服务传递的方式中起着十分重要的作用,优良的设施、设备性能对高质量完成生产服务也是至关重要的。因此,交通运输、物流服务营销中要特别重视人的因素,要将人的因素列为物流服务营销的重要因素。既要重视员工的素质培养、技能训练,也要重视基础设施、设备的性能及配套使用。

任务三　物流服务营销

一、物流服务营销的概念

物流服务营销是指物流企业以物流市场需要为核心，以客户需求为导向，通过采取具有竞争性的物流营销行为为策略，以提供物流产品和服务来满足客户的需要和欲望，从而实现物流企业利益目标的过程。

物流企业服务营销活动通常包括：物流服务产品市场调查与分析；物流服务产品市场定位；物流服务产品销售操作流程；物流服务产品促销推广设计；物流服务营销技术；物流客户服务与关系管理、物流服务质量控制、物流服务营销的信息管理等。通过一系列的市场营销活动，为客户提供高效、优质的服务，从而实现企业的目标利益。物流营销活动为物流企业的业务合作伙伴建立了一种"供应链"关系、创造了平台，供应链关系中实现价值和增值的一系列的服务策略和方法、物流行为与关联群体的要求保持步调一致，都使物流服务营销更具特色。

物流服务营销的本质如下：

（1）物流服务营销的核心是满足客户对物流产品的需求。因此，物流企业必须充分了解客户的需求，不断提供创新服务，以向客户提供其需要的物流服务产品。客户对物流服务产品的需要，不是物流服务产品本身，而是物流服务产品给客户带来的服务效用。

（2）物流服务营销的手段是一系列整合的营销策略。物流服务营销要取得实效，不能仅仅靠某一项营销策略及措施，而应把物流企业各部门及营销组合各因素进行整合，采取综合的物流服务营销策略与措施。

（3）物流服务营销的目的是达成交易，从而实现物流企业预定的目标。

二、物流服务营销的主要内容和方式

1. 物流服务营销的主要内容

（1）物流企业的内部诊断和外部市场环境调研。

（2）物流市场细分、目标市场选择和市场定位。

（3）物流市场营销的组合策略和分策略。

（4）物流营销活动的规划和管理。

2. 物流产品营销的方式

（1）直接卖。通过与客户签订一次性、短期的或长期的协定，将自己现成的部分或全部物流产品或服务项目直接推销给客户，或先从部分区域、业务、个别产品入手，逐步为客户提供全方位的物流服务。

如 MENLO 物流公司与 IBM 的合作，就经历了从对美国中央物流中心的运输服务，增加到对重要物流中心的管理服务，再增加到对欧洲市场的物流服务，最后到提供全球一体化的物流服务，建立长期合作伙伴关系。

（2）先买再卖。先买再卖，即先部分或全部买进客户的物流系统，使自己的物流系统更加完善和充实，再为原企业或其他企业提供物流服务。一般是客户的物流系统很具优势，可以急剧提高自己物流产品的竞争力。

（3）与某一优势资源捆绑起来一同卖。采用这种方式，一般是自己的物流系统还不够完善，无法向客户提供其所需要的各种物流服务。这里实际上有两种方式：① 通过合资，自己与客户合资，共同拥有部分物流系统的产权，然后共同推广和营销双方的物流系统和物流服务项目，以实现共同营销。② 先与社会上零散的、少量的物流资源实现整合，一般通过挂靠的方式，实现物流资源的聚集，再共同开展营销。

（4）客户物流资产托管。对那些自己没有能力运营和管理而又希望拥有属于自己的物流系统和资源的客户通过签订全面托管协议，向他们出让自己物流系统的管理服务，而几乎可以完全依托客户的物流设施，自己只输出物流管理服务即可，替客户管理产权仍属于他们自己的物流系统和业务。

三、物流服务营销的基本特征

（1）物流企业的服务营销既属于无形的服务产品营销范畴，又属于有形产品营销的范畴。

（2）物流服务营销产品的不可事前展示性。物流营销的产品是与物流活动过程相统一和紧密联系的过程，也就是说，物流营销的对象——服务产品不可能在服务活动开始前，就像其他的有形产品一样，提前放置在商场的货架上向消费者展示，而只有随着物流服务活动的开始、进行和结束逐步向顾客展示。所以，物流市场营销更具有不可预见和不可捉摸性，其难度更大，对营销者的要求更高。

（3）物流企业的服务营销应是以"营销企业"为主的营销。物流市场营销产品的不可事前展示性，决定了物流企业在市场营销过程中更应积极主动和有计划地向各个客户和营销对象推介自己的整个企业、整个品牌，增强客户对企业的信心和吸引力，进而促使客户放心大胆地同自己签订业务合同，达到市场营销的目的。物流企业的服务营销应是以"营销企业"为主的营销，其最终目的在于实现物流优势资源的整合，实现物流企业长久化、经济化的发展。

（4）物流服务营销的对象更为广泛，既有团体客户，又有个体消费者；既有国内客户，又有国际客户；既有大客户，又有小客户；既有一次性客户，又有长久性客户；市场的差异性更大。

（5）物流服务营销的目的除了推广自己企业的服务项目外，更多的还有寻求与其他物流企业的合作、合资和联合，以及寻求与国外客户建立战略性的合作关系为主要目标，这与一般产品营销具有明显的差别。

 小贴士

UPS 与 FedEx

UPS——全球最大的包裹递送公司，同时也是世界上主要从事专业运输和物流服务的提供商。该公司每个工作日为 180 万家客户送邮包，收件人数目高达 600 万。该公司已建立了规模庞大、可信度高的全球运输基础设施，开发出全面、富有竞争力，并且有担保的服务组合，并不断利用先进技术支持这些服务。其业务分部：从地区来看，美国国内业务占总收入的 89%，欧洲及亚洲业务占 11%；从运输方式来看，美国内陆运输占 54%，空运占 19%，其他占 27%。

FedEx——环球运输、物流、电子商务和供应链管理服务供应商，为客户提供一体化的物流解决方案。子公司包括 FedEx Express（经营速递业务）、FedEx Ground（经营包装与地面送货服务）、FedEx Custom Critical（经营高速运输投递服务）、FedEx Global（经营综合性的物流、技术和运输服务）以及 Viking Freight（美国西部的小型运输公司）。其业务分布：从地区来看，美国本土业务占总收入的 76%；从运输方式来看，空运业务占 83%，公路占 11%，其他占 6%。

（6）物流服务营销的产品更应强调"——对应"制和"量身订制"化，应根据不同的客户分别设计不同的物流服务项目组合和产品，来满足他们差别化的需求。

（7）"以需求为本，以人为本"是物流服务营销的关键。

（8）物流服务营销的市场价值和潜力更大、发展更迅速，企业面临的机会更多。

（9）销售活动的超前性。在物流产品还没有提供和生产出来之前就需要营销，其不足是无形性，难以说服客户，有利因素是一般可以在客户订制完成后再生产，盲目性较小。

（10）生产活动的流动性。在流动中生产产品或提供物流服务，难以控制，难以使客户满意。

（11）生产场所的广域性和流动性。

（12）"物流营销"一词几乎可以与任何词语、概念、行为、术语、模式、文化、物质、地方、时间、人物、特征、感觉、行为等发生交合和反应，并与这些概念相融合，生成新的营销思维、方法、行为、方式、方案和不同的营销效果。

这些可以与之交互的东西有：服务、教育、科技、政策、功能、价格、广告、关系、公益、精神、传播、情感、实惠、气质、性格、感觉、设计、互动、参与、视觉、创新、听觉、安全、人性、行动、环保、讲课、健康、节日、自然、潮流、连锁、体育、资本、方便、文化等。总之，消费者钟情的、喜欢的、忠诚的、渴望的一切东西均可以拿来开发、加工成营销的手段并有效利用，来创造出营销的奇迹。

四、物流服务营销的作用

1. 提高营销能力

现代物流企业应以市场为导向，重视客户的需求，加强企业的服务意识。物流服务营销可有效地为物流企业收集客户需求、市场信息、产品状况、竞争态势等方面的信息，使物流企业有的放矢，提高物流资源配置的能力，最大限度地满足客户的需求，实现企业的营销目的。

2. 集中优势减少风险

现代物流领域的设备设施、信息系统等投入较大，加上物流需求的不确定性和复杂性，投资有巨大风险。物流服务营销可以集中资源优势，使企业实现资源优化配置；将有限的人力和财力集中于核心业务，从而进行重点研究，发展基本技术，开发新产品等，以增强竞争力。

3. 降低运行成本

物流服务营销之所以能显著降低交易成本，主要是因为其主体是诸多节点和线路组成的网络体系。由原来点和点、要素和要素之间偶然的、随机的关系变成了网络成员之间的稳定的、紧密的联系。从交易过程看，物流服务营销有助于减少物流合作伙伴之间的相关交易费用。同时，物流提供者借助精心策划的物流计划和适时的运送手段，可以最大限度地减少库存，改善需求企业的现金流量，减少资金占用，实现成本优势。另外，物流企业的规模经营，使得物流业务外包的费用比单个企业自身经营的费用要低，其中差值就是物流企业所节约的成本，也是其客户服务利润的来源。

4. 提高物流能力

物流服务营销可以更好地处理信息，更好地分析所获得的市场信息和客户信息。用营销知识分析物流市场情况，有利于物流企业进行内部治理、资源配置，提高服务质量，增加物流灵敏性。这样物流企业可以及时、优质地配送货物。因此，信息资源最大范围的共享、优质的客户服务体系、准时化、小批量的配送系统，均可以提高物流企业的核心竞争力。

5. 提升企业形象

物流服务营销以客户为服务中心，物流提供者与客户是战略伙伴关系。为客户着想，通过全球性的信息网络使客户的供给链治理完全透明化。通过遍布全球的运送网络和服务大大缩短了交货期，帮助客户改进服务，树立自己的品牌形象。物流企业通过"量体定做"式的设计，制定出以客户为导向、低成本、高效率的物流方案，为企业在竞争中取胜创造了有利条件。

小贴士

近年来，我国钢铁企业为改善自身物流状况、发展现代物流做出了许多努力，在销售物流上也取得了很大的成效：中国钢铁交易网等平台的出现使得我国钢铁企业在物流信息化上迈出了很大一步；各大钢铁企业先后建立建材配送中心，以产品差异化占领市场，赢得竞争；与下游产业客户企业构建战略联盟，建立长期稳定的供应链；寻求灵活多样的物流方式，降低物流成本。

五、学习物流服务营销的实际意义

首先，服务营销的理论、方法和技巧，可以帮助物流企业及其员工树立市场营销观念，提高通过市场成功地实现潜在交换、促进产品（服务）销售的能力。

其次，在市场经济条件下，物流企业开展生产或经营活动所需的资源是通过市场进行配置的。

最后，经济全球化使得物流企业不得不通过市场对接加入国际经济循环，这是国际经济一体化条件下扩大对外开放的客观要求。

任务四　现代物流营销观念

传统营销观念以企业为中心，没有把消费者需求纳入企业的营销决策和管理之中，企业生产什么、消费者购买和消费什么、"以产定销"的卖方主导思想是传统营销观念的显著特征。但是随着西方社会经济条件的变化，特别是随着产品日益丰富、短缺逐步缓和、竞争日益加剧，传统营销观念也经历了许多变化和发展。在近半个世纪里，营销观念经历了生产观念、产品观念和推销观念三个阶段，可以看出，传统营销观念的演进过程正是企业经营活动关注的重点，从供应链上由卖方向买方移动，但最终没有突破卖方主导的思想。

与传统的营销观念相对而言，现代的市场营销观念是以市场为中心、以客户需求为核心的营销观念，要求关注客户，全方位地为客户服务，满足客户的需求。同样，物流服务营销必须以客户为导向。要搞好物流服务营销，必须有明确的理念、正确的思想，它会对物流市场的经营管理产生关键的作用。

一、新兴的十大营销思想与物流营销观念

（1）得战略区者得天下。由于不同区域市场之间存在着巨大的差别，所以，一般企业不可能抢占全部市场，而应该首先考虑的是与自己企业实力和产品特征相吻合的战略区域市场的占领。在物流上就出现了综合物流服务商、技能整合物流服务商、专业物流商和寄生物流服务商的区分，也出现了国际物流服务商和国内物流商的划分。世界上知名的物流企业到中国首先从战略上整合本土物流资源，其中最为关注的是网络和渠道资源，通过合作与兼并扩大业务区域。

（2）从大众市场走向细分市场。市场细分随之而来的是细分市场的组合营销方案。物流企业要依据不同客户的不同需求细化物流运作方案，实现一对一营销。

（3）从供应链走向整合。由于企业营销和终端市场建设的成本太高，所以，市场营销应该以消费需求驱动市场供应和分销；整合物流资源形成高效的消费者回应；以客户需求驱动销售。

（4）营销创新回归到务实层面，给消费者和组织客户以真正的实惠和使之获取更直接的价值。

（5）市场的不确定性环境是一种常态。物流本身的特征决定了物流的广域流动性，从一个地区到另一个地区，从国内到国际，因此，它更容易受到各种不确定因素的冲击和影响。

（6）物流服务营销通过成就别人来成就自己。物流营销是物流服务产品的一边生产一边消费的过程，生产结束则消费结束，所以，物流企业更应该首先考虑如何为客户提供满意的物流活动和优质的服务来获取客户的认可。

（7）物流服务营销创新是物流企业发展的核心动力。

（8）物流服务营销基本上标志着以业务员为主体的营销策略的终结和以团队为主体的市场营销模式的兴起。物流服务营销基本上是以向客户提供综合性的物流解决方案为目标，仅靠业务员个体难以完成，必须组建一个高效的物流团队开展团队营销。

（9）物流企业的市场份额并不等于企业的营业利润。

（10）物流服务营销的方向大于方法，趋势成就优势。

二、物流企业服务营销新观念

物流企业的服务营销是市场营销的一个特殊子系统，其实质就是根据目标市场的需求，有效地利用产品、价格、渠道、促销等手段，实现整体营销的过程。物流企业的发展也需要新的市场营销观念。

1. 重视产品品牌营销

现代营销已日益超过产品的物质层面，人们面对不断涌现的新产品，大多是"慕名而买"。品牌是市场的保证，名牌更是企业发展壮大的生命，是物流企业最宝贵的资产，是物流企业竞争力的重要来源。对中国目前大多数物流企业而言，如何塑造品牌是首要任务。

🖌 **小贴士**

经过十几年的发展，中国挂着物流牌子的企业犹如过江之鲫，达到了惊人的几十万家，但

真正能够在世界上叫得响亮的牌子，却是屈指可数。对于国内物流业来说，品牌成了业界的一种难言之痛。但是国际上却完全是另一番景象，DHL、UPS、FedEx、EXEL、TNT 等品牌却气势如虹，在中国市场上一展拳脚。相较于这些外来品牌而言，在国内已经经营了几十年的老传统国有企业转型过来的像中外运、中远物流和中海物流、中邮物流以及民营企业宝供物流等"本土品牌"，普通民众却对其十分陌生。

2. 从单纯的服务营销过渡到文化营销

销售服务曾是物流企业和中间商必做的事情，消费者成了市场的主体、物流企业的"上帝"，提供产品的同时要配合良好的服务成了理所当然的事情。服务成为各物流企业竞争的重要手段，甚至发展到超值服务，即超出产品、服务本身的价值和顾客的期望值，在诚心、耐心的基础上与用户建立密切的关系。然而，现代社会人们不仅仅需要物质享受，更需要精神享受，需要对服务和企业的认可和忠诚，而这些是文化营销的内容，是文化营销对现代物流企业的要求，而培养一批认可企业、对企业忠诚的顾客，是物流企业长盛不衰的关键，也是企业克敌制胜的法宝。因此，现代物流企业不仅要提供优质服务，而且要把企业的文化渗透到服务中去。

3. 从过程营销到整合营销

传统的营销是一个过程，过程营销包括前期的市场调查和预测，市场机会分析和目标市场选择，产品开发和市场定位，后期的定价、分销、促销和售后服务、信息反馈等内容。而整合营销是一种管理体制，就是把各个独立的营销活动综合成一个整体以产生协同效应。

这些独立的营销工作包括广告、直接营销、销售促进、人员推销、包装、赞助和客户服务等。营销的最大目标是最大限度地激发顾客的购买欲望，而这一目标的实现依靠营销的某一个过程是做不到的，它必须通过市场营销的一系列活动和有组织的整合过程来实现。因此，在物流管理过程中，整合营销观念势在必行。

4. 从渠道营销到网络营销

分销渠道是市场营销中不可缺少的一个环节。进入信息时代以后，互联网正在彻底改变着人们的生活和工作方式，也改变了传统的营销模式。若物流企业在思索如何借助现代营销手段开拓市场，如何在竞争中求生存、求发展时，忽略网络这一重要营销渠道，则它失去的不仅是客户群体，而且可能会在新一轮经济整合中失去抢先一步的绝佳机会。

 小贴士

市场营销的新形式

物流网络营销是现代物流企业以整合营销理论为基础，利用 Internet 技术手段和物流信息平台的功能，最大限度地满足客户需求，以达到开拓市场、增加盈利为目标的经营过程。它是直接市场营销的最新形式，由 Internet 替代了报刊、邮件、电话、电视等中介媒体，其实质是利用 Internet 对产品的售前、售中、售后各环节进行跟踪服务，它贯穿在物流企业经营的全过程，包括市场调查、客户分析、产品开发、销售策略、反馈信息等环节。

物流企业网络营销模式是需要网络与传统营销方式相整合的，把顾客的需求导向为具体以信息为中心的管理经营模式，通过在高新技术的基础上建立企业的信息化网络营销战略，在瞬息万变的市场竞争中牢牢把握新潮流来赢得市场，才能立于不败之地。

5. 从区域营销到全球营销

随着市场竞争的加剧、全球化进程的加快以及信息化时代的到来,物流企业已经超越国界,开始进行全球化竞争。与之相适应,物流营销也已经淡化了区域、国别的界限,日益成为一种全球性的企业行为。近几年,国外大型知名物流企业纷纷到中国安家落户,看中的就是中国这个巨大的市场。全球营销为物流企业提供了更宽阔的战略视野和市场机会,同时企业面临的营销风险也将同步增长,因而,对于现代物流企业来说,营销区域国际化既是机遇也是挑战,既是高收益也是高风险,如何规避风险取得利润最大化是物流企业在全球营销中要重视的问题。

6. 从产品营销到关系营销

关系营销,是把营销活动看成是一个企业与消费者、供应商、分销商、竞争者、政府机构及其他公众发生互动作用的过程,其核心是建立和发展与这些公众的良好关系。现代物流企业面临的竞争环境很激烈,正确处理企业与消费者、供应商、分销商、竞争者、政府机构等之间的关系是物流企业营销的核心。当前物流企业的关系营销实践主要实行会员制、为顾客专门设立关系经理以及实行信用卡制度等。随着信息网络的广泛应用,还可以运用互联网实行数据库关系营销,这些方式都为物流企业和消费者、用户之间提供了很好的沟通渠道。

随着经济全球化的快速发展,物流企业在市场中的竞争日益加剧,为顺应消费者多样化的需求,物流企业更要适时突破发展的契机,更好地满足顾客的要求,不断更新观念,以实际行动扩大市场份额,提高市场占有率。

◇ 项目小结

本项目着重介绍了服务营销和物流服务营销的基本概念和基本内容,阐述了营销对物流企业发展的重要性。物流企业作为一个经济组织,在复杂的市场环境、激烈的市场竞争形势下,如何开发适应市场需求的产品满足消费者,更好地服务于顾客,都需要做好服务营销。随着经济发展水平的加速,一般消费者和生产性企业都需要物流企业能够提供快捷、周到、及时和对路的服务。因此,物流企业通过物流营销可以满足客户的预期需求。

物流企业的服务营销作为市场营销中的一个特殊子系统,其实质就是根据目标市场的需求有效地利用营销策略手段实现整体营销的过程。物流企业在提供服务产品的过程中,新的市场营销观念能够促进企业的发展。

重点概念:服务营销、服务营销特点、服务营销 7P 组合、物流服务、物流服务的特点、物流服务营销、物流服务营销的基本特征、物流服务营销的作用、物流企业营销新观念。

◇ 知识巩固

一、选择题

1. 服务营销学于 20 世纪（　　）年代兴起于西方。

   A. 30　　　　　B. 40　　　　　C. 50　　　　　D. 60

2. 菲利普·科特勒的主要贡献,在于他系统地提出了（　　）。

   A. 产品研究方法　　　　　B. 职能研究方法

   C. 机构研究方法　　　　　D. 现代市场营销观念

3. 顾客对服务质量的评价更多的是凭主观期望和感受做出判断。因此，服务质量区别于一般有形产品的一个重要特点是（　　　）。

  A. 过程性 B. 主观性   C. 整体性   D. 客观性

4. 在交易双方中，更积极、更主动地寻求交易的一方称为（　　　）。

  A. 潜在顾客 B. 顾客   C. 市场营销者 D. 卖方

5. "我卖什么，就设法让人们买什么"代表的是（　　　）。

  A. 推销观念 B. 购买观念 C. 销售观念   D. 交换观念

6. 物流企业的服务营销应是以（　　　）为主的营销。

  A. 营销产品 B. 营销企业 C. 营销服务   D. 营销顾客

7. 物流企业提供的服务属于（　　　）。

  A. 纯产品   B. 附带服务的有形产品

  C. 纯服务   D. 附带少部分产品的主要服务

二、判断题

1. 市场营销就是企业的销售活动。

2. 物流企业的营销核心是买不是卖，不以卖求买，不以卖强买，而是以买促卖。

3. "好酒不怕巷子深"是完全符合现代营销观念的。

4. 传统储运业中的"服务"是一种实体商品。

5. 营销学上说的需求是指具有支付能力购买并且愿意购买的某个具体产品的欲望。

6. 物流服务质量水平并不完全由物流企业决定，还同顾客的感受有很大的关系。

三、简答题

1. 谈谈你对服务营销的认识。

2. 服务营销的特点有哪些？

3. 服务营销的 7P 组合包括哪些内容？

4. 物流服务的特点有哪些？

5. 简述你对物流服务营销的理解。

6. 现代营销新观念有哪些？

◇ 案例讨论

谁找到了打开市场的金钥匙

什么样的人才是一个成功的营销人？下面这个故事也许能带给我们一个小小的启示。有一个欧洲的跨国制鞋公司，为了开发一个岛国的市场，先后派出了四个考察队。

一、推销员的调查报告

第一个被派去的是由公司里最优秀的推销员组成的队伍。推销员们在岛上转悠了半天，第二天就回来了。他们在述职报告中声称：岛上的居民还没有一个是穿鞋的，因为他们还没有这个习惯，岛上暂时也没有卖鞋的。由于存在这么巨大的市场空间，公司可以把鞋大批量地运过去，而他们也有信心把鞋推销给这些岛国的居民使用。

二、厂长的调查报告

第二个被派去的考察队，是鞋厂的厂长们。厂长们在岛上转了两天，回来之后非常高兴，他们声称：岛国是一个很有市场前景的市场，他们在岛上找到了可以生产鞋的原料，而且原料以及岛上的其他各方面社会资源价格都很低廉。他们建议公司立即到岛国设立分厂，认为只要能够大批量生产，肯定可以获取高额的利润。

三、财务部门的调查报告

第三个被派去的是公司财务部门的工作人员。他们比较了"国际贸易"和"本土化生产"两种模式的优劣后，认为：岛国的原料、土地、劳动力、水、电等资源的价格相对低廉，而公司离岛国最近的鞋厂非常远并且岛国的关税较高。综合两种模型所需的各方面成本来说，"本地化生产"的优势较大。只要新建的鞋厂能够保持每天1 000双以上的生产量（这对公司来说是不难做到的），每双鞋的成本，"本土化生产"可以比"国际贸易"节省4元。按一个月生产3万双计算，一个月就可以节省12万元，半年就可以收回建厂的全部成本。所以，他们建议公司到岛国设厂，就地生产就地销售。

四、营销经理的调查报告

第四个被派去的是公司的营销经理考察队。经理们在岛国上考察了五天，拜访了上至酋长，下至各行各业的普通老百姓的50多个岛国居民。

经理们了解到，岛国的居民一直都没有穿鞋的习惯，他们看见外来的穿鞋人都非常奇怪——原来他们根本没有意识到穿鞋这件事。但是他们很多人的脚都是有毛病的，也想过很多办法去避免脚病，然而都不大奏效；他们非常渴望根除脚病。当他们了解到穿鞋可以帮他们的脚避免很多意外的伤害，更有利于防止他们的脚病后，都表示非常愿意、非常渴望得到一双鞋。

经理们还了解到：岛国居民的脚，普遍都比公司所在的欧洲同年龄段的人的脚长5~7.5厘米，宽2.5厘米左右。因此，公司要对卖给他们的鞋重新设计。另外，曾经有过一个有一定竞争力的制鞋公司派人来考察过，当他们发现当地居民都不穿以后，认为没有市场，就放弃了努力，但也不能排除他们日后会卷土重来。

岛国的居民是没有什么钱的，但是岛上的居民都听从酋长的命令；岛上盛产香蕉，这些香蕉又大又甜又香，在欧洲是极具销售力和竞争力的。经理们跟酋长谈过，也去岛上的香蕉园看过，非常高兴，因为酋长已经答应：他将按每20~30千克的香蕉换一双鞋的比例，换取鞋公司专门为岛国生产的鞋，总数量大概为10万双。第一批可以先跟他们订1万双，货越快到越好；给予该鞋公司独家卖鞋权。

经理们了解过了，也算过了，这样的香蕉如果经过适当的包装，可以以30元/千克的价格卖给欧洲的××连锁超市的经营公司，按10吨算，除去包装、运输、关税、人员工资等，每千克香蕉的纯利润为23元。一万双鞋，如果从离岛国最近的厂运到岛国，公司的总成本为16万元。那第一批1万双鞋，可以换得的香蕉总额（按25千克香蕉=1双鞋算）是250吨，而香蕉的总利润为575万元。扣除鞋的成本，公司可以在第一笔交易中盈利559万元。如果鞋在岛国本地生产，则每双鞋可以再节省成本4元，公司则可以得到563万元的总利润。

不过，经理们也算过了，投资设厂的资金需要200万元，而且从建厂到真正成品交货，需要3个月的时间，满足不了酋长的迫切要求；而公司从最近的鞋厂设计、生产那1万双鞋，再运到岛国出售，只需要一个半月，这个时间酋长是可以容忍的。所以，经理们建议公司一边用"国际贸易"做成第一笔1万双鞋的交易，打好关系和基础；一边在岛国建厂投入生产，以便为后续更大的市场发展提供支持。

制鞋公司对营销经理们的报告大加赞赏，同时给予了奖赏。

问题:

（1）比较四份市场调研报告，谈谈自己的看法。

（2）结合本案例分析市场营销观念的重要性、如何了解市场、适应市场与开拓市场。

◇ 实训拓展

物流服务营销基本知识

【项目情景】

某物流公司新近招聘了一批员工，准备补充到销售部，上岗前要对他们进行营销知识的培训，如果这项工作由你负责，他们首先应该学习哪些理论知识？掌握哪些知识点？

【实训目标】

（1）能够对物流服务营销理论有初步的认知。

（2）能够掌握物流服务营销的特点。

（3）了解最新物流营销观念。

【实训准备】

（1）掌握服务营销的基本知识。

（2）熟悉物流服务营销知识。

（3）了解物流市场最新营销观念。

【实训步骤】

（1）学生每 5 人为一个小组，每个小组选一名组长。

（2）以小组为单位，讨论服务营销的基本知识。

（3）各组逐一列出各种观点，并总结归纳。

（4）每组派一位代表陈述主要知识点。

【注意事项】

（1）各成员要积极参与讨论。

（2）讨论间隙可以利用手机上网查阅有关物流服务营销的知识及资料。

【实训评价】

教师对各组设计方案做出综合评价，如表 3-3 所示。

表 3-3　考评表

考评人		被考评人		
考评地点				
考评内容		物流服务营销基本知识		
考评标准	具体内容		分值	实际得分
	知识回顾		20	
	针对项目情景要求讨论		20	
	罗列各种观点		20	
	归纳整理		30	
	团队合作和职业素养		10	
合　　计			100	

模块二　物流服务营销战略

项目 4 物流服务营销环境

◇ **知识目标**

1. 明确物流服务营销信息的含义及系统构成；
2. 明确物流服务营销环境的概念，了解物流营销环境的构成；
3. 深入理解各种环境因素对物流企业营销活动的影响；
4. 掌握矩阵图分析法、SWOT 分析法的运用。

◇ **能力目标**

1. 能够通过多种渠道搜集营销环境信息；
2. 能够利用矩阵图分析法、SWOT 分析法对物流营销环境进行分析评价；
3. 能够编制物流营销环境分析报告。

◇ **本项目知识结构图**

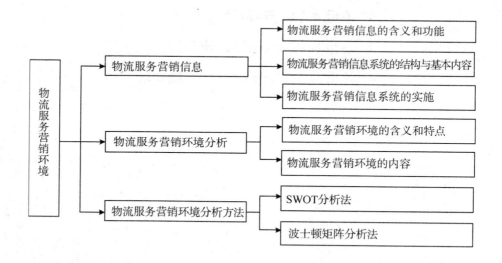

◇ **职业标准与岗位要求**

职业功能	工作内容	技能要求	相关知识
物流服务营销信息构建	物流服务营销信息收集、整理、分析	➤ 能熟知物流服务营销信息的概念 ➤ 能熟知物流服务营销信息的构成 ➤ 能够收集、整理和分析某物流企业的服务营销环境信息	➤ 物流服务营销 ➤ 物流服务营销信息系统 ➤ 构成要素
物流服务营销环境分析	应用 SWOT 分析法分析物流服务营销环境	➤ 能掌握物流服务营销环境的概念 ➤ 能够运用 SWOT 分析法和波士顿矩阵法对物流服务营销的内部和外部环境进行分析	➤ 内外部环境内容 ➤ SWOT 分析法 ➤ 波士顿矩阵分析法

◇ **任务的提出**

运用 SWOT 环境分析法，确立企业成长战略

爱世达公司是广东省的一家从事交通物资贸易和仓储的中型国有企业，目前公司面临的形势如下。

1. 企业面临的主要机会

企业面临的主要机会是潜在客户多，这主要是由于：

（1）广东经济总量增长快，市场容量大，需求旺盛，区域内"四流"活跃。

（2）广东每年投资在公路建设中的资金为 150 亿～200 亿元人民币，对各种交通物资材料的需求数量极大。

（3）广东生产企业物流外包明显，为公司发展第三方物流提供机遇。

（4）广州的危险品仓储业务正在进行清理整顿，而公司的仓库正好可以提供该项业务。

2. 企业面临的主要威胁

企业面临的主要威胁是日益激烈的市场竞争，主要表现在：

（1）电子技术、信息技术的发展带来新兴商业模式，更多的供应商通过网络与客户直接见面，中间跳过贸易商。

（2）国内部分大企业日渐成熟，外资企业大量涌入，使得市场竞争更加激烈。

（3）金融信贷体制改革使企业获得资金贷款的可能性越来越低。

（4）买方市场的形成，用户讨价还价的能力加强。

（5）广州目前正在实施的公路主要枢纽货运站建设中的几个货运站就在公司储运仓库的附近。

3. 企业拥有的主要优势

本企业拥有的主要优势是其较强的专业物流与经营的竞争力，主要表现在：

（1）公司信誉好，经过长期经营，在交通物资经营和储运上有一定的知名度。

（2）公司物流经营的基础设施较好。

（3）物流人才队伍好，有一批中、高级经济师和专业物流人才。

（4）公司仓库靠近黄埔港，专用公路和铁路线直通码头，特别适宜从事货物的停放和中转。

（5）公司在危险品和化工品方面储运能力较强。

4. 企业存在的劣势

企业存在的劣势表现为战略目标不明确：

（1）公司经营战略方向不明。到目前为止，还没有一套非常明确的战略设计，经营业务杂乱，投资失误较多，没有形成核心竞争力。

（2）公司历史包袱重，债权债务较大，资金紧张，人员结构不合理，冗员过多。

（3）公司不良资产较多，经营效率低，发展后劲不足。

（4）机制不活，职工积极性不高。

（5）身为一家中小型交通物资企业，公司力量还是比较单薄。

（6）公司缺乏企业文化建设。

根据环境分析的结果，爱世达公司可以制定相应的企业经营战略。

◇ 任务分析

为了完成上述任务，学生需掌握如下内容或要点：

1. 物流服务营销信息；

2. 物流服务营销环境分析及方法。

任务一　物流服务营销信息

一、物流服务营销信息的含义和功能

1. 物流服务营销信息的含义

物流服务营销信息是指在一定的时间和条件下，与物流服务营销活动有关的各种内外环境的状态、特征以及发展变化的各种信息、情况、资料和数据的总称。它涉及物流企业的各个层面和社会各个方面。

与物流服务营销活动有关的市场营销信息主要包括如下方面：

（1）物流商品或服务供求及其变化的信息。它包括物流商品或服务的供应信息和需求信息，物流商品或服务的供应信息主要指物流服务的供应商、供应时间、供应的数量和质量、供应的结构、供应变化动态等。需求信息主要是指市场或物流各级客户需求的数量、质量、时间、购买地点、购买习惯、需求变化趋势、价值取向等信息。

（2）物流商品或服务的价格及其变化信息。物流商品或服务的价格及其变化信息主要是指物流各类服务项目费用或价格现有水平情况、影响价格变化的主要因素、竞争对手的价格水平和定价策略、客户对于价格的认可程度、客户的心理价位、替代品的价格、国际物流市场上同类产品或服务的价格情况等。

（3）物流市场竞争情况及其变化的趋势。竞争对手的一切信息和动态变化，均需要收集、监测、研究、分析。

（4）物流技术进步和新产品或新兴服务项目开发信息。这里主要是指因社会进步和科技发展所带来的一系列物流新产品、新材料、新工艺、新技术等各种相关有效信息。

（5）国际物流市场及其变化信息。这些信息主要包括不同国家物流市场需求数量、结构、动态、政策变化、国际组织的动态、国家事件、国家关系、政治环境等信息及其变化趋向。

2. 物流服务营销信息的功能

物流服务营销信息是物流企业营销的重要资源，是物流企业取得成功的必要因素。

（1）物流服务营销信息是物流企业经营决策的前提和基础。物流企业无论是确定营销目标、发展方向还是确定产品、定价、渠道、促销营销组合策略，都必须建立在准确获取物流服务营销信息的基础上。

（2）物流服务营销信息是制订物流企业营销计划的依据。物流企业在服务营销中，必须根据市场需求的变化，在营销决策的基础上制订具体的营销计划，以确定实现营销目标的具体措施和途径。不了解营销信息，物流企业就无法制订符合实际需要的营销计划。

（3）物流服务营销信息是物流企业实现营销控制的必要条件。营销控制是物流企业按照既定的营销目标，对营销活动进行监督、检查，以保证营销目标实现的管理活动。由于市场环境的不断变化，物流企业必须根据信息来修订营销计划并进行有效控制，使营销活动按预期的目标进行。

（4）物流服务营销信息是物流企业进行内外协调的依据。物流企业要想在竞争中取得优势，就必须协调内部条件、外部环境和营销目标之间的关系，而这一切必须依赖物流服务营销信息的反馈。

二、物流服务营销信息系统的结构

1. 含义

物流服务营销信息系统是物流信息系统的一个有机组成部分。它是一个以人为主导，利用计算机硬件、软件、网络通信设备以及其他办公设备，进行物流营销信息的收集、传输、加工、储存、更新和维护，支持物流企业高层决策、中层控制、基层作业的集成化的人机系统。

物流服务营销信息系统的功能是通过调查、搜集、分析、归纳、整理、导出物流服务供求信息、客户信息、价格信息，细分物流服务市场与选择目标市场，为制定物流服务营销策略服务，实现物流企业市场营销目标。

物流服务营销信息系统的目的是辅助物流企业进行营销管理，为管理决策提供信息支持。为了满足管理方面提出的各种要求，物流服务营销信息系统必须准备大量的数据（包括当前的和历史的、内部的和外部的、计划的和实际的）、各种分析方法、大量数字模型和管理功能模型（如预测、计划、决策、控制模型等）。

2. 物流服务营销信息系统结构

通常，物流服务营销信息系统涉及物流服务营销信息的收集、整理、加工、存储、传递、输出等项活动，因此，它必须具备几个相应的子系统，即信息收集子系统、信息处理子系统、信息存储子系统、信息输出子系统和运行控制子系统。这五个子系统协调配合构成了物流服务营销信息系统。物流服务营销信息系统结构如图 4-1 所示。

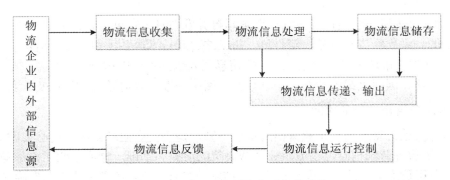

图 4-1　物流市场营销信息系统的结构

3. 建立物流服务营销信息系统的原则

（1）完整性原则

物流服务营销信息系统必须以物流的营销活动作为一个整体来看待,疏通企业内部的纵横关系、兼顾现实运转和长远发展。物流服务营销信息管理系统应该具有功能的完整性,包括对物流营销信息进行采集、传输、存储、处理、显示和分析,使制定的系统能满足物流服务营销管理的信息化要求。

（2）可靠性原则

可靠性就是要求信息系统具有准确性和稳定性。系统的准确性依赖于物流营销信息的精确性和及时性,信息精确性既包括信息本身由书面信息转化为电子信息时的准确性,也包括信息系统上所显示的信息与实际的一致性。信息的及时性要求一种活动发生时能在信息系统内得到快速的反映,并要求及时更新系统内的信息。

（3）稳定性原则

系统稳定性原则体现在两个方面：① 能在正常情况下达到系统设计的预期要求,不管输入的数据多么复杂,只要是在系统设计要求的范围内,都能输出可靠结果；② 在非正常情况下系统仍能部分使用和运行。一个优秀的系统也是一个灵活的系统,在设计时就必须针对一些紧急情况做出应对措施。因此,物流服务营销信息系统必须以处理异常情况为基础,依托系统来突出问题和机会,管理者通过信息系统能够集中精力关注最重要的情况,以便及时做出相应的危机公关决策。

（4）经济性原则

任何企业都是趋利性组织,追逐经济利益是其活动的最终目的,所以每一次投入它都会考虑产出,在系统中也要做到以最小的投入获取最大效益。软件的开发费用在保证质量的情况下尽量压缩,而且系统投入运行后,还必须保持较低的运行维护费用,减少不必要的管理费用。因此,物流服务营销信息系统在构建时必须考虑经济原则。

（5）适用性原则

这是构建物流服务信息系统必须考虑的一项重要因素。因为离开了适用性,再科学、经济、系统、全面的结构都是白费。为此,在构建系统时要具有可操作性,不要构建太复杂的系统,但也不能太简单,不能准确收集、处理、传递信息。力求使系统层次清晰、内容精练、易于操作,使之具有实际应用与推广价值。

三、物流服务营销信息系统的基本内容

一个完整的物流服务营销信息系统应该由内部报告系统、市场情报系统、市场调研系统、市场分析系统、商务信息系统（即物流产品销售信息）和客户服务系统组成。

1. 内部报告系统

内部报告系统提供的主要是物流企业经营结果的信息。该系统集中反映了物流产品的订单、出入库作业、运输、装卸、加工以及现金流量、应收应付账款、作业进度、服务效益等方面的情况。这些信息来自企业内部的财政部门、销售部门、仓储部门、运输部门等，通常是通过电脑或各种报表向营销管理者及时提供信息。

2. 市场情报系统

市场情报系统提供的主要是外部市场环境正在发生的信息，是使物流企业获得日常的关于物流产品营销环境发展的恰当信息的一套程序和来源。如新的经济政策、竞争者情况等都是市场情报系统的重要内容。资料收集途径有：

（1）通过本企业营销人员、驻外机构；

（2）通过企业的供应商、中间商、顾客以及其他合作者；

（3）向市场调查公司、信息咨询公司、广告公司购买；

（4）通过查阅报纸、杂志和其他出版物；

（5）通过本行业的各种商业展览会；

（6）购买产品和服务，进行剖析；

（7）向有关物流专业人士购买。

3. 市场调研系统

物流市场信息调研系统侧重于对特定问题的解决，即针对某一特定问题，系统收集第一手资料，加以分析研究，写成报告供决策参考。市场调研系统是市场营销信息系统中非常重要的组成部分，市场营销调研的主要项目有市场潜力调查、市场份额调查、市场特征分析、市场分析、短期预测、长期预测、市场趋势研究等。

4. 市场分析系统

对市场情报和调研系统所收集到的信息，通常还要做进一步的分析，物流企业应根据自身需要开发一套完全适用的信息分析系统。该系统的主要任务是对内部报告系统、市场情报系统、市场调研系统收集的数据资料，用科学的方法进行分析归纳，得出结论，为物流产品营销决策服务。

5. 商务信息系统

物流企业需要把自己为客户提供服务的情况及时向客户进行反馈；客户则需要及时了解和掌握物流企业为他们所提供的服务状况。商务信息系统的主要功能有：

（1）实时查询。客户在网上实时查询库存情况、货物运输情况。

（2）清单录入。通过电子数据交换（EDI）系统实现双方系统的数据对接。

（3）服务需求。客户可以将他们对物流的需求直接发送到系统中，如订仓业务、配送计划、运输需求等。

6. 客户服务系统

客户服务管理系统处理客户以各种方式提出的服务要求。如从客户的抱怨中（包括服务方式、业务流程、服务态度和服务质量等提出建议或投诉）寻找营销时可能存在的问题，以便于更好地解决。

以上几个部分的有机结合，实现了物流企业产品流动全过程的信息采集、交换、处理和传递，从而构成一个物流行业完整的服务营销信息管理系统的解决方案。

四、物流服务营销信息系统的实施

物流服务营销信息系统的主要功能是从系统设计完成以后，着手进行物流服务营销信息系统的实施开始的。在物流服务营销信息系统的实施中，包括计算机软、硬件购买安装，编写并调试专用软件，编写技术说明书与用户使用说明书，培训用户及操作人员，系统测试及系统转换直至验收等。

物流服务营销信息系统实施是将物流信息系统付诸实现的过程。在此过程中需要把系统设计阶段所获得的物理模型变为能实际运行的真实系统。系统实施阶段既是成功地实现新系统，又是取得用户对系统信任的关键阶段。

1. 计算机软、硬件安装

首先根据系统需求的各种功能，配备各种硬件设备。基于 Internet 和 Intranet 安装物流服务营销信息系统所需要的各种软件。

2. 系统测试、验收

系统测试的目的是发现程序和系统中可能存在的错误并及时纠正。首先应该将各个单独的程序加以调试，然后再将单一的程序按次序串联起来进行测试。调试成功的程序就可以进行验收工作了。

3. 培训操作人员

物流服务营销信息系统的运行管理是一项需要多方协调的系统性工作，需要多方面人员的密切配合，并牢固树立为用户服务的观点。培训的人员主要包括：系统运行管理负责人、软件维护人员、硬件维护人员、具体操作人员等。

4. 编写操作技术

编写操作技术不仅包括系统运行操作规程，还包括系统维护和安全系统、系统运行日志和填写规定。

5. 系统试运行

系统试运行工作主要包括系统初始化、输入各种原始数据；记录系统试运行状况和产生的数据；核对现行系统与目标系统输出的结果；对目标系统的操作方式进行考察，测试系统运行、影响因素等。

6. 正式运行

若试运行通过，则进入正式运行阶段。若试运行存在某种问题，要反馈到测试阶段，重新进行系统调试。

物流服务营销信息系统实施过程如图 4-2 所示。

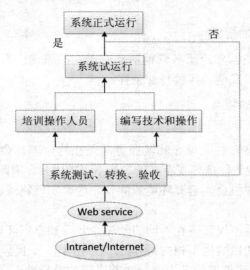

图 4-2　物流服务营销信息系统实施过程

任务二　物流服务营销环境分析

物流企业是一个开放的经济系统，要想卓有成效地开展物流服务营销，就必须适应飞速发展的社会，把握经营环境的现状和未来的变化趋势，利用有利于企业的发展计划，避开环境威胁，有针对性地进行物流服务营销。

物流服务营销环境分析所包含的内容及分析思路如图 4-3 所示。

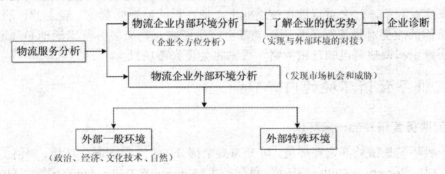

图 4-3　物流服务营销环境分析图

关于环境（Environment），不同的人会给出不同的定义。

✧ 经济学家给出的定义：对组织绩效起着潜在影响的外部机构或力量。

✧ 作家给出的定义：从宇宙中减去代表组织本身的那一部分，余下的部分就是环境。

一、物流服务营销环境的含义和特点

1. 物流服务营销环境的含义

物流服务营销环境是指与物流服务营销活动有潜在关系的所有外部力量和相关因素的集合，是影响物流服务产生和发展的各种外部条件。

2. 物流服务营销环境的特点

（1）客观性

物流服务营销环境的客观性表现在物流服务总是在特定的社会经济和其他外界环境条件下生存、发展的。这种环境条件是客观存在的，是不可控因素。因此，物流企业要积极主动地适应环境，主动寻求与把握机会，避开环境威胁和制约来实现物流服务的营销目标。

（2）差异性

物流营销环境的差异性不仅表现在不同的物流企业受到不同环境的影响，而且同样一种环境因素的变化对不同企业的影响也不相同。例如，不同的国家、民族、地区之间在人口、经济、社会文化、政治、法律、自然地理等各方面存在着广泛的差异性。这些差异性对物流服务营销活动的影响是不同的。

（3）相关性

物流服务营销环境是一个系统，在这个系统中，各个影响因素是相互依存、相互作用和相互制约的。这是由于社会经济现象的出现，往往不是由某个单一因素决定的，而是受到一系列相关因素影响的结果。

（4）动态性

物流服务营销环境是物流服务营销活动的基础和条件，这一环境不是静止不变的，而是动态变化的。以中国所处的营销环境来说，今天的环境与十多年前的环境相比已经有了很大的改变。如国家产业政策，过去重点放在制造业上，现在已明显地向农业、轻工业、服务业倾斜，这种产业结构的改变对物流服务营销活动都会产生影响。物流服务营销活动必须适应环境的变化，不断修正和调整自己的营销策略，否则将会丧失市场机会。

二、物流服务营销环境的内容

1. 物流服务营销外部一般环境

外部一般环境是指外部宏观环境，可分为五个部分：政治（Policy）环境、经济（Economy）环境、社会文化（Society & Culture）环境、科学技术（Science & Technology）环境和自然（Nature）环境，这就是所谓的 PESTN 分析。

（1）政治环境

① 国家的政治体制。国家的政治体制是国家的基本制度及国家为有效运行而设立的一系列制度，如国家的政治和行政管理体制、政府部门结构及选举制度、公民行使政治权利的制度、经济管理体制等，它决定了政府的行为和效率。

政府机关不仅是管理部门、权力行使部门，还是服务部门。末位淘汰制、效能考核、效能投诉政策的实施标志着政府部门职能的转换，影响了政府的工作效率，也间接影响了企业的效率。因为企业活动中有一部分工作是与政府打交道的。

②　政治稳定性。政治稳定性包括政局政策的稳定性，中国能够以较大的额度和较快的增长速度吸引外资，其中除了中国的劳动力等生产要素价格相对便宜，更为重要的是我们有更加稳定的政局、稳定的国际关系，从而带来了政策的稳定性、连续性、持久性，这给国外的众多投资者提供了巨大的安全感。

③　国际关系。国际关系即国与国之间的政治关系会影响到他们之间的经济关系，而后者会影响企业的经营。

④　法制体系。法制体系是由国家制定并被强制实施的各种行为规范的总和，如宪法、刑法、民事诉讼法、公司法、劳动法、环境保护法、专利法、海商法、《中华人民共和国水路运输服务业管理规定》、《汽车货物运输规则》、《港口货物作业规则》、《中华人民共和国国际海运条例》、《道路零担货物运输管理办法》、《中华人民共和国水上安全监督行政处罚规定》等。作为 WTO 的成员国，还必须遵循相关的国际规则和行业惯例，如与服务贸易有关的GATS（服务贸易总协定）以及 ISM CODE（国家安全管理规则）等。

⑤　政治团体。如物流或者与物流相关或对物流有影响的行业组织和协会、公众团体、妇联组织、共青团和工会等。

（2）经济环境

①　国内生产总值及增长速度。GDP 非 GNP，前者是国际口径，后者是我国以前用的指标，两者主要区别在于：前者统计在中国境内的一切企业的生产总值，也包括在中国的外资企业，后者只包括中国境内的国内企业的生产总值。GDP 的增长是由增加投资、扩大内需及鼓励出口贡献的。GDP 的高速增长，会带来物流服务需求的快速增长，也给物流企业带来了巨大的机遇。

②　市场规模。市场规模是指一个国家的市场容量或商品的总需求水平。它与人口规模及购买力水平密切相关（如表 4-1 所示）。

表 4-1　人口规模、购买力水平与市场容量的关系

人 口 规 模	购买力水平	市 场 容 量
少	低	很小
多	低	一般
少	高	一般
多	高	大

③　生产要素市场的完善程度。这是与生产有关的一切要素。如商品市场、资金市场、劳动力市场、技术市场、房地产市场、信息市场等，是在自由市场体系中，通过购买获得生产要素市场的完善程度越高，越容易从市场中，而不是通过其他的途径获得生产或服务所需要的一切资源，而且这种获得就越公平合理。

④　经济和物流政策。

⑤　国家的物价总水平特别是与物流相关及具有联动影响的能源材料的价格水平及其变化趋势。

（3）社会文化环境

社会文化环境包括一个国家或地区的居民受教育程度和文化水平、宗教信仰、风俗习惯、审美观点、价值观念、道德准则等。

小贴士

为什么要入境随俗

中国古代的《礼记·曲礼上》中说："入境而问禁，入国而问俗，入门而问讳。"意思是说，进入一个陌生的地区，要首先去打听有关的民俗和禁忌，以免遇到麻烦。

（4）科学技术环境

科学技术发展一方面促进了企业物流装备的现代化，如集装设备、物流设施、仓库设备、铁道货车、货船、汽车、货运航空器、装卸设备、输送设备、分拣与理货设备、物流工具等；另一方面，信息技术与网络设备，如基础应用层面的有 Internet（因特网）、GIS（地理信息系统）、GPS（全球卫星定位系统）、BAR CODE（条形码）、RF（射频技术）等。作业层面的有 JIT（准时制工作法）、POS（销售时点信息）、ECR（有效客户信息反馈）、ACEP（自动连续补货）、QR（快速响应）、MIS（管理信息系统）、ERP（企业资源计划）、DRPF（分销资源计划）、CRM（客户关系管理）、SCM（供应链管理）等。

（5）自然环境

自然环境包括自然资源、气候、地质和地形、地理位置。自然环境对物流企业的影响是巨大的，因为物流企业的主要功能是以运输、储藏等为主要特征的服务企业。物流企业保管和储藏的商品涉及各个类别、各种特性，保管的技术要求和难度千差万别，受环境如雨雾、冰雹、风、冷、寒、阴、潮等的影响极大。至于运输对于气候的依赖性就更为重要了。

2. 物流服务营销外部特殊环境——外部微观环境

物流服务营销的外部特殊环境，是指微观环境，可分为五个方面。

（1）物流市场显在的竞争对手

① 区分竞争对手和主要竞争对手。企业的竞争对手很多，但要按照可比性的原则，找出自己的主要竞争对手，要区分不同的重量级别，主要应该了解自己，把自己与对手加以比较。

② 反映企业竞争实力的主要指标有销售增长率、市场占有率和产品及服务的获利能力，如表 4-2 所示。其中：

销售增长率=[(今年销售实绩-去年销售实绩)/去年销售实绩]×100%

市场占有率=(本公司销售收入/业界总销售收入)×100%

表 4-2 企业竞争实力的主要指标

	去　年	今　年	增长率/%
企业实绩	100	150	159
业界实绩	1 000	1 200	120
市场占有率/%	10	12.5	

③ 检测主要竞争手段的发展动向。方法是用动态检测的方法，指派专人、专门的机构负责该项工作。

④ 目前参与我国物流服务竞争的企业主要有如下几类。

◇ 以传统的运输系统为支撑的物流企业，如铁路系统、中外运、华宇物流公司等；

◇ 以传统仓储系统为支撑的物流企业，如中储、商业系统、粮食系统公司等；

◇ 以邮电系统为代表的、以包裹递送转向物流服务的物流企业；

◇ 以新经济为口号应运而生的物流企业，如发源于商业系统的华运通、宝供、中野公司的全球数码仓库等；

◇ 已掌握业务需求而进入物流行业的潜在的生力军，如海尔、联想公司等；

◇ 国际大公司如 FedEx、UPS 等瞄准国内巨大市场而陆续登陆。众多已经进入国内市场的国际著名物流企业或与国内物流企业联盟，或并购股权，组成专业化的物流企业，为客户提供涉及全国配送、国际物流服务、多式联运和邮件快递等方面的专业化服务，凭借他们雄厚的资金、丰富的经验、优质的服务和一流的管理及人才，占据了三资企业物流供给的大部分市场。

（2）物流市场潜在竞争对手

当企业处于一个有利可图或前景看好的行业时，必然会引来其他行业有雄厚资金或实力的企业的进入，要防止这些潜在竞争对手的进入，可以从以下方面入手。

① 迅速形成一定的规模。规模经济是指在一定时期内，企业所产生的产品增加，产品的平均成本下降。企业形成规模后，对于新的和较小的进入者而言，成本会较高，则风险增大。

② 要迅速控制关键资源。企业如果控制了生产所必需的某种资源、某种优势资源时，就会保护自己而不被进入者干扰。关键资源包括资金、专利或专有技术、原材料供应、分销渠道、专业人员、经验或资源的使用方法或工艺等。例如，物流企业拥有大量的终端网络或航线或与国际核心物流资源结合等，奶制品企业通过占有天然、优质的牧场资源，娃哈哈公司通过占有千岛湖的优质水资源等，都是很好的范例。

③ 建立品牌优势。企业具有较高的美誉度，同时具有很高的知名度和回头率，这是企业的品牌优势。

④ 利用政府政策。

（3）物流服务的营销渠道企业

物流服务的营销渠道企业包括物流企业的供应商、商人中间商、代理中间商和各类辅助商等。物流营销中介是指协助物流企业把物品从供应地运送到接收地的活动过程中所涉及的所有中间机构，包括各类中间商和营销服务机构。对物流企业而言，就是各类货运代理机构等。营销服务机构主要包括营销调查机构、营销研究机构、广告代理机构、企业形象设计机构、媒体机构、营销咨询机构、物流服务项目代理机构等。

物流供应者是指从事物流活动和业务所必需的各种资源和服务产品的供给者。它包括直接向物流市场提供各类物流活动、服务项目及有形产品的各类企业；为物流提供设备、工具、机械、能源、土地、厂房设施等的各类供应商；为物流企业提供信贷资金的各类金融机构；为物流企业生产经营提供各类服务和劳务的机构等，所有这些均构成物流市场的供应商。

（4）物流用户或消费者市场

物流用户或消费者市场包括国内外消费者市场、生产者市场、中间商市场、政府及一切事业单位市场等。

无论是哪类用户或消费者市场，营销的目的就在于确定客户所期望的价值，而要很好地了解客户的需求价值，必须知道企业提供的产品是什么。它有哪些突出价值和优势，企业又是怎样与客户打交道的，派什么样的人，要求什么样的素质，通过怎样的价格向顾客出售产品或服务等。同时，还要注意随时将自己的客户按大、中、小级别加以区分，进行有效的分类，建立详细的档案，以便区别对待，还需要严格的管理和有效的沟通。

（5）公众

公众是指那些会给物流企业实现其营销目标构成实际或潜在影响的任何团体，包括金融公众、媒体公众、政府机构公众、企业内公众、社会一般公众和社会压力集团等。

① 金融机构包括银行、投资公司、证券公司、保险公司等。

② 媒体机构包括电视、报纸、杂志等。

③ 政府机关包括专门负责物流企业经营的职能部门及各级政府机关等。

④ 企业内部公众包括企业董事会、经理、职工等。

⑤ 社会一般公众是指消费者等。

⑥ 社会压力集团包括社会绿色和平组织、环保部门等。

✎ 小贴士

国内物流市场的五种主要力量

国内物流市场主要由五种力量共同构成，它们分别是：

◇ 外资企业，以 FedEx、UPS 等公司为代表；

◇ 中外合资物流企业，以中外运敦豪、中外运天与地和黄天柏等公司为代表；

◇ 国有企业，以中海、中远、中外运公司为代表的强势国有品牌；

◇ 民营企业，以宝供、宅急送、北京中铁快运、远程等公司为代表；

◇ 企业自有品牌，以海尔、安得等公司为代表，后三者合称国内品牌。

上述物流企业面对由国内物流市场需求环境的变化和外部条件的变化而必然导致的市场格局的变化，物流企业必然采取不同的营销手段和市场策略。

任务三 物流服务营销环境分析方法

一、物流服务营销环境的诊断——SWOT 分析

SWOT 分析法，由旧金山大学的管理学教授于 20 世纪 80 年代初提出，是一种能够较客观而准确地分析和研究一个企业现实情况的方法。利用这种方法可以从中找出对企业有利的、值得发扬的因素，以及对企业不利的、如何去避开的东西，发现存在的问题，找出解决办法，并明确企业今后的发展战略（方向）。

SWOT 分析被认为是物流服务营销内外部环境分析的有力武器和有效工具。其中，S——优势（Strength）；W——劣势（Weakness）；O——机会（Opportunity）；T——威胁（Threat）。

1. 物流企业优势与劣势的识别

物流企业的优势是指企业在执行策略、完成计划和实现目标时可以利用的能力资源及技能，物流企业的劣势是指企业在能力和资源方面的短缺或不足。它们都与竞争有关，会妨碍企业执行策略和实现目标。企业的优势也可以用企业的竞争力指数来表示。一般来讲，一个企业的竞争力指数由以下几个指标构成：市场份额、产品或服务的独特性、服务的质量、顾客的忠诚度、企业的知名度、行业的成本和利润水平、企业的制造能力、企业的技术优势、企业的人

力资源优势、企业的研究和发展能力、企业的专利、企业的营销能力和网络优势、企业的组织结构和适应性等。

2. 多途径考察物流企业的优势和劣势

（1）内部观点。利用物流企业现有的拥有丰富经验和阅历的物流管理者和专家提出有关企业优势和劣势的调查。企业的历史资料及现成的二手资料也可以展示企业的优劣变化。

（2）外部观点。用竞争对手的优势和劣势来比较本企业的相应资源和能力，处于同行业的潜在竞争者一般要处于企业长期不断的密切监控之下，对手的优势和劣势会一览无余地暴露在本企业的视野里，通过发现对手资源和能力的变化来对照自己，就容易获得关于自己的现状。

（3）专家的意见。从企业外部寻求一些优秀的行业专家，请他们从外部、客观的角度对企业的优势、劣势加以定位。

3. SWOT 分析法的实施

（1）SWOT 分析法的步骤

✧ 把企业已经识别出的优势分成两组，分组的主要依据是看看它们是与外部行业中产生的机会有关还是与威胁有关；

✧ 用同样的方法把所有劣势分成两组，一组与机会有关，一组与威胁有关；

✧ 建构一张表格，每个占 1/4；

✧ 把企业的优势和劣势与机会或威胁配对，分别放在每个格里，SWOT 表明企业内部的优势和劣势与外部机会和威胁的平衡（如图 4-4 所示）。

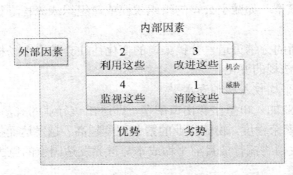

图 4-4 企业内部的优势和劣势与外部机会和威胁的平衡图

（2）结论和分析

✧ 在某些领域里，企业可能面临来自竞争者的威胁，有一种不利的趋势，而在这些领域或变化趋势中，企业不仅不具备优势，还有一定的劣势，那么一定要首先把这些劣势消除掉。

✧ 市场上出现了难得的机会，而机会所出现的领域恰巧是公司的优势领域，则应快速反应，马上行动，立即抓住它。

✧ 某些领域中可能有潜在的机会，但遗憾的是这不属于企业的优势领域，则应借机把属于这些领域中的企业的劣势消除掉。

✧ 对目前企业有优势的领域进行监控，以便当潜在的威胁出现时不感到吃惊或不知所措。

值得一提的是，在企业、行业和市场形势的分析中，变化是唯一的常数，因此，利用 SWOT

分析法，你不可能指望一次就完成其分析，随着企业发展环境的不断变化，必须去努力修改这个表格，以期达到新的平衡。

4. 物流行业分析调查表

无论企业经营什么，都要制定优良的企业战略，这就要求每个企业认真去分析企业所处的行业。

5. 机会识别

（1）物流技术上的变化。当物流技术有了变化时，有些公司常常表现迟钝，因为他们在老技术方面投入过多。对物流企业而言，技术上的变化是机会出现的重要因素之一。

（2）物流新材料、新设施的出现。物流新材料可能引起产品的革新并扩大市场机会。

（3）物流客户对现有服务产品的不满。当物流企业识别出某类顾客对现有产品的挑剔和不满意时，市场机会就出现了。

（4）物流市场的发展。当一个市场启动时，那些能首先用自己的产品来满足市场需求的企业就有机会。

（5）老产品新用途。当老产品有了新用途时，市场就会发展。

（6）高技术人士特别是物流专家的获得。获得了某个行业的高技术人才，实际上就等于重新获得了巨大的市场机会。

（7）正确的物流选址。物流选址的好坏意味着经营的成败，也意味着未来环境变化下的新的市场机会的数量。

（8）物流新组织模型。如减小公司的组织规模或对组织或流程进行重组，可以获得新的市场发展机会。

（9）物流营销中新的分销渠道。分销渠道的变化往往会带来市场机会。

（10）物流政策和法规的变化。

（11）物流行业的平均收入和利润水平。

（12）进入物流行业的入市壁垒和出市壁垒，即进出该行业的难易程度。

（13）物流行业的繁荣程度。物流行业的繁荣程度越高、越发达而接近于顶峰，市场机会就越小，反之则越高。我国物流行业目前平均成本与世界发达国家的巨大差距正是我国物流机会多的有力佐证。

以上机会基本反映了一个行业或产业的吸引力。

6. 威胁识别

（1）减退的市场。一个正在萎缩的市场，无论是否被预测到，都会付出重大的代价。

（2）政府政策的变化和规则及规章的调整。政府政策的变化和规则及规章的调整可能会影响企业的生存，如企业无论大小都要受到环保机构、安全与卫生机构、税务和工商部以及行业标准等的约束。因为能源供应紧张，中国政府对能源产品的出口政策由原来的出口退税调整为出口征税，这会给国际货运物流产生深刻影响。

（3）变化的趋势。中国国际贸易的增长趋势对物流市场需求造成深刻的影响。

（4）替代产品。替代产品的危险就是常常使企业不知道危险从哪里来。物流相关服务项目中的替代性更明显。

（5）反复无常的汇率。即使是很小的企业也会受到全球经济力量的影响，其中就包括汇率的影响。例如，当美元对其他主要货币的汇率上升时，美国的公司几乎都被湮没在便宜的外国进口货的冲击之中。

（6）原材料特别是物流生命线能源的短缺。

（7）失去保护的专利。失去保护的专利往往使原来就想进入该行业的潜在的竞争者可以理直气壮地进入，并且还可以轻易地获得不花钱而得到的专利技术的支持。

（8）懒惰和自满。当一个企业获得滚滚财源的时候，或多或少地会表现出骄傲自满的思想和行为，或表现出"大公司病"，这实际上是给竞争者带来可乘之机，危险和威胁接踵而至。

二、波士顿矩阵分析法

一个物流企业特别是综合性的物流企业可能会有多项业务，利用波士顿矩阵可以分析这些业务的现状和地位（如图 4-5 所示）。

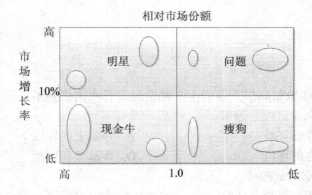

图 4-5 波士顿矩阵图

波士顿矩阵的纵轴表示市场增长率，就是该业务的销售量或销售额的年增长率，用数字 0～20%表示，并同时认为市场成长率超过 10%就是高速增长。矩阵的横轴表示相对市场份额，反映该业务相对于最大竞争者的市场份额，用于衡量企业在相关市场上的实力，用 0.1（表示该企业销售量是最大竞争对手的 10%）～10（表示该企业销售量是最大竞争对手销售量的 10 倍）表示，并以相对市场份额 1.0 为分界线。图中的 8 个圈代表企业拥有 8 个业务单位，它们的位置表示这项业务的市场成长和相对市场份额的高低，面积的大小表示业务额的高低。

1. 问题业务

问题业务是市场成长率高、相对市场份额低的业务，这可能是企业的新业务。对于问题业务企业必须回答是否继续投资以迅速发展市场的问题。只有那些符合企业长远战略目标，与企业优势资源相吻合的业务才有可能转化为明星或瘦狗业务。

2. 明星业务

明星业务是指市场成长率高、相对市场份额高的业务，它将成为企业未来的现金牛业务。它是企业的希望，企业必须追加投资，以扩大规模和增加竞争实力，击败竞争对手。

3. 现金牛业务

现金牛业务是指低市场成长率、相对市场份额高的业务，这是成熟市场的领导者，是企业现金的来源。企业对此不必投入更大的资金就可以享有规模经济和高利润的优势。

4. 瘦狗业务

瘦狗业务是指市场成长率、相对市场份额低的业务。这类业务一般是微利或亏损的。对于这类业务企业要痛下决心，快刀斩乱麻，彻底清理。

◇ 项目小结

通过本项目的学习，我们初步认识到物流服务营销活动都是在一定的环境中进行的，要了解这种环境中对物流企业有利的方面和不利的方面，为物流服务营销战略的建立提供基础性数据和资料。要了解物流服务营销所面临的内外环境，掌握 SWOT 分析法和波士顿矩阵分析法。

重点概念：物流服务营销信息、物流服务营销环境、SWOT 分析法、波士顿矩阵分析法。

◇ 知识巩固

一、选择题

1. 物流服务营销环境影响了企业的生产和发展，有些因素是不可控的因素，企业只能适应它，而（　　）是企业可控的因素。

    A. 物流企业外部环境   B. 外部宏观环境

    C. 物流企业内部环境   D. 外部微观环境

2. SWOT 的中文意思是指（　　）。

    A. 优势—劣势—机会—威胁   B. 劣势—优势—机会—威胁

    C. 优势—劣势—威胁—机会   D. 劣势—优势—威胁—机会

3. 市场成长率高、相对市场份额高的业务是指（　　）。

    A. 问题业务   B. 明星业务   C. 现金牛业务   D. 瘦狗业务

4. 物流服务营销外部一般环境，可分为五个部分：政治环境、经济环境和（　　）。

    A. 社会文化环境   B. 科学技术环境   C. 自然环境   D. 行业环境

二、判断题

1. 物流服务营销外部环境由宏观环境和微观环境组成。

2. 任何一项物流服务都会同时受到外部环境和内部因素的影响，因此，物流服务就要特别重视外部环境难以控制的特点，采用一系列的应变措施。

3. 因为物流企业是以运输、存储等为主要功能的服务企业，所以自然环境对物流企业的影响是巨大的。

三、简答题

1. 什么是物流服务营销信息？包含哪些方面？

2. 物流服务营销外部特殊环境指什么？

3. 什么是 SWOT 分析？其核心思想是什么？

4. SWOT 的实施步骤是什么？

◇ 实训拓展

对西安市某物流企业服务营销环境进行分析

【实训目标】

（1）能够运用各种资料进行物流企业内外环境分析。

（2）通过物流服务市场营销环境分析，把握顾客的购买行为，为企业的营销决策提供可靠依据。

（3）培养学生获取和分析资料的能力。

【实训准备】

（1）掌握 SWOT 分析法。

（2）熟悉物流服务营销环境的构成。

【实训步骤】

（1）学生每 5 人为一组，每个小组选 1 名队长。

（2）学生可以自行联系物流企业，教师也可以在校企合作单位中联系相关的典型物流企业。

（3）帮助学生获取相关资料。

（4）应用 SWOT 分析法，具体分析该企业的内外部营销环境，列出 SWOT 分析表格。

（5）形成实训书面报告，同时有针对性地对物流企业提出可供参考的经营战略目标。

【实训评价】

教师对各组设计方案做出综合评价，如表 4-3 所示。

表 4-3　考评表

考评人		被考评人		
考评地点				
考评内容	对西安市某物流企业服务营销环境进行分析			
考评标准	具体内容		分值	实际得分
	收集、分析资料的科学性、全面性		20	
	书面报告的可用性、层次性、逻辑性		60	
	团队合作和职业素养		20	
合　　计			100	

项目 5 物流市场调研与预测

◇ **知识目标**

1. 了解物流市场调研的一般程序与内容；
2. 掌握物流市场调研常用的方法。

◇ **能力目标**

1. 能拟定物流市场调研方案；
2. 会设计物流市场调研表格；
3. 能组织实施物流市场调研；
4. 能对物流市场调研报告进行整理、汇总；
5. 能统计调研数据并进行分析；
6. 能撰写物流市场调研报告。

◇ **本项目知识结构图**

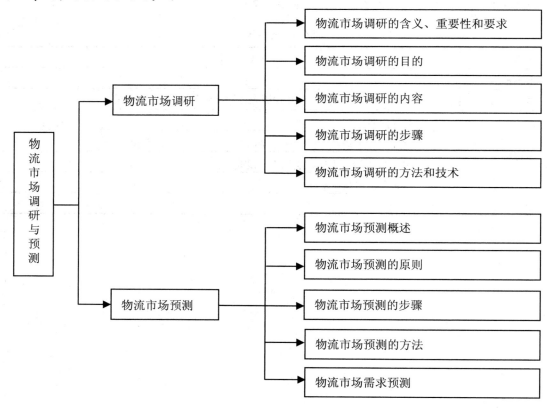

◇ 职业标准与岗位要求

职业功能	工作内容	技能要求	相关知识
物流市场调研	物流市场调查研究的应用	➤ 能熟知物流市场调研的概念 ➤ 能熟知物流市场调研的目的和内容 ➤ 能熟练掌握物流市场调研的步骤 ➤ 能熟练运用物流市场调研的方法和技术	➤ 物流市场调研 ➤ 物流市场调研的内容 ➤ 物流市场调研的步骤 ➤ 物流市场调研的技术方法
物流市场预测	合理进行物流市场预测	➤ 能掌握物流市场预测的原则 ➤ 能熟知物流市场预测的步骤 ➤ 会选择预测方法对物流市场进行合理预测	➤ 物流市场预测的原则 ➤ 物流市场预测的步骤 ➤ 物流市场预测的方法

◇ 任务的提出

某公司新的服务产品开发

　　某公司想了解新的服务产品的需求情况，为此他们组织了一次市场调研活动。按照调研计划，该公司首先进行了一次问卷调查，他们选取了北京、上海和广州三个城市作为代表城市，在这三个城市中随机发放问卷。他们向客户提供的问卷中，问答项目达几百个，而且十分具体。该调查所获得的数据被存入计算机，进行详细分析。

　　该公司为了改进其刚刚研发成功的服务产品，还邀请客户担任"服务产品顾问"，让他们试用这种新的服务产品，然后"鸡蛋里挑骨头"，从他们那里收集各种改进意见。该公司担心"服务产品顾问"有时也会提供不真实的信息，因此，市场调查人员经常亲自逛市场，"偷听"客户购买服务产品时的对话，或者干脆装扮成客户，四处探听客户对产品的意见。他们的目的只有一个，就是一定要收集真正准确的信息，而不是虚假的赞誉。

　　在亲自获取市场信息的同时，该公司还把销售人员所提供的市场分析资料进行加工和整理，以此来补充市场调查所获取信息的不足。这些从公开出版物、政府和有关行业获取的统计资料，为该企业了解整个市场的宏观信息提供了帮助。

　　来自客户的信息成千上万，如何分析研究，取其精华，该公司有其独特的方法。他们把所有信息分为两类，一类是期望值高的信息，即希望服务产品达到某种程度，或希望出现某种新产品；另一类是具体的改进建议。该公司十分重视前者，这类信息虽然没有具体意见，甚至很模糊，却反映了客户的期望，是新服务产品开发的重要启示，而具体的改进意见一旦和高期望值信息相结合，则能起到锦上添花的作用。

　　思考题：该公司是通过哪些途径获取市场信息的？该公司为什么要投入大量的人力、财力、物力开展市场调研？

◇ 任务分析

　　为了完成上述任务，学生需掌握如下内容或要点：

1. 物流市场调研的重要性；

2. 物流市场调研的内容；

3. 物流市场调研的步骤；

4. 物流市场调研的技术方法。

任务一　物流市场调研

物流市场调研是物流企业为了提高决策质量以发现和解决营销中的机遇和问题，进行系统地、客观地识别、收集分析和传播信息的工作。通过物流市场调研，物流企业可以掌握物流市场发展变化的现状和趋势，为物流市场预测提供科学的依据，物流市场调研是物流企业营销活动的起点，并贯穿物流营销活动的始终。物流市场调研就是运用科学的方法，有计划、有目的、系统地收集、整理和分析有关物流市场营销方面的信息，得出调查的有关结论，并形成调查报告。

一、物流市场调研的含义、重要性和要求

1. 物流市场调研的含义

物流市场调研是以提高物流企业经营效益为目的，有计划地收集、整理和分析物流市场的信息资料，提出解决问题的建议的一种科学方法。

2. 物流市场调研的重要性

物流市场调研就是通过信息把营销者和消费者、顾客及公众联系起来，利用这些信息来辨别和界定营销机会和问题，由此产生、改善和估价市场营销方案，监控市场营销行为，改进对市场营销过程的认识，帮助物流企业营销管理者制定有效的市场营销决策。

物流市场营销调研的意义在于通过调查帮助物流企业了解物流市场营销环境状况以及未来的发展趋势，以便为物流企业的营销决策提供科学的参考依据；通过市场调查可以发现新的市场需求和机会，及时拓展新的服务去满足这些需求；通过市场调查可以掌握竞争者的态势使企业在竞争中知己知彼，更好地进行自我定位，以在市场上立于不败之地；通过市场调查，可以了解宏观经济的发展以及国家的政策法律法规的变化对物流企业发展的影响，预测未来的经济走向，抓住发展机遇。

3. 物流市场调研的基本要求

（1）选择有效方法。采用何种调查研究方法，一般应综合考虑调研的效果和人力、物力、财力的可能性以及时间限度等。对某些调查项目，往往需要同时采用多种不同的调查方法，如典型调查，就需要交叉运用座谈会、访问法、观察法等多种方式。

（2）安排适当场合。安排调查的时间和地点时，要为被调查者着想，充分考虑被调查者是否方便，是否能引起被调查者的兴趣。在调研前要对整个调查在时间上做周密的安排，要确定调查的总时间及阶段时间，并规定每个阶段要完成的目标或任务。调查地点选择是一个区域，还是几个区域；是选择现场调查，还是网站调查，应该根据具体的调查项目和资料性质进行选择和安排。

（3）注意控制误差。影响市场的因素十分复杂，调研过程难免产生误差，但是应将调查误差控制在最小限度，尽量保持调查结果的真实性。

二、物流市场调研的目的

物流市场调研是为更好地进行物流营销决策服务的。物流市场调研的主要目的一般包括：了解市场需求；识别发展机会；找出与主要竞争对手的差距；衡量顾客或客户的满意度等。

上述调研的目的也可以进一步归纳为以下几个方面。

1. 探索性调研目的

收集有关研究物流企业问题的原始和初步资料，以进一步确定问题和建立科学的假设，是为了使问题明确而进行的小规模调查活动。这种调查特别有助于把一个大而模糊的问题表达为小而准确的子问题，并识别出需要进一步调研的信息。它可以通过查阅和依据现有的历史资料和类似案例，或是向熟悉调查对象的有关业务人员、专家请教，或是召开有关顾客代表的座谈会。例如，某个物流企业的运量近一段时间一直在下降，但为何下降？是运输质量出现问题，或是市场上出现更新的运输线路，还是竞争对手抢占了市场？对这些问题产生的原因，物流企业可以通过探测性的调研来查找。探测性调研一般是比较粗略的调查，往往通过二手资料获得。

2. 描述性调研目的

描述性调研是在市场调查中用来如实反映、收集和记录有关市场资料，描述物流企业营销中涉及的各种实际情况和事实，如客户的基本特征、态度、不满、愿望等。例如，调查物流企业产品（如航线）的市场占有率；调查竞争对手的市场营销策略等。描述性调研是寻求对"谁""什么事情""什么时候""什么地点"这样一些问题的回答。

 小贴士

某商店了解到该店 67% 的顾客主要是年龄在 18～44 岁的妇女，并经常带着家人、朋友一起来购物。这种描述性调研提供了重要的决策信息，使商店特别重视直接向妇女开展促销活动。

3. 因果性调研目的

验证具有因果关系的假设，如物流企业提高运输价格可能导致的运输量的变化，预期价格、包装等对销售额的影响等，目的是识别变量之间的因果关系，回答"为什么"。

4. 预测性调研目的

预测性调研是对物流市场未来变化趋势进行的调查，即在描述性调研和因果关系调研的基础上，对市场可能的变化趋势进行估计和推断。因此，实际上是物流市场调研结果在预测中的应用。预测性调研的方法很多，可以通过综合专家和有经验人士的意见，对事情的发展趋势做出判断，也可以对描述性调研或因果关系调研所获得的资料进行分析和计算，预测未来变化的量值。预测性调研的结果常常被直接用作决策的依据。

三、物流市场调研的内容

与物流市场调研的目的相适应，物流市场调研的内容一般包括如下方面。

1. 企业内可控因素的调查

具体包括：企业的人力资源状况；企业的财务及资金状况；企业的物流设施和设备状况；

企业现有产品和服务状况；企业现有产品和服务的价格和收费状况；企业的广告和宣传策略；企业的服务模式和策略；企业文化状况；企业的 CIS 系统状况；企业的组织结构设置；企业的管理模式；企业内部 SWOT 分析；企业综合资源及优势资源分析等。

2. 企业外部不可控因素的调查

（1）主要涉及企业外部一般环境和企业外部具体环境的调研：国家有关的方针、政策、法律、法令、法规、国家以及国际重大活动、行业政策；消费人口总量、年龄、职业、文化结构、消费水平、消费结构；消费群体的风俗习惯、宗教信仰、文化水平、价值观；消费心理、消费习惯、消费行为、偏好；潜在及显在竞争对手。

（2）供应商调研：供应商的生产能力和规模；供应商提供的产品或服务的项目和类型；每种产品或服务的价格和收费标准；供应商的业务流程等。

（3）市场机会识别，市场机会分析模型如图 5-1 所示。

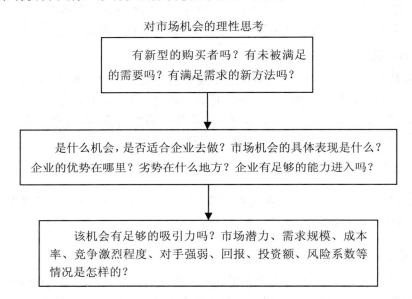

图 5-1　市场机会分析模型

市场机会的研究内容包括：

◇ 产品消费者的特征和影响，包括收入、文化观念、品味、口位、价值观、生活方式和习惯等。

◇ 产品的使用习惯和变化，包括数量、地点、频次、场合、规格、包装等。

◇ 消费者购买的主要价值期望和着重考虑的因素。

◇ 消费者不满意、投诉、意见、建议和期望等。

◇ 新的消费趋势的流行方向。

◇ 科学技术的发展，如科技创新、发明和专利、新的生产工艺和方法、新材料、新配方的运用等。

3. 概念测试

概念测试内容为：是否理解；是否相信，衡量可信度；是否喜欢，为什么？是否认为该产品或服务满足了你某一方面的需求？是否已有其他企业或产品满足了你该方面的需求？是否认为定价符合产品的价值？是否会使用或享受该产品或服务？是否会购买该产品或享受该服务？

4. 品牌认知

品牌认知包括：品牌知名度；品牌认知的来源；对品牌特性的了解；对品牌的印象。产品购买习惯：是否购买过同类产品；购买过产品的品牌和特征；购买过的产品、品牌的名称；购买的价格和数量；购买的时间和地点；购买的频率；选择购买场所的原因；购买决策者和实施者；是指名购买还是临时购买；购买或不购买本企业产品的理由；产品使用的习惯：是否有使用经验；使用过的产品及品牌的特征；所使用的产品和品牌的特征；使用量和使用场所；使用开始时间和结束时间；使用的频率和频次；使用的原因或用途；不使用的原因；更换使用其他品牌的原因；未来购买品牌的情况：是否有购买计划；未来打算购买的首选品牌；未来打算购买品牌的特征；购买预算；预计购买量；未来购买决策的准备情况；预计购买的时期和场所；预计购买该品牌的原因；产品或品牌的使用满意度；感到满意的地方；感到不满意的地方；个人统计信息；购买者、使用者的群体特征（全部使用者、重复使用者和不同品牌的使用者）；购买者、使用者的分类（人口统计特征、消费、使用习惯特征和新需求特征）等。

5. 行业分析

行业分析的内容为：行业进出口情况；市场规模和竞争；该行业国内外市场的发展潜力和分析预测；行业主要产品的产销情况；产品政策及相关法规；行业中主要企业的经营状况和盈利水平；原材料的供应状况；生产企业名录及各自的分销渠道；产业的进入机会；在市场上对产品构成直接或间接威胁的潜在的竞争品牌；消费者对各产品的认知和评价；竞争品牌生产和营销方面的优劣势；了解自己的品牌在竞争对手中存在的机会和威胁等。

6. 竞争对手分析

竞争对手分析包括：竞争对手的目标和战略；竞争对手的营销策略；竞争对手的资源和投入；竞争对手的市场地位和发展潜力等。

 小贴士

新的增长点来自于消费者的特殊购买地点

某品牌的糖果含有一定的维生素，而且在咀嚼时有浓郁的水果香味，包装以细条装和三种口味的组合装为主，产品类似口香糖，但由于可以下咽及含有维生素，产品比普通的口香糖更受欢迎。该新产品只选择在某个省的 5 个较大的城市上市，经过前期的市场推广，销售量迅速提升，但是到了半年后销量就停滞不前，究竟问题出在哪里呢？

通过对家庭购买日记账（只选择了 2 个城市开展了家庭固定样组连续调查）的统计分析发现，消费者购买此类产品的主要渠道是大卖场、大超市和连锁超市，也就是说，此类产品 60%的销售量来自这些地方。根据销售部门提供的调研资料，该产品在这些地方的铺货率也达到了90%，可奇怪的是，该产品在其他渠道的销售量比该类产品的平均销量要高。而在上面这些主要渠道，该产品的销售却低于该类产品的平均销量。

进一步分析发现，消费者在大卖场、大超市和连锁超市购买此类产品时，在收银台前购买的比例占 40%，而在这些收银台旁边的货架上，几乎没有出现该类产品的踪影，于是，该公司要求销售部门在一个月内抢占主渠道收银台旁边的货架（每个终端至少应该有一个）。两个月内，该产品在主渠道的销售量提升了10%。

四、物流市场调研的步骤

市场调研是一项复杂而艰巨的工作，调查人员必须在大量的、杂乱的信息中收集、整理和加工有用的信息。无论采取哪种形式、进行哪方面的调查，都是一次有组织、有计划的行动，都要经过一定的程序和步骤才能达到预定的目标。市场调研的程序应按照调查内容、调查时间、地点、调查手段、调查的预算以及调查人员的能力及经验等具体分析来确定。一般来说，市场调研包括以下4个步骤。

1. 确定问题和研究目标

在进行物流市场营销调查时首先应当明确调查的目的要求和调查结果的用途，调研要有重点，在组织市场调研活动时应当首先找出需要解决的最关键的问题、实质性的问题，选定调研的专题，明确调研的任务和目标。否则，收集信息的成本可能会超过调研得出的结果价值。所以，确定问题是市场营销研究中最困难的一步，它要求营销调研人员对所研究的问题及其涉及的领域必须十分熟悉。调查目的主要是确定市场特性、市场潜量的开发、市场占有率情况、销售状况、竞争对手分析等。

例如，如果航空公司研究的问题是"去探求凡是你能够发现的空中旅客所需要的一切"，显然提出的问题过于宽泛；如果问题是"探求是否有足够多的乘客在从广州到哈尔滨的波音777飞行中，愿意付足电话费，从而使南方航空公司能够保本提供这种服务"，这样提出问题就太狭窄了。如果将问题确定为"提供飞行电话服务会给南方航空公司创造日益增加的偏好和利润，这项费用与公司可能做出的其他投资相比合算吗？"，可能会是一个恰当的问题，下面的有关内容就可以作为特定的研究目标：

（1）航空公司的乘客在航行期间通电话，而不等待到飞机着陆后通电话的主要原因是什么？

（2）哪些类型的乘客最喜欢在航行中打电话？

（3）在一次典型的长距离波音777飞行航班中，有多少乘客可能会打电话？价格对它有何影响？收取的最优价格是多少？

（4）这一新服务会增加多少南方航空公司的乘客？

（5）这一服务对南方航空公司的形象将会产生多少有长期意义的好感？

（6）其他因素诸如航班次数、食物和行李处理等对影响航空公司做出选择的相对重要性是什么？电话服务与这些因素相比，其重要性又将怎样？

2. 拟订调研计划

明确了目标及需要调查的项目，营销调研的第二步就是要求制订一个收集所需信息的最有效的计划，用以确保整个调查活动的顺利开展，通常采用营销计划表的形式来确定整个调查计划活动。

调查计划表主要包括信息来源、调查方法、调查工具、调查方式、调查对象等几方面的内容，如表5-1所示。

表 5-1 调查计划表涉及的内容

项 目	营销调查内容
信息来源	第一手资料、第二手资料
调查方法	询问法、观察法、实验法、问卷调查法
调查工具	调查表、机械设备
调查方式	全面调查、典型调查、重点调查、个别调查、抽样调查
调查对象	物流市场环境、行业竞争、宏观环境
经费预算	财务平衡
人员培训	调查组织者、调查员

调查费用一般包括劳务费、问卷费、差旅费和设备使用费。在编制调查预算时，通常先把某项调查的所有活动或事件都一一列明，然后估算每项活动的费用，最后再汇总预算。预算仅仅是一种估计，应有一定的灵活性，即预算金额要有一个上下差异幅度，如某调研项目的预算为 25 000 元，则实际应按 25 000±25 000×10%来计算。

3. 收集和分析信息

（1）收集信息

企业的调查资料分为第一手资料和第二手资料。

第一手资料——原始资料，是对调查对象进行实地调查直接得到的各种数据图文、音像资料等。如通过询问法、观察法、实验法所了解到竞争者的状况，物流客户的感受、想法和意向。这些资料是直接接触和感受调查对象的产物，也是进行市场调查的直接结果。原始资料的调查对象是消费者、代理商、批发商、零售商、供应商及一切与企业有业务及非业务往来的部门、单位等。

第二手资料——现成资料，是从实地调查以外获取的各种数据、图文、音像资料等。第二手资料的调查对象一般可以分为企业内部和外部。企业内部可调查企业统计、营销、财务、档案室等部门，了解企业各层次相关人员收集生产、营销、物流等的原始记录、统计报表、销售记录、销售发票、订货合同、送货单、运输单、退货单、财务报表、进货成本、生产成本、流通费用、利润、资金周转、查看工作总结、工作报告、业务建议、企业评估、用户反馈、企业活动策划方案等。企业外部可以调查政府有关部门、行业协会、社会团体、经销商、零售商、报社、电视台、官方资料、报刊资料、商业资料、商情资料等。

（2）数据分析

市场调研所搜集的大量资料大多是原始的、分散的和片面的，即使是根据特定目的搜集的第一手资料，在没有系统整理以前，也是零星的、杂乱的，还不能系统而集中地说明问题，至于第二手资料，就是针对各自不同的目的，在不同情况下编辑而成，因而针对性不强。所以要反映市场现象的基本特征，就必须把原始资料进行分类、归纳和整理，升华到理性阶段进行分析才能得出正确结论。

分析信息的主要内容有：分析得出信息的渠道是否可靠；分析信息内容的准确性；分析信息间的相互关系和变化规律。分析信息的一般程序为：① 编辑整理；② 分类编码；③ 统计和分析。

4. 得出结论，撰写调研报告

这是物流市场调研的最后一个步骤，即把调研的结果形成书面报告，并送交有关部门。研究报告是整个营销研究过程的最重要部分，因为研究报告通常是评价整个研究过程工作好坏的唯一标准。不管研究过程的其他各步骤工作如何成功，如果研究报告失败，则意味着整个研究失败。因为决策者只对反映研究结果的研究报告感兴趣，他们往往通过研究报告来判断整个市场研究工作的优劣并做出决策。因此，研究人员在完成前面的营销研究工作后，必须写出准确无误、优质的研究报告。

报告的类型通常有两种：① 专门性报告，主要包括研究结果纲要、研究目的、研究方法、资料分析、结果与建议、附录（附表、统计方式、测量方法说明等）；② 通俗性报告，主要包括研究发现与结果、行动建议、研究目的、研究方法、研究结果及附录等。营销调查报告的书写没有统一的格式，但一般应当由引言、正文、结论、附件4部分组成。

五、物流市场调研的方法和技术

营销调研方法与技术的选择是否合理，会直接影响调研结果。因此，合理选用调研方法与技术是营销工作的重要环节。

（一）调研方法

1. 询问法

询问法是通过直接或间接的问答方式来收集信息的方法，是物流市场调查最常用的方法。这种方法，调查人员可以灵活地提出各种设计好的问题，通过被调查人员对问题的回答来收集信息，针对性强。访谈法的具体方式又可以分为问卷调查、面谈调查、电话访谈调查。

问卷调查是目前物流销售企业中广泛采用的调查方法，即根据调查目的设计好各类调查问卷，然后采取抽样的方式确定调查样本，通过调查员对样本的访问，完成事先设计的调查项目，最后统计分析出调查结果。问卷调查的成功与否关键取决于问卷的设计是否合理。

面谈调查是调查人员与被调查人员进行面对面的谈话，从而获得信息的一种方法。这种方法的最大特点是调查灵活、调查的信息全面、调查的真实性较强。面谈调查可以是个人访谈，也可以是集体座谈。

电话访谈调查是调查人员通过电话交谈来了解顾客意见的一种方法。例如，打电话定期询问顾客对物流企业服务的感觉如何，有什么需要改进的方面等。

2. 观察法

观察法是调查者在现场对被调查者的情况直接观察、记录，以取得市场信息资料的一种调查方法。在观察时，调查人员既可以耳闻目睹现场情况，也可以利用照相机、录音机、摄像机等设备对现场情况进行间接的观察，以获取真实信息。

观察法通常有直接观察法、亲身经历法、测量观察法。直接观察法是指物流企业的调查人员直接到现场进行观察。物流企业的调查人员扮成顾客去购买东西，以此来了解服务人员的服务态度，就是一种亲身经历法。测量观察法是指物流企业的调查人员运用机械工具或电子仪器进行观察记录和测量。例如，调查人员运用运输负荷的测试工具来测量观察运输车辆及专用车辆的状况；利用衡量与记录装置来测量观察物流搬运与存储状况。

运用观察法收集资料的优点是：调查人员与被调查者不发生直接接触，这种情况下，被调查者的活动不受外在因素的影响，处于自然的活动状态，行为真实，因而获取的资料更能反映实际。但观察法的缺点是：不容易观察到被调查者的内心世界，不易了解内在的东西。有时需要进行长时间的观察才能得出结果。

3. 实验法

实验法是指在物流市场调查中，将调查范围限定到比较小的规模上，进行试验后取得一定结果，然后再推断出总体可能的结果，通过实验对比来取得市场信息资料的调查方法。具体做法是：从影响调查对象的若干因素中先选出一个或几个因素作为实验因素，在其他因素处于不变的条件下，了解实验因素变化对调查对象的影响。实验完成后，还需用市场调查方法分析这种实验性的推销方法或产品是否值得大规模地推广。这种调查方法的优点是比较科学，具有客观性；缺点是实验的时间可能较长，成本高。

对于物流产品而言，在改变物流产品、价格等因素时，可应用实验法，先做小规模的实验性改变，以调查顾客的反应。

4. 问卷调查法

采用问卷调查可以了解顾客的认识、看法和喜好程度等，并可以分析处理这些数据，得出结论。问卷调查关键在于问卷设计的技巧。

一般而言，问卷调查法用于描述性调研；观察法与询问法适用于探索性调研；实验法适用于因果性调研。

 小贴士

"中国货代企业海外代理需求"调查问卷

为了更好地帮助中国的货代走向国际，寻找信誉好、专业的国际货代合作伙伴，我们特地制订本调查问卷，了解您最直接的需求和在寻找海外代理过程中存在的问题，以便为您提供更有价值的服务！如果您是货代，请填写此表，我们将对您的信息严格保密，填写本问卷需要您3~5分钟的时间，谢谢！

1. 贵公司目前是否有海外代理？（若没有，请跳过2、3、4题。）（　　　）

　　A. 有　　　　　　B. 没有

2. 贵公司拥有的海外代理数量是多少？（　　　）

　　A. 3家以内　　　B. 4~6家　　　　C. 7~8家　　　　D. 10家以上

3. 贵公司是否想要更换现有海外代理？（　　　）

　　A. 是　　　　　　B. 不是

4. 公司寻找海外代理的主要方式是什么？（　　　）

　　A. 朋友介绍　　　B. 参加相关组织　　C. 上网搜索　　D. 会议　　E. 其他，请注明

5. 贵公司是否需要找海外代理？（若不需要，请跳到12题。）（　　　）

　　A. 需要　　　　　B. 不需要

6. 寻找海外代理的过程中，您最关心的问题是什么？（　　　）

　　A. 信誉　　　　　B. 专业性　　　　　C. 规模　　　　D. 其他，请注明

7. 贵公司参加了哪些货运代理组织？（　　　）

    A. WCA   B. FIATA   C. CIFA   D. FFSI

    E. CCA   F. 没有   G. 其他，请注明

8. 如果锦程物流网提供专业的寻找海外代理的服务，您会考虑尝试吗？（　　　）

    A. 会   B. 不会

9. 在帮助客户寻找海外代理的服务中，锦程物流网计划提供如下具体服务，您认为哪些是必要的？（　　　）

    A. 信用资质评估   B. 海外代理匹配   C. 财务担保

    D. 咨询服务   E. 其他，请注明

10. 寻找海外代理过程中的现实困难是什么？（　　　）

    A. 无渠道   B. 成本高   C. 效率低   D. 无专业人员

    E. 无需求   F. 其他，请注明

11. 海外代理给贵公司带来什么样的好处？

    答：_____

12. 您若还有其他宝贵意见，请在下面填写。

    答：_____

5. 网络调研法

（1）网络调研法的含义

网络调研是一种随着网络发展而兴起的最新调查方式，是指基于因特网而系统地进行营销信息的收集、整理、分析和研究的过程。

（2）网络调研与传统市场调研的比较

网络调研作为一种新兴的调研方法，与传统调研相比，有很强的优越性（见表 5-2）。

表 5-2　网络调研方法与传统调研方法对比

	网 络 调 研	传 统 调 研
调研费用	较低，主要是设计费和数据处理费。每份问卷所要支付的费用几乎是零	昂贵，要支付包括问卷设计、印刷、发放、回收、聘请和培训访问员、录入调查结果、有专业市场研究公司对问卷进行统计分析等多方面的费用
调查范围	全国乃至全世界，样本数量庞大	受成本影响，调查地区和样本均有限制
运作速度	很快，只需搭建平台，数据库可自动生成，几天就可能得出有意义的结论	慢，至少需要2～6个月才能得出结论
调查的时效性	全天候进行	不同的被访问者对其可进行访问的时间不同
被访问者的便利性	非常便利，被访问者可自行决定时间、地点回答问卷	不方便，要跨越空间障碍，到达访问地点
调查结果的可信性	相对真实、可信	一般有督导对问卷进行审核，措施严格，可信性高
实用性	适合长期的大样本调查；适合要迅速得出结论的情况	适合面对面地深度访谈；食品类等需要对访问者进行感观测试

（3）网络调研具体方法

① E-mail 问卷调研法。该方法分为两种：一是主动问卷调研法，建立被访者 E-mail 的地址信息库→选定调研目标→设计调查问卷→调查结果分析；二是被动问卷调研法，它是一种将问卷放置在 www 站点上，等待访问者访问时主动填写问卷的调研方法。与主动问卷调研法的主动出击寻找被调查者相比，被动问卷调研法更像是守株待兔。被动问卷调研法通常应用于类似人口普查的调研，特别适合对网站自身建设的调研。

② 网上焦点座谈法。网上焦点座谈法是在同一时间随机选择 6 位左右的被访问者，弹出邀请信，告知其可以进入一个特定的网络聊天室，相互讨论对某个事情、产品或服务等的看法和评价。

③ 使用 BBS 电子公告板进行网络市场调研。网络用户通过 Telnet 或 Web 方式在电子公告栏发布消息，BBS 上的信息量少，但针对性较强，适合行业性强的企业。

以上关于物流市场调查的多种方法，在实际的调查过程中，应该根据调查的目标、调查的内容等因素来选择其中最适合的调查方法。但总的来说，问卷调查的方法运用得最为广泛，而调查问卷的设计又是问卷调查的关键。

（二）调研的主要技术

1. 抽样调查技术

在许多调研对象中，如何以最少的时间、费用与手续获得正确的调研结果，这就有赖于抽样调查。抽样调查，是从需要调查的对象的总体中抽取若干样本进行调查，并根据调查的情况推断总体特征的一种调查方法。采用抽样调查要注意抽样对象的确定、样本大小的选择、抽样方法的确定。

抽样调查可分为两大类：

（1）随机抽样。随机抽样是按随机的原则抽取样本，在调查对象中，每个个体被抽取的机会都是均等的。由于随机抽样能够排除人们有意识的选择，所以抽出来的样本具有代表性。随机抽样的方式很多，常用的有简单随机抽样、分层随机抽样、分群随机抽样等。

① 简单随机抽样也称为单纯随机抽样、纯随机抽样、SPS 抽样，是指从总体 N 个单位中任意抽取 n 个单位作为样本，使每个可能的样本被抽中的概率相等的一种抽样方式。

每个样本单位被抽中的概率相等，样本的每个单位完全独立，彼此间无一定的关联性和排斥性。但只适用于总体单位数量有限的情况，否则编号工作繁重；对于复杂的总体，样本的代表性难以保证；不能利用总体的已知信息等。在市场调研范围有限，或调查对象情况不明、难以分类，或总体单位之间特性差异程度小时采用此法效果较好。

② 分层随机抽样在抽样前先对母群体依某些特征分成若干层，再利用简单随机抽样，自各层中抽取样本。

比如，我们要了解某市 400 个国有企业的生产经营情况，决定采取类型随机抽样法抽取 20 个企业作为样本进行调查，其具体做法是：首先，将这 400 个企业按产业（也可按行政区划、盈利情况、规模大小等）分为三类，假定第一产业 40 个，第二产业 200 个，第三产业 160 个。然后，按各类企业在总体中的比重，确定各类企业抽取样本单位的数量。其中，第一产业的企业占总体的 10%，按比例应抽样本企业 2 个；按同样方法计算，第二产业中应抽样本企业 10 个，第三产业中应抽样本企业 8 个。最后，采用简单随机抽样或等距随机抽样的方法，从各类企业中抽出上述数量的样本单位。

做好类型随机抽样的关键，是分类的标准要科学、要符合实际情况，许多复杂的事物还应该根据多种标准做多种分类或综合分类。分类的结果必须是每个单位都归属于某一类，而不允许既可属于这一类，又可属于那一类，也不允许互相交叉或有所遗漏；必须是各类型单位的数量之和等于总体单位的数量，而不允许大于或小于总体单位的数量。

类型随机抽样的优点是：它适用于总体单位数量较多、内部差异较大的调查对象。与简单随机抽样和等距随机抽样相比，在样本数量相同时，它的抽样误差较小；在抽样误差的要求相同时，它所需的样本数量较少。类型随机抽样的缺点是：必须对总体各单位的情况有较多的了解，否则无法做出科学的分类，而这一点在实际调查之前又往往难以做到。

③ 分群随机抽样法是指在调查单位分布稀疏的地区，或总体的异质性很高、难度很大而不能制定统一标准来进行分层的情况下，只能采用调查若干区域的方法。

分群抽样时，各群之间应具有共性，例如人口数目、民族构成等；而每群内部又具有差异性，所调查的目标要广泛一些。因此，适合采用以随机选取群体，再对被选中的群体进行普查的分群随机抽样法。

（2）非随机抽样。非随机抽样是根据调查目的与要求，按照一定的标准来选取样本。因而，在整体中不是每个个体都有机会被选作样本。非随机抽样常用的方法有：任意抽样、判断抽样、配额抽样等。

① 任意抽样也叫"便利抽样"，是指调查人员本着随意性原则去选择样本的抽样方式。

如在街头路口把行人作为调查对象，任选若干位行人进行访问调查；在商店柜台前把购买者当作调查对象，向他们中的任意部分人做市场调查等；在剧院、车站、码头等公共场所，任意选择某些人进行调查。可见，任意调查完全是根据调查者的随意性选取的样本。

任意抽样是非概率抽样中最简便、费用和时间最节省的一种方法。但是如果总体中单位差异较大时，抽样误差也较大。因此，一般来说，任意抽样法多用于市场初步调查或对调查情况不甚明了时采用。

任意抽样，适用于探测性调查，或调查前的准备工作。一般在调查总体中每个个体都是同质时，才能采用此类方法。

② 判断抽样法，是由市场调查人员根据经验判断而选定样本的一种非随机抽样方法。依据判断抽样法选取调查样本，符合市场调查人员的工作需要，样本调查结果回收率高、简便易行。该方法是根据已知的情况，有重点、有选择地确定一部分业务资料为样本进行审查，据以推断全部业务真实性和正确性的一种方法，如真实性检查中的抽样一般采用这种方法。

判断抽样法具有简便易行，符合调查目的和特殊需要，可以充分利用调查样本的已知资料、被调查者配合较好、资料回收率高等优点。

判断抽样适用于总体的构成单位极不相同而样本数很小，同时设计调查者对总体的有关特征具有相当的了解（明白研究的具体指向）的情况下，适合特殊类型的研究（如产品口味测试等）；操作成本低，方便快捷，在商业性调研中较多使用。

该类抽样结果受研究人员的倾向性影响大，一旦主观判断偏差，则极易引起抽样偏差；不能直接对调查总体进行推断。

基于这种情况，要充分发挥判断抽样法的积极作用，对总体的基本特征必须相当清楚，做到心中有数。这样，才可能使所选定的样本具有代表性、典型性，从而才可能通过对所选样本的调查研究，了解、掌握总体的情况。

③ 配额抽样法，也称"定额抽样"，是指调查人员将调查总体样本按一定标志分类或分层，确定各类（层）单位的样本数额，在配额内任意抽选样本的抽样方法。

配额抽样和分层随机抽样既有相似之处，也有很大区别。配额抽样和分层随机抽样有相似的地方，都是事先对总体中所有单位按其属性、特征分类，这些属性、特征我们称之为控制特性，如市场调查中消费者的性别、年龄、收入、职业、文化程度等。然后，按各个控制特性，分配样本数额。但它与分层抽样又有区别，分层抽样是按随机原则在层内抽选样本，而配额抽样则是由调查人员在配额内主观判断选定样本。

配额抽样法，适用于设计调查者对总体的有关特征具有一定的了解，同时样本数较多的情况下使用，实际上，配额抽样属于先"分层"（事先确定每层的样本量）、再"判断"（在每层中以判断抽样的方法选取抽样个体）；费用不高，易于实施，能满足总体比例的要求，但容易掩盖不可忽略的偏差。

2. 物流市场调查问卷的设计技术

1）物流市场调查问卷的设计技巧

一份良好的调查问卷，应具备以下条件：① 能达到市场调查的目的，即将调查目的、询问方式的内容和要求具体地编入问卷；② 能促使被访问者愿意合作，提供正确信息，协助达成调查目的；③ 能正确表达访问者与被访问者的相互关系。

问卷的设计应符合以下原则：

（1）紧扣调查的主题；

（2）上下连贯，各问题间有一定的逻辑性；

（3）设计被调查者愿意回答的问题；

（4）被调查问题要回答方便；

（5）问题要有普遍性；

（6）问题界定准确；

（7）问题不应具有引导性；

（8）便于整理统计与分析。

2）问卷的基本结构

问卷一般由开头、正文和结尾三部分组成。

（1）问卷的开头。问卷的开头主要包括问候语、填表说明和问卷编号。

① 问候语。语气应该亲切、诚恳、有礼貌，内容要能交代清楚调查目的、调查者身份、保密原则以及奖励措施等。

② 填表说明。目的在于规范和帮助受访者对问卷的回答。

③ 问卷编号。主要用于识别问卷、访问员、被访者地址等。

（2）问卷的正文。一般包括资料搜集、被调查者的有关背景资料和编码 3 个部分。

① 搜集资料是问卷的主体，也是使用问卷的目的，其内容主要包括调查所要了解的问题和备选答案。

② 被调查者的有关背景资料。被调查者的有关背景资料也是问卷正文的重要内容之一。被调查者往往对这些问题比较敏感，但这些问题与研究目的密切相关，必不可少，如个人的年龄、性别、文化程度、职业、职务、收入等，家庭的类型、人口数、经济情况等，单位的性质、

规模、行业、所在地等，具体内容要依据研究者先期的分析设计而定。

③ 编码是指问卷中包含的前编码设计，以及为后编码设计预留的位置。

（3）问卷的结尾。问卷的结尾可以设置开放性问题，征询被调查者的意见、感受，或是记录调查情况；也可以是感谢语以及其他补充说明。

3）问卷设计应注意的事项

问卷所要调查的资料由若干个提问的具体项目即问题所组成。如何科学、准确地提出所要调查的问题，是问卷设计中十分重要的一步，对调查质量有着重要的影响。在设计提问项目时，需要注意以下几点。

（1）提问的内容尽可能短。从整体上看，一份问卷中的内容不宜过多，不必要的问题不要列入，很多初学调查或问卷设计的人，往往以为多一道题，可多得一份资料，所以会询问一些不必要的问题，不但浪费时间和资料处理的费用，有时也因问题过多，使被调查者感到厌烦，影响整体调查的质量。

另外，提问的内容过长，会占用被调查者更多的时间，在问题的理解上也就更容易造成偏差。

（2）用词要确切、通俗。用词是否确切，具体可按 6W 准则加以推敲。6W 即 Who（谁），Where（何处），When（何时），Why（为什么），What（什么事），How（如何），以此来判断问题是否清楚。当然，并不是一项提问中必须同时具备这 6W。例如，请问贵公司使用什么物流产品？这个问题中的 Who 很清楚，What 指物流产品的类别，When 则未表明，是指过去还是现在，很容易造成回答偏差。因此，可以修改为：请问贵公司最近一年内使用什么物流产品？

此外，时间的范围一定要清楚。比如，最近一段时间贵公司的物流产品是由哪家企业提供的？这里的 When 过于笼统，被调查者不清楚"最近"是指哪段时间，时间范围不明确。因此，可改为：贵公司最近一年内使用什么类型的物流产品？

还有许多词，如"一般""经常""很多"等都属于过于笼统、含义不确切的词，不同的人可能会有不同的理解，从而造成回答的偏差。也有一些所询问问题的含义不清或过于笼统。例如，您觉得配送质量怎么样？这里的"配送质量"的含义是很笼统的，被调查者不知道要回答哪些质量方面的问题。因此，可以改为：您觉得配送是否快捷？

由于被调查者的文化程度不同，问卷中的用词要通俗，易被人理解。

（3）一项提问只包含一项内容。如果在一项提问中包含了两项以上的内容，被调查者就很难回答。比如，您对小件配送的价格和服务质量满意还是不满意？这里包括了价格和服务质量两项内容。如果被调查者认为价格很合理，而服务质量不好，或者认为价格不合理，而服务质量很好，一时很难做出判断和回答。所以，不如把它分成两个问题：您觉得小件配送的价格怎么样？您觉得小件配送的服务质量怎么样？

（4）避免诱导性提问。问卷中提问的问题不能带有倾向性，而应保持中立。词语中不应暗示出调查者的观点，不要引导被调查者该做出何种回答或该如何选择。例如，某某物流公司 3 年荣居服务质量榜首，你觉得它怎么样？这里已经暗示了该公司服务质量很好，对被调查者的选择具有引导作用。不如改为：您觉得某某物流公司的服务质量怎么样？

引导性提问容易使被调查者不假思索地做出回答或选择，也会从心理上产生顺应反应，从而按着提示做出回答或选择。

（5）避免否定形式的提问。人们往往习惯于肯定陈述的提问，而不习惯于否定陈述提问。例如，对一种新产品价格的市场调查，采用否定的提问是：您觉得这种产品的价格不合理吗？而采用肯定的提问则是：您觉得这种产品的价格合理吗？

否定提问会影响被调查者的思维，或者容易造成与意愿相反的回答或选择，因此，在问卷中尽量不要用否定的形式提问。

（6）避免敏感性问题。敏感性问题是指被调查者不愿意让别人知道答案的问题，如个人收入问题、个人生活问题、政治方面的问题等。问卷中要尽量避免提问敏感性问题或容易引起人们反感的问题。对于这类问题，被调查者可能会拒绝回答，或者用虚报、假报的方法来应付回答，从而影响整个调查的质量。

对有些调查，必须涉及敏感性问题的，应当在提问的方式上进行推敲，尽量采用间接询问的方式，用语也要特别婉转，以降低问题的敏感程度。

4）设计问卷类型

根据具体情况，问卷可以采用不同的形式，主要有以下几种。

（1）开放式问卷

回答这种问卷时，被调查对象可以自由回答问题，不受任何限制，换句话说，就是事先不规定答案。例如，你认为我们的服务质量需要做哪些改进？这种问卷的优点是设计问题容易，被调查者的思维不受约束，有利于被调查者思考和回答问题，被调查者可以按自己的体会或看法随意填写。开放式问卷有时能使调查人员收集到一些忽视的答案和资料，并可以得到被调查者建设性的意见。其缺点是被调查者不易回答，而且还受被调查者文化水平、态度等的影响，有可能得不到准确的信息，同时答案过于分散，不利于统计分析。若是由调查员记录答案，还容易产生调查员的理解误差，使答案与调查对象的本意出现偏差。

 小贴士

开放式与封闭式问卷优缺点如表 5-3 所示。

表 5-3　开放式与封闭式问卷优缺点的比较

开放式问卷	封闭式问卷
探索到意外的结果	因受限定，无新发现
创造性回答，能够深入	研究标准化
适用于小样本研究	适合大样本研究
容易混入无关信息	回答具体，可信度高
非标准化，难以量化比较	易于统计分析，进行比较
回答麻烦，易被拒绝	容易回答，回收率高

（2）封闭式问卷

封闭式提问是指在问卷中已拟定了各种可能的答案，这种问句所提问题的答案已事先由调研人员设计好，被调查者只能从中选择。这种提问方式的优点是被调查者回答容易，所得资料较为准确，因而成为目前进行问卷调查中提问的主要方式。

问卷类型计划之后要具体设计问题格式。问题的格式有很多种，但是常用的主要有以下几种。

① 两项选择法（又称是否法或真伪法）。两项选择问句通常列出性质相反的两种答案。例如，你认为目前公路运价合理吗？

答案：a. 是　b. 否

② 多项选择法。多项选择的问句，通常列出 3 个或 3 个以上的答案。例如，贵公司常用的运输方式是哪种？

答案：a. 公路运输　b.铁路运输　c.航空运输　d.水路运输　e.管道运输

③ 程度尺度法。研究同质间的不同程度差别，通常用"很好""较好""一般""较差""差"一类的回答来表述。例如，您对某物流公司的服务感觉怎么样？

答案：a. 非常不满意　b.不满意　c.一般　d.满意　e.非常满意

④ 顺序法。这种方法就是列举若干项目，以决定其中较重要的顺序。例如，购买叉车时请按你认为的重要程度进行 1，2，3，4 排序：耐用（　）；省油（　）；便宜（　）；操作方便（　）。

⑤ 回想法。在问卷设计中还可以采用回想法，这种方法的运用一是了解客户对于品牌的印象、记忆程度；二是了解客户对此行业的知晓范围。

在决定采用开放式问句还是封闭式问句时，必须考虑问题答案的分散程度。如果可能的答案较多，用封闭式问句会使答案的范围过于狭窄。而现实中，通常结合开放式问句与封闭句的特点，采用在末尾安排开放式问句的方式来解决这一问题。

（3）混合式问卷

混合式问卷综合了开放式问卷和封闭式问卷的优点，所以在一般的研究中可能最受推崇。但是在应用的过程中要注意以下几点：① 问卷的内容安排，一般是封闭式问题在前，开放式问题在后；② 开放式问题和封闭式问题的比例要根据不同的研究对象和研究目的给予适当的安排；③ 开放式问题和封闭式问题的比例只是设计问卷时的一个相对概念，并不存在问题性质独特的指向性。因此，哪些问题设计成封闭式，哪些问题设计成开放式，可根据获取研究资料的有效性和满足程度来决定。

5）问题顺序的设计

问卷设计过程中，安排好问题的顺序也是很重要的。设计问卷应注意以下几点。

（1）问题的安排应具有逻辑性。

（2）问题的安排应先易后难。

（3）能引起被调查者兴趣的问题放在前面。

（4）开放性问题放在后面。

 小贴士

快递消费市场调查问卷

调查目的：

为了了解居民对快递的消费情况，同时促使快递公司更好地为广大客户服务，特进行此次调查，谢谢您的合作。

1. 您用快递寄过东西吗？

A. 经常　　　　　　B. 偶尔　　　　　C. 从来没有

2. 您平时主要的邮寄方式是什么?
 A. 中国邮政   B. 快递公司 C. 其他方式
3. 您的学历是什么?
 A. 高中、中专以下 B. 大专以上
4. 您的职务是什么?
 A. 学生   B. 普通员工 C. 部门经理、公司领导者
5. 您选择快递的主要原因是什么?
 A. 速度快   B. 价格合理 C. 信誉好 D. 服务好
6. 您对快递公司是否信任?
 A. 信任   B. 一般   C. 不信任
7. 您对快递公司服务的满意程度怎样?
 A. 满意   B. 一般   C. 不满意
8. 您对快递公司不满意的原因是什么?
 A. 投递延期   B. 被快递公司寄丢物品
 C. 投递员服务态度恶劣   D. 其他
9. 您对国内快递行业的了解情况怎样?
 A. 很了解   B. 一般   C. 不了解
10. 您对快递公司有什么要求?
 A. 降低价格   B. 改善服务态度 C. 提高速度 D. 没有
11. 您用过国际快递吗?
 A. 用过   B. 没有
12. 您用的是哪家国际快递公司?
13. 您对国际快递的服务有什么要求?
请仔细阅读上面的问卷,指出不合理的部分。

任务二　物流市场预测

  科学的营销决策不仅要以市场营销调研为出发点,而且要以市场需求预测为依据,对于企业经营的成败具有重要意义。通过市场预测,可以了解消费者、用户对商品的具体需求趋向。因此,对未来需求的预测是否准确就成为企业经营成败的一个关键因素。

  物流市场预测与物流市场调查的区别在于前者是人们对物流市场未来的认识,后者是人们对物流市场过去和现在的认识。物流市场预测能帮助物流经营者制定适应市场的行动方案,使自己在市场竞争中处于主动地位。

  物流市场预测根据物流企业市场营销部门获悉的各种市场信息和资料,运用科学的预测方法和模型,对影响物流企业市场营销活动各种因素的未来发展状况和变化趋势进行预测,为企业选择目标市场、制定营销战略提供参考和依据。根据预测,确立(新)产品研发的方针;根据企业的长期销售预测,了解目前物流服务产品究竟处于生命周期的哪一阶段。预测可作为引进新技术的依据,可作为资金计划、扩大企业规模计划及人力资源计划的参考,还可作为定价政策的依据等。

一、物流市场预测概述

1. 物流市场预测的含义

物流市场预测是在对影响物流市场供求变化的诸因素进行调查研究的基础上,运用科学的方法,对未来市场物流商品供应和需求的发展趋势以及有关的各种因素变化,进行分析、估计和判断。

物流市场预测的内容主要有市场供应预测、市场商品价格预测、市场竞争形势预测等,其中最重要的是市场需求预测。企业一般采用三段式程序进行需求预测:一是宏观经济形势预测,根据经济周期、通货膨胀率、失业率、利率、消费者支出与储蓄比例、工商业投资、政府开支等情况,得出对国内生产总值的预测;二是在此基础上做出行业市场预测,即在已知的环境和既定的营销支出下,预测该行业的销售量;三是根据本企业的市场占有率,做出企业的销售预测。

市场营销预测是市场调查的继续和发展,是市场营销决策的基础和前提,也是计划和决策的重要组成部分。

2. 物流市场预测的分类

市场预测的种类很多,可以按照各种标准来分类。

(1)按市场预测时间的长短,市场预测可分为短期市场预测、近期市场预测、中期市场预测、长期市场预测。

短期市场预测一般是以日、周、旬为预测的时间单位,根据市场变化的观测期资料,结合市场当前和未来变化的实际情况,对未来一个季度内的发展变化情况做出估计。目的是为物流企业确定短期内的生产经营任务和落实实施方案及措施提供依据。

近期市场预测一般是以月或季为单位,根据市场变化的实际观测资料,结合当前市场变化的情况,对市场未来一年内的发展变化情况做出的预测。目的是为物流企业制订季度计划和年度计划、组织货源、合理安排市场提供依据。

中期市场预测一般是以年为单位,对一年以上、五年以内的市场进行预测。目的是为物流企业制定中期经营发展战略决策提供依据。

长期市场预测一般是指五年以上的市场预测。目的是为物流企业制定长期发展规划提供依据。

(2)按市场预测采用的方法进行分类有定性市场预测和定量市场预测。

定性市场预测是预测者或有关专家根据占有的历史资料和现实资料,依靠他们的经验与主观经验判断能力和综合分析问题能力,对市场情况的了解与对市场未来发展变化的估计和预测。

定量市场预测是对未来市场变动的规模、水平、速度、比例等数量方面所做的预测。它的主要特点是根据历史数据找出其内在规律,运用连贯性原则和类推性原则,通过数学模型对事物的未来状况进行数量预测。定量预测的表现形式有点预测和区间预测。

在实际工作中,定量预测与定性预测是同一事物的两个立足点,不能将二者割裂开来,有时要有所偏重,彼此间互为补充。通常,定性预测是定量预测的前提与基础,定量预测是定性预测的完善与补充。

二、物流市场预测的原则

1. 连续性原则

连续性原则要求预测对象的发展变化具有相关资料证明，找出物流市场未来情况的信息。

2. 系统性原则

预测对象的发展变化往往受到许多因素的影响，所以物流企业在对某个预测对象进行预测时，必须对企业内、外部因素做系统分析，这样才能克服预测的片面性，使预测结果较为准确。

3. 类推性原则

当人们还未掌握预测对象在某种条件下的发展规律时，可借助它在其他场合下的已知规律来推测它在不同条件下的发展规律。

4. 前瞻性原则

物流市场预测项目分析要有一定的前瞻性，进行物流市场预测时，必须具有前瞻性的观念，要有预测能力，能对所掌握的资料进行趋势分析和前景判断。

三、物流市场预测的步骤

市场预测的全过程是调查研究、综合分析和计算推断的过程。一个完整的市场预测一般都要经过以下几个步骤。物流市场预测的一般步骤如图 5-2 所示。

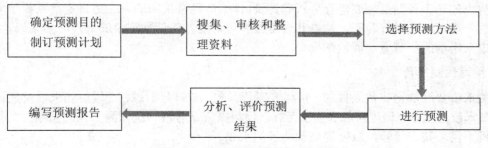

图 5-2　物流市场预测的一般步骤

1. 确定预测目的，制订预测计划

这是物流市场营销预测首要解决的问题。确定预测目的就是从决策与管理的需要出发，紧密联系实际的需要与可能，确定预测需要解决的问题。预测计划是根据预测目的制订的预测方案，包括预测的内容、项目，预测所需要的资料，准备选用的预测方法，预测的进程和完成时间，编制预测的预算，调配力量，组织实施等。

2. 搜集、审核和整理资料

数据资料是进行物流市场营销预测的重要依据，因此要根据预测目标的要求，调查、收集与预测对象有关的历史的和当前的数据资料，掌握事物发展的动态数据。只有根据调查提供的资料数据，才能对市场、技术等发展趋势做出科学预测。一般而言，反映本物流企业历年经济活动情况的统计资料、市场调查资料和分析研究资料属于内部资料。而从本物流企业外部搜集到的统计资料和经济信息，如政府统计部门公开发表和未公开发表的统计资料、兄弟单位间定期交换的经济活动资料、报纸杂志上发表的资料、科学研究人员的调查研究报告以及国外有关的经济信息和市场商情资料等属于外部资料。

为了保证资料的准确性，要对资料进行必要的审核和整理。资料的审核主要包括：资料是否可靠、准确和齐全，资料是否具有可比性。资料的可比性包括：资料在时间间隔、内容范围、计算方法、计量单位和计算价格上是否保持前后一致，如有不同应进行调整。资料的整理主要包括：对不准确的资料进行查证核实或删除；对不可比的资料调整为可比；对短缺的资料进行估计推算；对总体的资料进行必要的分类组合。

3. 选择预测方法

市场营销预测方法很多，有定量的，有定性的；有的适用于短期预测，有的适合中长期预测；有的需要以大量的数据为基础，有的则依赖个人的经验和知识。预测方法选择的是否恰当、正确，对于预测的准确性有很大的影响。因此，应根据预测项目的不同，选择不同的、适用的预测模型。物流企业常常采用定量和定性的方法同时进行预测，或以多种方法相互比较印证，这样可以提高预测结果的准确性。

4. 进行预测

在选择预测方法之后，即可进行预测。如果是定性预测，就要把相关的资料和问题交给预测人员进行分析和预测；若采用定量预测方法，就要将收到的数据输入模型，进行运算并求出结果。由于存在随机性，还要对预测结果设置一定的置信区间。

5. 分析、评价预测结果

对得出的初步预测结果要进行分析和评价。评价中经常采用的方法是将定量预测结果与定性预测的一般性结论进行对照，检查其合理性和可信度，估计预测值的误差。如果误差较大，还要考虑采用别的预测方法或数学模型。

6. 编写预测报告

预测报告要准确记载预测目的、预测方案和参数、资料分析过程、最后结果以及建议等内容。要做到数据充分、论证可靠、建议可行。预测报告是对每一次预测工作的总结，在总结中认真分析不足，找出经验，以便提高预测者的水平。

🖊 小贴士

美国亚默尔肉食加工公司的老板在翻阅报纸时看到一则仅有十几字的短讯："墨西哥发现疑似瘟疫的病例。"职业性敏感使这位老板马上想到：如果墨西哥发生了瘟疫，一定会从加利福尼亚州或得克萨斯州边境传染到美国来，而这两个州又是美国肉食供应的主要基地，这样一来，肉食供应肯定会紧张，肉价一定会猛涨。在多方核实短讯内容确凿无误的情况下，亚默尔老板果断决定，集中全部资金购买加州和得州的牛肉和生猪，并及时运到美国东部。不出所料，瘟疫很快蔓延到美国西部的几个州。美国政府下令，严禁一切食品从这几个州外运，当然也包括牲畜在内。顿时，美国国内肉食奇缺，价格迅速暴涨，亚默尔公司在短短几个月内净赚900万美元。

四、物流市场预测的方法

预测方法很多，但不同的方法有不同的适用范围，有时也可以同时适用多种方法来对同一个预测对象进行预测。按方法本身的性质，可以将预测方法分为定性方法和定量方法，而这两类方法并不是孤立的，在进行物流市场预测时，经常综合运用。

（一）定性预测方法

定性预测方法是指预测通过调查研究了解实际情况，凭自己的实践经验和理论、业务水平对各种资料进行综合分析来预测物流市场未来的变化趋势的方法，也称为判断预测。

经常采用的定性预测方法有：购买者意向调查方法、销售人员意见综合法、专家意见法、管理人员预测法、群众评议法。

1. 购买者意向调查方法

购买者意向调查方法是在营销环境和条件既定的情况下，通过向购买者调查其购买意图，预测顾客可能采取什么购买行为。它是一种潜在消费量的调查，因为市场总是由潜在购买者构成的。如果能满足以下三个条件，这种方法更为有效：① 购买者有清晰的意图；② 这种意图可能转化为购买行为；③ 购买者愿意将其意图告诉调查者。这种方法通常通过定期抽样调查来实现。此外，要对顾客目前和将来的个人财务状况以及他对未来经济发展的看法进行调查，以便企业可以利用所获得的预测信息组织生产。采用这种方法，调查人员可以在访问时取得更多的信息资料，可以树立企业关心购买者的形象，可以在进行总物流市场需求预测的过程中掌握各行业和各地区的市场需求估计量，因此，该方法准确性高。

小贴士

在某市区进行空调需求调查中，访问 500 个样本，被访者表明购买意向如下：

一定会买	150 人	占 30%
可能会买	75 人	占 15%
不能决定是否购买	125 人	占 25%
可能会买	100 人	占 20%
肯定不会买	50 人	占 10%
总计	500 人	占 100%

对于上述的调查答案还必须进行某些宏加权处理才能得出实际情况的结论，如被访者回答一定会购买或可能买往往包含大购买的成分。被访者之所以具有这种大购买倾向的原因，一方面是为了给访问者一种满足，另一方面是因为回答时往往没有慎重考虑会影响的多种因素，仅仅是脱口而出，类似地，即使是回答可能不会买或肯定不会买的被访者也有可能购买。根据这种情况分析，在实际处理时，可对每一种选择赋予适当的购买权重。如此一定会购买赋予权数 0.9，可能会购买赋予权数 0.2，肯定不会购买赋予权数 0.02 等。权数分配表如表 5-4 所示。

表 5-4　权数分配表

选 择 答 案	回答百分比/%	指 定 权 数	加权百分比/%
一定会买	30	0.90	27
可能会买	15	0.20	3
不能肯定是否购买	25	0.10	2.5
可能不会买	20	0.03	0.6
肯定不会买	10	0.02	0.2

平均购买可能性=27%+3%+2.5%+0.6%+0.2%=33.3%

未来市场需求量=家庭总户数×平均购买可能性。假设这一地区共有家庭 200 万个，则该地区空调的未来可能购买量为 2 000 000×33.3%=666 000（个）。

2. 销售人员意见综合法

这种方法是利用销售人员接近购买者的特点，销售人员同其他人相比，对消费者有较全面、深刻的了解，有更充分的知识和洞察力，这样由每一位销售人员对每位现实的和潜在的顾客做出估计会更具敏锐性，可以更好地把握未来市场销售的发展趋势。采用此法仍存在一些不足：如销售人员的判断会有某些偏差，他们的判断可能是天生乐观或悲观，也可能会受近期销售成功或失败的影响而使他们的判断走向极端。此外，他们经常对经济发展的形势或企业的市场营销总体规划缺乏了解，或者可能对需求预测没有足够的知识能力和水平，也可能导致过高或过低的估计。尽管这样，销售人员所做的需求预测经过休整后的结果仍然是相当可信的。

 小贴士

某公司销售经理和两位副经理对某地区本公司产品的销售量进行预测，得到的预测数据如表 5-5 所示。

表 5-5　预测数据表

	最高销售/万元	最可能销售/万元	最低销售/万元	权　重
经理	2 720	2 510	2 350	0.6
副经理甲	1 900	1 800	1 700	0.2
副经理乙	2 510	2 490	2 380	0.2
概率	0.3	0.4	0.3	

经理的预测值：F_1=0.3×2 720+0.4×2 510+0.3×2 350=2 520（万元）

副经理甲的预测值：F_2=0.3×1 900+0.4×1 800+0.3×1 700=1 800（万元）

副经理乙的预测值：F_3=0.3×2 510+0.4×2 490+0.3×2 380=2 463（万元）

最终预测值：F=0.6×2 520+0.2×1 800+0.2×2 463=2 367.6（万元）

3. 专家意见法

专家意见法是通过征询专家意见取得预测结果的方法。专家主要是指经销商、供应商、营销顾问及其他一些销售方面的专门人才。这种方法进行预测的准确性完全取决于专家的专业知识和相关的科学知识基础以及专家变化情况。因此，运用此法要求企业所选择的专家具备较高的专业水平。

专业意见法目前主要有以下两种形式：

（1）专家会议法

专家会议法又称专家会议调查法或者头脑风暴法，是根据市场预测的目的和要求，向一组经过挑选的有关专家提供一定的背景资料，通过会议的形式对预测对象及其前景进行评价，在综合专家分析判断的基础上，对市场趋势做出量的推断。

这种方法的特点是采用开调查会的方式，将有关专家召集在一起，向他们提出要预测的题目，让他们通过讨论做出判断。这种方法的优点是效率高，费用较低，一般能很快得出一定的结论。其不足就是由于大家面对面地讨论，使一些与会者常常被权威迷信而不能讲出自己的观点，这很可能会使一些更好的想法被遗漏或被忽视。此外，若每一位专家都固执己见，不肯放弃自己的观点，难以统一意见，也会导致效率降低。

（2）德尔菲法

鉴于传统的专家会议法的局限性，20 世纪 40 年代美国的兰德公司（RAND）发展了一种新型的专家预测方法，即德尔菲法（Delphi Method）。

德尔菲法实际上就是专家小组法或专家意见征询法。这种方法是按一定的程序，采用背对背的反复函询的方式征询专家小组成员的意见，经过几轮的征询与反馈，使各种不同的意见渐趋一致，经汇总和用数理统计方法进行收敛，得出一个比较合理的预测结果供决策者参考。

其进行的步骤如下：

① 根据预测目标选择专家，选好专家是德尔菲法成功的基础。选择专家时应注意：第一，专家对预测目标必须非常熟悉，对预测项目有兴趣并能够自始至终地参与下去。第二，专家来源可以实行"三三制"，即来自本企业的人员占 1/3，来自与本企业有业务联系的行业专家占 1/3，来自政府、院校、研究机构等方面的社会知名人士占 1/3。第三，专家人数要适当，一般以 20～30 人为宜。

② 以调查表的形式将要预测的问题寄发给专家，并附以相应的资料。

③ 各位专家根据自己的知识、经验以及所掌握的资料提出自己的观点，并以不记名的方式反馈回来。

④ 组织者将返回的第一轮意见进行分析、整理、归纳出若干代表性意见并列成表，然后将意见表再反馈给各位专家，请他们重新考虑好后再次提出看法，开始新一轮的意见征询。

⑤ 将各位专家修改后的意见收集上来，再分析、整理、归纳出新的意见表，然后再分发下去，让各位专家进行第二次修改。经过几次这样的反复，大多数专家的意见将趋向一致。

在使用德尔菲法时必须坚持三条原则：一是匿名性，即对被选专家要保密，互不通气；二是反馈性，即函询要进行三四次；三是收敛性，即几轮函询后，专家们的意见相对集中，趋向一致，若有部分专家有明显的不同观点，应要求说明原因。

4. 管理人员预测法

管理人员预测法有两种形式：一种形式是管理人员根据自己的知识、经验和已掌握的信息，凭借逻辑推理或直觉进行预测；另一种形式是高级管理者召集下级有关管理人员举行会议，听取他们对预测问题的看法。在此基础上，高级管理人员对大家提出的意见进行综合、分析，然后依据自己的判断得出预测结果。

管理人员预测法在物流企业管理工作中应用得非常广泛。此法简单易行，对时间和费用的要求较少，若能发挥管理人员的集体智慧，预测结果也有一定的可靠性。日常性的预测大都可以采用这种方法进行。但由于此方法过于依赖管理人员的主观判断，易受管理人员的知识、经验和主观因素的影响，若使用不当，易造成重大决策失误。

5. 群众评议法

这种方法是发扬民主管理的一种形式。不同的人由于知识、经验、岗位等的不同，使他们对问题的认识千差万别。群众评议法就是将要预测的问题告知有关人员、部门，甚至间接相关的人员、部门，或者顾客，请他们根据自己所掌握的资料和经验发表意见。然后将大家的意见综合起来，采用平均法（或加权平均法）进行处理，得到预测结果，他们虽然不能说是专家，但因所预测的问题往往与他们息息相关，所以更能激发他们的积极性和创造性，并经常能从他们那里得到一些真知灼见。群众评论的最大优点就是做到最大限度上的集思广益。

（二）定量预测方法

定量预测方法是依据物流市场调查所得的准确而完备的统计资料，运用数学特别是数理统计方法，建立数学模型，用以预测经济现象未来数量表现方法的总称。运用定量预测法，必须有大量的统计资料和统计手段及相关的统计及数学知识作基础。常用的方法主要有时间序列分析预测法和因果分析预测法。

1. 时间序列分析预测法

该方法是将市场现象的数量表现按照时间发生的先后顺序排列起来的时间序列预测法，这种方法的特点：一是考虑事物发展的连续性，即通过对过去事物的分析，能够对未来事物的发展做出判断和估计，正是这种延续性使时间序列预测方法的应用成为可能，二是考虑了事物发展的不规则性和偶然性。采用数学平均就是为了消除事物发展的偶然性和不规则性。

2. 因果分析预测法

因果分析预测法是以事物之间的相互联系、相互依存关系为根据的预测方法。它是在定性研究的基础上确定影响预测对象（因变量）的主要因素（自变量），从而根据这些数量的观测值建立回归方程，并由自变量的变化来预测因变量的变化。因果分析预测法的主要工具是回归分析技术。

采用因果关系分析法进行预测时，必须首先确定各因素之间的相关性，并根据相关性的强弱来决定是否有必要进行具体的分析。

采用因果分析法在运用相关性分析时应注意以下问题。第一，相关性越强则预测准确率越高；反之，则越低。第二，还要分析各种因素之间的相互依存关系是否稳定，关系越稳定越有预测价值，各个因素之间虽然有一定的相关性，但因果关系不稳定，仅仅是偶然发生，这样的预测就是失败的。

五、物流市场需求预测

在选择目标市场时要对市场机会进行认真分析比较，从中选出最有吸引力的细分市场。评价市场吸引力有两个最主要的标准：市场规模和市场成长。掌握当前市场需求状况以及本企业的销售情况是企业制订营销计划和营销活动不可缺少的前提。

1. 市场需求的相关概念

产品的市场需求是指一定的顾客在一定的地理区域、一定的时间、一定的市场营销环境和一定的市场营销方案下购买的总量。为了正确理解这个概念，下面从八个方面来考察。

（1）产品。市场需求测量首先必须确定产品种类，这个产品种类的范围主要取决于制造厂商如何看待它渗透相邻市场的机会。例如，一个制罐商需确定它的市场金属罐用户，还是全部容器用户，才能着手估计市场需求。

（2）总量。市场需求大小有多种表述方法，可以用绝对值，用产品实体数量以及金额来表述需求，如全国布鞋市场可用年需求量 2 亿双或 10 亿元表示；也可用相对数值表示市场需求大小，如某地区的电风扇市场需求量可用占全国需求总量的 5%来表示。

（3）购买。测量市场需求还需要明确购买的含义，即这种购买是指订购模式、送达模式、付款模式，还是消费规模。例如，对明年新住房的需求预测是指预测将要订购的住房单元数量，而不是完工的住房数量。

（4）顾客群。不仅要测量整个市场，而且市场的各个部分或市场的需求也必须确定。例如，服装企业不仅要确定市场总需求，还要细分市场，确定各个市场部分的需求，如确定低收入、中等收入及高收入家庭的需求。

（5）地理区域。区域的限定范围不同，产品的销售额的测量结果也会不同。企业应根据具体情况合理划分区域，确定各自的市场需求。

（6）时期。测量市场需求必须规定时期，如估计明年、今后第五年、第十年的市场需求。由于每个预测都是以对企业经营环境和市场营销条件的推测和判断为依据的，预测时期越长，对这些环境和条件的推测和判断就越不准确。

（7）市场营销环境。许多不可控制因素影响市场需求，因此，进行市场需求预测必须切实掌握这些不可控制因素的变化对市场需求的影响。

（8）物流市场营销方案。市场需求变化还受可控制因素的影响，特别是受销售者制定的市场营销方案的影响。这就是说，市场需求对产品价格、产品改进、促销和分销等一般都表现出某种程度的弹性。因此，预测市场需求必须掌握产品价格、产品特征以及市场营销预算等的假设。

2. 物流市场需求的测量

对营销管理者来说，通常需要测量的是总市场潜量、区域市场潜量和行业实际销售额与市场占有率。

（1）总市场潜量。总市场潜量就是指在特定时期内，在既定行业市场营销努力水平与既定环境条件下，行业的所有公司所能获得的最大营销量。

（2）区域市场潜量。企业不仅要计算总的市场潜量，而且还要选择欲进入的最佳区域，并在这些区域内最佳地分配其市场营销费用。为此，企业就要估计各个不同区域的市场潜量。目前较为普遍使用的两种方法是市场累加法和多因素指数法。产业用品的生产企业一般使用前者，而后者则多为消费品生产企业所采用。

① 市场累加法。这是指先确认某产品在每一市场的肯定购买者，之后将每位购买者的估计购买量加总合计。当企业掌握所有潜在买主的名单以及每个人可能购买产品的估计量时，可直接应用市场累加法。

② 多因素指数法。这是消费品制造商对地区市场潜量进行判断时常采用的方法，即找出影响市场需求潜量的多个因素，并按每个因素影响力的不同分配不同的权数。目前常采用的地区需求多因素指数是美国《销售与市场营销管理》杂志公布的"购买力年度调查"指数。

需要说明的是，区域市场潜量的估计只能反映相对的行业机会，而不是相对的企业机会。各企业可以用公式中未考虑的因素来修正所估计的市场潜量。这些因素包括企业产品市场占有率、竞争者类型与数目、销售力量的大小、物流系统、区域性促销成本等。

（3）行业实际销售额与市场占有率。除了测量总的地区市场需求及潜量外，企业还需了解企业实际销售额及其自身的实际销售潜力和市场占有率。这一指标反映企业对市场的控制程度。在一定时期内企业的销售额虽有较大的增长，但如果占有率下降了，那它就是一个危险的信号，应该警惕被竞争者挤出市场。例如，如果企业的销售额年增长率为6%，而整个行业的增长率为 10%，这就意味着企业的市场占有率在下降，企业在行业中的地位已被削弱，而竞争者却发展迅速。另一种方式就是向专业调研组织购买有关的具体资料，然后通过研究比较市场占有率，了解自己与竞争者相比的市场地位。

◇ 项目小结

本项目主要讲述了物流市场营销调研和预测。物流市场调研是以提高物流营销效益为目的，有计划地收集、整理和分析物流市场的信息资料，提出解决问题的建议的一种科学方法。物流市场预测是在对影响物流市场供求变化的诸因素进行调查研究的基础上，运用科学的方法，对未来物流商品供应和需求的发展趋势以及有关的各种因素的变化进行分析、估计和判断。

物流市场调研介绍了调研的目的、内容、步骤及主要调研的技术方法。物流市场预测的内容主要有市场供应预测、市场需求预测、市场商品价格预测、市场竞争形势预测等，其中最重要的是市场需求预测。市场预测方法种类很多，大体上可以分为定性预测和定量预测。

重点概念：物流市场调研、物流市场调研步骤、物流市场调研方法、物流市场预测方法、物流市场预测步骤、物流市场需求预测。

◇ 知识巩固

一、选择题

1. 运用科学的方法，有目的、有计划地收集、整理和分析研究有关市场营销方面的信息，提出解决问题的建议，供营销管理人员了解营销环境、发现机会与问题，作为市场预测和营销决策的依据，一般把它称为（　　）。

    A. 营销信息系统　　B. 市场调研　　C. 市场预测　　　　D. 决策支持系统

2. 企业在情况不明时，为找出问题的症结，明确进一步调研的内容和重点，通常要进行（　　）。

    A. 探测性调研　　B. 描述性调研　　C. 因果关系调研　　D. 临时性调研

3. 与原始资料相比，二手资料的优势在于（　　）。

    A. 含有更多的有效信息　　　　B. 易于取得，而且成本较低

    C. 可以直接使用而不必做任何处理　　D. 对企业解决当前的营销问题更有用

4. 访问调查的主要优点是（　　）。

    A. 调查成本较低，调查结果较为准确　　B. 调查的成本较低，周期较短

    C. 回答率较高，调查结果也较为准确　　D. 容易对调查人员进行控制

5. 在营销调研的基础上，运用科学的理论和方法，对未来一定时期的市场需求量及其影响因素进行分析研究，寻找市场需求发展变化的规律，为营销管理人员提供未来市场需求的预测性信息，以作为营销决策的依据，这叫作（　　）。

    A. 市场开发　　　B. 市场调研　　　C. 市场预测　　　D. 市场控制

6. 决定德尔菲法成败的关键性一步是（　　　）。

  A. 成立预测工作小组　B. 选好专家　　　C. 制定征询表　　　D. 结果的汇总和处理

7. 市场预测的程序是（　　　）。

  A. 明确目的→收集资料→分析→预测　　　B. 收集资料→明确目的→分析→预测

  C. 分析→明确目的→收集资料→预测　　　D. 明确目的→收集资料→预测→分析

二、判断题

1. 探测性调研一般要进行实地调查、收集第一手资料。

2. 收集第一手资料通常花费较大、周期长，但能掌握市场的即时信息。

3. 抽样调查依照同等可能性原则在所研究对象的全部单位中抽取一部分作为样本，因此抽样调查的目的是为了掌握样本的数据。

4. 市场需求预测即是凭借预测者的经验和感觉对未来市场需求的猜测。

5. 在用综合销售人员意见法对市场需求情况进行预测时，只要参加预测的人员都非常熟悉了解他所管辖的区域市场，就肯定能取得较准确的预测结果。

6. 德尔菲法的特点是专家互不见面，避免相互影响，且反复征询、归纳、修改，意见趋于一致，结论比较切合实际。

三、简答题

1. 依据调研的目的，说明物流市场调研的类型有哪些？

2. 物流市场调研的内容有哪些？

3. 物流市场调研通常包含哪些基本步骤？

4. 简述物流市场调研的方法。

5. 如何进行物流市场预测？

6. 什么是德尔菲法？其实施步骤有哪些？

◇ 案例讨论

  美国汽车制造一度在世界上占据主要地位，而日本汽车工业则是 20 世纪 50 年代学习美国发展而来的，但是时隔 30 年，日本汽车制造突飞猛进，充斥欧美市场及世界各地，为此美国与日本之间出现了汽车摩擦。

  在 20 世纪 60 年代，当时有两个因素影响汽车工业：一是第三世界国家的石油生产被工业发达国家所控制，石油价格低廉；二是轿车制造业发展很快，豪华车、大型车盛行。但是擅长市场调查和预测的日本汽车制造商，首先，通过表面经济繁荣，看到产油国与跨国公司之间暗中酝酿和发展的斗争以及发达国家能量消耗的增加，预见石油价格会很快上涨，因此，必须改产油耗小的轿车来适应能源短缺的环境。其次，随着汽车数量增多，马路上车流量增多，停车场的收费会提高，因此，只有制造小型车才能适应拥挤的马路和停车场。再次，日本制造商分析了发达国家家庭成员的用车情况。主妇上超级市场、主人上班、孩子上学，一个家庭只有一辆汽车显然不能满足需要。这样，小巧玲珑的轿车得到了消费者的喜爱。于是日本在调研的基础上做出正确的决策。在 20 世纪 70 年代世界石油危机中日本物美价廉的小型节油轿车横扫欧美市场，市场占有率不断提高，而欧美各国生产的传统豪华车因耗油大、成本高，销路大受影响。

（资料来源：MBA 智库文档，节选）

问题：

（1）分析在日美轿车大战中，造成美国汽车工业失败的原因是什么。

（2）分析日本汽车制造商的市场营销调研在其后汽车工业发展中的作用。

◇ 实训拓展

实训 1　制作调查问卷

【项目情景】

新业公司是一家专门从事配送业务的物流公司，该公司的业务主要针对企业，迎合了企业的某些特殊需求。但随着家庭递送市场的不断成熟，该企业也开始意识到开展个人递送的重要性，因此想在短期内进入个人递送市场。但公司的领导人认为，虽然自己的配送能力可以支持个人递送，但自己在品牌上却不一定具有优势，因为公司的品牌主要在产业用户中具有影响力，个人用户不一定知道这个品牌。为了验证这个市场，该公司决定进行一次市场调研，通过实地调查来获知消费者对该品牌的了解。于是该公司请 A 市场调研公司为其提供市场调研问卷，自己组织调研。但在实际调查过程中却出现了这样的问题：很多被调查者不愿意提供合作，认为该问卷太复杂，很多问题都不理解，并且填这样的问卷太浪费时间，而且有些问题涉及了个人隐私。因此，该公司并没有取得自己想要的东西，为此公司召开了专门的会议讨论问题的所在。请为该公司制作一份问卷调查表。

【实训目标】

（1）能够根据调查内容设计物流市场调研表格。

（2）能够进行调查表的发放、收回、整理。

【实训准备】

（1）掌握物流市场调研的内容。

（2）熟悉物流市场调研的方法。

（3）了解物流市场调研问卷设计的要求。

【实训步骤】

（1）学生每 5 人为一个小组，每个小组选一名组长。

（2）根据调查目的确定问卷的实际内容和所需要的资料。

（3）逐一列出各种资料的来源。

（4）设计问句（确定开放式还是封闭式）。

（5）确定问题的顺序。

（6）问卷设计完成后各小组进行小规模的事先预试，之后审查预试的结果，既要着眼于所收集的资料是否易于统计，又要着眼于资料的质量，看是否有需要改进之处。

（7）对问卷进行修改和完善，并正式打印出来。

【注意事项】

（1）充分了解调查目的，注意得到的资料是否对分析问题、解决问题有帮助。

（2）写出问题，一个问题只涉及一项内容。同时考虑问答时的方便。

（3）检查提出的各个问题，消除含义不清、倾向性语言和其他疑点。注意提出的问题，语言是否自然、温和、有礼貌和有趣味性。

【实训评价】

教师对各组设计方案做出综合评价，如表 5-6 所示。

表 5-6　考评表

考评人		被考评人		
考评地点				
考评内容	制作调查问卷			
考评标准	具体内容		分值	实际得分
	背景分析		20	
	调查目的和内容的明确		20	
	问题形式和顺序的安排		20	
	问卷结构的合理性		30	
	团队合作和职业素养		10	
合　计			100	

实训 2　物流市场预测方法的选择

【项目情景】

新宇物流公司 2010 年 7—12 月的货物运输量分别为 1 200 吨、1 250 吨、1 310 吨、1 280 吨、1 300 吨、1 200 吨。要预测 2011 年 1 月份的货物运输量，请为该公司选择合适的预测方法。

【实训目标】

（1）能够掌握不同预测方法的特点，掌握常用的预测方法。

（2）能够根据预测的目标选用合适的预测方法。

【实训准备】

（1）掌握物流市场预测的原则。

（2）熟悉物流市场预测的步骤。

（3）掌握常用的市场预测的方法。

【实训步骤】

（1）学生每 5 人为一个小组，每个小组选一名组长。

（2）准备卡片若干张。

（3）以每位学生为单位，在卡片上写出预测的方法。

（4）各组通过采用卡片问询法，收集本组成员选择的预测方法。

（5）各组汇总成员预测的方法，确定本组的预测方法。

（6）每组派一位代表陈述结果。

【实训评价】

教师对各组设计方案做出综合评价，如表 5-7 所示。

表 5-7　考评表

考评人		被考评人		
考评地点				
考评内容		物流市场预测方法的选择		
考评标准	具体内容		分值	实际得分
	背景分析		20	
	选择预测方法		20	
	本组讨论结果		20	
	学生代表陈述		30	
	团队合作和职业素养		10	
合　计			100	

项目 6　物流服务目标市场营销

◇ **知识目标**

1. 了解物流服务市场细分的定义和方法；
2. 掌握物流服务市场细分的原则和步骤；
3. 了解物流服务目标市场的概念；
4. 掌握物流服务目标市场选择的因素；
5. 了解物流服务市场定位的概念和作用；
6. 掌握物流服务市场定位的步骤和策略。

◇ **能力目标**

1. 能选择合适的细分标准对物流服务市场进行细分；
2. 能根据市场、竞争对手、企业自身情况选择物流服务目标市场；
3. 能科学制定物流服务目标市场营销策略；
4. 能科学、合理地进行物流市场定位。

◇ **本项目知识结构图**

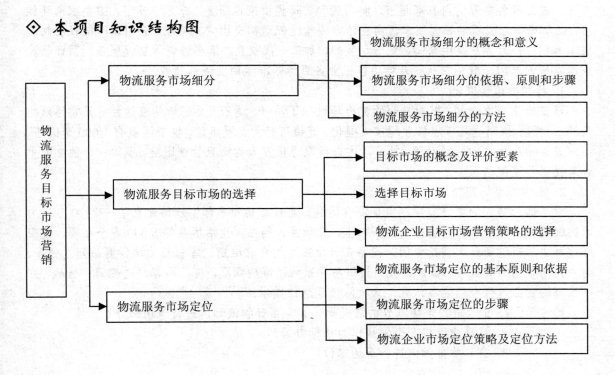

◇ 职业标准与岗位要求

职业功能	工作内容	技能要求	相关知识
物流服务市场细分	了解市场细分的原因、根据一定的原则和步骤进行市场细分	➤ 能够熟知市场细分的原因 ➤ 能够按照市场细分的原则和步骤对物流服务市场进行细分	➤ 市场细分的原因 ➤ 市场细分的原则 ➤ 市场细分的步骤 ➤ 市场细分的方法
选择物流服务目标市场	能够根据营销策略帮助物流企业选择目标市场	➤ 能够熟知目标市场的概念和评价要素 ➤ 能够利用适合的营销策略帮助物流企业选择目标市场	➤ 目标市场的概念 ➤ 目标市场评价要素 ➤ 目标市场选择策略
物流服务市场定位	能够利用科学的策略和方法进行物流市场定位	➤ 能够熟知市场定位的原则和依据 ➤ 能够熟知市场定位的步骤 ➤ 能够利用科学的策略和方法进行市场定位	➤ 市场定位的原则和依据 ➤ 市场定位的步骤 ➤ 市场定位的策略

◇ 任务的提出

富日物流的目标市场营销战略

杭州富日物流有限公司是一家 2001 年投资建立的现代第三方物流企业,注册资本为 5 000 万元。该公司主要为杭州多家超市、便利店和卖场提供配送服务,永乐、苏宁、国美家电连锁店,以及华润万家超市等大型零售商在该市的物流配送都交由它来完成。公司以降低社会物流成本为己任,为客户提供仓储、配送、装卸、加工、代收款、信息咨询等物流服务。富日物流快速发展的原因,就是它从一开始,就把业务目标瞄准了商业流通领域。

1. 科学的市场调研

富日物流成立之初,就对杭州物流市场进行了调研。调研显示:地处流通经济异常活跃的长江三角洲,杭州这几年零售业超市大型化,连锁店经营发展迅猛,仅市区就有 1 600 个门店。而这些连锁店面临的共同问题,就是店内自行配送投资太大而且管理困难,亟须一个独立的平台来提供物流配送服务。

2. 正确的市场定位

对于如此诱人的市场空缺,富日没有错过。富日在杭州东部下沙路建立了一个 20 万平方米的配送中心,可以同时储存食品、电器、化妆品、药品、生活用品等 8 000 多个品项,这很好地解决了当地商业流通行业因为商品多样化带来的仓储难题。零售行业单件商品配送较多,为了提高车辆的满载率,富日物流通过信息化系统的准确调度,将不同客户送往同一区域、同一线路的货品进行合理配车作业,大大降低了运作成本。

思考题: 1. 企业进行市场细分的意义是什么?富日物流如何进行市场细分?

2. 富日物流将哪个领域作为目标市场?

3. 富日物流如何进行市场定位?

◇ 任务分析

为了完成上述任务，学生需掌握如下内容或要点：

1. 市场细分的原则；
2. 市场细分和选定目标市场的依据和策略；
3. 市场定位的方式。

任务一   物流服务市场细分

市场细分是一个有力的营销工具，在营销策略中起着关键的作用，市场细分可以准确地定义客户的物流服务需求，帮助决策者更准确地制定营销目标，更好地分配物流资源。

一、物流服务市场细分的概念和意义

1. 物流服务市场细分的概念

（1）物流服务市场

物流服务市场是指为保证生产和流通过程顺利进行而形成的商品在流动和暂时停留时所需要的服务性市场以及包装、装卸、搬运等辅助性市场。

物流市场是一个新兴的服务业市场，是一种复合型产业。现代物流产业的发展要求物流资源都进入市场，通过物流市场来优化资源配置、实现规模经济、提高物流效率、降低物流成本。

（2）市场细分

市场细分的概念是美国市场学家温德尔·史密斯（Wendell R. Smith）于 1956 年提出的。市场细分是指按照消费者需求与欲望的差异性，把一个总体市场划分成若干个有共同特征的子市场的过程。处于同一细分市场的消费群被称为目标消费群，相对于大众市场而言，这些目标子市场的消费群就是分众了。

（3）物流服务市场细分

物流服务市场细分是指根据物流需求者的不同需求和特点，将物流市场分割成若干个不同的小市场的分类过程。通过物流市场细分，物流市场将区分为不同的子市场，每个子市场的物流需求者都有类似的消费需求、消费模式等，而不同子市场的需求者则存在需求和特点的明显差异。

2. 物流服务市场细分的原因

物流市场细分的原因主要有以下两点：

（1）主观条件

物流企业资源的有限性。现代物流市场规模很大，客户需求极其复杂，物流企业的资源总是有限的，不可能满足物流市场上全部顾客的所有需求，也不可能满足全部顾客的不同需求。物流企业只能根据自身的优势从事某方面的物流生产，选择力所能及的、适合自己经营的目标市场，企业只能把有限的资源投入到最可能带来利润的领域，因此有必要细分市场。

（2）客观条件

① 市场的供求关系。物流企业进行市场细分的重要目的就是要弄清楚市场的供求关系，根据市场供需比例，最终选择哪个市场作为企业的目标市场，以及向该目标市场投入多少资本。

② 市场的竞争关系。对物流企业来讲，不同的细分市场存在不同数量的竞争者，在选择市场机会时，企业必须考虑到市场的竞争情况。

③ 为物流企业提供信息，满足客户需求。将市场细分能够为物流企业提供更精准的不同客户的需求信息，识别有相似需求的客户群，分析他们的特征和购买行为，有针对性地提供物流服务。

3. 物流服务市场细分的意义

（1）有利于选择目标市场和制定营销策略

市场细分后的子市场比较具体，这样就容易了解物流需求者的要求，企业可以根据自己的经营思想、方针及物流技术和营销力量，确定自己的服务对象，即目标市场。同时，针对具体的目标市场，制定特殊的营销策略。而且在细分后的市场上，信息容易了解和反馈，一旦物流需求发生变化，企业可迅速改变营销策略，制定相应的对策，提高物流企业的应变能力和竞争能力。

（2）有利于发掘市场机会，开拓新的服务市场

通过市场细分，物流企业可以对每一个细分市场的购买潜力、满足程度、竞争情况等进行分析对比，探索出有利于本企业的市场机会，使企业及时做出营销计划和服务开拓计划，进行必要的物流技术储备，掌握服务方案更新换代的主动权。也可以通过细分市场，发现不同细分市场间的边缘市场机会，从而扩大企业的市场覆盖面，开拓新市场。

（3）有利于集中人力、物力投入目标市场

任何一个企业的资源，包括人力、物力、资金都是有限的，所以，有效地利用资源是企业营销管理的目标。通过细分市场，一旦选择了适合自己的目标市场，物流企业就可以集中人力、财力、物力等资源，先争取局部市场上的优势，然后再控制选定的目标市场物流需求。

（4）有利于企业提高经济效益

上述三个方面的作用都能使物流企业提高服务效益。除此之外，物流企业通过市场细分后，可以面对自己的目标市场，推出适销对路的服务方案，既能满足市场的需要，又可通过一对一的专业化服务做精企业，降低了企业的市场交易成本，全面提高企业的经济效益。

二、物流服务市场细分的依据、原则和步骤

1. 物流服务市场细分的依据

在物流市场中，客户对物流服务的需求，无论是在产品的质量和数量上，还是在产品的特性和要求上都各不相同，虽然客户从根本要求上都是为了完成物品从供应地向接收地的实体流动过程，但是在物流活动或物流作业的具体运作中却存在很大的差异，这就为物流市场的细分提供了客观依据。

根据物流市场的特点，物流企业可以按客户行业、地理区域、物品属性、客户规模、时间长短、服务方式、客户所有制性质、外包动因和利润回报等为依据对物流服务市场进行细分。

（1）客户行业

按客户所属的行业性质可将物流市场分为农业、制造业、商贸业等。以客户所属行业来细分物流市场就是按照客户所在的行业来细分市场。由于客户所在行业不同，其产品构成也存在很大差异，客户对物流需求也各不相同，但同一行业市场内的客户对物流需求具有一定的相似性。其差异主要体现在各个行业要根据各自的特点去组织物流活动；其相似性主要体现在物流对象的选择和每个行业实现物流功能的具体操作活动上。

（2）地理区域

从地理区域考虑可将物流市场分为区域物流、跨区物流和国际物流。以地理区域来细分物流市场，就是根据客户所需物流的地理区域的不同来细分。由于物流活动所处的地理区域不同，而不同区域的经济规模、地理环境、需求程度和要求等差异非常大，使物流活动中的物流成本、物流技术、物流管理、物流信息等方面会存在较大的差异，而且不同区域的客户对物质资料的需求也会各有特色，这就使得物流企业必须根据不同区域的物流需求确定不同的营销战略和策略，以取得最佳经济效益。

（3）物品属性

按物品属性可将物流市场细分为投资品市场和消费品市场。由于物品属性的差异，物流企业在实施物流活动的过程中，物流作业的差别会很大，物品属性的差别对物流诸功能的要求会体现在整个物流活动中，而且物流质量和经济效益也同物品属性有很大的联系，主要是对物流功能和物流技术的选择体现较大的差异。

（4）客户规模

从客户规模角度可将物流市场细分为大客户、中客户和小客户。由于物流需求的规模大小不同，需求提供的服务水平和服务方式也存在很大差异。

（5）时间长短

从时间性方面可将顾客细分为长期客户、中期客户和短期客户。以时间性来细分物流市场，就是根据物流企业与客户之间的合作时间来细分物流市场。这种合作时间的长短将会集中体现在物流功能与物流水平的选择上。

（6）服务方式

以服务方式为标准可将物流市场分为单一型物流服务方式和综合型物流服务方式。以服务方式来细分物流市场，就是根据客户所需物流功能的实施和管理要求的不同而细分市场。由于客户产生物流需求时对物流诸功能服务的要求会存在很大差异，而物流功能需求的多少与物流成本及效益等会有很大的联系，因此物流企业想以最佳的服务奉献给物流市场，就必须以不同的服务方式，服务于不同物流服务需求的客户，以取得最好的社会效益。

（7）客户所有制性质

客户所有制性质对物流企业开发市场的成本、合作的难易程度、客户维护成本和利润空间等都有较直接的影响。根据客户所有制的性质，一般将客户分为：

① 三资企业，指外商以合资、合作或独资的形式在大陆境内开办的企业。

② 国有企业，指生产资料归国家所有的企业。

③ 民营企业，指生产资料归公民私人所有，以雇佣劳动为基础的企业。

④ 除以上三种形式以外的其他企业或组织。

（8）外包动因

按客户选择第三方物流企业的动因进行细分：

① 关注成本型。这类客户在选择物流服务商时，最关注的是物流成本，他们希望通过与第三方物流企业的合作降低成本。

② 关注能力型。这类客户希望通过第三方物流公司的能力，提高自己的客户服务水平。

③ 关注资金型。这类客户一般资金不足或比较关注资金的使用效率，他们不希望自己在物流方面投入过多的人力和物力。

④ 复合关注型。这类客户，选择物流服务商的动因不止一个，严格来讲大多数客户选择物流服务商都有多个动因。

（9）利润回报

根据客户盈利能力的不同进行市场细分。顾客盈利能力是指物流企业客户在未来很长一段时间里为物流企业贡献利润的能力。这种市场细分就是把每个客户都作为一个细分市场，分析企业服务每个客户的成本和收益，得到每个客户对企业的财务价值，然后与企业设定的客户盈利能力水平进行比较，如果客户的盈利能力达到或超过企业的设定水平，那么它就是目标市场中的一员，所有满足这个条件的客户构成企业的目标市场，否则企业就不向它提供服务。

在以上划分目标的基础上，企业还可以根据巴莱多的二八定律，进一步将客户划分为大客户和一般客户，提供差异化的物流服务。

 小贴士

物流服务市场细分

由于我国物流正处于发展初期，大量的物流企业市场定位模糊、物流服务产品雷同，许多物流企业陷入市场空间小、利润率低的困境。因此，近年来越来越多的研究者将市场细分理论运用到物流市场中，希望通过合理的物流市场细分、精确的定位、提供差别化的服务来解决物流企业面临的困境。物流市场细分就是按照营销原理中的细分理论，将物流整体市场划分为若干个具有吸引力并符合企业目标和资源的小市场，注重专业化服务的提供，以利于物流企业的合理定位。

1. 我国物流企业的分类

我国的物流企业按照从业性质分类，各占比例如下：纯运输公司占 7%，纯仓储公司占 10%，从事储运业务的企业占 57%，综合物流公司占到 26%。我国目前大多数的公司都是既从事仓储，又涉及运输服务，但网络化、信息化的综合物流公司却很少。

2. 物流服务市场的特点

（1）传统市场的局限性及市场需求的异质化要求

20 世纪初，在市场需求倾向于同质化的前提下，企业没有细分市场的必要，完全可以向面对市场的所有人以同样的方式提供同样的产品，但是在人们生活水平持续提高的今天，同一产品所面对的市场需求繁杂多样，而任何一个企业，即使是处于行业领先地位的企业也无法满足全部需求。现代市场营销理论认为：现代战略营销的核心是 STP 营销，即树立目标市场营销理念，有效地完成细分市场，选择目标市场和产品定位。其中，市场细分是市场营销必不可少的一项基础工作，是一个企业进行有效资源配置以部署战略和计划的关键。因此，面对多样的市场需求，物流企业必须进行市场细分，才能更好地满足不同客户的需求。

（2）有效地进行市场竞争的要求

从整体市场的角度看，目前市场总供给大于总需求，但是从微观角度来看，大多数物流企业仅靠自身实力很难同时满足所有细分市场的不同需求，因为任何一家物流企业的资源都是有限的，而将有限的资源投入到无限范围的市场竞争中，则无法达到有效经营的目的。解决的方法是：识别具有不同需求的物流服务购买者群体，根据不同群体的需要，结合物流企业自身的特点，选定特定目标市场，集中力量为目标市场服务，满足其特定的需求。

（3）物流需求随时变化的营销策略要求

市场细分是一种策略，蕴含着这样一种思路：物流企业并非一味追求在所有市场上都占有一席之地，而是追求在较小的细分市场上占有较大的市场份额。这种价值取向对大中型企业开发市场具有重要意义，对小型企业的生存与发展也至关重要。

3. 物流市场细分

根据物流学理论，建立"七边型"模型，把整个物流市场细分为 7 个子市场：

（1）按服务范围分为全球、国际、地区和地方物流市场；

（2）按服务对象分为公共、只服务于少数几家和专门服务一家物流市场；

（3）按服务提供者分为客户自己管理、第三方物流、物流专家管理的物流市场；

（4）按物流活动范围分为运输物流市场、仓储物流市场、配送物流和综合物流市场等形式；

（5）按服务水平分为基本服务、高水平服务、标准水平服务的物流；

（6）按信息系统的采用分为计算机全部整合、有选择的物流信息技术协调、某些物流活动有独立的信息技术等；

（7）按物流服务程度分为全部供应链、工厂内部物流、采购物流、销售物流等。

近年来，我国第三方物流市场迅速发展，外部条件的发展和成熟为物流市场的细分发展提供了广阔的空间。但是目前中国在物流市场细分领域仍处于初级发展阶段，大多数物流企业处于同一服务水平、同一经营层面。由于大多数物流企业是从传统的仓储、运输和货代等发展起来的，它们缺乏现代物流营销理念的指导，缺乏对客户物流和客户需求的分析，很多物流企业仍存有传统营销理念。市场定位模糊、物流服务产品雷同，使得物流企业市场空间越来越小、利润越来越小。因此对物流企业来说，合理地细分物流市场、精确定位、提供差别化服务是企业生存和发展的关键。

2. 物流服务市场细分的原则

要使市场细分有效、成功，必须遵守以下基本原则。

（1）可衡量性

物流细分市场的规模、购买力和概况必须可以衡量。一般指细分出来的市场不仅可以定性地明确范围，而且可对其容量的大小定量地进行衡量。如果某个细分市场的资料无法获得，那就无法进行估量，也就不能把它纳入本企业市场细分范围。在实际物流活动中，有些市场捉摸不定，难以衡量，就不能对它进行细分。

（2）可进入性

可进入性，亦称可达性，它是指细分市场应是能够有效地到达并为之服务，即企业通过努力能够使物流服务产品进入并对客户施加影响的市场。例如，市场细分的结果会发现市场中已有很多竞争者，自己无力与之抗衡，无机可乘或虽有未被满足的需求，但因缺乏诸多先决条件，甚至货源无着落，难以揽货，这种市场细分就没有现实意义。

（3）效益性

效益性亦称有效性、足量性，即细分出来的物流需求市场，其容量或规模要大到足以使物流企业获利。进行市场细分时，企业必须考虑细分市场上的市场容量、客户的数量以及他们的购买数量、购买行为和购买服务的频率。如果细分市场的规模过小、市场容量太小，就不值得去细分。

（4）稳定性

细分市场必须在一定时期内保持相对稳定，以便使物流企业制定较长期的营销策略，从而有效地开拓并占领目标市场，获得预期经济效益。如果细分后的市场变动过快，目标市场稍纵即逝，则企业风险随之增加。

（5）可行性

物流企业所依据的细分标准，一方面，必须符合客户的购买习惯、购买心理及政府的法规、法令等。比如，在一般的小城市，把开发综合物流作为一个细分市场并将其作为企业的开发单位，就要考察是否有真正的市场、能否有足够的市场承受力等。另一方面，开发企业是否有足够的能力为开发和服务的细分市场拟定有效的营销方案。比如，一家物流企业同时分出了五个细分市场，但是由于人员短缺，无法为每个细分市场实施有效的营销方案，因此，只能使这种细分市场流于形式。

（6）可区分性

可区分性指细分后的子市场在观念上能够被区分，并且对不同的营销组合因素和方案的反应不同。如物流运输子市场可分为长途运输、中途运输、短途运输，这种分类清晰明了，使客户能够很容易分辨出自己所需求的市场并且各市场针对不同的营销方案会做出不同的反应。

3. 物流服务市场细分的步骤

物流服务市场细分的步骤可以参考美国市场学家麦卡锡提出的进行市场细分的一整套程序，这一程序共包括7个步骤。

（1）选定市场范围

选定市场范围，也就是把要进行细分的物流市场与物流企业资源、任务、目标联系，在营销调查和市场预测的基础上，结合本企业的实际能力及竞争实力，确定营销目标，进而选择合适的物流细分市场或服务范围。物流企业必须首先确定该区域适合物流的哪些服务；需求规模有多大；服务对象是谁；要不要进入；进入什么行业；提供什么产品或服务；提供给谁等问题。

（2）列举所选物流市场客户（包括潜在客户）的相关需求与特点

这是对物流市场进行细分的重要依据。物流企业应根据已经存在、刚刚出现或将要出现的物流需求，进行详细、全面的分类，如心理上的、行为上的、区域上的等，为分析客户需求提供资料，以便针对物流需求的差异性确定细分市场的因素和组合，从而为物流市场细分提供可靠的依据。

（3）分析物流客户需求

物流企业将前面列举的相关客户特征，与相关类型客户进行交流、沟通和选择，充分征询消费者意见，通过分析评价不同的客户需求特征，选出典型客户，研究他们需求的具体内容，再进行分析，确定物流市场细分的具体标准，根据细分市场的标准对整体市场进行初步细分。

（4）进行筛选

在对物流市场进行初步细分的基础上，分析评价客户物流需求的特征，找到各物流细分市场的共同点和差异性，重点关注其差异性，并根据本企业的具体条件，去除那些引起各物流子市场具有同等重要性的因素，然后将各子市场进行比较，分析本企业在各细分市场上的盈利可能，放弃不适合本企业进入的细分市场，初步筛选出最有利于本企业发展的细分市场。

（5）为各个物流细分市场命名

根据每个细分市场的特点，为每个细分市场命名，以突出细分市场消费者的特征。

（6）进一步具体分析各物流细分市场

通过进一步的具体分析，找到各细分市场不同需求与购买行为之间的关系，进一步确定各物流细分市场是否需要再次细分、是否发现新的细分变量。

（7）最终选定物流细分市场

预测各物流细分市场的潜力，分析市场机会，综合权衡，确定目标市场。

三、物流服务市场细分的方法

按市场因素的多少，物流服务市场细分常用的方法主要有以下几种。

1. 单一因素细分法

单一因素细分法是指细分物流市场只按照单一因素进行。如按照客户行业这一因素去细分物流市场可分为农业物流、制造业物流和商贸业物流市场。在邮递物流市场中，可以按照顾客对物流速度的要求，细分出 4 个细分市场，根据顾客对物流速度要求的最低标准，选择进入哪一个细分市场，并制定相应的策略，如图 6-1 所示。

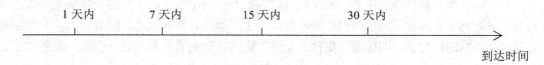

图 6-1　对邮政物流市场的单一因素细分

2. 综合因素细分法

综合因素细分法是以影响物流市场需求的两个或两个以上因素进行综合划分，以区别各细分市场的方法。因为客户的需求差别常常极为复杂，只有从多方面去分析、认识，才能更准确地把它们区别为具有不同特点的群体，如表 6-1 所示为综合因素细分法。

表 6-1　综合因素细分法

内　　容		地　理　区　域		
		区　域　物　流	跨区域物流	国　际　物　流
物品属性	生产资料	细分市场 1	细分市场 2	细分市场 3
	生活资料	细分市场 4	细分市场 5	细分市场 6
	其他类型	细分市场 7	细分市场 8	细分市场 9

另外，可以选物流速度、流量要求、物流频率中的任何两个或全部作为综合因素细分法的因素对物流市场进行细分。

3. 系列因素细分法

系列因素细分法是物流企业选择多个细分标准对物流整体市场由粗到细,逐步进行细分的方法。细分的过程是一个比较、选择分市场的过程。下一个阶段的细分,在上一个阶段选定的分市场中进行。如图6-2所示给出了客户的选择与市场细分的关系。

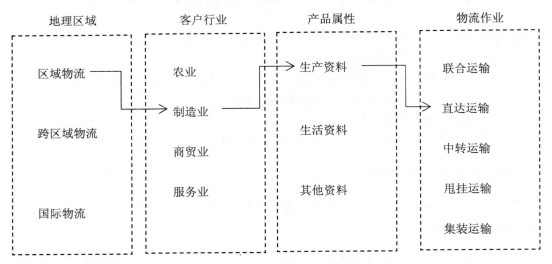

图 6-2　系列因素细分法示意图

4. "产品—市场方格图"法

此法即按照产品(顾客需要)和市场(顾客群)这两个因素的不同组合来细分市场。例如,物流市场对物流有五种不同的需要:供应物流、生产物流、销售物流、回收物流、废弃物流。同时有三个不同的顾客群,即国家、集体、个体,这样就形成了十五个细分市场,如表6-2所示。

表 6-2　产品—市场方格图

产品 市场	供应物流	生产物流	销售物流	回收物流	废弃物流
国家	A11	A12	A13	A14	A15
集体	A21	A22	A23	A24	A25
个体	A31	A32	A33	A34	A35

任务二　物流服务目标市场的选择

一、目标市场的概念及评价要素

1. 目标市场的概念

目标市场是企业决定为其提供产品或服务的细分市场,即企业为满足现有的或潜在的消费需求而设定的细分市场。首先企业在对整个市场进行细分之后,应对各细分市场进行评估,然后根据细分市场的潜力、竞争情况、本企业资源等因素决定把哪一个或哪几个细分市场作为目标市场。因此，物流企业应在市场细分的基础上，根据企业的内部条件和外部因素的分析，确定产品即物流服务对象。

2. 评价目标市场的要素

评价目标市场可以从三个方面进行考虑，即评价目标市场的三要素。

（1）有一定规模和发展力

企业进入某一市场是期望有利可图，如果市场规模狭小或者趋于萎缩状态，企业进入后难以获得发展，此时，应审慎考虑，不宜轻易进入。当然，企业也不宜以市场吸引力作为唯一取舍，也应力求避免与竞争企业遵循同一思维逻辑，将规模最大、吸引力最强的市场作为目标市场。因此，要收集和分析这些细分市场的现有物流产品及服务需求量、成长率和预期盈利率，选择"恰当的规模和成长性的"目标市场。

（2）细分市场结构的吸引力

细分市场可能具备理想的规模和发展特征，然而从盈利的角度来看，它未必有吸引力。波特认为有 5 种力量决定整个市场或其中任何一个细分市场的长期的内在吸引力。这 5 种力量群体是：同行业竞争者、潜在的及新参加的竞争者、替代"产品"、购买者和供应商。按此理论分析，它们具有如下 5 种威胁性。

① 细分市场内激烈竞争的威胁：如果某个细分市场已经有了众多的、强大的或竞争意识强烈的竞争者，那么该细分市场就会失去吸引力。如果该细分市场处于稳定或者衰退状态，物流能力不断大幅度扩张，固定成本过高，撤出市场的壁垒过高，竞争者投资很大，那么情况就会更糟。这些情况常常会导致价格战、广告争夺战，新的服务方案过早推出，公司参与竞争就必须付出高昂的代价。

② 新竞争者的威胁：如果某个细分市场能吸引并增加新的物流市场能力、大量资源并争夺市场份额的新竞争者，那么该细分市场就没有吸引力。关键是新竞争者能否轻易进入这个细分市场。如果新竞争者进入这个细分市场时遇到很高的壁垒，并且遭受到细分市场内原来公司的强烈"报复"，他们便很难进入。某个细分市场的吸引力随其进退的难易程度而有所区别。表 6-3 给出了进入与退出壁垒高低进行某细分市场吸引力的分析。

表 6-3　某细分市场吸引力

进 入 壁 垒	退 出 壁 垒	对企业的影响
高	低	新的公司很难进入，经营不善时可安然撤退
高	高	利润潜量大，但风险也较大，经营不善时难以撤退
低	低	公司进退自如，获得稳定但不高的报酬
低	高	经济良好时，公司可顺利进入，但经济萧条时，却很难退出

③ 替代"产品"的威胁：如果某个细分市场存在着众多可代替的服务方案或者潜在替代方案，那么该细分市场就失去了吸引力。替代"产品"会限制细分市场内价格和利润的增长。物流企业应密切注意替代服务的价格趋向，以减少或避免其威胁。如果这些替代"产品"有所发展，或者竞争日趋激烈，这个细分市场的价格和利润就可能会下降。

④ 购买者讨价还价能力加强的威胁：如果某个细分市场中购买者的讨价还价能力很强或

者正在加强，该细分市场就没有吸引力。因为购买者设法压低价格，对服务质量和内容提出更高的要求，并且使竞争者互相竞争，所有这些都会使物流商的目标利润受到损失。如果购买者比较集中有组织，或者该物流客户在购买者的成本中占较大比重、服务方案无法实行差别化、客户的转换成本降低，或者由于购买者的利益较低而对价格敏感，购买者的讨价还价能力就会加强。物流企业为了保护自己，可选择议价能力最弱或者转换能力最弱的购买者。较大的防卫方法是提供顾客无法拒绝的优质的"一对一"服务供应市场。

⑤ 供应商讨价还价能力加强的威胁：如果物流需求公司的供应商——原材料和设备供应商、公共事业部门、银行等，能够提价或者降低产品和服务的质量、减少供应数量，那么该客户所在的细分市场就没有吸引力。因此，此时该客户供应商的讨价还价能力较强大，有可能影响到客户的目标物流计划。物流企业进入该市场有可能付出的运行成本较大。

（3）物流企业的目标和自身资源

一方面，某些市场虽然有较大的吸引力，但不能推动企业实现发展目标，甚至分散企业的精力，使之无法完成其主要目标，这样的市场应考虑放弃。另一方面，选择细分市场还应考虑企业的资源条件是否适合在某一细分市场长期经营。只有那些有条件进入、能充分发挥其资源优势的市场才是物流企业的目标市场。

总之，物流企业在进行目标市场选择时，要尽可能地做 SWOT 分析，即企业市场进入的内部优势（Strengths）、内部劣势（Weaknesses）、外部机会（Opportunities）和外部威胁（Threats）的综合评估，为企业准确把握市场机会和定位打下基础。

二、选择目标市场

1. 目标市场范围策略

目标市场是企业准备进入的市场，企业在进入目标市场之前，必须了解企业市场营销时可采用的范围策略，现归纳为五种可供选择的目标市场模式。

（1）单一市场集中型

单一市场集中型是指物流企业无论从市场角度还是从产品角度，都是集中在一个市场层面上，企业只提供单一形式的物流服务满足单一客户群的需要。采用这种模式的企业可能本来就具备了在该细分市场获胜的需求条件，这个细分市场可能没有竞争对手，也有可能会成为促进企业服务延伸的起点。

（2）产品专业化型

产品专业化型是指物流企业提供一种形式的物流服务，满足各类顾客群的需要。该模式有利于企业摆脱对个别市场的依赖，降低风险，同时有利于发挥生产技能，在某一服务领域树立较好的声誉。

（3）市场专业化型

市场专业化型是指物流向同一顾客群供应不同种类的物流服务。这种策略有利于巩固与客户的关系，降低交易成本，获得良好的声誉。

（4）选择专业化型

选择专业化型是指物流企业选择几个细分市场作为自己的目标市场，针对不同客户群提供不同的物流服务。这是一种多元化经营模式，可以较好地分散企业的经营风险。但是采用这一种模式应当十分慎重，必须以几个细分市场均有相当的吸引力为前提。

（5）全面进入型

全面进入型是物流企业决定全方位进入各个细分市场，为所有客户群提供所需要的不同种类的系列物流服务。这种策略往往为大型企业所采用。

一般而言，对物流市场的评估就是要运用 SWOT 等分析方法，对各个细分市场的发展潜力、增长率、竞争优势等进行评估。

2. 目标市场营销策略

在掌握了目标市场的范围策略之后，物流企业应当根据所选定的目标市场采取相应的营销策略，有四种可供选择的营销策略。

（1）无差异营销策略

无差异营销策略也叫大众营销，是指企业将产品的整个市场视为一个目标市场，用单一的营销策略开拓市场，即用一种产品和一套营销方案吸引尽可能多的购买者，UPS 在 20 世纪 60 年代时采用这一目标市场策略，以单一的服务内容、统一的价格、同一广告主题服务所有顾客。但是无差异营销策略只考虑消费者或用户在需求上的共同点，而不关心他们在需求上的差异性。对采用这一种策略的物流企业来说，它是把物流购买者看成是具有相同需求的整体，力图吸引所有的物流需求者，其所设计的物流和营销方案是针对广大的现实和潜在的购买者。

无差异营销的理论基础是成本的经济性。生产单一产品，可以减少生产与储运成本；无差异的广告宣传和其他促销活动可以节省促销费用；不搞市场细分，可以减少企业在市场调研、产品开发、制定各种营销组合方案等方面的营销投入。这种策略对于需求广泛、市场同质性高且能够大量生产、大量销售的产品比较合适，如图 6-3 所示。

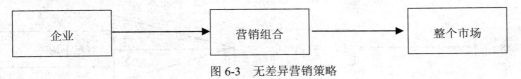

图 6-3　无差异营销策略

对于大多数产品，无差异市场营销策略并不合适。首先，消费者需求在客观上千差万别并不断变化，一种产品长期为所有消费者和用户所接受非常罕见；其次，当众多企业如法炮制，都采用这一策略，会造成市场竞争日益激烈，同时在一些小的细分市场上消费者需求得不到满足，这对企业和消费者都是不利的；最后，易于受到竞争企业的攻击，当其他企业针对不同细分市场提供更有特色的产品和服务时，采用无差异策略的企业可能会发现自己的市场正在遭到蚕食但又无法有效地予以反击。

（2）差异性营销策略

差异性营销策略又叫细分市场营销，是将整体市场分为若干细分市场，针对每一个细分市场制定一套独立的营销方案。比如，推出不同的服务品牌、不同价格的服务方案，并运用不同的广告主题来宣传，这采用的就是差异性营销策略。

差异性营销策略的优点是：针对性强、机动灵活，使购买者的需求更好地得到满足，由此促进物流的产业化发展。而且由于企业是在多个细分市场上经营，一定程度上可以减少经营风险，一旦企业在几个细分市场上获得成功，有助于提高该物流企业的形象及市场占有率，如图 6-4 所示。

图 6-4　差异性营销策略

不过这可能会增加营销成本，服务品种多将造成物流管理设计（策划）成本增加。针对不同细分市场发展独立的营销计划，会增加企业在市场调研、促销和物流环节管理等方面的营销成本，还可能使企业的资源配置不能有效集中，甚至出现彼此争夺资源的现象，难以形成优势地位。

（3）集中性营销策略

集中性营销策略也称为补丁市场营销，当物流企业资源有限时，通常不去追求一个大市场中的小份额，而是追求一个或几个细分市场或补丁市场的大份额。补丁市场较少而且只吸引少数竞争者，物流企业可以对该市场的消费需求具有更多的认识并且更容易从客户的口碑中获得声誉。集中性市场营销实现了物流企业强有力的市场定位，可以恰当地调整产品、价格和营销方案，更有效地开展营销活动。集中性营销策略为小公司提供了竞争机会，有限的资源集中在那些大型竞争者可能认为不重要、被忽略的市场上，从而企业得到发展，实现利润。

集中性营销策略的局限性体现在两个方面：一是市场区域相对较小，企业发展受到限制。二是潜伏着较大的经营风险，一旦目标市场突然发生变化，如消费者趣味发生转移、强大竞争对手的进入、新的更有吸引力的替代品的出现，都可能使物流企业因没有回旋余地而陷入困境。如图 6-5 所示。

图 6-5　集中性营销策略

（4）微观营销策略

微观营销是根据每个个体和地区的需要来订制不同的产品及营销方案。一般可将微观营销再细划分为本地化营销和个性化营销。

本地化营销（Localization of marketing）指调整品牌和促销使之符合本地顾客群的需求和欲望。这使得企业规模经济效益降低，企业生产和营销成本增加；由于公司需要满足不同地域市场的各种要求，从而会引起物流方面的问题；产品和信息在不同的地方变化太多，产品品牌的整体形象可能会被弱化。

当面临着在人口统计变量和生活方式上有明确的地域和本地化差异的消费群体时，采用目标营销策略能使企业更加有效地进行营销，同时可以满足公司第一线顾客——零售商的需求。

个性化营销指企业根据每个顾客的需求和偏好来订制产品和营销方案，也被称为"一对一营销、订制营销"。企业面向消费者，直接服务于顾客，并按照顾客的特殊要求制作个性化产品的新型营销方式。它避开了中间环节，注重产品设计创新、服务管理、企业资源的整合经营效率，实现了市场的形成和裂变发展，是企业制胜的武器。特别是随着信息技术的发展，个性化营销的重要性日益凸显。

4 种目标市场策略对比如表 6-4 所示。

表 6-4　4 种目标市场策略对比

	无差异市场营销策略	差异性市场营销策略	集中性市场营销策略	微观营销策略
理论基础	成本的经济性	客户需求的异质性	经营的专业化	客户需求的区域和本地化差异
指导思想	把物流购买者看成是具有相同需求的整体	对不同细分市场设计不同的产品	突破一点取得成功	一对一营销
优点	减少生产与储运成本 节省促销费用 减少营销投入	更好地满足消费者需求 减少经营风险 提升企业形象及市场占有率	集中资源优势 局部市场成功可能性大	提高营销效率 满足第一线顾客—零售商的需求
缺点	试用产品极少 市场竞争激烈 易受竞争企业攻击	增加营销成本 资源配置不能有效集中	市场区域小 经营风险较大	降低规模经济效益，增加企业成本
适用范围	企业实力强 产品同质性高 市场同质性高 产品处于投入期	企业实力强 产品同质性低 市场同质性低 产品处于成长期或成熟期	企业实力不强产品同质性低市场同质性低产品处于衰退期	企业区域和本地需求有足够的了解和知识，产品能够引起顾客群的共鸣，产品处于非衰退期
	竞争者采用无差异策略	竞争者采用差异性或无差异策略	竞争者采用差异性策略	竞争者采用无差异策略或集中于其他市场的集中性策略
	竞争者较少，竞争不激烈	竞争者多，竞争激烈	竞争者多，竞争激烈	竞争者多，竞争激烈

三、物流企业目标市场营销策略的选择

物流企业目标市场营销策略的选择必须根据企业具体情况进行考虑，权衡利弊。一般来讲，物流企业在选择目标市场策略时，必须综合考虑以下几方面因素。

1. 企业资源与实力

当企业生产、技术、营销、财务等方面势力很强时，可以考虑采用差异性或无差异市场策略；资源有限、实力不强时，可采用集中性营销策略。

2. 产品的同质性

产品的同质性指在消费者眼里，不同物流企业生产的产品的相似程度。相似程度高，则同质性高，可以采用无差异营销策略；反之，则同质性低，可采用差异性营销策略或集中性营销策略。

3. 市场同质性和可变性

市场同质性和可变性指各细分市场顾客需求、购买行为等方面的相似程度。市场同质性高，意味着各细分市场相似程度高，不同顾客对同一营销方案的反应大致相同，此时物流企业可考虑采用无差异营销策略。反之，则适宜采用差异性和集中性营销策略。另外，市场处于不断变化之中，企业要根据市场的变动来调整自己所选择的目标市场营销策略。

4. 产品所处生命周期的阶段

产品处于投入期，物流市场需求少，同类竞争品不多，竞争不激烈，物流企业可采用无差异营销策略。当产品进入成长期或者成熟期，人们认识到物流的强大优势，涉足的客户会增加，市场上物流服务的形式增多，竞争日益激烈，为确保竞争优势，企业可考虑采用差异性营销策略。当产品步入衰退期，为保持市场地位，延长物流服务生命周期，全力对付竞争者，可考虑采用集中性营销策略。

5. 竞争因素

企业选择目标市场策略时，一定要充分考虑竞争者尤其是主要竞争对手的营销策略。如果竞争对手采用差异性营销策略，企业应采用差异性或集中性营销策略与之抗衡；若竞争者采用无差异策略，则企业可采用无差异或差异性策略与之对抗。

当市场同类产品的竞争者较少，竞争不激烈时，可采用无差异营销策略。当竞争者多，竞争激烈时，可采用差异性营销策略或集中性营销策略。

任务三　物流服务市场定位

一、物流市场定位的基本原则和依据

1. 市场定位的含义

市场定位（market positioning）是 20 世纪 70 年代由美国学者阿尔·赖斯提出的一个重要的营销学概念。市场定位就是企业根据目标市场上同类产品竞争状况，针对顾客对该产品某些特征或属性的重视程度，为本企业产品塑造强有力的、与众不同的鲜明个性，并将其形象生动地传递给顾客，求得顾客认同。市场定位的实质是使本企业与其他企业严格区分开来，使顾客明显感觉和认识到这种差别，从而在顾客心中占有特殊的位置。

物流企业市场定位是指物流企业通过自身的物流服务创立鲜明的个性，塑造出与众不同的市场形象，使之在顾客心目中占据重要位置，从而更好地抓住客户、赢得客户。很多国际著名的第三方物流企业都是从某一物流领域发展起来的，并且保持着这些领域的核心竞争力，如

UPS 的定位是"我们能够在任何地方、任何模式下处理任何货物"，FedEx 则用"无所不包，全面发展"来树立形象，TNT 着眼于"在全球快递、货运物流领域诞生一个新的权威"。

市场定位的概念提出来以后，受到企业界的广泛重视，越来越多的企业运用市场定位参与竞争，扩大市场。

2. 物流市场定位的原则

物流市场的定位是在辨别物流客户的不同需求以及竞争者的服务基础上，突出自身服务的差异化，从而与竞争者所提供的服务区别开，满足目标市场客户的特定需求，确定企业或企业推出的物流服务产品在目标客户心目中占有特殊位置。物流定位应满足以下原则。

（1）重要性：能向相当数量的买主让渡较高价值的利益。

（2）明晰性：其所定位的差异性是其他企业所没有的，或是该企业以一种突出、明晰的方式提出的。

（3）优越性：该定位所表现出的差异性明显优于其他途径而获得的相同利益。

（4）可沟通性：该差异性是可以沟通的，是买方看得见的。

（5）不易模仿性：是其他竞争者难以模仿的。

（6）可接近性：买主有能力购买该差异性。

（7）营利性：企业将通过差异性获得利益。

物流企业都应着手去宣传一些对其目标市场将产生最大震动的差异，即应该制定一个定位战略。

3. 物流市场定位依据

（1）属性：指产品或服务的价格和质量。强调自身提供高质量、低价格等产品或服务属性。

（2）客户：要着重考虑客户的类型和个性。

（3）技术：突出竞争者没有的技术或专业。

此外，地域、服务、特色、主题、规模等，也是物流企业在进行市场定位时要考虑的依据。

二、物流市场定位的步骤

企业在进行物流市场定位时，一方面要了解竞争对手的服务具有何种特色，另一方面要研究客户对该服务的各种属性的重视程度。因此，物流企业的市场定位工作一般包括以下五个步骤。

1. 分析客户需求

营销的起始是了解和分析客户的需求，此处强调的是物流企业在分析当前需求时，还要了解客户的运营状态、行业特点、外包物流的需求动机、物流需求与本企业所提供的物流水平之间的差距、服务需要改善或提高之处，及时发现客户的潜在需求。

2. 与竞争对手比较

了解当前各类细分市场上提供物流服务的竞争对手的数量、规模、实力、服务水平、价格水平等相关信息，比较自身与竞争企业或优秀企业服务水准的差距。找出与竞争对手相比，本企业在哪些方面具有竞争优势。这些竞争优势可能体现在价格、服务水平、技术、形象、经验、物流网络以及良好的客户关系等方面。

3. 市场再细分和选择需求市场

一个物流企业，一般只能满足部分市场需求。因此，在对物流市场整体细分的基础上，物流企业还应该将目标物流市场按照客户的需求标准进行细分，根据自身的条件来选择一部分客户作为目标市场，确定适当的服务组合策略以更好地满足他们的需求，使企业在激烈的市场竞争中得以生存和发展。

目前，中国物流市场的需求在地区和行业上都存在差异，因此物流市场可根据地域或行业进行细分，不同地区、不同行业的市场又可根据产品的时效性，要求企业接受服务价格的能力及货物的大小和客户在供应链中所处的位置等因素进一步划分子市场。

物流企业要分区域、分行业、分档次，根据细分市场的规模和增长潜力及企业自身的资源条件来选择目标市场，找准切入点，避免盲目"求全求大"。

4. 物流服务功能定位，构造核心竞争力

前面已经分析过，物流服务的内容和形式多种多样，基本可以划分为常规服务和增值服务。物流服务定位是要强化或放大某些物流功能，从而形成独特的企业形象。其实质在于通过差异化的服务策略来取得在目标市场上的竞争优势，确定本企业在物流客户中的适当位置，以吸引更多的物流需求。因此，物流企业的服务定位是物流企业战略中的重要组成部分，能否制定出有效的物流服务战略，往往影响具体物流服务的绩效及由此带来的客户满意度，对于提高物流企业的竞争力具有重要意义。

5. 传播企业的定位理念

物流企业一旦确定了定位，就必须采取切实的步骤把定位理念及时传递给目标客户，让他们能够理解和准确地接受，要避免因传播不当在客户中造成误解：如传递的定位过低，不能显示企业的服务特色；传递的定位过高，不符合企业的能力状况，造成客户的期望值过高；传递的定位过于模糊，则难以在客户的心目中留下统一明确的印象，难以记忆和回忆，接受物流服务的客户也就很难成为企业的稳定客户。

三、物流企业市场定位策略

针对不同的目标市场和不同的物流服务项目，物流企业可以选择管理整个物流过程或几项活动，可以有不同的市场定位策略。各种策略对企业资金、设施、技术、人才等资源的要求是不同的，所形成的竞争力也有较大区别，如表 6-5 所示。

表 6-5　物流企业市场定位策略比较

市场定位策略	目标市场（按行业分）	服务功能	所需资源	竞争力
服务与市场集中化策略	以一个行业为目标市场	仅提供某项单一服务	所需资源及技术都较小，专业化强，进入壁垒低	如果同一市场竞争者较多，无优势，相反则有较强精力，过于依赖目标市场，风险较大

续表

市场定位策略	目标市场 （按行业分）	服 务 功 能	所 需 资 源	竞 争 力
服务专门化策略	以几个行业为目标市场	仅提供某项单一服务	所需资源较小，专业化强，进入壁垒低	竞争力较弱，但目标市场状况的变动带来的风险小
市场专门化策略	以一个行业为目标市场	为该市场提供多项或投入较多，需要综合物流服务	需要较多的技能和人才，进入壁垒高	竞争力较强，但受行业影响较大
选择化策略	以多个行业为目标市场	对不同的目标市场提供不同的物流服务	需要较多的资源和技能，进入壁垒较高	竞争力较强，目标市场状况带来的风险较小，但自身的大量投入带来的风险较大
全面覆盖策略	只要有需要，各种行业均可作为目标市场	为不同行业提供综合物流服务	要求大量资源和投入，各项专业化技能要求高，进入壁垒高	竞争力强，自身大量投入的风险大

从以上对各种市场定位策略的分析来看，要提供多项或综合的物流服务所需的资源较多，进入壁垒较高，但具有较强的竞争力，应成为大多数物流企业的主要定位策略。具体到不同的物流企业，应根据市场竞争的状况、自身的资源条件、服务能力及市场规模和增长潜力等选择最合适的市场定位。

四、市场定位的方式方法

1. 市场定位的方式

物流企业的定位包括两部分：市场定位和服务定位。首先，物流企业要有明确的市场定位：行业定位或服务定位。其次，要有明确的服务定位：仓储服务、货运服务、货代服务、供应服务、分销服务或供应链整合等。

在进行市场定位时，不仅要考察客户企业，而且要考察客户企业所属行业的发展趋势，要考虑客户的客户与其供应商的供应商。在进行服务定位时，一定要仔细分析潜在客户现行物流运作的流程和价值链的结构，选准切入点。

市场定位是物流企业可以充分利用的一种竞争性手段，它反映市场竞争各方的关系，是为企业有效参与市场竞争服务的。有三种可供选择的市场定位方式。

（1）避强定位

这是一种避开强有力竞争对手进行市场定位的模式。企业不与对手直接对抗，将自己置于某个市场"空隙"，发展目前市场上没有的特色服务，开拓新的市场领域。

（2）迎头定位

这是一种与在市场上居支配地位的竞争对手"对着干"的定位方式，即企业选择与竞争对手重合的市场位置，争取同样的目标顾客，彼此在客户、价格、服务、供给等方面少有差别。

当然，也有些企业认为这是一种更能激发自己奋发向上的定位尝试，一旦成功就能取得巨大的市场份额。

（3）重新定位

重新定位通常是指对市场效益不好的物流服务产品或企业进行二次定位。初次定位后，随着时间的推移，新的竞争者进入市场，选择与本企业相近的市场位置，致使本企业原来的市场占有率下降；或者由于物流客户需求偏好发生转移，原来本企业的客户转而购买竞争者的产品，需要进行重新定位。一般来讲，重新定位是企业为了摆脱经营困境，寻求重新获得竞争力和增长的手段。不过，重新定位也可作为一种战术策略，并不一定是因为陷入了困境，相反，可能是由于发现了新的市场范围。

2. 市场定位的方法

物流企业推出的每种服务产品，都需要选定其特色和形象。现有产品在其原有定位已经不再具有生命力时，亦需要重新做出定位决定。对产品的市场定位，可以应用多种方法，主要有以下几种。

（1）根据产品定位

这是物流企业市场定位最重要也是最核心的定位方法，因为在任何一种企业中，产品（服务）是一家企业存在的基础，是企业赖以生存的保障，也是衡量企业好坏的重要标准。

① 根据产品特色定位：产品特色定位是根据其本身特征，确定它在市场上的位置。这时广告宣传应侧重介绍产品的特色或优于其他产品的性能，使之与竞争产品区别开来。在具体定位时，可以把构成产品内在特色的许多因素作为定位的依据，如产品质量、档次、价格等。例如，中海北方物流有限公司组建的同时拥有普货、冷藏货班列冠名为"中国海运一号"的五定班列；中远集团的中日绿色快航。

② 根据产品用途定位：为老产品找到一种新用途，是为该产品创造新的市场定位的好方法。例如，物流的概念未传入我国之前，类似物流的行业在我国已经存在，包括流通业、仓储业、交通运输和邮政业等。但是进一步完善市场经济以后，就需要我们对物流行业进行定位、完善现代化物流产业、呼唤具有现代物流运作的现代物流企业，以适应市场经济的发展。

③ 根据产品经营层面定位：在品牌树立阶段，物流企业要明确定位自己的核心经营层面，即核心产品。

a. 操作层：提供比较初级的物流管理服务，不涉及客户内部的物流管理和控制，根据客户需求整合社会资源提供基础的物流服务。

b. 管理层：含销售预测、库存管理和控制等专业物流环节。由于要深入企业的销售、市场、生产、财务等核心业务，因此这种物流服务无论是在客户接受还是推广上都存在障碍。

c. 规划层：是富有技术含量的领域。一般由咨询公司完成，包括物流设施、物流体系、物流网络规划等。

（2）按主导区域定位

依据自身的投入能力、管理水平、运营成本和客户需求，企业设定自己的核心业务覆盖范围，在主导区域内企业依靠自身优势实现企业利润。上海鸿鑫物流最初将自己的业务范围定位在全国，但由于公司的投入能力有限，一度使企业陷入困境。此时，鸿鑫物流迅速改变定位方式，将企业主导区域定位在上海，具备了在上海市区 2 000 多个具有配送能力的分支，大大改善了企业资金状况。

（3）按服务水平定位

将物流企业的服务水平分为基本、标准和增值服务三种。对于重点客户，遵循二八定律，将占顾客人数 20%，却带来 80%利润的那一部分顾客作为重点客户，提供增值服务。另外，在可替代性产品的领域中也可提供增值服务以稳定客户。

（4）根据使用者的类型定位

这是指把产品指引给适当的潜在使用者，根据使用者的心理与行为特征及特定消费模式塑造出恰当的形象。例如，中海北方物流把物流同农业生产联系到一起，为物流产业获得了适宜的形象：中海人以先进的现代物流理念，率先在国内物流界推出了以"现代化物流产业服务于现代农业"的经营方针，在海南和大连采用"公司+农户"的方式建成投产了数万亩现代化水果蔬菜种植基地，并通过集团强大的海上实力开通了国内精品航线——海上绿色通道，反季节果蔬汇集到两地物流配送基地，经加工配送给超市，使物流产业同大众贴近。

（5）根据竞争定位

这是指根据竞争者的特色与市场位置，结合企业自身发展需求，将本企业的产品定位于与其相似的另一类竞争产品的档次；或定位于与竞争产品直接有关的不同属性或利益。

以上定位方法往往是相互关联的，物流企业在进行市场定位时可在综合考虑各方面因素的基础上，将各种方法结合起来使用。

◇ 项目小结

本项目主要讲述了目标市场营销包括的三项关键活动：市场细分、选择目标市场和市场定位。市场细分是指将整个市场划分为若干具有不同需求的顾客群的行为。市场细分必须遵循三条原则，即可衡量性、可进入性与实效性。一般而言，可供企业选择的目标市场营销策略为无差异营销策略、差异性营销策略、集中性营销策略、密集营销策略四种。可供物流企业选择的市场定位策略有避强定位、迎头定位和重新定位。

重点概念：市场细分、目标市场、市场定位。

◇ 知识巩固

一、选择题

1. 按（　　）可将物流市场分为农业、制造业、商贸业等。

    A. 客户行业性质　　　B. 地理区域　　　C. 物品属性　　　D. 客户规模

2. 有些客户比较关注物流企业的资金使用效率，则这类客户选择物流企业的动因为（　　）。

    A. 关注成本型　　　　B. 关注能力型　　　C. 关注资金型　　　D. 复合关注型

3. 进行物流市场细分时，（　　）指细分市场的市场容量、客户数量及其他购买数量足以使物流企业获利。

    A. 可衡量性　　　　　B. 可进入性　　　　C. 效益性　　　　　D. 稳定性

4. 物流企业选择多个细分标准对物流整体市场进行由粗到细，逐步进行细分的方法是（　　）。

    A. 单一因素细分法　　　B. 系列因素细分法

    C. 综合因素细分法　　　D. "产品—市场方格图"法

5. 衡量细分市场的吸引力时，进入壁垒（　　），退出壁垒（　　），对企业的影响为：经济良好时，公司可顺利进入；但经济萧条时，却很难退出。

    A. 高，低　　　　B. 高，高　　　　C. 低，低　　　　D. 低，高

二、判断题

1. 市场细分可帮助决策者更准确地制定营销目标，更好地分配物流资源。

2. 规模大、实力雄厚的物流企业可以不进行市场细分。

3. 按客户行业可将物流市场细分为投资品市场和消费品市场。

4. 细分市场必须在一定时期内保持相对稳定，以便使物流企业制定较长期的营销策略。

5. 物流企业进行市场细分后，只根据内部条件就可以选择目标市场。

6. 差异性营销策略是将整体市场分为若干细分市场，针对每一个细分市场制定一套独立的营销方案。

7. 物流市场定位就是面向所有的物流客户提供相同的物流服务。

8. 物流市场定位可以服务的价格和质量、客户的类型和地域特色为依据。

三、简答题

1. 名词解释：市场细分、物流市场细分、目标市场、市场定位。

2. 为什么要进行物流市场细分？

3. 市场细分的方法有哪些？

4. 简述目标市场评价的要素。

5. 简述物流企业选择目标市场的策略及各种策略的不同之处。

6. 物流市场定位的原则、方式和步骤是什么？

◇ 案例讨论

"非常可乐"与"可口可乐"的营销大战

1998 年 5 月，娃哈哈集团推出非常可乐，原本平静的中国可乐市场掀起了波澜。对于是否进入可乐市场，娃哈哈做出了十分详尽的产业结构分析和企业的优、劣势分析。

一、可乐市场及竞争对手状况分析

（1）可口可乐公司麾下的可口可乐、雪碧、芬达、醒目等品牌，以及百事可乐集团下属的百事可乐、七喜、美年达等品牌占据了绝大多数市场份额。如果非常可乐此时闯入市场竞争，风险和代价都会很大。

（2）中国内陆已被可口可乐总公司列为全球业务发展最快的市场和发展前景最好的市场之一，其销量已位居亚洲第二、全球第六。

（3）行业利润率相对稳定，且较其他行业高。但是由于技术含量不高，市场进入比较容易。

（4）在中国可乐市场缺乏国有品牌。

二、娃哈哈的优、劣势分析

1. 优势

（1）民族品牌优势。娃哈哈是中国驰名商标，在占人口约 70% 的中国农村，娃哈哈的知名度相当高。

（2）市场网络优势。经过十年的苦心经营，娃哈哈在全国各地拥有上千家实力强大的经销商。非常可乐可利用纯净水、果奶的销售渠道，实现销售网络资源的共享。

（3）容易创造价格优势。娃哈哈的管理费用和人力成本较低，因此，非常可乐能够以较低的价格出售。

2. 劣势

（1）心理劣势。一些喝着可口可乐长大的青少年选择可口可乐，并非因为它是最好喝的饮料，只是一种习惯。事实上，口味并不是可乐抓住消费者的决定因素。

（2）管理劣势。只有十年经验的娃哈哈相对于百年可口可乐及百事可乐来说较年轻，管理制度和体系不够成熟。

（3）人才劣势。中国许多优秀的人才都向往可口可乐公司，而可口可乐公司也通过严格的培训、选拔、任用体系，造就了许多有用的人才。这一点校办厂出身的娃哈哈公司难与争锋。

（4）资金实力对比。1998 年，可口可乐公司的广告费用为 18 亿美元。娃哈哈 1997 年的年产值不过 20 亿元人民币，利税仅有 4.9 亿元人民币。从 1978 年年底开始，可口可乐在中国内陆的总投资已达 8 亿美元。

三、非常可乐的营销策略

1. 产品

非常可乐在口味上进行了改进，其甜度低、口感清爽，香味与可口可乐有所不同。在低价策略的指导下，包装全部采用塑料瓶。

2. 价格

娃哈哈非常可乐系列以低于可口可乐 20% 的单价推出（超市里 600 毫升 PET 包装可口可乐一般 2.6~2.7 元/瓶，而非常可乐仅售 2.1~2.2 元/瓶），具有较大优势。

3. 渠道

利用娃哈哈原有的销售渠道，顺利进入千家万户，并且成功避开了可口可乐城市中的直营销售体系。

4. 促销

非常可乐的上市配备了电视媒体的"地毯式轰炸"。上至中央电视台黄金时段，下至地区县级电视台，全国数百家电视广告同时播出。半个月后，整个中国都知道了"娃哈哈出了个非常可乐"。通过在各级电视媒体大张旗鼓地宣传"中国人自己的可乐"，非常可乐以民族观赢得了一部分消费者。1999 年更是打破了两家"洋"可乐垄断市场的局面。由于经营中小城市及农村市场逐渐出现成效，非常可乐的销量大幅增加，已占到可乐市场的 15%，超过了"老二"百事可乐。

问题：

（1）你对娃哈哈进入可乐市场如何评价？

（2）非常可乐的营销组合策略的利与弊各有哪些？

◇ 实训拓展

典型物流企业的市场营销策略

【项目情景】

选择国外或国内典型物流企业，通过调查研究，分析其开展市场营销活动的过程，从市场细分、选择目标市场及如何进行市场定位，分析其采用的市场营销策略是否合理，取得了哪些效果。

【实训目标】

通过实训，学生能够根据情景案例掌握典型企业开展市场营销的过程和策略。

【实训准备】

（1）市场细分。

（2）选择目标市场。

（3）市场定位。

【实训步骤】

（1）学生每 5 人为一组，每个小组选 1 名队长。

（2）以小组为单位，选择典型物流企业作为研究对象，围绕其开展市场营销活动的过程进行调查分析，包括企业面临的市场环境、优劣势分析、市场细分、选择目标市场及市场定位策略，并记录总结成文。

（3）每组提交一份总结报告，并制作 PPT。

（4）每组选派一名代表进行汇报交流。

（5）大家讨论不同营销策略的利弊。

【实训评价】

教师对各组提交的报告及 PPT 展示做出综合评价，如表 6-6 所示。

表 6-6　考评表

考评人		被考评人		
考评地点				
考评内容	典型物流企业的市场营销策略			
考评标准	具体内容		分值	实际得分
	企业所处市场环境		20	
	市场细分、选择目标市场、市场定位		30	
	总结报告		20	
	PPT 展示交流		20	
	团队合作和职业素养		10	
合　计			100	

模块三　物流服务营销组合

项目 7　物流服务营销组合策略

◇ **知识目标**

1. 物流企业市场营销组合的应用；
2. 现代物流企业市场营销组合模式的发展；
3. 了解物流市场营销组合的概念、特点和意义；
4. 理解物流市场营销组合的主要构成要素。

◇ **能力目标**

1. 能应用市场营销组合理论；
2. 能了解物流服务营销组合特征；
3. 初步具备制作物流服务市场营销策划书的能力。

◇ **本项目知识结构图**

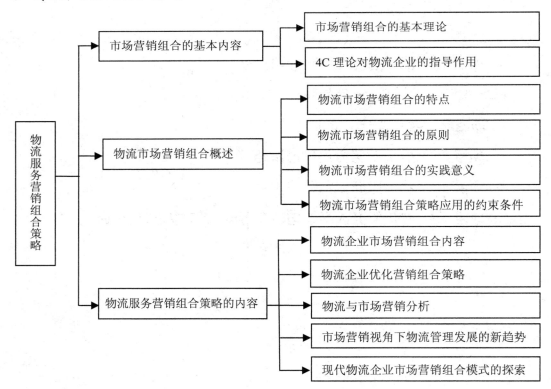

◇ **职业标准与岗位要求**

职业功能	工作内容	技能要求	相关知识
物流市场营销组合知识认知	市场营销基本理论	➤ 能熟知市场营销基本理论 ➤ 能熟知物流服务产品特点 ➤ 能准确把握市场营销组合构成要素	➤ 市场营销组合 ➤ 物流服务营销策略
物流服务营销组合策略	物流市场营销分析	➤ 能掌握物流市场营销组合策略应用的约束条件 ➤ 能根据企业实际情况制作营销策划方案 ➤ 能探索物流业市场营销发展新趋势	➤ 物流市场营销组合策略 ➤ 物流市场营销分析 ➤ 市场营销视角下物流发展新趋势

◇ **任务的提出**

康佳的营销组合战略

康佳的产品开发贯穿两种思路：每年以销售额的 5%用于技术投入，以 30%的速度更新设备，开发全新产品和变更产品工艺技术。结合自身产品特点，康佳集团未雨绸缪，不断推出新产品，以引导和顺应消费者潮流，实现技术、产品和市场的统一。康佳除了在产品、技术上下足功夫外，同时还盯着市场，做着促销，不断开拓农村市场和城市市场。在城市，康佳运用了大量新的媒体、新的意境，让人处处感受到康佳的存在和魅力；在农村，对市场进行细分，精耕细作，启动创建"康佳彩电县"计划，促使市场占有率达 50%以上。自从顺利创建"康佳彩电县"后，康佳又提出"消灭彩电空白县"的号召，各分公司在不同县及城镇全部设立专卖店或专柜，很快就在农村市场建立了广泛的营销网络。在强化国内市场的同时，也开始挑战国际市场，采取境外投资办厂、建立分公司以及委托经销商等灵活多样的方式，稳扎稳打，抢占了一个又一个国际市场。

康佳为了使顾客更满意，建立了星罗棋布的服务网络，售后特约维修站遍布城乡，其大拇指服务工程及快速反应部队更是深得顾客赞誉。康佳以追求 100%的用户满意为目标，将产品经营与服务经营有机结合，通过建立全套高效有序的电脑管理系统，组建其遍及全国各地的完善的服务网络，推出五星服务。快速反应部队向用户提供及时快速、热情周到的服务。同时，总部开通售后服务监督热线，专人跟踪，将服务承诺落在实处。通过这些扎扎实实的服务措施，解除消费者的后顾之忧，提高企业及产品的美誉度，树立完美的企业形象。

面对国内彩电领域激烈的竞争态势，康佳合理地运用了营销组合的战略方案，进行了一系列的创新和重新组合，形成了康佳和其顾客双赢的局面。

案例启示：营销环境的变化不断为企业提供新的发展机会和更加严峻的挑战，企业的市场营销组合必然要受到营销环境的影响和制约。现代市场营销学认为，企业营销成败的关键就在于能否良好地适应复杂多变的市场营销环境，在此基础上，物流企业要向顾客提供高效、优质的物流服务，实施合理的物流市场营销组合。

◇ **任务分析**

为了完成上述任务，学生需掌握如下内容或要点：

1. 市场营销组合基本内容；
2. 市场营销组合策略；
3. 物流服务营销组合策略。

任务一　市场营销组合的基本内容

市场营销组合（Marketing Mix）是企业市场营销战略的一个重要组成部分，它是指将企业可控的基本营销措施组成一个整体性的活动。市场营销的主要目的是满足消费者的需要，这一概念是由美国哈佛大学教授尼尔·鲍顿于1964年最早采用的。它是制定企业营销战略的基础，做好市场营销组合工作可以保证企业从整体上满足消费者的需求。此外，它也是企业对付竞争者强有力的手段，是合理分配企业营销预算费用的依据。

一、市场营销组合的基本理论

1. 4P组合

市场营销组合是企业开展营销活动所应用的各种可控因素的组合。20世纪50年代初，根据需求中心论的营销观念，麦卡锡教授把企业开展营销活动的可控因素归纳为四类，即产品、价格、销售渠道和促销，因此，提出了市场营销的4P组合。市场营销组合是指企业针对目标市场的需要，综合考虑环境、能力、竞争状况，对自己可控制的各种营销因素（产品、价格、分销、促销等）进行优化组合和综合运用，使之协调配合，扬长避短，发挥优势，以取得更好的经济效益和社会效益。

 小贴士

营销活动的可控因素——4P

1960年，麦卡锡教授把企业开展营销活动的可控因素归纳为四类，即产品（Product）、价格（Price）、销售渠道（Place）和促销（Promotion），因此，提出了市场营销的4P组合。麦卡锡认为，企业从事市场营销活动，一方面要考虑企业的各种外部环境，另一方面要制定市场营销组合策略，通过策略的实施，适应环境，满足目标市场的需要，实现企业的目标。麦卡锡绘制了一幅市场营销组合模式图，图的中心是某个消费群，即目标市场，中间一圈是四个可控要素：产品（Product）、价格（Price）、地点（Place）、促销（Promotion），即4Ps组合。在这里，产品就是考虑为目标市场开发适当的产品，选择产品线、品牌和包装等；价格就是考虑制订适当的价格；地点就是要通过适当的渠道安排运输、储藏等把产品送到目标市场，促销就是考虑如何将适当的产品，按适当的价格，在适当的地点通知目标市场，包括销售推广、广告、培养推销员等。图的外圈表示企业外部环境，它包括各种不可控因素，包括经济环境、社会文化环境、政治法律环境等。麦卡锡指出，4Ps组合的各要素将要受到这些外部环境的影响和制约。

2. 6P组合、10P组合与11P组合

1984年，随着大市场营销观念的提出，人们又提出了应把政治力量（Political Power）和

公共关系（Public Relation）也作为企业开展营销活动的可控因素加以运用，为企业创造良好的国际市场营销环境，因此，就形成了市场营销的 6P 组合。

20 世纪 90 年代，菲利普·科特勒认为，包括产品、价格、销售渠道、促销、政治力量和公共关系的 6P 组合是战术性组合，企业要有效地开展营销活动，不仅要有为人们（People）服务的正确的指导思想，而且要有正确的战略性营销组合［市场调研（Probing）、市场细分（Partitioning）、市场择优（Prioritizing）、市场定位（Positioning）］的指导。战略营销计划过程必须先于战术性营销组合的制定。

菲利普·科特勒在《日本怎样占领美国市场》中讲到战略营销与战术营销的区别时指出，"从市场营销角度看，战略的定义是企业为实现某一产品市场上特定目标所采用的竞争方法，而战术则是实施战略所必须研究的课题和采取的行动。"至此，市场营销组合发展到 10P 组合。

以上四项战略的 4P 营销组合与正确的指导思想和战术性的 6P 组合就形成了市场营销的 11P 组合。

3. 4C 理论

从本质上讲，4P 组合思考的出发点是企业中心，是企业经营者围绕生产什么产品，期望获得怎样的利润而制定相应的价格，要将产品以怎样的卖点传播和促销，并以怎样的路径销售。随着信息技术和网络运用的飞速发展，传统的以企业为中心的 4P 理论越来越难以适应时代的要求。它忽略了顾客作为购买者的利益特征，忽略了顾客是整个营销服务的真正对象。以客户为中心的新型营销思路的出现，使得以顾客为导向的 4C 理论应运而生。1990 年，美国学者劳特朋教授提出了与 4P 相对应的 4C 理论。

4C 理论以满足消费者需求和欲望为中心，将营销组合分为消费者（Consumer）、成本（Cost）、便利性（Convenience）和沟通（Communication），强调只有真正了解和认识消费者的需求和欲望，才能最大化实现企业的利润。由此，市场营销的中心由企业转为消费者，市场营销的理念也变为组织目标的实现有赖于对目标市场需要和欲望的正确判断，并能以比竞争者更有效的方式去满足消费者的需求。体现此理论的企业也转变为顾客驱动型，即以市场为中心的企业。

4C 的核心是顾客战略，而顾客战略也是许多成功企业运用的基本战略原则，如沃尔玛"顾客永远是对的"的基本企业价值观。在 4C 理论的指导下，越来越多的企业开始关注市场和消费者，与顾客建立一种更为密切的、动态的关系。

案例

1999 年 5 月，大名鼎鼎的微软公司在其首席执行官巴尔默德的主持下，也开始了一次全面的战略调整，使微软公司不再只跟着公司技术专家的指挥棒转，而是更加关注市场和客户的需求。我国的科龙、恒基伟业和联想等企业通过营销变革，实施以 4C 策略为理论基础的整合营销方式，成为 4C 理论实践的先行者和受益者。

家电行业中，"价格为王""成本为师"都是业内的共识，以前都是生产厂家掌握定价权，企业的定价权完全是从企业的利润率出发，没有真正从消费者的"成本观"出发，这是为什么高端彩电普及不快的原因。而现在，消费者考虑价格的前提就是自己"花多少钱买这个产品才值"，于是作为销售终端的苏宁电器专门有人研究消费者的购物"成本"，以此来要求厂家"定价",这种按照消费者的"成本观"来对厂商制定价格要求的做法就是对追求顾客满意的 4C 理论的实践。

4. 4R 理论

从企业的实际应用和市场发展趋势看,4C 理论依然存在不足。首先,4C 理论以消费者为导向,着重寻找、满足消费者的需求,而市场经济还存在竞争导向,企业不仅要看到需求,而且还需要更多地注意到竞争对手。冷静分析自身在竞争中的优劣势并采取相应的策略,才能在激烈的市场竞争中立于不败之地。其次,在 4C 理论的引导下,企业往往被动适应顾客的需求,失去了自己的方向,为被动地满足消费者需求付出更大的成本,如何将消费者需求与企业长期获得利润结合起来是 4C 理论有待解决的问题。

因此,市场的发展及其对 4P 和 4C 的回应,需要企业从更高层次建立与顾客之间的更有效的长期关系,于是出现了 4R 营销理论。4R 理论不仅仅停留在满足市场需求和追求顾客满意上,还以建立顾客忠诚为最高目标,对 4P 和 4C 理论进行了发展与补充。当顾客需求与社会原则相冲突时,顾客战略也是不适应的。例如,在倡导节约型社会的背景下,部分顾客的奢侈需求是否要被满足,这不仅是企业营销问题,更成为社会道德范畴问题。同样,建别墅与国家节能省地的战略要求也相背离。

2001 年,美国的唐·E. 舒尔茨又提出了关系(Relationship)、反应(Reaction)、关联(Relevancy)和报酬(Rewards)的 4R 新说,"侧重于更有效的方式与客户之间建立起有别于传统的新型关系"。总之,营销理论在不断发展。

二、4C 理论对物流企业的指导作用

(1)我国目前许多大型的物流企业是从原来的国有物资企业、运输企业、快递企业发展而来的。这些企业仍保持着相当的"老大"思想惯性,一切都以自身为中心,对他们的客户重视程度不够。4Cs 可引导这些企业关心客户的需求,关心客户关系的维护,并根据客户的行为来预测客户的物流需求,并为其设计物流服务。这样就可以使这些企业有可能获得长期、稳定的物流客户。企业本身可以为顾客提供全方位的服务,但这种服务不一定是完善的,因为很难保证每项服务都是最优秀的。解决办法是为客户提供一揽子解决方案,然后在更大范围内系统集成和优化组合,这样可以保证方案和各个集成部分都是最好的,从而形成整体最优。

🔍 案例

上海贝尔作为制造业来说经营虽然越来越难,但它改变思路,采用集成方式,着重提供最好的方案,而采购其他厂家的产品,为客户提供一揽子服务,因而业务发展很快。康柏采取这种模式,做解决方案提供商,扭转了产品单一、经营困难的局面。海尔的星级服务实际上也是一种系统集成服务。这样,通过提供一揽子方案,帮顾客做到最好,企业与顾客就建立了互需、互求的长期、牢靠的关联纽带。

(2)4Cs 营销策略告诉物流企业,物流业所产生的效益具有共享性,这种共享是在物流企业和客户之间实现的。在企业的物流营销过程中,必须时刻注意到,如果客户不能从外包的物流企业中获取效益,那么物流企业的所有努力都将是徒劳的。

(3)物流企业在从事物流活动时,应该把本企业最擅长的一面(核心竞争能力)充分展

示给客户,让他们充分相信物流企业能为其带来满意的效益,最终将物流业务交付给专业物流企业完成。4Cs 物流营销组合首先以客户对物流的需求为导向,与我国的物流供求现状相适应,提出了物流市场不断发展的特点,着眼于企业与客户间的互动,达到物流企业、客户以及最终消费者都能获利的三赢局面。4Cs 物流营销组合能积极地适应客户的需求,运用优化和系统的思想去整合营销,通过与客户建立长期、稳定的合作关系,把企业与客户联系在一起,形成竞争优势。

任务二　物流市场营销组合概述

一、物流市场营销组合的特点

1. 物流市场营销组合具有可控性

因为企业市场营销过程不但要受本身资源和目标的制约,而且要受各种微观和宏观环境因素的影响和制约,这些是企业所不可控制的变量,即“不可控因素”。因此,市场营销管理人员的任务就是适当安排市场营销组合,使之与不可控制的环境因素相适应,这是企业市场营销能否成功的关键。

2. 物流市场营销组合具有动态性

市场营销组合是随着市场环境的变化和企业可控因素的变化而变化的动态的多次组合。例如,一个销售洗衣机的企业,它制定的营销组合是:商品——优质名牌洗衣机,为顾客提供快递企业服务;渠道——直接卖给消费者;价格——零售价,可分期付款;促销——利用电视台大做广告宣传。如果将销售渠道由直接卖给消费者的零售改为向零售企业批发,就必然要引起其他因素的变化,使组合重新进行;渠道——批发;商品——为零售企业提供零部件,不搞维修服务;价格——基本批发价或批量作价;促销——不必大做广告和进行人员推销。

3. 物流市场营销组合具有复合性

企业的市场营销组合既包括企业可控因素产品、价格、渠道、促销的整体组合,同时还包括每个可控因素内部的次组合。这种适应市场环境和消费需求的次组合,是企业最佳整体营销组合的基础。每一个组合因素都是不断变化的,是一个变量;同时又是互相影响的,每个因素都是另一因素的潜在替代者。在四个大的变量中,又各自包含着若干小的变量,每个变量的变化都会引起整个市场营销组合的变化,形成一个新的组合。

4. 物流市场营销组合具有受制约性

物流市场营销组合要受企业市场定位战略的制约,即根据市场定位战略设计、安排相应的市场营销组合。

二、物流市场营销组合的原则

1. 注重规模原则

物流业产生效益取决于它的规模,所以进行市场营销时,首先要确定某个客户或某几个客户的物流需求具有一定的规模,然后再去为他们设计有特色的物流服务。

2. 注重合作原则

现代物流的特点要求在更大的范围内进行资源的合理配置,因此物流企业本身并不一定拥有完成物流业的所有功能。物流企业只做好自身的核心物流业务,而将其他业务交给别的物流企业完成,才能取得更大的物流效益。因此,物流营销还应该包括与其他物流企业的合作。

3. 注重回报原则

对于企业来说,市场营销的真正价值在于其为企业带来短期或长期的收入和利润。一方面,追求回报是营销发展的动力;另一方面,回报是维持市场关系的必要条件,物流企业要满足客户物流需求,为客户提供价值。因此,物流营销目标必须注重产出,注重物流企业在营销活动中的回报。

此外,物流市场营销与产品市场营销有着很大的差别。物流市场营销的一个重要特点就是物流企业所提供的物流服务的质量水平并不完全由企业所决定,而同顾客的感受有很大的关系。即使企业自认为符合高标准的质量,也可能不为顾客所喜爱和接受。另外,物流市场是一个差别化程度很大的市场,在物流企业进行营销工作时,已经根据目标客户企业的特点为其量身定制,建立了一套高效合理的物流方案。这是物流营销与产品市场营销的又一个重要差别。

三、物流市场营销组合的实践意义

1. 提高营销能力

在市场竞争日益激烈的现代社会,物流企业应以市场为导向,重视客户的需求,加强企业的服务意识。物流营销可以有效地为物流企业收集客户需求、产品状况等方面的信息,使物流企业有的放矢,提高物流资源配置的能力,最大限度地满足客户的需要,实现企业的营销目的。

2. 集中优势减少风险

现代物流领域的设备设施、信息系统等投入较大,加上物流需求的不确定性和复杂性,投资有巨大风险。物流营销可以集中资源优势,使企业实现资源优化配置,将有限的人力和财力集中于核心业务,进行重点研究,发展基本技术,开发新产品等,以增强竞争力。

3. 节约运行成本

物流营销之所以能够显著降低交易成本,主要是因为其主体是由诸多节点和线路组成的网络体系。由原来点和点、要素和要素之间偶然的、随机的关系变成了网络成员之间的稳定的、紧密的联系。从交易过程看,物流营销有助于减少物流合作伙伴之间的相关交易费用。同时,物流营销可以减少库存。物流提供者借助精心策划的物流计划和适时的运算手段,可以最大限度地减少库存,改善需求企业的现金流量,实现成本优势。另外,物流企业的规模经营,使得物流业务外包的费用比单位企业自身经营的费用要低,其中的差值就是物流企业所节约的成本,也是其客户服务利润的来源。

4. 提高物流能力

物流营销可以更好地处理信息,更好地分析所获得的市场信息、客户信息,用营销知识分析物流市场情况,有利于物流企业进行内部管理、资源配置,提高服务质量,增加物流灵敏性。

这样，物流企业可以及时、优质地配送货物。所以，信息资源最大范围的共享，优质的客户服务体系以及准时化、小批量的配送系统，可以提高物流企业的核心竞争力。

5. 提升企业形象

物流营销以客户为服务中心，物流提供者与客户是战略伙伴关系，他们为客户着想，通过全球性的信息网络使客户的供应链管理完全透明化。通过遍布全球的运送网络和服务大大缩短了交货期，帮助客户改进服务，树立自己的品牌形象。物流企业通过"量体定做"式的设计，制定出以客户为导向、低成本高效率的物流方案，使客户在同行者中脱颖而出，为企业在竞争中取胜创造了有利条件。

四、物流市场营销组合策略应用的约束条件

一个物流企业在营销活动中，不可能对所有的策略平均使用力量，而是突出营销组合因素中的一两个因素，兼顾其他因素。到底怎么取舍，怎么兼顾，怎么突出，主要受制于一个物流企业所处的内外部环境，具体来看，有物流企业营销战略、物流企业市场营销环境、目标市场特点和企业资源状况。

1. 物流企业营销战略

在物流企业经营中，市场营销组合是设计企业营销服务的行动方案，这一方案是企业根据当前和未来的市场机会以及市场威胁，考虑如何发挥自身优势，利用潜在能力克服自身弱势去满足目标市场需求，完成企业既定目标。在运用市场营销因素组合时，应首先通过市场分析选择最有利的目标市场和市场发展策略，在这个基础上，再对营销因素组合策略进行综合运用。

2. 物流企业市场营销环境

企业在市场营销因素组合活动中面临的困难和所处的环境是不同的。自 20 世纪 70 年代以来，世界各国政府加强了对经济的干预，宏观环境对企业的市场营销活动的影响越来越大，有时起到了直接的制约作用。企业选择市场营销组合时，应把环境看作一个主要因素，时刻重视对宏观环境各因素的研究与分析，并对这些不可控制因素做出营销组合方面的必要反应。

3. 目标市场的特点

目标市场的需要决定了市场营销组合的性质。企业要规划合理的市场营销组合，首先要分析目标市场各个方面的条件。根据目标市场以下三个方面的条件，可以分析它们对各个基本策略的影响，从而判断哪种营销组合更切实可行、更具有吸引力和更有利可图。

（1）目标市场顾客情况。物流企业目标市场的顾客通常是各类组织机构，首先要弄清目标顾客的行业特征、企业规模、经营模式、物品的性质、覆盖区域、供应关系、采购制度、财务结算、决策程序等，再决定使用何种策略适应客户的需求，通过何种方式实现对目标客户的运输、配送服务，采取何种促销手段激励客户等。

（2）目标市场顾客挑选物流服务的意愿。顾客要求快捷、安全、高效的物流服务，因此企业制定营销组合时，应重在分析影响分配渠道的长度和宽度、物流服务水平以及客户意愿支付的价格。

（3）目标市场竞争状况。市场竞争结构、状况深深影响了企业的市场营销组合的各个方面。当市场处于垄断状态，一般的市场营销组合都很有效；但当处于竞争激烈的市场时，就要考虑采用最优营销组合了。

4. 企业资源状况

企业资源状况包括企业公众形象、员工技能、企业管理水平、原材料储备、物质技术设施、专利、销售网、财务实力等。这就决定了选择的市场营销组合必须与企业实际相符合。企业不可能超出自己的实际能力去满足所有消费者与用户的需要。

案例

物流企业提供的产品要和能力匹配

传统物流企业总希望在现有储运资产的基础上发展物流服务，但这是相当困难的，原因在于现有的服务资源是非市场化配置的，而物流服务的需求是高度市场化甚至是个性化的，一些大型航运企业如中海、中远，由于其在介入物流业之初就有着强大的运输与仓储网络体系作为支撑，才有实力进行大规模的经营。中小物流企业在创业之初，无论如何也不可能做到面面俱到，这个时候，选择合适的服务领域就至关重要了。

任务三　物流服务营销组合策略的内容

一、物流企业市场营销组合内容

物流企业向客户提供的主要是服务，在设计营销组合时必须考虑以下内容。

1. 产品策略

物流企业制定经营战略时，首先要明确企业能提供什么样的产品和服务去满足顾客的要求，也就是要解决产品策略问题。它是市场营销组合策略的基础，从一定意义上讲，企业成功与发展的关键在于产品、服务满足顾客需求的程度以及产品策略正确与否。

产品策略是指与物流企业提供的服务或产品有关的决策。它包括若干子因素：产品或服务的设计、包装、品牌、组合等。而物流企业应该站在客户的角度去考虑提供什么样的服务，物流服务主要是借助运输工具和信息技术帮助客户实现货物在空间上的位移，不同种类、品种、包装的产品以及产品生命周期的不同阶段，都需要给予不同的物流服务。

2. 价格策略

物流企业通过对顾客需求的估量和成本分析，选择一种能吸引顾客、实现市场营销组合的策略。物流企业的成本比较复杂，包括运输、包装、仓储等方面。所以价格策略的确定一定要以科学规律的研究为依据，以实践经验判断为手段，在维护生产者和顾客双方经济利益的前提下，以顾客可以接受的价格水平为基准，根据市场变化情况，灵活反应，客观要求买卖双方共同决策。

价格策略是指企业如何根据客户的需求与成本提供一种合适的价格来吸引客户。它包括基本价格、价格的折扣与折让、付款方式等。价格优势对企业分享市场和增加利润至关重要。为此，降低生产成本还需合理控制物流费用支出，因为物流费用在成本中占有较大比重。物流企业应该根据客户的需求，合理地优化运输工具、路线、运距、费率等系统，并根据企业针对的目标市场和客户群体，结合客户期望值和竞争者提供的服务水平，制定适当的服务标准和价格水平。

3. 分销策略

分销就是使产品和服务以适当的数量和地域分布来适时地满足目标市场的顾客需要。分销策略是市场营销组合策略之一。它同产品策略、促销策略、定价策略一样，是企业能否成功地将产品打入市场，扩大销售，实现企业经营目标的重要手段。物流企业分销渠道策略主要涉及分销渠道（运输企业、货主、仓库、货运站场、中间商、代理商）及其结构、分销渠道策略的选择与管理、批发商与零售商及实体分配等内容。物流服务一般采用直销的方式，有时也会采用中介机构，常见的有代理、代销、经纪等形式。

4. 促销策略

促销策略是指物流企业如何通过人员推销、广告、公共关系和营业推广等各种促销方式，向顾客或用户传递产品信息，引起他们的注意和兴趣，激发他们的购买欲望和购买行为，以达到扩大销售的目的。企业将合适的产品在适当的地点以适当的价格出售的信息传递到目标市场，一般通过两种方式：一种是人员推销，即推销员和顾客面对面地进行推销；另一种是非人员推销，即通过大众传播媒介在同一时间向大量顾客传递信息，主要包括广告、公共关系和营业推广等多种方式。这两种推销方式各有利弊，相互补充。此外，目录、通告、赠品、店标、陈列、示范、展销等也都属于促销策略范围。一个好的促销策略，往往能起到多方面作用，如提供信息情况，及时引导采购；激发购买欲望，扩大产品需求；突出产品特点，建立产品形象；维持市场份额，巩固市场地位，等等。

二、物流企业优化营销组合策略

1. 营销渠道策略

营销渠道策略是指物流企业采用何种营销渠道去销售现代物流服务的策略。这包括自行建立直销服务网络的策略、借用他人服务营销网络的策略和建立营销战略联盟的策略等。其中，自行建立直销服务网络的策略是物流企业通过自己的电子商务网络或人员推销网络将现代物流服务直接销售给客户的营销策略；借用他人服务营销网络的策略是通过他人的代理去销售自己的物流服务的策略；而建立营销战略联盟的策略是通过与同行业或其他行业的企业建立战略伙伴关系，共同推销双方的商品或服务的策略。

2. 关系营销策略

关系营销策略是指通过吸引、开拓、维持和增进与顾客的服务关系，从而推动物流企业营销的策略。这一营销策略包括开发潜在的客户使其逐步发展成为实际客户，将实际客户保持下去并进一步扩大实际客户的服务业务总量等工作。这一营销策略要求物流企业全面关注客户的需求和利益，培养开放的物流服务想象力，确立主动服务意识，全面考虑客户的价值取向和消费偏好，强调对于客户的服务承诺和服务质量的保障，对于客户的服务要有针对性地进行调整，拓宽服务面，在保证原有服务质量的基础上不断推出新的服务品种及增值服务，以提高客户满意度等。对物流企业而言，关系营销策略应该是整个营销策略组合中的核心策略。原因是采用这一营销策略可以使物流企业与客户形成一种相互依存的关系，并通过这种依存关系获得长远的服务业务和销售。

3. 贯彻 4Cs 营销组合策略

（1）瞄准客户需求（Consumption）

物流企业首先要了解、研究、分析客户的需求，而不是先考虑企业能提供什么样的物流服务。现在有许多企业开始大规模兴建自己的物流中心、配送中心等，然而一些较成功的物流企业却不愿意过多地把资金和精力放在物流设施的建设上，他们主要致力于对物流市场的分析和开发，争取做到有的放矢。

（2）客户愿意支付的成本（Cost）

这就是要求物流企业首先要了解物流需求主体满足物流需要而愿意付出多少钱（成本），而不是先给自己的物流服务定价，即向客户要多少钱。该策略指出物流的价格与客户的支付意愿密切相关，当客户对物流的支付意愿很低时，即使某物流企业能够为其提供非常实惠但却高于这个支付意愿的服务时，物流企业与客户之间的物流服务交易也就无法实现。因此，只有在分析目标客户需求的基础上，为目标客户量体裁衣，实施一套个性化的物流方案才能为客户所接受。

（3）客户的便利性（Convenience）

此策略要求物流企业始终从客户的角度出发，考虑为客户提供物流服务能给客户带来什么样的效益，如时间的节约、资金占用减少、核心工作能力加强、市场竞争能力增强等。只有为物流需求者对物流的消费带来效益和便利，他们才会接受物流企业提供的服务。

（4）与客户沟通（Communication）

即以客户为中心，实施营销策略，通过互动、沟通等方式，将物流企业的服务与客户的物流需求进行整合，从而把客户和物流企业双方的利益无形地整合在一起，为用户提供一体化、系统化的物流解决方案，建立有机联系，形成互相需求、利益共享的关系，共同发展，在良好的客户服务基础上，物流企业就可以争取到更多的物流市场份额，从而形成一定的物流服务规模，取得规模效益。

4Cs 营销组合策略以客户对物流的需求为导向，能主动地协调客户的需求，并积极地适应客户的需求，运用优化和系统的思想去整合营销，着眼于企业与客户间的互动，通过与客户建立长期、稳定的合作关系，把企业与客户联系在一起，形成竞争优势，与目前我国的物流供求现状相适应，达到物流企业、客户以及最终客户都能获利的三赢局面。因此，该营销组合将会成为我国物流企业目前和今后很长一段时间内主要运用的营销策略。

4. 了解客户的潜在需求

潜在需求指人们模糊、朦胧的需求欲望和意识，它是产品或服务诞生的土壤、物流企业创造市场的源泉，有潜在需求必然存在潜在客户，潜在客户是现代物流企业发展的重要动力，是在激烈的市场竞争中寻求发展的主要目标。企业面对优胜劣汰的市场竞争，要想长期扎根市场，除了稳固实际客户之外，还要在潜在客户上寻求突破，以求发展。物流企业要挖掘潜在客户，就要善于发现物流购买者的潜在需求，全方位地满足他们的需求，引导和创造物流服务的新需求，把潜在需求转化为市场的实际需求。总之，需求是社会发展的前提，也是物流企业发展的前提。正确地了解客户的潜在需求，对于促进物流企业持续、快速、健康发展，具有十分重要的意义。

5. 科学细分物流市场

物流市场细分的原因有：（1）通过市场细分使物流企业能够识别有相似需求的客户群体，分析这些群体的特征和购买行为，有效地提供专业的物流服务；（2）市场细分可以为物流企业提供信息以帮助它们准确地寻求物流客户，制订符合一个或多个目标市场的特征和需求的营销组合；（3）市场细分与营销的目的一致，都是在实现组织的同时满足客户的需求。一般而言，市场细分计划形成的市场细分规模必须足够大，以保证发展和维持专门的营销组合，即要拥有较多的潜在客户和最大化利用物流资源。

市场细分是一个有力的营销工具，在营销策略中起着关键的作用，市场细分可以准确地定义客户的物流服务需求，帮助决策者更准确地制订营销目标，更好地分配物流资源。物流企业市场细分以后，再根据自身的条件与外部环境、细分市场的规模和竞争情况以及细分市场客户的服务需求、偏好与特点等要素确定企业主攻的细分市场，并努力开拓和占领这一细分市场的营销策略。由于在当前和今后一段时间内，中国物流市场的需求在地区和行业上存在着差别，所以物流市场可以根据地区和行业来进行细分，对不同地区和不同行业的市场又可根据产品的时效性要求、企业接受服务价格的能力和客户在供应链中所处的地位等因素进一步划分市场。

6. 提供物流组合服务

物流组合服务是指提供由不同物流服务所构成的服务集合，如计划、供给、装卸、仓库管理、仓储、运输及信息处理等服务功能。任何一个物流企业，无论其规模和能力有多大，服务如何，都无法满足所有客户的整体需求。因此，物流企业必须将目标市场依据一定的标准进行细分，根据自身的条件来选择一部分客户作为目标市场，确定适当的物流组合服务策略以更好地满足他们的需求，使企业在激烈的市场竞争中得以生存和发展。

7. 建立相对稳定的客户群

客户是物流服务的对象，是物流企业实现利润的源泉，建立相对稳定的客户群是物流营销实现的基础。稳定的客户群表现在：接受并长期消费企业的服务；能够并愿意参与企业的业务计划；能够理解企业的业务调整；主动与企业沟通自己的要求；在通常情况下，有较强的抵御其他物流企业竞争者的"利诱"。当然，物流企业稳定的客户群是其长期提供物流优质服务创造形成的。在延续物流企业生命上，物流客户群对于企业在营运、财力、管理、服务品质上有很大影响，因此，物流企业必须像经营产品那样去"经营"客户，以获得客户的信赖为经营目的。首先要准确判断客户对物流服务的欲望；其次要准确判断客户的"购买"能力，在此基础上，寻找、收集客户信息，加强服务的系统性，运用关系营销策略满足客户需求。

物流企业优化营销活动，实现物流与营销的结合，可以使企业以客户需求为"第一动力"，储蓄内部核心力量，持续而健康地推动企业良性发展，不断降低成本、扩大利润，以便在竞争中保有充沛的体力、灵活的头脑。只有把营销和物流结合成一个共同的竞争战略，实行一体化，物流系统才能成为一个有效的系统，为实现企业的目标、提高企业的竞争优势提供强劲的支持。

案例

作为中国家电企业的一面旗帜，海尔在网络营销上也走在了很多企业的前面。早在 2002 年，海尔就建立了网络会议室，在全国主要城市开通了 9999 客服电话。在"非典"时真正体现出它巨大的商业价值和独有的战略魅力，海尔如鱼得水般地坐在了视频会议桌前调兵遣将。

通过 BBP 交易平台，海尔每月接到 6 000 多个销售订单，定制产品品种达 7 000 个，采购的物料品种达 15 万种，新物流体系降低呆滞物资 73.8%，库存占压资金减少 67%。

几年前，海尔集团采用了 SAP 公司为之搭建的国际物流中心，成为国内首家达到世界领先水平的物流中心。"网络营销远非广告和销售渠道，它更重要的是企业系统化的网络体制。"有学者认为海尔就是这种典范。

三、物流与市场营销分析

1. 传统市场营销理念中包含的物流概念

企业以产品为中心，物流的职能就是把企业的产品如何以最合理的方式、最快的速度送达客户手中，从而帮助市场营销完成最后的执行环节。在这种情况下，物流的价值体现在不同的市场营销组合需要不同的运输、包装、仓储等环节。一个产品策略、生产规划必须与库存控制进行有效协调；价格策略的正确与否也会影响物流是否顺畅，如价格的优惠可能会增加订货量，物流体系的仓储、运输必须及时跟进，才能保证整个市场营销活动顺畅进行；同时销售渠道的通畅才能保证物流在正确的时间、正确的地点将产品交给指定的客户。而促销对物流的影响，要求物流部门和营销部门之间建立便于信息快速传递的信息系统，沟通和协调促销活动的规模、库存、运输和顾客服务的环节。

2. 以市场营销为中心的物流概念的拓展

随着市场营销实践和理论的发展，市场营销观念、社会市场营销观念的影响逐渐扩大，以企业、产品为中心的市场营销理念逐步转变为以顾客需求、市场为中心。此时的企业物流管理在市场营销中已不仅仅是一个重要的环节，而是参与到整个市场营销中。因此在市场营销的第一步，即认识和发现消费者的需求和欲望时，就需要物流管理参与进来，站在客户的角度重新认识客户服务的组成部分，重新为其设计适当的物流方案。

3. 企业物流管理是市场营销管理的重要职能

市场营销能否取得满意的效果，能否吸引和满足顾客，在很大程度上受卖方物流管理能力和决策的制约。市场营销中的物流管理包括大量工作，其首要任务是进行销售预测，然后在此基础上制订生产计划和存货计划。一些经济学家认为，营销物流具有节约成本费用的潜力，并将物流管理形容为"成本经济的最后防线"和"经济领域的黑暗大陆"。如果物流决策不协调，则将导致过高的成本代价。营销物流是创造市场需求、改善营销绩效的极富潜力的工具。企业可以通过改善物流管理，提高服务质量，降低价格，吸引新的顾客，提高企业竞争力和市场营销效果。相反，如果企业不能及时将产品送达顾客手中，就必然失去顾客，丧失市场份额。显然，物流管理是企业市场营销管理的重要组成部分。

4. 基于市场营销的物流管理必须树立市场观念

传统的物流观念以工厂的产品为出发点，企业总是力图寻找费用最少的途径把产品送到顾客手中。这种观念是以现有产品为中心的供应观念，已经落后于时代的发展。现代市场营销理论更加强调和倡导物流管理的"市场后勤观念"。市场观念不是以企业现有的产品为出发点，而是以市场需求为起点思考问题。首先要考虑市场上消费者的各种需要，然后再按此需要安排工厂的一系列工作，企业的有关物流活动都要为满足顾客需要和提高市场营销绩效服务。总之，就是在物流管理中贯彻市场导向，这就是市场观念的实质。

5. 物流策略组合是营销物流管理的核心

物流策略组合是市场营销组合的组成部分，决策的指导思想同市场营销组合一样，是追求整体活动的协调和整体结构的优化。在物流策略组合中，运输决策主要包括两类决策：一是选择运输方式；二是决定发运的批量、时间及最经济的运输路线。仓储决策主要是选择自建仓库还是租赁仓库，以及仓库的规模、结构、形式和位置的选择。商品搬运决策主要包括装卸搬运的作业方式及机械设备的选择。存货控制决策决定商品的存放地点、储存结构和合理储存量，主要考虑既要节约储存费用，又要保持足够的库存水平。订单处理的效率直接制约着物流速度，订单处理的工作质量直接影响企业的市场营销水平。

四、市场营销视角下物流管理发展的新趋势

1. 决策系统化

从市场营销战略的意义上讲，物流管理就是把分散的产品实体活动转变为系统的物流活动，追求企业物流活动的整体优化，协调生产、财务、销售及机构的决策，给适销对路的产品以适当的批量，在需要的时间到达用户指定的地点。为此，在企业内部必须贯彻标准化作业和目标管理的原则，在更新改造物流设施的同时，对各物流要素重新组合，使之适应于市场营销战略。在这种观念的指导下，当今许多企业纷纷成立专业化的物流公司或物流中心。

2. 符合市场营销观念

从企业营销战略和目标市场需要出发，规划、评价企业物流系统。脱离市场营销战略，孤立地评价一个物流系统的效能是毫无意义的。企业物流决策必须纳入企业的营销战略进行综合管理，即围绕目标市场的需要，与企业的产品开发、定价、促销，特别是渠道选择等基本策略结合起来。

3. 强调经营效益

企业物流要求降低成本，促销产品，吸引客户，获取利润。降低成本是物流管理决策的重点。据西方营销专家估算，物流成本降低潜力比任何市场营销环节要大得多，物流成本约占全部营销成本的 50%。有些专家将降低物流成本称为"第三利润源泉"。传统的物流管理实际是"作业控制"，现代物流管理的概念则更广泛，层次也更高，包括计划、执行、控制、评价、反馈的循环。现代物流管理的效益评价系统比较复杂，既有数量指标，又有难以量化的主观评价指标；以经营为导向，应考虑企业战略执行情况、物流体制的合理性、物流系统的综合经济效益以及提高物流效率对企业整体的贡献程序等因素。

4. 物流管理向信息化方向发展

许多市场营销专家认为，当代物流管理的显著特点是走向系统化、计算机化。订货、储存、搬运、进出库、发货、运输、结算等各物流环节之间的信息控制，自动化机械设备的联网控制，计算机辅助设计和模拟，物流数据的生成系统，网上营销与电子商务条件下的物流管理等，是当代营销物流发展的主要趋势。

市场营销和企业物流两者相辅相成，市场营销是企业物流的前提，而完善的企业物流管理体系又是市场营销成功的保证，两者不能孤立地存在。同时现代物流体系也可吸收市场营销中"顾客永远第一"的理念，才可达到物流中各个环节完美衔接的目的，企业才能在激烈的市场竞争中立于不败之地。

 案例

物流是品牌最容易忽略的一个问题，然而在 2011 年 11 月的淘宝促销活动中，物流成为最致命的问题。由于促销期间淘宝网的订单量非常大，快递公司出现爆仓现象，买家往往需要等比平时长两三倍的时间才能拿到产品。这让消费者怨声载道，甚至还有部分消费者退货，给企业造成一定困扰。

快是企业对物流最基本的要求。物流还关系到送达产品的质量以及退换货问题。目前，电子商务物流分为两种形式，一种是由快递公司送达货物，另一种则是由网站或公司自己的物流人员负责送货。淘宝商城采用的是第一种方法，而像京东、当当网等采用的就是第二种。显然，第二种物流方式更有保证，首先，保证了货品的安全性和完好无损。很多网络消费者反映，有过产品被调包或摔坏等经历，遇到这样的情况，由于无法认定买卖双方的责任，只能不了了之。这样，品牌在消费者心中留下不好的印象，影响二次销售。其次，这种物流方式还提供了更多的结算方式，如货到付款，让消费者能够更加安心地购物。虽然现在热衷于网络购物的人很多，但是愿意在网上直接付款的却有限，就是因为消费者对产品不放心，害怕拿到产品不满意，而货到付款最能解决这类人群的后顾之忧。最后，由网站自身的物流人员送货还可以解决退换货问题。网购最大的缺陷就是图片有色差、摸不着面料，消费者无法完全把握产品的真实信息，因此，消费者在拿到商品后不满意在所难免。作为个人卖家可以不承诺退换货，但是品牌却不能如此，如果通过物流能够很好地解决退换货问题，一定会提升消费者的满意度。

五、现代物流企业市场营销组合模式的探索

物流企业输出的产品是物流服务，这种无形产品的生产和使用过程也是销售的过程，没有明显的售前、售中和售后的工作界限。服务本身具有较强的灵活性，而且更强调个性化、人性化，它的质量水准同顾客的感受价值有很大关系，所以物流市场的差异化程度也比较大。

物流营销要深入了解客户的需求类型和变化趋势，分析满足需求的成本，提出降低成本的措施；探讨服务的便利性以及建立有效的信息沟通渠道等方面的因素，根据目标客户企业的特点为其量身定制，才能建立一套高效合理的物流方案。在这个过程中，只有充分利用物流企业拥有的资源，发挥其战略联盟或网络中服务的特色优势，才能从客户的角度综合考虑，以此适应企业物流管理的需求。

因此，物流营销的整体策划应该以物流资源系统优化和整合为基础，注重企业与客户间的互动，适应并能主动引导客户的需求，通过与客户建立长期、稳定的合作关系，把企业与客户联系在一起，形成竞争优势。根据我国的物流供求现状和物流市场的发展趋势，引入以 4Cs 为战略导向，以 4Ps 为策略实施中心层面的物流营销组合模式能更好地指导物流营销的实践，这种模式体现在物流企业的以下策略方面。

1. 市场开发策略

市场开发策略的核心在于瞄准消费者需求，改进自己的产品——物流服务。

（1）物流企业要了解、研究、分析客户的现状、行为和需求，而不是先考虑企业能提供什么样的物流服务或过多地把资金、精力放在物流设施的建设上，应争取做到有的放矢地开发物流市场。

（2）对客户进行评估，主要是基于其与企业的发展方向、能力和资源结构是否契合以及它的影响力，并在此基础上分析客户外包物流服务的动机及所需要的优先利益，展示物流资源系统的核心能力，赢得客户的信任。

（3）为重要客户提供个性化、定制化的产品或服务。除了基础服务的特殊设计外，还可以为客户创造性地设计各种交易结构，甚至为支持顶级客户而进行专有性的投资，实现客户的物流供应链管理，体现客户服务的渗透性和客户关系的忠诚性。

（4）物流企业向生产商提供服务要有所超越，尽可能深入触及客户企业销售计划、库存管理、订货计划、生产计划等整个经营过程，这样容易形成稳定的物流需求依赖和控制供应商成本的提高，促进合作的进一步深入，形成营销优势并保证企业客户份额的稳定性、积累性和发展性。

2. 成本领先策略

成本领先策略要求考虑客户所愿意支付的成本，制定面向未来合作的价格体系。降低成本是一般企业物流决策的重点。物流服务交易的实现依赖于物流服务价格与客户的支付意愿。

（1）物流企业要了解物流需求主体为满足物流需要而愿意付出的成本后再为其服务定价。此外，应该考虑物流业所产生的效益具有共享性，即物流企业的利润是客户效益中的一部分。只有客户从外包的物流业中获取效益，才能促进物流的需求增加和质量的提高，物流企业的努力才有落实的意义；而物流企业的服务质量的提高又会促进客户效益的提高。

（2）物流企业应该从专业的视角替客户做成本分析，表达其作为战略合作伙伴的意愿和能力，提出降低成本或提供更为高效和专业化服务的措施，提升客户对自身企业物流的满意度。价格水平的制定应该考虑企业成本的动态发展和规模效应，立足长远，坚定服务质量高于价格重要性的理念，采用客户合作分级评估基础上的弹性价格体系。这样，不仅提升了客户的感受价值，而且加强了内部管理，降低了物流成本。

多数企业在选择物流合作伙伴时，仍将运作成本作为首要考虑的指标。物流企业在执行合同约定的具体业务服务条款时，应向客户提供物流作业成本的核算标准及统计分析数据，尤其是物流服务的成本明细，同历史数据及相应的作业量对比分析采用专业物流后的成本节约额度，并根据成本的对比结果提出改进作业程序、降低作业成本的策略和建议，这将大大提高客户的满意度。这是增值服务的一种体现，与企业的长期利益是一致的。

物流管理强调的是系统优化，企业在内部管理上也应从系统的高度着眼，从粗放式向集约式、运作规范化转变，体现在科学的决策程序、标准化的运作流程、完善的物流质量衡量机制和持续改进机制。只有这样，才能使发展战略与企业资源匹配，准确预测市场变化和评估企业内部资源，及时调整策略转移或利用风险，降低运作成本的同时提高工作质量。企业应该建立业务流程、运作程序、操作指引三级质量文件，将组织架构和岗位的设置与之相呼应，提高人员效率，保证服务的可靠性、连续性、一致性和服务承诺的匹配。

3. 业务综合策略

业务综合策略的核心在于以增进客户便利性为出发点，促进物流服务的稳步提升。物流企业与客户的合作顺畅有一个过程，要始终从客户便利的角度出发，改善薄弱环节，促进外部物流资源系统的合作，使对客户的服务进一步发展。物流企业在从事物流活动时，除了将本企业核心竞争能力充分展示给客户外，还要找出与客户要求的差距和弥补的方法。

4. 信息沟通与互动策略

信息沟通与互动策略要求提高和客户的信息沟通水平，同时拓展市场开发渠道建设。

以上各项策略组合实施都需要以客户为中心的良好信息沟通平台为基础，通过信息共享、共同制定物流解决方案、动态执行实现与客户之间高度互动协作等方式，将物流企业的服务与客户的物流需求和利益进行整合，为用户提供一体化、系统化的物流解决方案，使物流企业的运作与客户的经营管理活动相互融合，形成互相需求、利益共享的关系，共同发展。同时，物流企业可以利用信息沟通策略的实施过程，重新对市场开发中其他战略联盟企业的作用进行评估和定位，并且通过合作中展现的优势和新特点拓展新的物流业务和市场，迎合一般企业物流管理向信息化方向发展的趋势。从传统仓储、运输向现代物流转变需要物流企业信息技术的大力提升，通过互联网、数据交换系统实现在线交易、资源配置以及物流业务的网上即时跟踪和查询等，减少中间环节，做到对物流活动进行有效监控，并制定快速反应的应急预案，提高物流企业与客户之间以及物流企业之间的合作效率。

物流企业要做好营销工作，除了要制定正确的营销策略外，还要做好营销管理工作。一般来说，创造优势的并不是营销策略本身，而是运用营销策略的管理过程。因此，需要对整个营销活动进行监督、协调和控制。这是营销活动中关键的，也是极其重要的一步。同时，企业应努力提高营销人员的综合素质，加强对人员的培训，协调上下关系，建立健全的反馈系统，从而保证营销策略的全面实施。

◇ 项目小结

本项目主要介绍市场营销组合是企业市场营销战略的一个重要组成部分，它是指将企业可控的基本营销措施组成一个整体性活动的过程。物流市场营销组合的特点有可控性、动态性、复合性、受制约性。

一个物流企业的营销活动主要受制于所处的内外部环境，具体来看，有物流企业营销战略、物流企业市场营销环境、目标市场特点和企业资源状况。企业根据市场定位战略设计，安排相应的市场营销组合。

物流企业输出的产品是物流服务，这种无形产品的生产和使用过程也是销售的过程，没有明显的售前、售中和售后的工作界限。服务本身具有较强的灵活性，而且更强调个性化、人性化，它的质量水准同顾客的感受价值有很大关系，所以物流市场的差异化程度也比较大。因此，物流营销要深入了解客户的需求类型和变化趋势，分析满足需求的成本，提出降低成本的措施；探讨服务的便利性以及建立有效的信息沟通渠道等方面的因素，根据目标客户企业的特点为其量身定制，才能建立一套高效合理的物流方案。

物流营销的整体策划应该以物流资源系统优化和整合为基础，注重企业与客户间的互动，适应并能主动引导客户需求，通过与客户建立长期、稳定的合作关系把企业与客户联系在一起，形成竞争优势。

根据我国的物流供求现状和物流市场的发展趋势，引入以 4Cs 为战略导向、以 4Ps 为策略实施中心层面的物流营销组合模式能更好地指导物流营销的实践，这种模式体现在物流企业的市场开发策略、成本领先策略、业务综合策略、信息沟通与互动策略四个方面。

重点概念：市场营销组合、4P 原则、物流市场营销组合。

◇ 知识巩固

一、选择题

1. 市场营销组合体现了（　　）的市场营销观念。
   A. 以生产者为中心　　　　　　B. 绿色营销
   C. 以消费者需求为中心　　　　D. 以经济效益为中心
2. 市场营销组合因素通常都是由市场营销人员来决定的，所以它们也时常被称为（　　）。
   A. 宏观环境变量　　　　　　　B. 微观环境变量
   C. 可控变量　　　　　　　　　D. 不可控变量
3. 市场营销组合的特点是（　　）。
   A. 对企业来说都是不可控因素　B. 是一个单一结构
   C. 是一个静态组合　　　　　　D. 要受企业市场定位战略的制约
4. 从市场营销理论的角度而言，企业市场营销的最终目的是（　　）。
   A. 满足消费者的需求和欲望　　B. 求得生存和发展
   C. 推销商品　　　　　　　　　D. 获取利润
5. "大市场营销"概念是由（　　）于 1986 年首次提出的。
   A. 科特勒　　　　B. 梅纳德　　　　C. 道宁　　　　D. 贝克曼

二、判断题

1. 市场营销组合体现了"以生产为中心"的经营理念。
2. 市场营销组合是制定企业市场营销战略的基础。
3. 市场营销组合的因素是企业可控制的因素。
4. 市场营销组合的各因素在组合中具有均衡性。
5. 市场营销组合中的因素有的是企业可以控制的因素，有的是企业不能控制的因素。

三、简答题

1. 物流市场营销组合的实践意义是什么？
2. 试论述市场营销视角下物流管理发展的新趋势。

◇ 案例讨论

香港邮政"特快专递"的市场细分、选择目标市场和市场定位

（一）背景

1973 年香港邮政署率先推出了"特快专递"业务，但是由于邮政署是行政拨款的政府部门，一直未对该项业务进行商业化的市场推广，结果速递业务的发展反而赶不上后起的民营公司。

（二）具体内容

1977年，香港邮政署决定对速递业务进行市场推广，提高市场占有率，增加营业额。

首先它们对顾客进行了调查。了解到顾客选择快递服务时，首先考虑的是速度和可靠性，其次才是价格；同时顾客希望追踪邮件，随时了解邮件运送的情况，得出的结论如下：

邮政署的优势：

（1）特快专递服务推出较早，技术支持较强（如电子追踪服务）。

（2）以邮局为服务点，服务网络覆盖面广，竞争对手无法相比。

（3）邮政署寻求改变的决心大，员工士气高昂，急欲参加。

邮政署的劣势：

香港邮政署"特快专递"过去的形象不太好，认知度不高，人们认为其可靠性与速度不及私营快递公司。

市场机会：

私营快递公司多以大公司为主要客户，绝大多数的中小机构享受不到价格优惠，个人客户更被作为最后处理的对象，它们的需求得不到满足，是一个被忽视的市场。

通过细分市场，香港邮政署选择了中小商业机构和个人客户作为自己的目标市场，以"补缺者"的身份填补市场空隙，避免和竞争对手进行正面冲突。它把自己的服务定位为"分秒显优势"的"超值服务"。为了塑造这一市场形象，吸引目标消费者，采取了以下措施：

（1）对"特快专递"服务采取低价策略；

（2）提供电子追踪服务，让顾客随时掌握邮件运送的情况；

（3）提供大小不同的特快专递箱，满足顾客的需要；

（4）消除一切可能延误的因素，保证邮件准时发送；

（5）特设专门的小组，应对顾客的业务查询，替顾客开立账户，并进行宣传；

（6）整顿工作作风，一线人员礼貌热情，服务耐心细致，富有效率；

（7）提供高质量、高效率的"超值服务"，让顾客有更多时间处理邮件，甚至在"最后一分钟"将邮件寄出，令顾客的分分秒秒尽显优势。

1997年10月，香港邮政署推出了主题为"分秒显优势"的市场推广活动。

在视觉形象上，设计了全新的公司标志和"特快专递"服务标志，选择以速度见长的"蜂鸟"代表公司形象、以速度和耐力著称的"燕雨"作为"特快专递"服务的形象。

电视广告也极富感染力，突出了"分秒显优势"的承诺：一个勤勉、质朴的年轻邮递员，充满自信地走在人群中，他不断前行的身影、真诚的笑容，与身后喧闹的都市形成了强烈的对比，给人以踏实、可信赖的感觉，反映了香港"特快专递"业务崭新的形象。

此外，这一活动还采用了多种传播手段，如报纸广告、直邮广告、广告传单、海报等。

邮政署还特别成立了"特快专递"倡导委员会，并设立了许多工作促进小组，对邮政署所有员工介绍有关知识和加强服务的重要性。领导的重视和亲临现场指导给员工以极大的鼓舞，每个员工都愿为推广活动效力。

这一推广活动取得了显著成绩。

业务量：尽管1997—1998年香港经济不景气，"特快专递"处理的邮件总量仍有所上升。

客户数：实施推广活动的前5个月，新开立账户的客户人数上升了60%。

认知率：在未开立账户的客户中，认知率从11%上升到30%；在已开立账户的客户中，认知率从36%上升到50%，"快递专递"在香港已经成功地建立了自己的品牌形象。

满意度：对顾客满意度的独立研究显示，客户对特快专递服务各个程序的满意度均有明显上升。

由于速递业务服务水平提高，1997 年第 4 季度，香港邮政署获得了全球邮政联盟的嘉奖。这一市场推广活动成功地入围 1998 年度香港杰出营销奖，其电视广告也被评为该年度的杰出广告作品。

问题：

（1）香港邮政署对邮政市场进行细分的标准是什么？

（2）他们选择了哪些市场作为自己的目标市场？进行了怎样的市场定位？

◇ 实训拓展

确定物流市场营销组合策略

【项目情景】

以小组为单位，开展讨论快递公司在大学校园内设立投递点的可行性，进而分析将投递点发展成为快递公司业务分理处的基本条件。

【实训目标】

通过实训，学生能够根据实际操作来了解市场营销组合的实施。

【实训准备】

（1）掌握物流服务营销组合理论知识。

（2）熟悉营销组合策略。

【实训步骤】

（1）学生每 5～8 人为一组，每个小组选 1 名队长。

（2）以每位学生为单位，针对情景设置里调查实训场景，讨论市场营销策划案并记录总结成文。

（3）各组通过总结，制定设立投递点营销策划书。

（4）撰写策划书。

（5）每组组长陈述结果。

【实训评价】

教师对各组设计方案做出综合评价，如表 7-1 所示。

表 7-1 考评表

考评人		被考评人		
考评地点				
考评内容	确定物流市场营销组合策略			
考评标准	具体内容		分值	实际得分
	背景分析		20	
	营销组合分析		20	
	策划书撰写		20	
	投递点可行性汇报		30	
	团队合作和职业素养		10	
	合　　计		100	

项目 8　物流服务产品策略

◇ 知识目标

1. 了解物流服务产品基本概念；
2. 理解物流服务产品的特征；
3. 掌握物流服务产品生命周期理论。

◇ 能力目标

1. 能认识物流服务品牌的意义；
2. 能了解物流新产品概念及其发展方向；
3. 初步具备物流新产品市场开发的能力。

◇ 本项目知识结构图

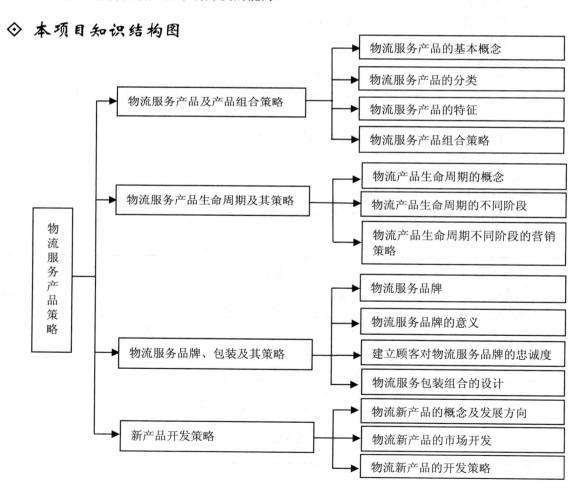

◇ 职业标准与岗位要求

职业功能	工作内容	技能要求	相关知识
物流服务产品策略知识认知	产品宣传理念的把握及应用	➤ 能熟知物流服务产品的概念 ➤ 能熟知物流服务产品组合策略 ➤ 能熟知物流服务产品生命周期理论	➤ 物流服务产品 ➤ 物流服务产品组合 ➤ 产品生命周期理论
物流服务产品品牌、包装策略知识认知	物流新产品市场开发	➤ 能掌握物流服务产品品牌营销策略 ➤ 能根据企业实际情况策划设计产品包装组合 ➤ 能进行初步参与新开品市场开发	➤ 物流新产品概念 ➤ 物流服务包装组合设计 ➤ 物流服务品牌

◇ 任务的提出

　　近年来，电子商务的发展随着互联网产业的复苏显示出勃勃生机，作为电子商务主要业态的网络零售业更是掀起了新一轮的发展浪潮。在这场大变革中，当当网和卓越网最引人瞩目。随着这两家网络零售商的成功融资和新一轮的国内电子商务市场的建设，电子商务的发展遭遇了瓶颈，首当其冲的便是物流配送问题。

　　当当和卓越两家零售网站的远程物流配送获得了较为成功的管理：一是将物流业务从网站的主体业务中剥离，最大限度地降低了物流给网站带来的成本压力，并使网站集中优势资源进行市场开发和提高核心竞争力。二是将配送外包给专业的第三方物流公司，增强网站在国内众多的干线配送上的物流能力，同时具有灵活的扩张性，开拓新的区域主要在该地区选择优质的物流提供商即可完成区域布局，实现远程物流配送服务。

　　思考题：当当和卓越两家零售网站在物流配送方面如何提升了核心竞争力？

◇ 任务分析

　　为了完成上述任务，学生需掌握如下内容或要点：

1. 物流服务产品；
2. 物流服务产品组合；
3. 物流服务品牌、包装策略。

任务一　物流服务产品及产品组合策略

　　物流产品策略是物流营销 4P 组合的核心，是价格策略、分销策略和促销策略的基础。物流产品直接决定和影响着物流产品或服务的价格、分销和促销策略的制定与实施，与物流企业的营销成败关系重大。随着科学技术的快速发展、社会的不断进步，消费者需求特征日趋个性化，市场竞争程度的加深导致了产品的内涵和外延也在不断扩大。因此，物流企业要制定出正确的产品策略，必须不断丰富自身的物流产品。这体现了物流产品（服务）多元化的发展趋势。要了解物流产品的多元化，就必须掌握物流产品的概念和特征。

一、物流服务产品的基本概念

1. 物流产品的整体概念

在有形产品的市场营销过程中,产品的概念比较容易把握,因为产品是实实在在、有形的实体,其大小、款式、功能等都由企业事先设计好了,客户所购买到的也正是企业所提供的;而物流产品的情形则有很大的不同。

物流产品通常包括两部分,一部分是物流企业的有形产品,即物流需求者的物流产品。提供服务的物流企业必须考虑这些产品的性质、特征、生命周期、分类,以及重量、体积、形状等;另一部分是物流企业的无形产品,也就是服务于前述产品的服务过程。这两部分共同构成了物流营销中的总产品。一般所说的物流产品主要是指物流服务。

物流产品是一种服务性产品,是人们有意识地将人力或机械作业力应用到人或物上而产生的结果,包括不依赖客观事物而产生的行为、表现或努力。换句话说,物流企业的产品就是物流企业为客户提供的各种物流服务。物流服务是人或组织的活动,或者对一种可触知产品的临时可支配性,物流企业服务的本质是满足客户的需求。物流企业提供的物流服务包括仓库管理、集运、物流信息系统、车队管理、运输谈判、选择承运商、订单旅行、产品回收、订单处理、客户备用零件、产品安装、装配、库存补充和进出口等。

理解物流服务的定义,还需要了解由四个因素构成的物流企业产品系统,即物流企业服务包括:

(1)支撑物流服务的设施设备。它使物流服务的生产成为可能。例如,坐落在城市里的电影院对于电影而言,体育场馆对于各种比赛而言。就物流企业而言,这些设施有仓库、托盘、运输容器、装卸机械、货架、集装箱、厢式车、物流中心以及物流信息技术等。

(2)构成的产品。它是物流服务的组成部分,包含了物质的或非物质的内容,物流企业的产品主要包括采购、运输、存储、装卸、搬运、包装、配送和流通加工等。

(3)核心价值。这是物流服务的中心,即客户达到成本效益平衡、合理;方便进入市场,特别是进入新市场,无须专门构建物流系统;借助物流网络和物流效率,扩张市场;创新服务,与物流企业结成战略联盟,提供增值、超值服务。

(4)附加价值。附加价值存在于物流服务所带来的增值感受之中,也就是以客户、促销、制造、时间、基础服务为核心的增值服务。

购买者把上述四个因素看作一个系统,他们的评价与预期密切相关。当然,关键还在于物流产品的生产者,他们应能提供给顾客所期望的服务。

2. 物流服务产品的层次

物流企业产品整体概念把物流产品划分为核心产品、有形产品、期望产品、附加产品和潜在产品五个层次,如图8-1所示。

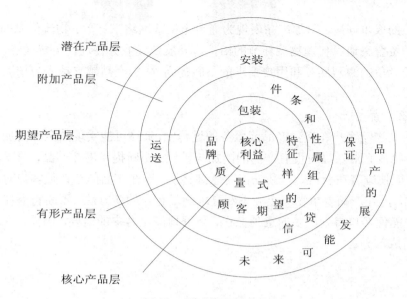

图 8-1　物流产品层次

（1）核心产品

核心产品又称实质产品，它是指产品能够提供客户的基本效用或益处，是客户所追求的中心内容，是整体产品概念中最基本的层次，代表物流顾客在使用产品的过程中和使用后可获得的基本利益和效用，是顾客购买的核心。例如，仓储的核心是为了满足货品的随时补给、增值的需要；装卸搬运的核心是满足货物水平和垂直移动的需要。所以，物流管理人员的任务就是要发现隐藏在服务背后的真正需要，把顾客所需要的核心利益和服务提供给顾客。因此，物流企业在开发产品、宣传产品时应确定产品能提供的利益，产品才具有吸引力。

（2）有形产品

有形产品是产品在市场上出现时的具体物质外形。它是产品的形体、外壳，核心产品只有通过有形产品才能体现出来。如果有形产品是实体物品，则它在市场上通常表现为产品质量、外观特征、式样、品牌名称和包装等。如果有形产品是服务，通常表现为服务设施和设备、服务过程、服务质量、服务标准等。因为物流服务是无形产品，所以需要提供仓储、运输、配送、物流机械技术、物流信息技术等服务。比如，物流企业为实现货物地点转移的服务，需要提供运输和仓储服务的船舶设备、内陆运输设备、集装箱和仓库等。

（3）期望产品

期望产品是客户购买某种产品时所希望和默认的一整套属性和条件。一般情况下，客户在购买物流产品时，往往会根据以往的消费经验和物流企业的营销宣传，对所欲购买的产品形成一种期望。客户的期望产品得不到满足时，会影响其对产品的满意程度、购后评价及重复购买率。如对于使用快递的客户，期望该服务能安全、快捷地将产品送达目的地。

（4）附加产品

附加产品是客户购买有形产品时所获得的全部附加服务和利益，包括信贷、运送、安装、调试、维修、产品保证、零配件供应、技术人员培训等。附加产品来源于客户需求的综合性和多层次的深入研究，营销人员必须正视客户的整体消费体系，而且同时必须注意客户是否愿意承担附加产品的成本问题。附加产品表现为通过电话或网络下订单、物流信息的汇总分析、帮助交易结算和资金融通、代理物流环节的衔接、开展免费业务咨询、免费送货、技术培训等。随着物流市场竞争的激烈展开和用户要求的不断提高,附加产品越来越成为物流企业竞争获胜的重要手段。

（5）潜在产品

潜在产品是物流客户在接受产品或服务的过程中,最终可能实现的全部附加部分和新增加的功能。许多物流企业通过对现有产品的附加与扩展,不断提供潜在产品,给予客户的就不仅仅是满意,还能使顾客在获得这些新功能时感到喜悦。潜在产品的存在使客户对产品的期望越来越高,因此,潜在产品要求物流企业不断寻求满足客户的新方法,不断将潜在产品变成现实产品,这样才能使客户得到更多的意外惊喜,更好地满足客户的需要,因而,它也是产品整体概念的重要组成部分。

 小贴士

物流水平落后影响企业效益

物流的运输、包装、装卸搬运、流通加工、信息处理等每一项功能的实施,都与物流的基础设施和物流技术水平有关。我国农村交通基础设施落后,道路状况差,物流运费高;没有专业的车辆运输队,车况较差以及路网联通度低,致使农产品物流时间过长;没有科学的冷藏设备,鲜活农产品就难以运输,损耗严重。

二、物流服务产品的分类

物流市场营销中的产品,一方面包括物流需求者的物流产品,另一方面包括服务于前述产品的服务过程。因此,可以将物流服务产品进行以下分类。

1. 根据物流作用对象划分

按照物流作用对象,即物品不同进行分类,可以将物流产品分为生产资料物流产品、生活资料物流产品。根据需要,各类别产品可作进一步分类,如将生产资料进一步划分为金属材料、机电产品、化工产品、危险品等;将生活资料进一步划分为加工食品、生鲜食品纺织品、家电产品等,这种划分对物流企业科学、合理地组织物流活动具有重要意义。

2. 根据物流功能划分

物流功能有基本功能和延伸功能之分,通常认为,基本功能包括运输功能、存储功能、装卸搬运功能、包装功能、配送功能和信息处理功能等;而把流通加工、客户服务等功能归为延伸功能。根据物流功能,物流产品可分为基本物流产品和增值物流产品。

（1）基本物流产品是指由物流的基本功能所提供的物流服务,具体包括运输服务、存储服务、装卸搬运服务、包装服务、配送服务等。

（2）增值物流产品是指由物流的增值功能所提供的物流服务,有流通加工服务、客户服务等。

三、物流服务产品的特征

在有形产品的市场营销过程中，产品的概念较容易理解，因为产品是实实在在的、有形的实体，其大小、样式、颜色及功能等都是由企业事先设计好了的，客户所购买的产品正是企业所提供的。而物流服务产品的情形则有着很大的不同，总的来说，物流服务产品有以下特征。

1. 从属性

在整个物流运作过程中，可以说物流服务产品是在有形产品流通时其所有权转移的过程中产生的。而想要真正实现有形产品流通时其所有权转移，利用物流服务产品是必需的，可以说有形产品的流通是发生物流服务产品的基础前提，物流服务产品的客户所提出的服务需求是无形的、不可感觉到的，是通过有形产品的流通而实现的。

2. 即时性

物流服务产品不同于有形产品的最大特征是物流服务产品属于非物质形态，物流运输过程中生产出来的服务产品不是有形产品，而是一种伴随在产生、销售、消费三个环节中的即时服务。一般来说，有形产品要经过生产、储存、销售才能完整地实现服务的提供，而物流业务本身就决定其产品就是物流服务。

3. 移动性和分散性

物流服务产品所面对的客户不是固定的，而且地域分布较广；同时，也因为物流服务产品具有从属性的特征，提供物流服务产品的物流企业在运作过程中往往会处于一种被动的地位。比如提供服务的时间、地点、方式等，都要根据客户的需求进行安排、调整，这就给物流企业提出了更高的要求，同时也要求物流企业不能总是提供同一种物流模式，而是应该根据客户的需求进行调整，以满足不同客户的需求。

4. 可替代性

在中国，受到过去经济体制的影响，大而全、小而全的生产企业很普遍，这些生产型企业都具备自己进行运输、储存等能力，因此自营物流很常见。从供给的角度来看，物流企业所提供的物流服务产品在某种程度上具有被自营物流所取代的特点，这就给第三方物流企业提供的服务产品提出了更高的要求，同时这种可替代性也是物流企业在经营过程中的难题之一。

5. 需求的波动性

由于物流服务产品是以数量多而又不固定的客户为对象，他们的需求在方式和数量上是多变的，具有较强的波动性，为此容易造成供需失衡，这也是物流服务产品在经营劳动上劳动效率低、费用高的重要原因。

四、物流服务产品组合策略

物流服务一般包括：采购服务、运输服务、仓储服务、包装服务、配送服务、流通加工服务、物流信息服务等。现代企业为了满足目标市场的需求、扩大销售、分散风险、增加利润，往往生产或经营多种产品。那么，究竟生产经营多少种产品才算合理，这些产品应当如何搭配，做到既能满足不同消费者的需求，又使企业获得稳定的经济效益？企业营销需要对产品结构进行研究和选择，根据企业自身的能力条件，确定最佳的产品组合。

1. 物流产品组合的概念

物流产品组合又称产品搭配，是指一个企业提供给市场的全部产品线及产品项目的组合或结构。物流产品组合既反映了物流企业的经营范围，又反映了物流企业市场开发的深度。企业为了实现营销目标，充分有效地满足目标市场的需求，就必须设计一个优化的产品组合。产品组合一般包括若干产品线，每一条产品线又包括若干产品项目。物流产品组合就是将各个独立的或单一的物流活动或产品形式进行有效的捆绑和组合，使之衍生出其他不同形式的产品或服务的过程，如运输+仓储+配送、仓储+流通加工+配送等。因而，物流产品组合包含产品线和产品项目这两个概念。

（1）物流产品线。物流产品线又称为产品大类或产品系列，是指物流产品组合中的核心功能一样，但是服务形式、操作手段、操作流程或服务对象等不同的一组产品。例如，仓储服务、运输服务、快递服务等都可以形成相应的产品线。

（2）物流产品项目。物流产品项目指在同一条产品线上按照一定变量所细分的不同服务类别，可以按照产品的外观、属性、规格和价格分类。例如，物流企业提供的自动化立体仓储服务，就是仓储服务这条产品线下的一个产品项目。一个产品项目往往具有一个特定的名称、型号或编号。

 小贴士

一家物流企业的服务包括：采购服务、运输服务、仓储服务、包装服务、配送服务、流通加工服务、物流信息服务。若将物流企业的上述服务组合就可以成为以下三种：

组合 A：仓储服务+运输服务+配送服务。

组合 B：仓储服务+流通加工服务+配送服务。

组合 C：包装服务+配送服务+物流信息服务。

2. 物流产品组合的决定因素

物流产品组合取决于四个因素：物流产品组合的宽度、长度、深度和关联性。不同的产品组合的宽度、长度、深度和关联性，构成不同的产品组合方式，如图 8-2 所示。

（1）物流产品组合的宽度（广度）是指物流企业产品组合中所拥有的产品线数目，产品线多则称为宽，少则称为窄。比如，上海的全方物流公司目前有快速运输、配送、保管、流通加工四条产品线。有专家通过分析，将我国第三方物流企业提供的服务划分为四条产品线：以运输及其相关服务为主的运输服务产品线，以仓储及其相关服务为主的仓储服务产品线，以物流信息技术及其相关服务为主的信息服务产品线，以及以物流知识服务、物流咨询和物流金融及其相关服务为主的高级物流服务产品线。当然，由于物流产品结构的多元性，不同产品线之间及其所含项目之间存在许多的交叉关系。

（2）产品组合的长度是指一个物流企业中的产品组合中所包含的产品项目总数，以产品项目总数除以产品线数即为产品线的平均长度。在我国第三方物流所提供的产品中，基本包含核心服务和部分延伸服务，对于增值和高级物流服务提供的还比较少。

（3）产品组合的深度是指物流企业各条产品线所拥有的产品项目的多少。产品项目多则称为深，产品项目少则称为浅。

（4）产品组合的关联性指在产品组合中各产品线之间所使用设施、生产条件、分销渠道、最终用途、操作手段、操作规程、服务对象等方面的相似和密切相关程度，比如运输服务与仓储服务之间的关联等。

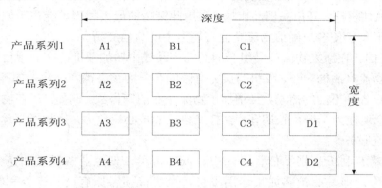

图 8-2　产品组合图

3. 物流产品组合策略

物流产品组合策略就是根据物流企业的目标，对产品的宽度、深度及关联程度进行组合决策。物流企业在调整产品组合时，应针对具体情况选用以下产品组合策略。

（1）扩大产品组合策略

扩大产品组合策略是指开拓产品组合的宽度和加强产品组合的深度。开拓产品组合的宽度是指增添一条或几条产品线，扩展产品经营范围；加强产品组合深度是指在原有的产品线内增加新的产品项目。物流企业在扩大产品组合策略上可以采取增加一条或若干条与原产品线相似的营运线路，如经营码头、仓储、堆场，在同一营运线内增加更多的停靠点等措施。

采取这种策略的优点是满足不同物流客户的需求，提高物流产品的市场占有率；充分利用企业信誉和商标知名度，完善产品系列，扩大经营规模；充分利用企业资源和剩余生产能力，提高经济效益；减小市场需求变动性的影响，分散物流市场风险，减少损失。

（2）缩减产品组合策略

缩减产品组合策略即在市场经济不景气或原料、能源供应紧张时，削减产品线或产品项目，特别是要取消那些获利小的产品，以便集中力量经营获利最大的产品线或产品项目。对物流企业而言，可将两条或若干条营运线路合并，减少亏损的营运线路、码头、仓储、堆场；在同一营运线内减少停靠点等。

缩减产品组合策略的优点在于物流企业集中资源和技术力量改进、保留产品品质，提高产品商标的知名度；减少资金占用，加速资金周转；生产经营专业化，提高生产效率，降低生产成本；有利于物流企业向市场的纵深方向发展，寻求合适的目标市场。

（3）产品线的延伸策略

产品线延伸是指部分或全部地改变物流企业原有产品线的市场定位，即把产品线延长超出原有范围，分为向上延伸、向下延伸和双向延伸三种类型。

① 向上延伸。在物流产品组合的某一条产品线中增加新的高档高价的物流产品项目，以提高物流企业现有产品的市场声望。这样既可提高物流企业原有产品的销售量，又可以使物流企业的产品逐步转入高档产品市场，从而谋求企业的长远利益。例如，海尔物流建立的高层自

动化仓库、华宇物流全力打造的银行监管仓库、海尔监管仓库，都是在原有的仓储服务中加入高附加值的仓储服务以提高本企业的形象。

一般而言，物流高档产品市场利润丰厚，如果市场潜力较大，而物流企业又具备了进入的条件，则应抓住机遇，开拓高档品市场。采用此策略的最大障碍可能在于如何改变物流企业和产品的原有形象，使客户确信物流企业有能力生产高档产品。

② 向下延伸。在原来物流产品组合的高档产品线中增加廉价的产品项目。目的是要充分利用高档名牌物流产品的声誉，吸引购买力有限的客户购买高档产品线中的廉价物流产品。这样既满足了客户各种不同的需求，又增加了物流企业的销售额。例如，华宇物流公司过去主要是做长途运输，现在为了培育长期客户，打造自己的核心竞争力，增加了短途运输、送货上门等低附加值物流服务。

采用此策略有利于高档品信誉进入中、低档市场，使企业资源更加充分地利用和进一步分散经营风险。但是此策略如果运用不当，也可能损害原有产品声誉和物流企业的整体形象。

③ 双向延伸。双向延伸即原定位于中档产品的物流企业掌握了物流市场优势以后，向产品线的上下两个方向延伸。一方面增加高档产品，另一方面增加低档产品，力求全方位占领某一物流市场。采取这一策略的主要问题是随着物流产品项目的增加，物流企业的营销费用和管理费用会相应增加。因此，要求物流企业对高、低档物流产品的需求有准确的预测，以使物流企业产品的销售在抵补费用的增加后有利可图。

任务二　物流服务产品生命周期及其策略

一、物流产品生命周期的概念

产品生命周期是产品的市场寿命，它是指一种产品经过市场开发，从投入市场经营（销售）到最后被市场淘汰的全部过程。产品生命周期指的是产品的市场生命周期，而不是使用寿命期限。

物流产品生命周期则是指物流服务产品投入市场直到完全退出市场的全部过程。与实体产品的市场生命周期相比，物流产品生命周期中成熟期较长。这是因为物流产品是实体产品与服务产品的综合，物流服务形式和服务项目多种多样，其市场生命周期不尽相同，往往是有些物流服务项目已经进入了成熟期，有些刚步入成长期，而有些已经进入了衰退期。了解物流企业产品所处的生命周期，能使物流企业对复杂变化的环境及日益激烈的竞争做出快速反应和正确决策，从而延长物流产品生命周期。

二、物流产品生命周期的不同阶段

物流产品的生命周期一般分为导入期、成长期、成熟期、衰退期四个阶段，如图 8-3 所示。

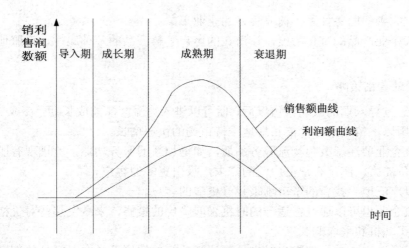

图 8-3 物流产品生命周期

（1）导入期又称投入期，指一种新的产品和服务刚进入市场，处于初期销售的阶段。这一阶段的主要特点是：物流产品的性能或服务质量不稳定；同类产品的供给者较少；市场竞争激烈；销售增长缓慢；为了扩大销售，广告宣传和其他促销费用都比较高；客户对新产品太了解，只有少数喜欢"尝新"的客户；通常不能为企业创造利润，甚至还会出现亏损。

（2）成长期指物流企业可以大批量提供该项服务和扩大市场销售的阶段。这个阶段的主要特点是：产品基本定型，大批量供给能力形成，销售渠道已经通畅；客户对产品已经熟悉，市场逐步扩大，形成较大的市场需求，销售量大，销售额迅速增长；市场上同类产品的竞争企业相继加入，市场竞争趋向激烈。

（3）成熟期指物流企业大批量提供产品与服务，而在市场上处于竞争激烈的阶段。这一阶段的主要特点是：供给数量多，销售额大，生产发挥最大效率，成本降到最低，利润达到最高水平；但后期其销售增长速度减慢，甚至出现负增长，利润减少，很多同类产品进入市场，市场竞争十分激烈。

（4）衰退期指产品和服务已经逐渐老化，转入更新换代的阶段。这一阶段的主要特点是：客户的需求发生改变，转向其他产品或服务；产品老化，服务滞后，市场销量急剧减少，利润大幅度下降；企业现有供给能力与日益减少的销售量之间的矛盾十分突出，产品最终被市场淘汰而停止生产。

三、物流产品生命周期不同阶段的营销策略

在产品不同的市场生命周期阶段，物流企业要根据市场需求状况采取不同的营销策略，以此来保证营销目标的实现。

1. 导入期的营销策略

物流企业在导入期主要的任务是尽量争取更多的，同时又比较稳定的客户，从而为企业今后的运营打下坚实的基础。在导入阶段，物流企业可采用以下营销策略：

（1）迅速建立完善的揽货网络和货物集散体系，以保证物流产品的可得性。

（2）完善各种装备技术和信息技术，以保证物流服务正常运行。

（3）建立完善的服务体系，树立良好的企业形象。

（4）加大企业产品的宣传力度，让潜在的客户了解产品的各种属性，说服他们做出购买决定。

2. 成长期的营销策略

物流产品经过导入期的成功销售以后，便可以进入物流产品的成长期。在成长期，物流企业可以通过采用以下策略来尽可能长期地维持市场的快速增长。

（1）物流企业要注意改善物流服务品质，如增加新的服务功能，改进现有服务的水准，提高服务的竞争能力，满足客户更广泛的需求，吸引更多的客户。

（2）可以广泛地寻找新的子市场来找寻更多的客户。

（3）物流企业也可以通过在适当的时机采取降价的策略，来激发那些对价格比较敏感的需求者产生购买动机和采取购买行为。

（4）可以通过广告效应把客户对产品的认识从简单的接受转向对产品的深度信任上，由此来推动人们的购买行为。

3. 成熟期的营销策略

经过成长期以后，市场对物流产品的需求将会趋向饱和，潜在的物流产品客户已经很少，销售增长缓慢甚至转而下降，这些现象都标志着产品进入了成熟期。对于走向成熟期的物流企业不能只采取抵御策略，而要考虑不断地对目标市场、产品和营销组合进行调整。

（1）调整市场。在这方面，物流企业要想方设法增加客户对产品的消费，营销人员要不断寻找新的使用者，加强揽货力度，寻找新的细分市场和能增加当前客户使用量的途径。物流企业也可以将品牌重新定位，以便吸引更大的和增加更快的细分市场。

（2）调整产品。物流企业可以通过改变物流产品的质量、特色和服务风格，来吸引客户更多地选用企业的产品。质量改进策略旨在提高产品的性能，包括耐用性、可靠性、及时性、经济性、准确性、完整性。当物流产品质量得以改善时，当购买者相信改善的质量能给予他更多的东西时，当有足够的客户要求更好的质量时，这一战略就会很有效。

（3）调整营销组合。物流企业可以通过改变一个或多个营销组合元素来增加销售量。可以通过降低价格来吸引新的消费者，拉拢竞争对手的客户；可以发动更好的广告运动；可以采取让更积极主动的人员推销和其他促销手段，如暂时降价、召开物流技术研讨会等；企业还可以向客户提供新的或更好的物流服务。

4. 衰退期的营销策略

在市场中，新产品或新的替代品出现，客户的消费习惯发生改变转向其他产品，从而使原来的物流产品的销售额和利润额迅速下降。于是，产品就进入了衰退期，直至退出市场。在衰退期，物流企业可能面对的最大问题就是服务方式及内容已经不能满足客户的需求，此时最重要的任务就是依据客户的需要迅速地推出新产品，这样才能在竞争激烈的市场上生存下来。此阶段可采取的策略有以下几种：

（1）调整运输线路的结构和密度，减少衰退的航次、车次、航班。

（2）停开已经衰退而且亏损严重的运输线路营运。

（3）维持最低数量的运力，满足市场上尚存的小部分物流服务的需要。

（4）积极推出新的物流服务项目。

　　一般来说，新产品在引入阶段需要高水准的物流活动和灵活性，以适应物流量计划的迅速变化；在生命周期的成长阶段和饱和成熟阶段中，重点就会转移到服务与成本的合理化上；而在衰退阶段，企业则需要对物流活动进行定位，使风险处于最低限度。

任务三　物流服务品牌、包装及其策略

一、物流服务品牌

　　物流企业的经营活动都是围绕着产品、服务方案进行的，即通过及时、有效地提供物流需求者所需要的产品、服务而实现企业的发展目标。企业如何开发满足物流需求者的"产品"，并将该"产品"迅速、有效地传送到物流需求者手中，构成了物流企业营销活动的主体。

1. 物流服务品牌的属性

　　在提供物流服务方案时，企业必然会碰到服务品牌决策。品牌是产品战略中的一个主要课题。因为开发服务品牌是一个长期积累的过程，需要大量的投资，特别是在广告、促销和包装上；而品牌利益的回报，则表现为使客户保持忠诚。

　　品牌是一种名称、术语、标记、符号或是它们的组合运用，其目的是辨认某个销售者的产品或服务，并使之同竞争对手的产品和服务区别开来。品牌的要点是销售者向购买者长期提供的一组既定的特点、利益和服务，传达服务品质保证。美国营销学家菲利普·科特勒将品牌所表达的意义分为 6 层，即属性、利益、价值、文化、个性、使用者。

　　（1）属性

　　品牌能够给人带来特定的属性。公司可以利用这些属性的一个或几个做广告宣传。例如，汽车品牌梅塞德斯就表现了其昂贵、耐用、工艺精良、高声誉等属性；咨询品牌兰德公司以前瞻性、准确性等属性著称。

　　（2）利益

　　不论是什么样的产品，客户购买的主要是利益，属性需要转换为功能和（或）情感利益。例如，耐用的属性转换为功能利益就是"可以用很多年"；优良服务方案的属性转换为功能利益就是"信任"。

　　（3）价值

　　品牌还体现了服务提供者的某种价值感。例如，梅塞德斯体现了高性能、安全等；兰德公司体现了政治预期的高准确率。品牌营销者必须根据品牌的价值推测出在寻找这些价值的特定的购买群体。

　　（4）文化

　　品牌可能附有和象征了一定的文化。文化传统有时会成为品牌的强大力量源泉，品牌因此而有更加持久的生命力和市场优势。

　　（5）个性

　　品牌还代表了一定的个性，反映企业的风格或企业领导者的风格。因此，企业对品牌的宣传不仅要说出其独特之处，树立品牌形象，还要赋予品牌鲜明的个性。这在品牌云集、信息过剩的市场中将有助于消费者认同品牌，并能提高其对品牌的忠诚度。个性构成了企业文化的一部分，个性更强调该品牌与其他品牌的区分，无论消费者是否看到该品牌的标志和字体，都能意识到该品牌与其他品牌的区分，都能意识到该品牌所代表的利益和形象。品牌的个性越突出，消费者对品牌的认知越深，该品牌在市场上将占有较大优势；否则，消费者对品牌的认知就肤浅，无法引起购买者的足够注意力。

（6）使用者

品牌还区分了购买或使用这种服务产品的是哪一类物流需求者。

事实上，一个品牌最持久的含义应该在其价值、文化和个性上，它们确定了品牌的基础，这些基础属性都反映到物流服务方案需求者或购买者、使用者的身上。

2. 物流服务品牌的内涵

物流作为一种服务品牌，其内涵在于：

物流服务是一种通过提供创意性过程提升客户满意度的劳务行为标记，它的品牌特征明显区别于其他品牌，它提供质量、价格或提供服务范围整体形象等硬软件需求的满足，可以认作是一种特殊的品牌形式，是一种需要有创意式的服务过程才可以满足不同购买者需求的行为过程。

服务品牌产生的基础条件是服务内容的无限性和服务水平的有限性，其产生的根本原因在于市场信息制造、传递、接受过程中不完全和不对称的事实。

服务内容源于购买者的物流需求，对需求的不断认知，可以导致服务内容的不断发掘。新的物流需求产生，可提供的服务内容也要随之变化。而服务的水平却受到内外环境一系列条件的制约，不可能完全随着服务内容扩展和提升，两者的矛盾产生的渊源，就在于制造、传递、接受市场信息的不完全和不对称性。

当以客观事物的"溢散性"效应去考察界定服务品牌时，可以发现服务品牌虽然符合溢散的基本条件，但是具有局限性，这种局限性主要表现为服务的即时效应。它不能如一般品牌可以多次享用，只有在参与购买的过程中，才能一次享用这种"品牌"，一旦脱离，"享用"也就结束了。

服务品牌的关联度很强，它是个人、企业、市场以及商品四项系统组合而成的网络化的经济事物。从价值方面去认识，首先，服务品牌的交换价值是一种无形投入所带来的直接收益，使之具有转化为可衡量价值的可能性。其次，这又是一种专项投入所带来的转化效益，它的最终效果依赖于销售成功的其他要素和有形的投入。再次，它的交换价值体现在行为过程的产生之中，没有了这个行为过程，交换价值也就消失了，从而构成了服务品牌的交换总量。

 小贴士

品牌的营销基础

营销大师菲利普·科特勒认为，品牌引入的基础是属性，但如果仅仅是促销品牌的属性是非常靠不住的，因为竞争者很快可以复制这些属性，并且今天对客户有利益的属性，明天可能不再对其有利益，因而成为无价值的属性。而产品最持久的因素是它的价值、文化和个性，它们决定了品牌的营销基础。

二、物流服务品牌的意义

1. 对物流企业的意义

作为符号系统，不论品牌以什么形式出现，它都是物流企业的一种无形资产，有着重要意义。

（1）有助于企业将自己的服务产品与竞争者的服务产品区分开来，规定品牌名称让物流购买者易于辨认、购买，有助于实现物流服务方案的销售和扩展市场。

（2）将品牌注册为商标，可使企业能够提供的服务特色得到法律保护，防止别人模仿、借用，便于物流企业稳定服务品质。

（3）品牌化使企业有了一个创造客户忠诚的载体，可能吸引到更多的品牌忠诚者，培养物流购买者对品牌的忠诚，也可在相互信任的前提下节约市场的"交易成本"。

（4）良好的品牌有助于树立良好的企业形象。

2. 对物流购买者的意义

物流购买者也可从物流服务的品牌化中得到好处。

（1）购买者通过品牌从一开始就可以了解到不同物流供给者可能提供的各种物流服务方案的质量，减少信息不对称性。

（2）品牌化有助于购买者充分比较选择不同物流服务方案，节约购买服务产品的综合成本，提高"购买"效率。

三、建立顾客对物流服务品牌的忠诚度

1. 品牌的知名度

知名的品牌不仅可以获得较高的经济效益，而且可以使物流企业不断发展壮大。企业实力增强后，一方面，可以将许多提供相关业务的供应商牢牢吸引在本企业周围，建立稳固的合作关系；另一方面，企业可以通过入股、兼并、收购等方式控制其他企业；同时，在行业竞争中失败的中小企业也会逐步依附于名牌企业，企业就会成长为企业集团。

2. 品牌的美誉度

物流企业或产品所创造的优势品牌具有很高的知名度、美誉度，必然会在现有顾客的心目中建立较高的品牌忠诚度，使他们反复购买服务产品并形成习惯，不容易转向竞争对手的产品，如同被磁石吸住一般而成为企业的忠实顾客。此外，使用同类服务产品的其他顾客也会被其品牌的名声、信誉所吸引，转而购买该品牌，并逐步变为其忠实顾客。这样，品牌对消费者强大的吸引力会不断使销量增加，市场覆盖面扩大，市场占有率提高，最终使品牌的地位更稳固，即品牌的磁场效应。

3. 品牌的忠诚度

物流企业的一种产品如果具有品牌优势而成为名牌产品，则会赢得顾客及社会范围内对该服务产品及企业的信任和好感。如果企业通过巧妙的宣传，将这种信任和好感由针对某种具体的服务转为针对品牌或企业整体，那么企业就可以充分利用这种宝贵资源推出同一品牌的其他

产品或进入其他领域从事经营。如果策略得当，人们对该品牌原有的信任和好感会逐步扩展到新的服务和产品上，即品牌的扩散效应或放大效应。

因此，服务营销人员要充分利用服务品牌效应，特别是服务品牌的市场效应，对不断提高产品的市场占有率和顾客的满意度及忠诚度，不断开拓新的市场领域，增强企业实力，提高经济效益，增强和巩固品牌的市场地位具有重要意义。

4. 物流服务品牌忠诚营销的实施

一般来讲，现代企业都拥有自己的品牌和商标。虽然这会使企业增加成本和费用，但也可以使企业得到好处，如方便管理订货；有助于企业细分市场和树立良好的企业形象；有利于吸引更多的品牌忠诚者；注册商标可使企业的产品特色得到法律保护，防止别人模仿、抄袭。但也有企业为了节约成本，扩大销售，在法律允许的范围内生产和销售无牌产品，如散装水泥等。

企业可供选择的策略有：企业可以决定使用自己的品牌，这种品牌叫作制造商品牌；企业也可以决定将其产品大批量地卖给中间商，中间商再用自己的品牌将物品转卖出去，这种品牌叫作中间商品牌。

如果企业决定某产品使用自己的品牌，那么还要进一步决定其产品分别使用不同的品牌，还是统一使用一个或几个品牌。在这个问题上有四种可供选择的策略。

（1）个别品牌

个别品牌是指企业各种不同产品分别使用不同的品牌。其好处主要是：第一，企业的整个声誉不致受其中某种商品声誉的影响；第二，某企业原来一向生产某种高档产品，后来推出较低档次的产品，如果这种新产品使用自己的品牌，也不会影响这家企业的名牌产品的声誉。

（2）统一品牌

统一品牌是指企业所有的产品都统一使用一个品牌名称。例如，美国通用电气公司的所有产品都统一使用 GE 这个品牌名称，日本东芝家用电器公司，其全部产品均采用 TOSHIBA 这个品牌，我国海尔集团的系列产品如空调、彩电、冰箱等也全部采用"海尔"这个品牌。企业采取统一品牌策略的好处主要是：企业宣传介绍新产品的费用开支较低；如果企业的名声好，其产品必然畅销。但使用这种策略要冒较大风险，企业市场上的某一产品一旦出了问题，就会波及其他产品，并影响其销售。

（3）分类品牌

分类品牌是指企业的各类产品分别命名，一类产品使用一个牌子。西尔斯·罗巴克公司就曾经采取这种策略，它所经营的电器类产品、妇女服装类产品、主要家庭设备类产品分别使用不同的名牌名称。

（4）企业名称+个别品牌

这种策略是指企业对其不同的产品分别使用不同的品牌，而且各种产品的品牌前面还冠以企业名称。企业采取这种策略的好处主要是：在各种不同新产品的名称前冠以企业名称，可以使新产品合法化，能够享受企业的信誉，而各种不同的新产品分别使用不同的品牌名称，又可以使各种不同的新产品各有特色。

四、物流服务包装组合的设计

1. 物流服务包装的含义

包装是在商品运送或库存过程中，为保存商品的价值和形态而从事的物流活动的组成部分，具体是指对某种产品的容器或包装物的设计和制造活动。由于包装有着识别、便利、美化、增值和促销等功能，也就成为物流方案中的重要内容。

包装是生产的终点，但怎样根据物流过程的需要进行合理包装，成为生产和物流部门必须考虑的问题。例如，运输方式的选择将影响包装要求，包括产品的运输与原材料的运输。一般来说，铁路与水运因其货损的可能性大，而需支出额外的包装费用。在权衡选择运输方式时，物流管理人员要考虑运输方式的改变而引起的包装费用的变化。使用材料在货物外表加以包装，以便运送、储存和保护货品。根据产品的特征，例如液体、固体、包装材料成本、外观等因素，决定包装容器是玻璃容器、金属容器、塑料容器、纸和纸箱等。

一个国家包装工业的发展水平及包装设计研发理念，是该国经济生活文明程度的重要标志。包装产业不仅涵盖包装产品的设计、生产，包装印刷，包装原辅材料供应，包装机械及包装设备制造等多个生产领域，其包装产品进行处置、回收和再利用是包装工业永久性的社会责任。因此，包装产业的发展与全球经济一体化和人类社会可持续发展息息相关。包装产业作为"朝阳产业"，必将对全球制造业发展及其产品的国际间流通产生不可低估的作用。

在现代物流观念形成以前，包装被天经地义地看成物流过程的终点，因而一直是生产领域的活动，包装的设计往往要从生产终结的要求出发，常常不能满足流通的要求。现代物流观念形成之后，人们认识到，包装是物流系统中的重要组成部分，需要和运输、仓储、配送等环节综合考虑、全面协调。例如，是否包装，是简易包装还是精细包装，是大包装还是小包装，包装到何种程度，这些应该结合商品的运输、保管、装卸搬运及销售等相关因素综合考虑。只有多种相关因素协调一致，才能发挥物流的整体效果。包装时要考虑物流系统的其他因素，同时物流系统又受到包装的制约。

（1）就包装与运输的关系而言，为降低成本，充分发挥包装的功能，包装要考虑运输的方式。例如，杂货载运时过去用货船混载，必须严格地用木箱包装，而改用集装箱后，货物包装用纸箱就可以了。不同类型的包装，也决定了运输方式的选择。

（2）就包装与搬运的关系而言，如果用手工搬运，应按人工可以胜任的重量单位进行包装；如果运输过程中全部使用叉车，就无须包装成小单位，只要在交易上允许，可尽量包装成大的单位，例如柔怀集装箱容器。

（3）就包装与储存保管的关系而言，货物在仓库保管时，如果需要码高，那么最下面货物的包装，应能承受压在上面货物的总重量。以重量为 20 千克的货箱为例，如果货物码放 8 层，最下边的箱子最低承重应为 140 千克。

（4）物流系统也受到包装的制约。例如，如果用纸箱包装运输，则必须采用集装箱运输；如果设计只能承受码放 8 层的包装，就是仓库再高也只能码放 8 层货物，这样就不能有效地利用仓库空间，所以包装在现代物流中的地位显而易见。

2. 物流服务包装组合

包装是产品不可分割的一部分，产品只有包装好后，生产环节才算结束。产品包装是一项技术性和艺术性相结合的工作，对产品的包装要达到以下效果：显示产品的特色和风格，与产品价值和质量水平相配合，包装形状、结构、大小应为运输、携带、保管和使用提供方便。因此，物流服务的包装组合设计应吻合物流需求者的心理，尊重他们的信仰和风俗习惯，符合法律规定等。

（1）包装的技术组合方案

包装的技术组合方案一般包括以下 3 个部分。

① 首要包装：即产品的直接包装。

② 次要包装：即保护首要包装的包装物。

③ 装运包装：即为了便于储运、识别某些产品的外包装。

（2）包装技术组合原则

物流企业在提供包装设计时，应考虑以下事项。

① 包装应与商品的价值或质量相适应。

② 包装应能显示商品的特点或独特风格。

③ 包装要便于途中搬运、装运、运输、配送。

④ 包装应满足最终消费群购买、携带和使用，增加产品的附加值。

⑤ 包装装潢上的文字、图案、色彩等不能和目标市场的风俗习惯、信仰发生抵触。

产品包装可以美化、保护产品，使产品在营销过程和消费者保存产品期间，保护产品的使用价值；它可以促进销售，增加盈利，还可以提升商品价值。

（3）物品包装策略

从市场营销角度考虑物品包装，企业通常采用以下策略。

① 类比包装策略。企业将需要提供服务的各类物品在包装上采用相近颜色、相同图案，体现共同的特征。

② 等级包装策略。企业对不同档次或不同质量的物品使用不同的包装，并在包装材料、装潢风格上力求与产品档次相适宜。

③ 聚集包装策略。企业针对顾客的购买特点和进货数量、品种等，把几种相关服务的物品配套包装在同一包装物中，使得物流服务需求者能成组得到所需的物品。

④ 容量差别包装策略。企业根据顾客的使用习惯，按照物品的重量或数量，分别设计大小不同的包装。这一包装策略体现了企业以顾客为中心的现代营销观念，促进销售的作用十分显著。

（4）物流企业产品包装策略

对物流企业而言，提供物流服务时可以考虑以下几种包装策略。

① 统一包装。物流企业对自己经营的产品（包括运载工具、基础设施和一线营运人员的着装等）采用统一的包装模式，即在颜色、图案、造型等方面具有相类性，使人一看就明白是某个物流公司的产品。这种策略既可节省包装设计的费用，也可提高物流企业的声誉，提升企业形象。

② 分档包装。为了满足顾客不同的购买能力或不同的购买目的，物流企业对同一种产品采用不同档次的包装。

③ 赠品包装。物流企业通过向顾客赠送些小礼品，以联络顾客感情，扩大产品的营销。

④ 改变包装。根据市场的变化，物流企业重新改变包装设计以适应新市场的需要，用来吸引顾客。

任务四 新产品开发策略

随着科学技术和社会经济的迅速发展，产品更新换代越来越快，产品生命周期越来越短，市场竞争也越来越激烈。这种现实迫使企业不断开发新产品，以创新求发展。从短期看，新产品的开发和研制是一项耗资可观且风险极大的活动。但从长远看，新产品的推出能使企业开拓新的市场、扩大产品销量、带来丰厚利润和增强市场竞争力。因此，有远见的企业经营者把新产品开发看作企业营销的一项具有战略性的重要策略。

一、物流新产品的概念及发展方向

1. 物流新产品的概念

物流服务新产品是指物流企业根据用户需求的变化或是根据自己对未来用户需求的预测推出的在服务形式、服务内容上不同于以往的物流服务。

物流企业在突出物流服务新产品的过程中，一是要根据用户的需求推出新产品；二是要根据自己对未来用户需求的预测推出新产品。相比来说，后者对物流企业的发展更为重要，通过对物流需求者需求的预测，可以使物流企业走在同领域的前列，拉动物流服务的发展，这才有利于物流企业的生存和发展。相反，如果一个物流企业只是跟随其他企业推出新产品，则只能永远走在别的企业的后面，总有一日会被淘汰。同时，对于需求服务的预测一定要准确，要用敏锐的目光观察市场上的一切，准确预测需求方面的动态，并相应地调整产品开发战略，以适应市场需求。

物流市场在营销学中新产品的含义要比科技开发中新产品的含义宽泛得多。通常，物流服务的创新主要从以下方面来进行。

（1）完全创新产品，即采用全新的方法来满足顾客现有物流需求，给他们以更多的选择。

（2）进入新市场的产品，即一些已有的服务进入新的市场时也被视为新产品。

（3）产品线扩展，即增加现有产品线的宽度。

（4）产品革新，即对现有产品的价值予以提高。

（5）形式变化，即通过改善有形展示来改变现有的物流服务。

2. 开发物流新产品的意义

现阶段，我国物流企业普遍存在一些问题，如经营规模小、服务功能少、高素质人才少、竞争能力和财务能力弱、可利用资源分散、网络分销等，这些因素的存在一方面制约着一些物流企业新产品的创新，另一方面新产品开发问题还没有引起大多数物流企业的足够重视，许多企业也没有建立正规的新产品开发部门。但是随着我国物流产业的发展、市场竞争的日益激烈，企业要想取得成功，绝不能仅仅依靠现有的物流服务，而必须开发新的物流服务。新产品的开发对物流企业的发展有很大的意义。

（1）开发新的物流服务是保持企业竞争力的需要，要想维持现有的销售成果以及获得足够的资金以适应市场变动，就必须开发物流新产品。

（2）在物流产品组合中舍旧换新，取代已经不合时宜及营业额锐减的物流服务。

（3）利用超额生产能力，例如，多余的物流设备或未充分利用的物流设施等，而新型物流产品和服务的引入可以创造优势利益。

（4）抵消季节性波动，许多物流企业可能存在各种季节性销售变动，新物流服务的引入有助于平衡销售上的波动。

（5）降低经营风险，目前的销售形态可能只是高度依赖于物流产品领域中极少的几种服务，新产品的引入，可以平衡目前偏颇的销售形式。

二、物流新产品的市场开发

新产品开发是一项艰巨而又复杂的工作，它不仅需要投入大量的资金，而且过程复杂，其最终能否被消费者接受，存在很大的不确定性。因此，新产品开发具有一定的风险。为了把风险降到最低程度，新产品开发应按科学的程序进行。一般需要经过以下几个阶段。

1. 新产品创意构思

新产品构思是指提出新产品的设想方案。一个成功的新产品，首先来自于一个有创见性的构思。构思不仅要奇特，还要尽可能可行，包括技术和经济上的可行性。企业应该集思广益，从多方面寻找和收集好的产品构思。虽然不是所有的设想或创意都可以变成实际的产品，但寻求尽可能多的创意可为新产品开发提供较多的思路和机会。

在进行构思收集时，构思的来源应当尽量广泛，新产品构思的来源主要包括：

（1）内部来源

相当多的新产品创意来自公司内部。企业可以通过正式的研究与开发过程来发现新的创意。销售人员直接与客户联系，最先和最直接感受客户的需求，了解产品之间的竞争，发现细分市场，因此他们是一个很好的产品创意来源。另外，科技人员掌握技术及其发展，能从技术角度来研究产品的新用途以及技术上的可行性，因此，他们也是创意的一个来源。

（2）顾客

新产品创意也可以来自对顾客的观察和询问。通过顾客调查，可以了解顾客的需要和欲望。企业通过分析顾客的问题和投诉，可以发现能更好地解决顾客问题的新产品。企业的管理人员和营销人员可以通过与顾客会面来听取他们的意见，而且顾客自己也经常会有新产品的创意。找到这些产品创意，企业就可以把它们推向市场，并从中获利。例如，宝供物流因其客户宝洁公司的要求而开发新产品，从而跨入了现代物流行列。

（3）竞争者

新产品创意还可来自对竞争对手的分析。许多企业都购买竞争对手的产品，借以了解其制造过程、销售情况，决定自己是否要开发新产品。企业还可以从竞争者产品的缺点或竞争者的成功和教训中得到启发和创意。企业还可以通过观察竞争对手的广告和其他传播出来的信息获得有关新产品的线索。

（4）分销商

分销商也是新产品的创意来源。分销商与市场联系紧密，能接触有关顾客的问题和开发新产品的可能性等方面的最新消息。

（5）其他来源

其他创意来源包括行业杂志、展览和研讨会、政府机构、新产品咨询机构、广告代理机构、营销调研机构、大学和商业性实验室等。

2. 创意筛选

新产品构思方案筛选是指对所有新产品构思方案加以评估，按一定评价标准进行审核分析，研究其可行性，并筛选出可行性较高的创意。企业收集的新产品构思不可能全部付诸实施，因而需筛选出那些符合本企业发展和长远利益，并与企业资源相协调的产品构思，淘汰那些不可行或可行性较低或获利较少的构思，使企业有限的资源能集中用于少数几个成功机会较大的新产品开发上。

新产品构思方案选优的具体标准因企业而异。企业一般都要考虑以下因素：一是环境条件，涉及市场的规模与构成、产品的竞争程度与前景、国家的法律与政策规定等方面；二是构思方案是否符合企业的战略任务、发展目标和长远利益，涉及企业的战略任务、利润目标、销售目标以及企业形象目标等；三是构思方案是否适应企业的开发与实施能力，包括开发新产品所需的资金、技术和设备等。筛选时要进行认真调查，特别要认真调查市场需求及市场变化的趋势，使产品准确定位。在筛选过程中，企业要尽量避免"误舍"和"误取"。误舍是指企业由于未能充分认识某一构思方案的潜力和作用，将有发展前景、适销对路的新产品构思舍弃，使企业痛失良机；误取是指企业错误估计一个没有前途的产品构思方案，把没有开发价值和发展前景的产品设想付诸实施。这两种失误都会给企业造成重大损失。在创意筛选阶段，企业还应该仔细审视产品线的兼容性问题。因此，企业要对评审的构思方案做全面、正确的分析，选择市场有需求、资源有保证、投资有效益的新产品开发最优方案。

3. 产品概念的形成与测试

产品创意是企业从自身角度考虑的能满足消费者需求并向市场提供产品的设想，是抽象的、模糊的、未成型的产品构思。经过筛选后保留下来的产品创意，必须经过进一步开发、完善才能形成比较具体、明确的产品概念。因此，产品概念是企业从消费者的角度对产品构思所作的详尽的描述，是指已经成型的产品构思及用文字、图案或模型等予以清晰阐述，使之在顾客心目中形成的一种潜在的产品形象。产品形象是指顾客对某个现实或某个潜在产品形成的特定形象。

一个产品构思可衍生出许多产品概念。一个产品构思，如果按照不同的产品性能、质量水平、价格、商标等组合起来，就可以形成很多产品概念。企业必须在众多的概念中选出最优秀的产品概念，这就需要对产品概念进行检验，由一定数量的客户及专家来评价产品概念，每一个产品概念都要进行产品定位，以了解同类产品的市场竞争状况，选出最佳的产品概念。选择的依据是未来市场的潜在容量、投资收益率、销售成长率、生产能力以及对企业设备和资源的充分利用等，可采用问卷方式将产品概念提交目标市场中有代表性的消费者目标群进行测试、评估。

4. 营销战略的制定

营销战略是指企业在选定新产品开发方案后，将该产品引入市场而设计的一个初步的营销计划。它一般包括三部分内容：（1）描述目标市场的规模和结构、消费者购买行为、新产品的市场定位、可能的销售量、市场占有率和预期利润率等；（2）描述新产品的预期价格、分销渠道和营销预算；（3）新产品中、长期的销售额和目标利润，以及产品不同生命周期的市场营销组合策略。

5. 经营分析

经营分析，即新产品的经济效益分析，也就是根据企业的利润目标，对新产品进行财务上的评价，分析新产品概念是否符合企业目标。它主要包括以下内容：（1）预测新产品的市场销售额和可能的生命周期；（2）预测新产品可能的市场价格和开发新产品总的投资费用及其风险程度；（3）对新产品预期的经济效益做出综合性的分析和评价。

6. 新产品开发

新产品开发是指把选定的产品构思付诸实施，使之转变为物质性产品的过程。经过筛选和商业分析的新产品概念送交研究开发部门或技术工艺部门试制称为产品模型或样品，同时进行包装的研制和品牌的设计，制定出合理的物流方案。这是新产品开发的重要步骤，只有通过产品试制，投入资金、设备和劳力，才能使产品概念实体化。如果技术问题不能解决或成本利润不能达到控制目标，则要分析原因和研究对策进行改进。确定无法解决就放弃该方案，或对方案重新进行定位并再作经营分析。应当强调，新产品研制必须使模型或样品具有产品概念所规定的所有特征。

7. 新产品试销

新产品试销是指新产品基本定型后，投放到经过挑选的有代表性的一定市场范围内进行销售试验。其目的是检验在正式销售条件下，市场对新产品的反应，发现潜在的问题，了解对信息的需要，为日后批量生产提供参考依据。市场测试要在真实的环境中对产品和整个营销计划进行评估。产品、产品的定位策略、广告、定价、品牌的确定、包装以及预算水平等，都要在市场测试过程中评估。通过试销，一方面可以改善产品的品质；另一方面能帮助企业制定出有效的营销组合方案。

根据新产品试销的不同结果，企业可以做出不同的决策。试销结果良好，可全面上市；试销结果一般，则应根据顾客意见修改后再上市；试销结果不佳，应修改后再试销，或停止上市。当然，并非所有的新产品都要经过试销。如果产品开发和引入的成本比较低，或是管理层对新阶段的成功胸有成竹，或者只是对现有产品做一点小的变动，或是防止成功的竞争产品，企业就可以不要或少做市场测试，以免失去市场机会。若是引入的新产品需要巨额投资，或管理人员对产品或营销计划没把握，企业就需要做大量的市场测试。

8. 新产品投产上市

新产品投产上市是指经过试销获得成功的新产品，进行大批量生产和销售。这是新产品开发的最后一个程序。至此，新产品也就进入了商业化阶段。这个阶段企业要支付大量费用，而新产品投放市场的初期往往利润微小，甚至亏损，因此，为了使新产品顺利上市，企业应对产品投放市场的时机、区域、目标客户和营销策略等问题进行慎重决策。

（1）上市时机。要考虑新产品上市对企业原有服务销量的冲击、产品的季节性需求变化、产品的改进结果。如果新产品是替代本企业老产品的，应在原有产品库存较少时上市，以避免对原有产品的销路产生影响；如果新产品的需求具有较强的季节性，应在需求旺季上市，以争取最大销量；如果新产品需要改进，则应等到其进一步完善后再上市，切忌仓促上市。

（2）上市的区域。一般采用"由点到面、由小到大"的原则。新产品先在最有吸引力的市场上集中投放，加强新产品的促销宣传，逐步扩大市场份额，取得消费者的信任，然后再向更广的市场扩展。

（3）目标客户。选择对产品最有需求的目标客户，通过他们的购买使用来带动其他消费者购买。选择的目标客户一般是：该产品的早期使用者，或是该产品的大量使用者，或是对产品的评价对其他客户有一定影响力的使用者。

（4）营销策略。在不同的时机、不同的地区、不同的目标客户中，所采用的策略也是不同的。新产品上市时，要研究针对性的策略来确保新产品上市成功，并将营销预算投入到营销组合中。

三、物流新产品的开发策略

1. 研制新产品，抢占市场制高点策略

这是企业利用新技术、新工艺、新材料和新原理优先开发出新产品，先声夺人，获得高额利润。其前提是企业必须具备雄厚的经济实力和科研队伍，如中远集团在中日航线上开发的"绿色快航"项目和派优秀业务代表进驻客户企业开展的"绿色服务"项目。

2. 仿制策略

当市场上出现新产品时，着手收集消费者的意见和建议，从而获得有价值的开发和进一步改善产品的信息和资料，争取在短时间内开发出更能满足消费者需求的新产品。

3. 改进原产品的差异化策略

对原有产品进行功能上的增减，包装上的改进，结构上的调整，产品组合、捆绑、修补等，从而使产品更能适应市场的需求。

4. 独立开发策略

物流企业依靠自己的力量开发主导产品或服务项目，如海尔、中远公司大部分的产品线和产品项目都是依靠自己的力量独立开发出来的。

5. 借船出海策略

（1）与优势的物流资本合资，把别人的产品或服务项目变成自己的服务项目，延长自己的产品线。

（2）购买物流企业现成的资源，实现物流产品的快速开发和扩张。

6. 委托加工策略

（1）委托加工即利用别人的物流资源进行产品扩展。

（2）贴牌生产，物流企业利用自己的品牌优势，将自己没有能力从事或自己不愿意从事的物流项目采用"定向定牌"的方式，经过严格的筛选和考核让愿意并有能力的物流企业承担。

7. 随手拈来策略

面向全球承接各种相关的物流多级代理业务或独家代理业务，以丰富自己的产品线，如中储大连公司等。

8. 以物易物策略

物流企业通过托管别人的物流资产的形式，利用企业自身所具备的物流管理的经验与优势来换取客户的整个物流产品线。

◇ 项目小结

本项目主要讲述了物流服务产品策略，介绍了物流服务产品的概念、物流服务产品周期、物流服务产品品牌、物流服务产品策略、包装策略以及物流新产品开发策略，重点阐述了物流服务产品、物流服务产品生命周期、物流服务品牌、包装策略。

重点概念：物流服务产品、物流服务产品生命周期、物流服务品牌、物流服务新产品开发。

◇ 知识巩固

一、选择题

1. 物流服务的目标和核心主要是（　　　）。
   A. 增值　　　　B. 标准化　　　　C. 保值　　　　D. 个性化
2. 产品的整体概念，一般包括核心产品、附加产品、延伸产品、期望产品和（　　）。
   A. 现实产品　　B. 有形产品　　　C. 直接产品　　　D. 潜在产品
3. 服务的生命周期一般分为（　　）、成长期、成熟期、衰退期。
   A. 平滑期　　　B. 投入期　　　　C. 波动期　　　　D. 饱和期

二、判断题

1. 仓储与运输属于物流产品整体概念中的附加产品。
2. 产品差异构成物流企业特色的主体。
3. 加工服务、客户服务是由物流的增值功能提供的。
4. 不同于品牌，商标具有专用权。
5. 衰退期，物流企业要放弃现有的服务方式和内容。

三、简答题

1. 物流产品整体概念是什么？
2. 什么是物流产品组合？主要包括什么内容？产品组合策略有哪些？
3. 什么是物流产品生命周期？各个阶段的特征是什么？不同的阶段宜采取什么营销策略？
4. 为什么很多人对品牌产品愿意支付较高的价格？产品品牌化的价值何在？
5. 物流企业新产品开发的步骤是什么？

◇ 案例讨论

2003 年 UPS 公布了其全球最新的形象标志，这是公司自四十多年前采用著名的"盾牌"标志以来首次重新设计公司标志。UPS 指出，这项举措的意义在于反映近年来公司的能力已显著增强，公司的业务已实现全球化，并进入全新的供应链服务领域。UPS 董事长兼首席执行官斯科特·戴维斯指出："如今，UPS 已截然不同于大多数人的想象。今天，我们要采用新的形象标志来体现我们所拥有的实际能力。"这次公司形象的改变并不仅仅体现在标志的视觉感受上。为了让公众进一步了解 UPS 的全球拓展能力，公司的货运飞机及人们熟悉的棕色递送车的设计图案中还将添加"全球商务同步协调"的词句。新的广告词中也将增加"商务同步协调"的主题。

2008 年 1 月 14 日，UPS 强化亚洲服务内容，推出新产品，旨在帮助开展国际业务的亚洲企业简化其全球贸易流程。新的客户技术产品有：UPS Paperless Invoice SM、UPS Returns SM、UPS FTZ Facilitator SM。其中，UPS Paperless Invoice SM（无纸发票）为业界首创。利用 UPS Paperless Invoice，当包裹还在运输途中时，商业发票就可以提前以电子形式发至目的国，进行通关，从而减小延误的可能性，并推广无纸化环境。选择自己报关的客户现在可采用 UPS 的另一款新产品 UPS Broker of Choice SM，这让他们能够为选定的货物指定自己的通关代理。使用 UPS FTZ Facilitator，可帮助开展自由贸易区进出口业务的客户，确保他们的货物按时交付，而不出现任何延误，也不用缴纳任何不必要的关税。UPS Returns SM 为企业打开了一个全新的零售与供应链管理领域。将直接受益于 UPS Returns 的一个领域就是不断发展的电子商务，它帮助企业为客户提供退货服务的选择。利用 UPS Returns，通过最大限度地减少企业需要在亚洲各地设立的服务中心的数量，其售后服务也可能发生变革。这些企业的客户可利用 UPS Returns 将商品退回进行维修和更换，而不再需要直接到当地的服务中心去，降低了他们的总成本，同时仍能保持同样的服务效率。

问题：

（1）物流服务产品的品牌有什么作用？

（2）UPS 的新客户技术产品有哪些？为什么要进行物流服务新产品的开发？

◇ 实训拓展

确定顾客满意度指标

【项目情景】

物流企业品牌项目调查

选择某一物流企业的服务项目进行调查，了解该品牌在物流产品品牌建设方面的具体做法，并分析该企业的品牌策略是否得当。

【实训目标】

通过实训，学生能够根据实际调查结果了解物流服务产品品牌营销的重要性。

【实训准备】

（1）掌握物流产品品牌相关理论。

（2）熟悉产品生命周期。

【实训步骤】

（1）学生每 5～8 人为一组，每个小组选 1 名队长。

（2）以每位学生为单位，针对实地考察的物流企业的品牌建设的具体做法，对如何进行品牌宣传策划，各自发表意见，并记录总结成文。

（3）各组通过总结，收集资料。

（4）以组为单位撰写调查报告。

（5）每组队长陈述结果。

【实训评价】

教师对各组设计方案做出综合评价，如表 8-1 所示。

表 8-1　考评表

考评人		被考评人		
考评地点				
考评内容	物流企业品牌项目调查			
考评标准	具体内容	分值	实际得分	
	背景分析	20		
	调查资料收集	20		
	撰写调查报告	30		
	汇报调查结果	20		
	团队合作和职业素养	10		
合　计		100		

项目 9　物流服务定价策略

◇ **知识目标**

1. 了解物流企业产品定价的依据及影响；
2. 掌握成本导向定向法、需求导向定向法、竞争导向定向法；
3. 掌握物流企业产品定价方法与技巧。

◇ **能力目标**

1. 能掌握影响物流服务产品的因素；
2. 能初步了解物流服务定价策略；
3. 初步了解物流企业产品定价方法。

◇ **本项目知识结构图**

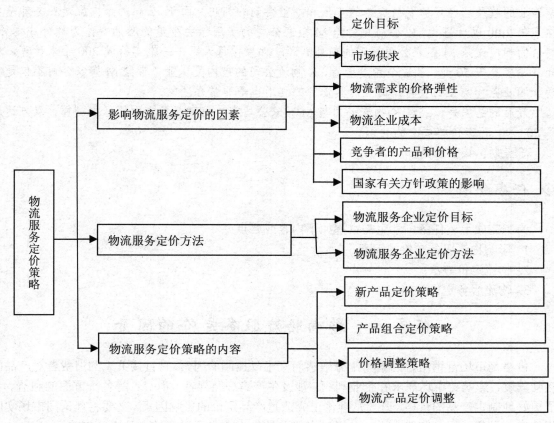

◇ **职业标准与岗位要求**

职业功能	工作内容	技能要求	相关知识
物流服务 定价策略 知识认知	影响物流 服务定价 的因素	➤ 能熟知物流服务定价的目标 ➤ 能熟知影响物流服务定价的因素 ➤ 能准确把握定价方法	➤ 影响物流服务定价 的因素 ➤ 物流服务定价方法
物流服务 定价策略 的认知	物流产品 定价策略	➤ 能掌握提高顾客满意度的方法 ➤ 能根据企业实际情况进行顾客满意度战略的策划 ➤ 能进行顾客满意度战略策划的效果评定	➤ 新产品定价策略 ➤ 产品组合定价策略 ➤ 价格调整策略

◇ **任务的提出**

　　K 物流公司在某大城市对超市进行市内配送时，由于受到车辆进城作业的限制，转而寻求当地的搬家公司（M 公司）提供配送车辆支持。但是 M 公司开出的配送价格是半天（6 小时）或 200 千米以内 200 元/车，大大超出了 K 物流公司可接受的 120 元/车的底线。

　　K 公司经过仔细调查分析后发现，M 搬家公司 90%的搬家作业均在上午进行并在中午前后结束，这就意味着 M 搬家公司大部分的车辆和人员在下午基本上处于空闲状态，其上午搬家作业的收益已经足够支持成本的支出和期望得到的利润。而 K 公司的市内配送业务却基本在下午 2:00 以后进行，K 公司支付给 M 搬家公司的费用除去少量的燃油费作为额外成本外，其余的都应该是 M 搬家公司得到的额外利润。如果按每天下午一辆车行驶 200 千米计算，燃油费不应高于 50 元。从这个角度上看，K 物流公司的市内配送业务带给 M 搬家公司不仅是新增加的业务和实在的收益，而且对其资源的利用也是非常合理的。

　　最后的结果是，经过 K 物流公司与 M 搬家公司在价格和服务方面的仔细测算，双方达成了 80～90 元/车价格成交的共识。

　　思考题：该企业是如何定价的？

◇ **任务分析**

　　为了完成上述任务，学生需掌握如下内容或要点：

1. 影响物流服务定价的因素；
2. 物流定价方法；
3. 物流服务定价策略。

任务一　影响物流服务定价的因素

　　价格是市场营销组合因素中十分敏感而又难以控制的因素，它直接关系到消费者对产品的接受程度，影响着市场需求和企业利润，涉及生产者、经营者、消费者等各个方面的利益。为了更好地制定产品的价格，既要从理论上弄清楚产品定价的影响因素，又要将理论同市场实际相结合，具体运用到实践中去，并通过实践总结出适合实际需要的产品定价策略。

为做出有效的价格决策，决策者必须综合考虑各种影响定价的因素。按照价格理论，影响企业定价的因素主要有 3 个方面：成本、需求和竞争。我们可以形象地将之描述为一个三角形，三个角分别代表成本、竞争和需求，如图 9-1 所示。产品价格的底线是由成本决定的，上限则是由顾客认同的产品价值水平来决定，也就是顾客需求状况，而竞争的要素则是最终确定实际价格在此区间哪个位置时必须考虑的重要因素。

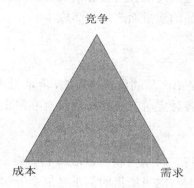

图 9-1　影响企业定价的因素

一、定价目标

价格是企业为实现其目标所需要的最重要的手段之一。企业的发展目标不一样，则为实现不同目标而制定的产品价格就会不一样，因而企业产品定价需按照企业的目标市场战略及市场定位战略的要求来进行。也就是说，在产品定价和企业目标之间，产品定价应服从和服务于企业目标。

1. 维持企业生产发展

对物流企业来说，当行业竞争日趋激烈或其提供的产品在市场上大量过剩时，物流企业的发展目标就应是保障本企业在激烈的竞争中不至于被淘汰并维持企业的生存发展。此时，物流企业对其产品定价时，不宜制定过高的价格；否则，易使该企业产品在市场上失去竞争力而危及其生存发展。

2. 实现企业利润最大化

当行业市场处于初始发展阶段，市场竞争相对较小或其提供的产品供不应求以及企业产品或劳务在市场上处于绝对有利地位时，企业可实行相对其成本来讲较高的价格策略，以获取超额利润，实行或接近实现利润最大化，如我国现阶段能提供高效优质物流产品或劳务服务（指相对于其他大多数物流企业）的物流企业可据此制定其产品价格。

3. 扩大市场占有率

在市场经济条件下，谁拥有市场，谁就能生存、发展并获得可观的回报。当企业以扩大市场占有率为发展目标时，其产品或劳务的价格就应围绕如何通过产品价格的变化实现其市场占有率的增加来确定，如企业可制定尽可能低的产品价格或紧紧盯住主要的竞争对手的产品价格适时变更本企业产品价格等。

4. 提高产品质量

企业也可能考虑以产品质量领先作为其目标,并在生产和市场营销过程中始终贯彻产品质量最优化的指导思想。在物流企业中,因其提供的产品多数为各种劳务(看不见的产品),所以不同物流企业提供的劳务质量的高低会直接影响消费者的消费决定。当然,此时就要求物流企业用高价格来弥补因提高产品的质量而产生的高成本。

二、市场供求

从本质上讲,产品的价格是由产品的供求决定的,弄清楚产品的供求及价格弹性等影响产品价格的基本因素对灵活运用各种定价方法和技巧具有非常重要的作用。

1. 产品需求理论

产品需求是指消费者在某特定时期内和一定市场上按某一价格,愿意并且能够购买的某种商品或劳务的数量。应该注意的是,这里所指的需求是消费者购买欲望和购买能力两者的统一,产品的价格与消费者对产品的需求之间存在着密切的联系。对于大多数产品来说,在其条件相同的情况下,产品价格同消费者对该产品的需求数量呈反比关系,即通常所讲的产品的价格越便宜,买的人越多;产品的价格越高,买的人越少。如图 9-2 所示表明了产品需求量与价格的关系。从图 9-2 中可以看出,如果产品价格从 P1 提高到 P2,它卖出的数量会减少;如果企业产品价格从 P1 降低到 P3,它卖出的数量会增加。

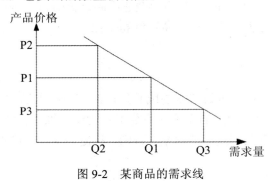

图 9-2 某商品的需求线

2. 产品供给理论

供给是指企业在一定市场上和某一特定时期与每一价格相对应,愿意并且能够供应的产品数量。

同需求类似,产品的供给与产品的价格之间也存在密切联系。通常,产品的价格同产品的供给之间存在正比关系,即产品价格越高,企业愿意生产或提供更多数量的产品;反之,企业产品的供给量会减少。如图 9-3 所示为产品的供给量与价格的关系:如果企业产品价格从 P1 上升至 P2,则供给数量增加;反之,如果产品价格从 P1 下降至 P3,则供给数量减少。

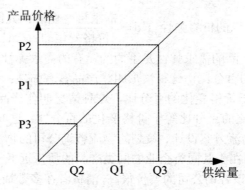

图 9-3　某商品的供给曲线

3. 产品价格形成

当代西方经济学家认为，把需求和供给结合起来分析，就可知道在市场条件下，产品的价格是怎么形成的。

为便于分析，可以把前面的需求曲线和供给曲线合并，如图 9-4 所示。

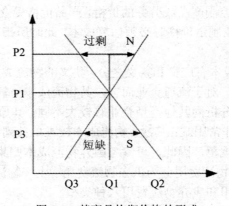

图 9-4　某商品均衡价格的形成

（1）假定产品的价格为 P3，由图 9-4 可知，此时商品供不应求，产生短缺。在此条件下，消费者为了买到他们希望购买的商品而愿意支付更高的价格，企业也发现即使提高价格也能把商品卖出去。此时，商品价格有上升的趋势。

（2）假定该商品的价格为 P2，由图 9-4 可知，此时商品供过于求，产生过剩。生产者为了把商品卖出去，不得不降价。此时，商品价格有下降的趋势。

（3）假定商品的价格为 P1，在此条件下，产品既不能短缺也不过剩，既不存在消费者因买不到想买的商品而愿意支付高价格的情形，也不存在供货商因卖不出商品而不得不降价的情况。价格形成相对稳定的状态，该价格就是这种商品的市场均衡价格。

三、需求的价格弹性

需求的价格弹性就是用来衡量商品需求数量对它的价格变化反应的灵敏程度的概念，需求弹性的计算公式为：

$$需求的价格弹性 |Ed| = \frac{需求量变化的百分比}{价格变化的百分比}$$

通过分析可知，不同产品的需求弹性是不同的，有的需求弹性|Ed|大于 1，即需求数量变化的百分比大于价格变化的百分比，这种情形叫作产品富有弹性；有的需求弹性|Ed|小于 1，即需求量变化的百分比小于价格变化的百分比，这种情况叫作产品缺乏弹性；有的需求弹性|Ed|等于 1，即需求数量变化的百分比等于价格变化的百分比，这叫作单位弹性。一般需求弹性较小，如某家擅长从事物流方案设计、策划的物流咨询公司的物流方案设计（劳务）产品的价格就相对缺少弹性，原因在于其同类企业的同类产品的质量远低于该企业的产品质量。对于有需要的消费者来说，即使该咨询公司的要价很高，消费者在多数情况下也不得不购买其产品；而非必需品或非常容易形成供过于求状况的需求弹性较大,如某省的两个地区之间的中短途汽车货运在完全市场竞争条件下，其价格弹性相对较大。

弄清楚不同产品需求具有不同价格弹性，将便于在对不同产品定价时的决策更合理、更科学。

四、物流企业成本

企业不可能随心所欲地控制产品或劳务的价格，产品价格受众多因素的影响，制定价格需注意分析相关因素。物流企业制定价格时必须估算成本，此时所指产品成本应是生产同类产品的社会必要劳动成本。

对物流企业而言，物流成本有广义和狭义之分。狭义的物流成本仅指由于物品移动而产生的运输、包装、装卸等费用。对于流通企业而言，其物流成本更侧重于狭义的物流成本。

但是物流成本的归集和分析同其他类型企业有较大不同。其原因是：首先，物流活动的范围非常广，致使其成本分析非常困难；其次，物流成本较难单独列入企业计算的范围且具体的计算方法还没有形成统一的规范。因此，可参考国外物流成本归集计算方式来确定物流成本。

（1）按物流范围划分，物流费用分为供应物流费用、生产物流费用、企业内部物流费用、销售物流费用、退货物流费用和废弃物流费用六种类型。

（2）按支付形式划分，物流费用分为材料费、人工费、公益费和物流管理费等。

（3）按物流的功能划分，物流费用包括运输费、报关费、包装费、装卸费、信息费、物流管理费等。

总之，物流成本是指产品的空间移动或时间占有中所耗费的各种活劳动和物化劳动的货币表现。具体地说，它是产品在实物运动过程中，如包装、搬运装卸、运输、储存、流通加工等各个活动中所支出的人力、物力和财力的总和。针对不同的成本分析目的，应具体问题具体分析，归集出相关过程中的人、财、物的消耗并作为其物流成本。

五、竞争者的产品和价格

为了更准确地为本企业产品定价,企业应采取适当方式,了解竞争对手产品的质量和价格。企业在获得对手的相关信息后，才可与竞争产品比质论价。一般来说，如果两者质量大体一致，则价格也大体一样；如果本企业的产品质量较高，则产品价格也可以定得较高；如果本企业的产品质量较低，那么产品价格就应定得低一点。还应看到，竞争对手也可能随机应变，针对企业的产品价格而调整价格，也可能不调整价格而调整市场营销组合的其他变量，与企业争夺顾客。

六、国家有关方针政策的影响

国家常常或通过制定物价工作方针和各项政策，对价格进行管理控制或干预。因此，国家有关方针政策对市场价格的形成有着重要的影响。

1. 行政手段

行政手段是指政府通过出台相应的行政规定或行政制度等来促进相应行业的有序发展等。例如，在物流企业中，其提供的产品往往是无形的劳务。其产品是非物质性的，由此往往导致价格竞争随着市场的成熟而日趋激烈。此时，为防止物流企业的不正当竞争，行业协会或政府相关部门可采用规定收费标准的手段，限制物流劳务的过高或过低价格的出现，从而维持物流业健康平稳地发展。

2. 法律手段

法律手段是指通过立法机关制定相关的法律来维护相关行业的健康发展。例如，我国制定的《中华人民共和国企业法》《中华人民共和国公司法》《中华人民共和国反不正当竞争法》《中华人民共和国消费者权利保护法》《中华人民共和国知识产权法》等，其目的是维护市场经济健康有序地发展，如当物流企业中出现垄断时，可出台相应法规限制垄断企业的存在和发展。

3. 经济手段

经济手段是指国家采用税收、财政、利率、汇率等手段间接影响经济及物价。例如，当经济发展过热时，政府可采用增加税收、提高银行利率等经济手段来调节其发展。又如，在物流企业发展过热时，政府可对物流产品的价格增加税收，高价高税，由此导致企业的税后利润下降，从而影响企业的定价。

任务二　物流服务定价方法

任何企业都不能孤立地制定价格，而必须按照企业的目标市场战略及市场定位战略的要求来进行。假如企业管理人员经过慎重考虑，决定为收入水平高的消费者设计、生产一种高质量的豪华家具，这样选择目标市场和定位就决定了该产品的价格要高。此外，企业管理人员还要制订一些具体的经营目标，如利润额、销售额、市场占有率等，这些都对企业定价具有重要影响。企业的每一可能价格对其利润、收入、市场占有率均有不同的含义。

一、物流服务企业定价目标

要使物流企业价格战略卓有成效，企业必须首先建立正确的、切实可行的定价目标，以明确价格决策的方向。在企业的定价决策中，选择正确的、切合企业实际的价格目标十分重要。它既是定价决策的首要内容，又在某种程度上决定了价格决策其他内容的考虑和选择。实践证明，物流服务价格目标的正确与否，关系到企业整个定价决策的成败。

一般来说，物流企业价格决策目标是指企业为实现其增值获利经营目标而对产品或服务价格制定所提出的总要求。由于各个企业所处的内部条件和外部经营环境不同，不同企业在不同的时期、不同的目标市场，其价格决策的具体目标是多种多样的。在经营活动中，常见的定价决策目标主要有以下几类。

1. 以投资收益率最大化为目标

投资收益目标是指在一定时期内企业产品或服务价格能保证投资额的收回。它是根据企业投资额期望得到的一定比例（毛利或税后利润额）计算的，因而在实际工作中常常被称为资本利润率。

任何一个企业进行商品生产和经营，都希望取得一定的预期收益。许多企业在制定产品价格时，都以企业投资额为出发点，以获得一定的投资收益率为定价目标。投资收益率一般应不低于银行存款利率。

投资收益目标是一种企业注重长期利润的定价决策目标，它所追求的是长期而稳定的企业收益。这种定价目标常被同行业中较大的或为首的企业所采用。因为规模大的企业投资大，如何尽快收回投资是企业经营决策者优先考虑的问题。如果按投资额的一定比例计算利润，既能保证投资如期收回，又能使其价格得到同业和消费者的认可，那么这种定价目标对企业来说是非常适宜的。因为这种定价目标不仅能保证企业的预期效益得到实现，而且还有助于树立企业和产品的良好声誉和形象。

2. 以获得最大利润为目标

利润最大化指企业在一定时期内可能获得的利润总额达到最大，但是利润最大化并不等于制定最高销售价格。利润最大化以良好的市场环境为前提，当企业及其产品在市场上享有较高声誉、企业具有相对竞争优势时，可以通过定价获得最大利润。最大利润目标会导致高价策略，但价格高到什么程度，才能保证企业利润最大化，又能使顾客承受得了，是需要周密思考的焦点。追求最大利润并不等于追求最高价格，当一个企业的产品在市场上处于绝对优势地位时，如有专利权或垄断等，可以实行高价，但价格过高，会抑制需求，加剧竞争，产生更多的替代品，甚至会导致政府干预。

3. 以市场份额最大化为目标

市场占有率反映着企业的经营状况和企业产品或服务在市场上的竞争能力，关系到企业的生存和发展。作为定价目标，市场占有率与利润有很强的相关性，从长期来看，较高的市场占有率必然带来较高的利润。所以，有时企业把保持或扩大市场占有率看得非常重要。再则，市场占有率一般比最大利润容易确定，也更能体现企业努力的方向。一个企业在一定时期的盈利水平高，可能是由于过去拥有较高的市场占有率的结果，如果市场占有率下降，盈利水平也会下降。因此，许多资金雄厚的大企业喜欢以低价渗透的方式进入目标市场，力争较大的市场占有率。一些中小企业为了在某一细分市场获得绝对优势，也十分注重扩大市场占有率。但是值得注意的是，市场份额的扩大并不总会导致利润的增加。某些着眼于未来的企业为了保持和扩大市场占有率，不惜降低价格，牺牲眼前利润，但随着市场份额的扩大，企业的资金利润率有可能提高。

4. 以稳定价格和避免竞争为目标

价格竞争是市场竞争的主要手段之一。有的企业未来在市场上站住脚，总是努力以价格作为竞争武器，利用价格竞争排挤竞争者。在低价格的冲击下，有些企业由于承受不了因低价格带来的亏损而被迫退出竞争，或者开拓新的市场，或者破产。这种办法适用于产品差异比较小的行业，如质量大致相同的煤炭，规格大致相同的彩电、冰箱、洗衣机等。

因此，企业为了保持现有的经营地位、市场占有率及企业形象，保持现有的盈利水平，一般以稳定价格为定价的目标。这种定价目标一般适用于在同行业中举足轻重的大企业。大企业有相当大的市场占有率和利润，希望通过价格的稳定保持现有的状态，而且它也有足够的实力来稳定价格。

5. 以提高企业及产品品牌形象为目标

现在企业的竞争更多地表现为品牌之间的竞争，为了体现企业竞争的实力，企业需要制定相应的产品或服务价格与之相适应。对于某些品牌产品，由于品质、工艺或服务优质，为某一层次的特定消费群体所接受，可以不拘泥于实际成本而制订较高的价格，以维持和扩大产品或服务声誉。高价是认知价值的体现，能为某些顾客所接受，如顺丰快递公司以其良好和快捷的服务，使其快递的价格高于同类快递公司。另外，也可以制订平价或大众化的价格来树立企业品牌形象，从而达到"名牌=民牌"，这种方法主要是通过扩大销售量来获得比同行更多的额外利润。

二、物流服务企业定价方法

企业定价是一项很复杂的工作，必须综合考虑多方面的因素，如产品的市场供给、需求、成本费用、消费者预期和竞争情况等，采取一系列步骤和措施确定价格。

对物流企业来讲，因其产品是向用户提供劳务服务，产品是无形的，因此影响产品价格的因素相对于有形的产品如汽车等来说更复杂，从而更难以把握。为了制定好产品价格，从市场营销管理的价格策略上提高物流企业的竞争力，首先应从总体上熟悉物流企业的产品，然后在此基础上，全面分析产品的因素，灵活运用各种定价方法和技巧，才能更好地制定好物流企业产品的价格。

1. 成本导向定价法

基于成本的定价法是以产品成本为基础，加上目标利润来确定产品价格的成本导向定价法，是企业最常用、最基本的定价方法。它主要有总成本加成定价法、目标收益定价法、边际成本定价法、盈亏平衡定价法等定价方法。

（1）总成本加成定价法

总成本加成定价法是指按照单位成本加上一定百分比的加成来制定产品的销售价格，即把所有为生产某种产品而发生的耗费均计入成本的范围，计算单位产品的变动成本，合理分摊相应的固定成本，再按一定的目标利润率来决定价格。

其计算公式为：

$$单位产品价格=单位产品总成本×(1+目标利润率)$$

例题 1

某皮具厂生产 1 000 个皮箱，固定成本为 3 000 元，每个皮箱的变动成本为 45 元，企业确定的成本利润率为 30%，用成本加成定价法定价。

解：$P = (TC/Q) × (1+R)$

$\qquad = (FC/Q+VC) × (1+R)$

=(3 000/1 000+45) × (1+30%)

=62.40（元）

答：该厂生产的皮箱拟定价为 62.40 元。

这种定价方法的特点是：成本的不确定性一般比较小，将价格"盯住"单位成本可以大大简化企业定价程序，而不必根据需求情况的瞬息万变而作调整；如果同行业的企业都采用这种定价方法，且各家的成本和加成比例接近，则定出的价格差不多，可能会缓和同行业间的价格竞争；根据成本加成，对于买卖双方更加公平合理，卖方只是"降本求利"，不会在消费者需求强烈时利用此有利条件谋取额外利润，但这种方法的不足是缺乏营销管理中很重视的销售的灵活性的特点，许多情况下，其定价反应会较市场变化滞后。因此，在企业的产品生产成本大于相同产品的社会必要生产成本时，采用此方法就有可能导致产品滞销。

采用成本加成定价法，关键问题是确定合理的成本利润率，而成本利润率的确定，必须考虑市场环境、行业特点等多种因素。这种方法的优点是：简化了定价工作，便于经济核算；价格竞争就会减到最少；在成本加成的基础上制定出来的价格对买卖双方来说都比较公平。

（2）目标收益定价法

目标收益定价法又称投资收益率定价法，是根据企业的总成本、投资总额、逾期销量和投资回收期等因素来确定价格，如图 9-5 所示。它是根据估计的总销售收入（销售额）和估计的产量（销售量）来制定价格的一种方法。

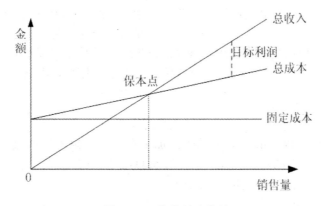

图 9-5　目标收益定价法

其计算公式为：

$$单位产品价格 = \frac{总成本 + 目标收益额}{预期销量}$$

或

$$目标利润价格 = 单位成本 + \frac{目标利润 \times 投资成本}{销售量}$$

其中，

$$目标利润率或目标收益率 = \frac{1}{投资回收期}$$

例题 2

某企业预计其产品销量为 10 万件，总成本为 740 万元，决定完成目标利润为 160 万元，则单位产品的价格是多少？

解： P =(TC+TR)/Q

   =(740+160)/10

   =90.00（元）

答： 该企业的产品价格拟定为 90.00 元。

与总成本加成定价法相类似，目标收益定价法也是一种生产者导向的产物。其缺陷表现为：很少考虑到市场竞争和需求的实际情况，只是从保证生产者的利益出发制定价格；先确定产品销量，再计算产品价格的做法完全颠倒了价格与销量的因果关系，把销量看成是价格的决定因素，实际上很难行得通。尤其是对那些需求的价格弹性较大的产品，用这种方法制定出来的价格无法保证销量的实现。

（3）边际成本定价法

边际成本是指每增加或减少单位产品所引起的总成本的变化量。边际成本定价法又称边际贡献法，其基本思想是只考虑变动成本，不考虑固定成本，以预期的边际贡献补偿固定成本并获得盈利。采用边际成本定价法时，是以单位产品变动成本作为定价依据和可接受价格的最低界限。在价格高于变动成本的情况下，企业出售产品的收入除完全补偿变动成本外，还可用来补偿一部分固定成本，甚至可能提供利润。

其计算公式为：

单位产品价格=单位产品变动成本+单位产品边际贡献

边际贡献=销售收入−变动成本

其中单位产品边际贡献是指企业增加一个单位的销售所获得的收入减去边际成本的数值。若边际贡献大于固定成本，则企业就有盈利；若边际贡献小于固定成本，则企业就会亏本；若边际贡献等于固定成本，则企业盈亏平衡。只要边际贡献不小于零，企业就可以考虑生产。这种定价方法适合于企业存在生产能力过剩、市场供过于求的情况。

（4）盈亏平衡定价法

盈亏平衡定价法又称收支平衡法，是利用收支平衡点来确定产品的价格，即在销量达到一定水平时，企业应如何定价才不会发生亏损；反过来说，已知价格在某一水平上，应销售多少产品才能保本。

其计算公式为：

$$盈亏平衡点价格（P）= \frac{固定总成本（FC）}{销量（Q）} + 单位变动成本（VC）$$

例题 3

某产品生产的固定成本是 150 000 元，单位变动成本为 15 元，若销量为 3 000 件，则价格应定多少企业才不会亏损？若销售价格为 40 元，则企业必须销售多少才能保本？

解： P=FC/Q+3 000+15

   =150 000/3 000+15

   =65（元）

Q=FC/(P-VC)

　　=150 000/(40-15)

　　=6 000（件）

　　答：当价格定在 65 元时不会亏损，如果售价定在 40 元，则需要销售 6 000 件保本。

　　实际上，这种定价法的实质就是确定总收入等于总支出时的价格，以盈亏平衡点确定价格只能使企业的生产耗费得以补偿，而不能得到收益，若实际价格超过收支平衡价格，企业就可盈利。因此，科学地预测销量、已知固定成本和变动成本是盈亏平衡定价的前提。

　　从本质上说，成本导向定价法是一种卖方定价导向。它忽视了市场需求、竞争和价格水平的变化，有时候与定价目标相脱节。此外，运用这一方法制定的价格均是建立在对销量主观预测的基础上，从而降低了价格制定的科学性。因此，在采用成本导向定价法时，还需要充分考虑需求和竞争状况，进而确定最终的市场价格。

2. 需求导向定价法

　　从经济学来讲，在市场经济条件下，当供应能力普遍过剩时，在产品的供给与需求两个影响产品的因素中，需求对产品产量与价格的影响更重要一些。如提供的产品不符合用户需求，则企业很难通过销售产品获得可观的利润回报。因此，第二种制定产品价格的方法是从顾客的需求和欲望出发，但这并不意味着所提供的产品的价格是尽可能低的。

　　（1）理解价值定价法

　　理解价值定价法是企业根据消费者对商品或劳务价值的认识而不是根据其成本来制定价格的定价方法。企业利用各种营销因素，从提供的服务、质量、价格等方面为企业树立一个形象，然后再根据客户对于这个形象的理解定价。

　　理解价值定价法的关键在于企业要正确估计用户所能承受的价值；否则，如果企业过高地估计认知价值，则会定出偏高或过低的价格，最终都会给企业造成损失。

　　（2）区分需求定价法

　　区分需求定价法就是企业在不同季节、不同时间、不同地区针对不同供货商的变化情况，对价格进行修改和调整的定价方法。例如，物流企业从事业务运作的区域主要物流业务可以按照线路、车型、业务量进行公路运输定价。

　　（3）习惯定价法

　　习惯定价法是企业依照长期被客户接受的价格来定价的一种方法。有些产品或服务客户已习惯按某一习惯价格购买，即使成本降低，也不能轻易减价，减价容易引起消费者对服务质量的怀疑；反之，服务成本增加，也不能轻易涨价，否则将影响其销路。例如，当每千米运输价格确定后，即使燃料的价格发生变化，其运输价格也不轻易发生变动。

3. 竞争导向定价法

　　竞争导向定价法是通过研究竞争对手同类产品的价格、生产条件、服务状况等，结合企业自身的发展需求，以竞争对手的价格为基础进行产品定价的一种方法，其特点是价格与成本和市场需求不发生直接关系。竞争导向定价主要有随行就市定价法、主动竞争定价法、竞争投标定价法和拍卖定价法。

　　（1）随行就市定价法

　　随行就市定价法又称为流行水准定价法，它是指在一个竞争比较激烈的行业或部门中，某个企业根据市场竞争格局，跟随行业或部门中主要竞争者的价格，或各企业的平均价格，或市场上一般采用的价格，来确定自己产品的价格的方法，即企业按照行业的平均现行价格水平定价。采用随行就市定价法，企业就不必去全面了解消费者对不同价差的反应，也不会引起价格波动，从而为营销、定价人员节约了很多时间。

如有以下情况，往往采取随行就市定价法：难以估算成本；主要适合同质产品市场，其目的是为了与同行业企业和平共处，避免发生激烈的竞争；如果另行定价，很难了解购买者和竞争者对本企业的价格的反应；在完全竞争与寡头竞争的条件下。

需要注意的是，这种定价法以竞争对手的价格为依据，但并不否认本企业商品的成本、质量等因素对价格形成的直接作用。

（2）主动竞争定价法

主动竞争定价法又称为价格领袖定价法或寡头定价法，它是指在某个行业或部门中，由一个或少数几个大企业首先定价，其余企业参考定价或追随定价的方法。这一个或少数几个大企业就是价格领袖，它们的价格变动往往会引起其他企业的价格变动。其实，这种定价法与前一种定价法有相同之处，不是追随竞争者的价格，而是根据本企业产品的实际情况及与竞争对手产品的差异来确定产品的价格。

（3）竞争投标定价法

竞争投标定价法又称为密封投标定价法，它是指一个企业根据招标方的条件，主要考虑竞争情况来确定定标价格的一种方法。许多大宗商品、原材料、成套设备和建筑工程项目的买卖和承包、征招经营协作单位以及租出售小型企业等，往往采用发包人招标、承包人投标的方式来选择承包者，并确定最终承包价格。

一个企业能否中标，在很大程度上取决于该企业与竞争者投标报价水平的比较。标的物的价格是由参与投标的各个企业在相互独立的条件下确定，在买方招标的所有投标者中，报价最低的投标者通常中标，他的报价就是承包价格，这种竞争性的定价方法就是密封投标定价法。一般来说，期望利润与报价成正比，而与中标概率成反比。

（4）拍卖定价法

拍卖定价法是由卖方预先发表公告，展示拍卖物品，买方预先看货，在规定时间公开拍卖，由买方公开叫价，不再有人竞争的最高价格即为成交价格，卖方按此价格拍板成交。拍卖式定价越来越被广泛地使用，其作用之一是处置积压商品或旧货。

任务三　物流服务定价策略的内容

在确定企业定价目标、定价方法，得出产品的基本价格之后，还要根据市场环境、产品特点等采用不同的定价策略。企业定价策略是指企业为实现定价目标，根据市场中影响产品价格的不同因素，在制定价格时灵活采取的各种定价手段和定价技巧。

一、新产品定价策略

新产品定价关系到新产品能否顺利进入市场，企业能否站稳脚跟，能否取得较大的经济效益。常见的新产品定价策略主要有三种，即撇脂定价策略、渗透定价策略和满意定价策略。

1. 撇脂定价策略

它又称取脂定价策略，指新产品上市之初，将其价格定得较高，以便在短期内获取厚利，迅速收回投资，减少经营风险，待竞争者进入市场，再按正常价格水平定价。这一定价策略犹如从鲜奶中撇取其中所含的奶油一样，所以称为"撇脂定价法"策略。

一般而言，对于全新产品、受专利保护的产品、需求的价格弹性小的产品、流行产品、未来市场形势难以测定的产品等，可以采用取脂定价策略。

（1）撇脂定价策略的优点

① 新产品上市之初，顾客对其尚无理性认识，此时的购买动机多属于求新求奇，利用较高价格可以提高产品身份，适应顾客求新心理，创造高价、优质、名牌的形象，从而有助于开拓市场。

② 主动性大，先制定较高的价格，在其新产品进入成熟期后可以拥有较大的调价余地，不仅可以通过逐步降价保持企业的竞争力，而且可以从现有的目标市场上吸引潜在需求顾客，甚至可以争取到低收入阶层和对价格比较敏感的顾客。

③ 在新产品开发之初，由于资金、技术、资源、人力等条件的限制，企业很难以现有的规模满足所有的需求，利用高价可以限制需求的过快增长，缓解产品供不应求的状况，并且可以利用高价获取的高额利润进行投资，逐步扩大生产规模，使之与需求状况相适应。

④ 在短期内可以收回大量资金，用作新的投资。

（2）撇脂定价策略的缺点

① 高价产品的需求规模毕竟有限，过高的价格不利于市场开拓、增加销量。

② 不利于占领和稳定市场，容易导致新产品开发失败。

③ 高价高利容易引来大量的竞争者，仿制品、替代品迅速出现，从而迫使价格急剧下降。此时，若无其他有效策略相配合，则企业苦心营造的高价优质形象可能会受到损害，并失去一部分消费者。

④ 价格远远高于价值，在某种程度上损害了消费者的利益，容易招致公众的反对和消费者抵制，甚至会被当作暴利加以取缔，诱发公共关系问题。

2. 渗透定价策略

这是与取脂定价策略相反的一种定价策略，即企业在新产品上市之初将其价格定得较低，吸引大量的购买者，借以打开产品销路，扩大市场占有率，谋求较长时期的市场领先地位。利用渗透定价的前提条件是新产品的需求价格弹性较大、新产品存在规模经济效益。

当新产品没有显著特色、竞争激烈、需求弹性较大时，宜采用渗透定价法。

（1）渗透定价策略的优点

① 低价可以使产品迅速为市场所接受，并借助大批量销售来降低成本，获得长期稳定的市场地位。

② 微利可以阻止竞争对手的进入，减缓竞争，获得一定的市场优势。

（2）渗透定价策略的缺点

① 投资回收期较长，见效慢。

② 风险大。

对企业来说，是采取撇脂定价还是渗透定价，需要综合考虑市场需求、竞争、供给、市场潜力、价格弹性、产品特征、企业发展战略等因素。

3. 满意定价策略

它又称为适中定价策略,是一种介于撇脂定价与渗透定价之间的定价策略,以获取社会平均利润为目标。它既不是利用价格来获取高额利润,也不是让价格制约占领市场,而是尽量降低价格在营销手段中的地位,重视其他在产品市场中更有效的营销手段,是一种较为公平、正常的定价策略。

（1）满意定价策略的优点

① 产品能够较快为市场所接受且不会引起竞争对手的对抗。

② 可以适当延长产品的生命周期。

③ 有利于企业树立信誉、稳定调价并使顾客满意。

（2）满意定价策略的缺点

① 中价水平不易保持稳定。

② 对于新产品,特别是全新产品,市场尚首次出现,价格无相关参照物可比较。

与取脂价格和渗透价格类似,满意价格也是由参考产品的经济价值决定的。当大多数潜在的购买者认为产品的价值与价格相当时,纵使价格很高也属适中价格。

案例

通用汽车公司的雪佛兰汽车的定价水平是相当一部分市场都承受得起的,市场规模远远大于愿意支付高价购买它的“运动型”外形的细分市场。这种适中的定价策略,甚至当这种汽车的样式十分流行、供不应求时仍数年不变。为什么呢?因为通用汽车跑车生产线上已经有一种采取撇脂策略定价的产品——Camaro,再增加一种产品是多余的,会影响原来高价产品的销售。将大量购买者吸引到展示厅尝试驾驶 Camaro 的意义远比高价销售 Camaro 获得的短期利益大得多。

二、产品组合定价策略

当产品只是某产品组合的一部分时,企业必须对定价方法进行调整。这时候,企业要研究出一系列价格,使整个产品组合的利润最大化。因为各种产品之间存在需求和成本的相互联系,而且会带来不同程度的竞争,所以定价十分困难。

产品组合定价是指企业为了实现整个产品组合（或整体）利润最大化,在充分考虑不同产品之间的关系以及个别产品定价高低对企业总利润的影响等因素基础上,系统地调整产品组合中相关产品的价格。

1. 产品线定价

产品线定价（产品大类定价）是指企业为追求整体收益的最大化,为同一产品线中不同的产品确立不同的角色,制定高低不等的价格。若产品线中的两个前后连接的产品之间价格差额小,顾客就会购买先进的产品,此时若两个产品的成本差额小于价格差额,企业的利润就会增加;若价格差额大,顾客就会更多地购买较差的产品,产品线定价策略的关键在于合理确定价格差距。

2. 任选品定价

任选品定价是指那些与主要产品密切相关的可任意选择的产品。例如，饭菜是主要产品，酒水为任选品，不同的饭店定价策略不同，有的可能把酒水的价格定得高，把饭菜的价格定得低；有的把饭菜的价格定得高，把酒水的价格定得低。

3. 连带品定价

连带品（又称互补品）定价是指必须与主要产品一同使用的产品，如胶卷与相机、磁带与录音机、隐形眼镜与消毒液、饮水机与桶装水等。许多企业往往是将主要产品（价值量高的产品）定价较低，连带品定价较高，这样有利于整体销量的增加，从而增加企业利润。

4. 分级定价

分级定价又称为分部定价或两段定价，是指服务性企业经常收取一笔固定的费用，再加上可变的使用费。例如，游乐园一般收门票，如果游玩的地方超过规定，就再交费。

5. 副产品定价

在生产加工肉类、石油产品和其他化工产品的过程中，经常有副产品，如果副产品过低，处理费用昂贵，就会高于主产品的定价，制造商制定的价格必须能够弥补副产品的处理费用；如果副产品对某一顾客群有价值，就应该按其价值定价；如果副产品能带来收入，将有助于公司缓解竞争压力时制定较低的价格。

6. 产品捆绑定价

产品捆绑定价又称组合产品定价，是指企业经常将一些产品组合在一起定价销售。完全捆绑是指公司仅仅把它的产品捆绑在一起。在一个组合捆绑中，卖方经常比单件出售要少收很多钱，以此来推动顾客购买。例如对于成套设备、服务性产品等，为鼓励顾客成套购买，以扩大企业销售，加快资金周转，可以使成套购买的价格低于单独购买其中每一产品的费用总和。

三、价格调整策略

企业通常还需要针对顾客差异及形势变化调整它们的基础价格，如采取折扣与折让定价、差别定价、心理定价、促销定价和地理定价等策略。

1. 折扣与折让定价

大多数企业为了鼓励顾客及早付清货款，或鼓励大量购买，或为了增加淡季的销售量，还常常需酌情给顾客一定的优惠，这种价格的调整叫作价格折扣和折让。折扣定价是指对基本价格做出一定的让步，直接或间接降低价格，以争取顾客，扩大销量。其中，直接折扣的形式有数量折扣、现金折扣、功能折扣、季节折扣；间接折扣的形式有回扣和津贴。

（1）数量折扣指按购买数量的多少分别给予的折扣，购买数量越多，折扣越大，其目的是鼓励多购买企业产品。数量折扣包括累计数量折扣和一次性数量折扣两种形式。数量折扣的优点为：促销作用非常明显，企业因单位产品利润减少而产生的损失完全可以从销量的增加中得到补偿；销售速度的加快使企业资金周转次数增加，流通费用下降，产品成本降低，从而导致企业总盈利增加。

（2）现金折扣是给予在规定的时间内提前付款或用现金付款者的一种价格折扣，其目的是鼓励顾客尽早付款，加速资金周转，降低销售费用，减少财务风险。采用现金折扣一般要考虑三个因素：折扣比例、给予折扣的时间限制与付清全部货款的期限。

小贴士

鼓励早付款

"2/10，*n*/30"表示付款期是30天，但如果在成交后10天内付款，给予2%的现金折扣。许多行业习惯采用此法以加速资金周转，减少收账费用和坏账。

（3）功能折扣也叫贸易折扣或交易折扣，它是指中间商在产品分销过程中所处的环节不同，其所承担的功能、责任和风险也不同，企业据此给予不同的折扣，即制造商给某些批发商或零售商的一种额外折扣，促使它们执行某种市场营销功能如推销、储存、服务等。其目的包括：鼓励中间商大批量订货，扩大销售，争取顾客，并与生产企业建立长期、稳定、良好的合作关系；对中间商经营的有关产品的成本和费用进行补偿，并让中间商有一定的盈利。功能折扣的比例主要考虑中间商在分销渠道中的地位、对地产企业产品销售的重要性、购买批量、完成的促销功能、承担的风险、服务水平、履行的商业责任以及产品在分销中所经历的层次和在市场上的最终售价等。

（4）季节折扣是企业鼓励顾客淡季购买的一种减让，以使企业的生产和销售一年四季保持相对稳定。有些商品的生产是连续的，而其消费却具有明显的季节性。为了调节供需矛盾，生产企业对在淡季购买商品的顾客给予一定的优惠，使企业的生产和销售在一年四季保持相对稳定。

案例

啤酒生产厂家对在冬季进货的商业单位给予大幅度让利，羽绒服生产企业则为夏季购买其产品的客户提供折扣，旅馆和航空公司在它们经营淡季也提供优惠。

季节折扣比例的确定应考虑成本、储存费用、基价和资金利息等因素。季节折扣有利于减少库存，加速商品流通，迅速收回资金，促进企业均衡生产，充分发挥生产和销售潜力，避免因季节需求变化所带来的市场风险。

（5）回扣是间接折扣的一种形式，它是指购买者在按价格目录将货款全部付给销售者以后，销售者再按一定比例将货款的一部分返还给购买者。津贴又称为折让，是根据价目表给顾客以价格折扣的另一种类型。津贴是企业为特殊目的对特殊顾客以特定形式所给予的价格补贴或其他补贴。

小贴士

帮助零售商多进商品

零售商为企业产品刊登广告或设立橱窗，生产企业除负担部分广告费外，还在产品价格上给予一定优惠。旧货折价折让就是当顾客买了一件新品目的商品时，允许交还同类商品的旧货，在新货价格上给予折让；促销折让是卖方为了报答经销商参加广告和支持销售活动而支付的款项或给予的价格折让。

2. 差别定价

由于市场上存在着不同的顾客群体，故企业为了适应在顾客、产品、地理等方面的差异，常常采用差别定价策略。差别定价（歧视定价），是指企业以两种或两种以上不同的反映成本费用的比例差异的价格来销售一种产品或服务，即价格的不同并不是基于成本的不同，而是企业为满足不同消费层次的要求而构建的价格结构。差别定价有以下几种形式：

（1）顾客差别定价。企业把同一种商品或服务按照不同的价格卖给不同的顾客。例如，公司、旅游景点、博物馆将顾客分为学生、年长者和一般顾客，对学生和年长者收取较低的费用；铁路公司对学生、军人售票的价格往往低于一般乘客；自来水公司根据需要把用水分为生活用水、生产用水，并收取不同的费用；电力公司将电分为居民用电、商业用电、工业用电，对不同的用电收取不同的电费。

（2）产品差别定价。企业根据产品的不同型号、不同式样制定不同的价格，但并不与各自的成本成比例。例如，33寸彩电比29寸彩电的价格高出一大截，可其成本差额远没有这么大；一件裙子70元，成本50元，可是在裙子上绣上一组花，追加成本5元，但价格却可定到100元。一般来说，新式样产品的价格会高一些。

（3）地点差别定价。地点差别定价指对处于不同地点或场所的产品或服务制定不同的价格，即使每个地点的产品或服务的成本是相同的。例如，影剧院不同座位的成本费用都一样，却按不同的座位收取不同价格，因为公众对不同座位的偏好不同；火车卧铺从上铺到中铺、下铺，价格逐渐增高。

（4）时间差别定价。产品或服务的价格因季节、时期或钟点的变化而变化。例如，一些公用事业公司，对于用户按一天的不同时间、周末和平常日子的不同标准来收费；长途电信公司制定的晚上、清晨的电话费用可能只有白天的一半；航空公司或旅游公司在淡季的价格便宜，而旺季一到价格立即上涨。这样可以促使消费需求均匀化，避免企业资源的闲置或超负荷运转。

企业采取差别定价策略的前提条件包括：市场必须是可以细分的，而且各个细分市场表现出的需求程度不同；细分市场间不会因价格差异而发生转手或转销行为，且各销售区域的市场秩序不会受到破坏；市场细分与控制的费用不应超过价格差别所带来的额外收益；在以较高价格销售的细分市场中，竞争者不可能低价竞销；推行这种定价法不会招致顾客的反感、不满和抵触。

3. 心理定价

心理定价是按不同的消费心理而制定的产品价格，以引导和刺激购买的价格策略。常用的心理定价策略有数字定价、声望定价、招徕定价、习惯定价等策略。

（1）数字定价策略。

① 尾数定价策略又称零数定价、奇数定价、非整数定价，指企业利用消费者求廉的心理，制定非整数价格，而且常常以零头数作为尾数。例如，某种产品价格定为19.99元而不是20元。使用尾数定价，可以使价格在消费者心中产生三种特殊的效应：便宜、精确、中意，一般适用于日常消费品等价格低廉的产品。

② 整数定价策略与尾数定价相反，针对的是消费者的求名、自豪心理，将产品价格有意定为整数。对那些无法明确显示其内在质量的商品，消费者往往通过其价格的高低来判断其质量。但是在整数定价方法下，价格的高并不是绝对的高，而只是凭借整数价格来给消费者造成

高价的印象。整数定价常常以偶数，特别是"0"作为尾数。整数定价策略适用于需求的价格弹性小、价格高低不会对需求产生较大影响的中高档产品，如流行品、时尚品、奢侈品、礼品、星级宾馆、高级文化娱乐城等。整数定价的好处包括：可以满足购买者显示地位、崇尚名牌、炫耀富有、购买精品的虚荣心；利用高价效应，在顾客心目中树立高档、高价、优质的产品形象。

③ 愿望数字定价策略。由于民族习惯、社会风俗、文化传统和价值观念的影响，故某些数字常常会被赋予一些独特的含义，企业在定价时如能加以巧用，则其产品将得到消费者的偏爱。当然，某些为消费者所忌讳的数字，如西方国家的"13"、日本的"4"，企业在定价时则应有意识地避开，以免引起消费者的厌恶和反感。

（2）声望定价策略。该策略是指根据产品在顾客心中的声望、信任度和社会地位来确定价格的一种定价策略。例如，一些知名品牌，企业往往可以利用消费者仰慕名牌的心理而订制大大高于其他同类产品的价格，如国际著名的欧米茄手表在我国市场上的销价从万余元到几十万元不等，消费者在购买这些名牌产品时，特别关注其品牌、标价所体现的炫耀价值，目的是通过消费获得极大的心理满足。声望定价的目的包括：可以满足某些顾客的特殊欲望，如地位、身份、财富、名望和自我形象；可以通过高价显示名贵优质。声望定价策略适用于一些具有较大的市场影响、深受市场欢迎的驰名商标的产品。

（3）招徕定价策略。该策略又称特价商品定价，它是指企业将某几种产品的价格定得非常高，或者非常低，在引起顾客的好奇心理和观望行为之后，带动其他产品的销售，加速资金周转的策略。这一定价策略常为综合性百货商店、超级市场甚至高档商品的专卖店所采用。

值得企业注意的是，用于招徕的降价商品应该与低劣、过时商品明显地区别开来，必须是品种新、质量优的适销产品，而不能是处理品；否则，不但达不到招徕顾客的目的，反而可能使企业的声誉受到影响。

🔍 案例

北京地铁有家每日商场，每逢节假日都要举办"一元拍卖活动"，所有拍卖商品均以 1 元起价，报价每次增加 5 元，直至最后定价。但这种由每日商场举办的拍卖活动由于基价定得过低，最后的成交价比市场价低得多，因此会给人们产生一种"卖得越多，赔得越多"的感觉。岂不知，该商场运用的是招徕定价术，它以低廉的拍卖品活跃商场气氛，增大客流量，带动了整个商场的销售额。

（4）习惯定价策略。它是指根据消费市场长期形成的习惯性价格定价的策略。对于经常性、重复性购买的商品，尤其是家庭生活日常用品，在消费者心理上已经"定格"，其价格已成为习惯性价格，消费者只愿付出这么大的代价。因此，降价易引起消费者对品质的怀疑，涨价则可能受到消费者的抵制。企业定价时常常要迎合消费者的这种习惯心理。

4. 促销定价

促销定价指企业暂时将其产品价格定得低于目标价格，有时甚至低于成本，从而达到促进销售的目的。促销定价有以下几种形式：

（1）牺牲品定价。一些超市和百货商店会用几个产品作为牺牲品招徕客户，希望他们购买其他有正常加成的产品。

（2）特殊事件定价。销售者在某些季节还可以用特殊事件定价来吸引更多的客户，例如，企业利用开业庆典或开业纪念日或节假日等时机，降低某些产品的价格，以吸引更多的顾客。

（3）现金回扣。制造商对在特定的时间内购买企业产品的顾客给予现金回扣，以清理存货，减少积压。例如，一些制造商提供低息贷款、较长期担保或者免费保养来减让消费者的"价格"。

（4）心理折扣。企业开始时给产品制定很高的价格，然后大幅度降价出售，刺激顾客购买。例如，企业可以从正常价格中简单地提供折扣，以增加销售量和减少库存。

5. 地理定价

地理定价指由企业承担部分或全部运输费用的定价策略，它包含公司如何针对国内不同地方和不同国家的顾客决定其产品定价。通常一个企业的产品不仅在本地销售，而且还要销往其他地区，而产品从产地运到销地要花费一定的运输、仓储等费用。那么应如何合理分摊这些费用，不同地区的价格应如何制定，就是地区定价策略所要解决的问题。

（1）产地定价策略。顾客（买方）以产地价格或出厂价格为交货价格，企业（卖方）只负责将这种产品运到产地某种运输工具（如卡车、火车等）上交货，运杂费和运输风险全部由买方承担。这种做法适用于销路好、市场紧俏的商品，但不利于吸引路途较远的顾客。

（2）统一交货价策略。它也称邮资定价法，和产地定价策略相反，企业对不同地区的顾客实行统一的价格，即按出厂价加平均运费制定统一交货价。这种方法简便易行，但实际上是由近处的顾客承担了部分远方顾客的运费，对近处的顾客不利，而较受远方顾客的欢迎。

（3）分区定价策略。分区定价介于前两者之间，企业把销售市场划分为远近不同的区域，各区域因运距差异而实行不同的价格，同区域内实行统一价格。分区定价类似于邮政包裹、长途电话的收费。对企业来讲，可以较为简便地协调不同地理位置用户的运费负担问题，但对处于分界线两侧的顾客而言，还会存在一定的矛盾。

（4）基点定价策略。企业在产品销售的地理范围内选择某些城市作为定价基点，然后按照出厂价加上基点城市到顾客所在地的运费来定价。在这种情况下，运费等是以各基点城市为界由买卖双方分担的。该策略适用于体积大、费用占成本比重较高、销售范围广、需求弹性小的产品。有些公司为了提高灵活性，选定许多个基点城市，按照顾客最近的基点计算运费。

（5）津贴运费定价。它又称为减免运费定价，是指由企业承担部分或全部运输费用的定价策略。有些企业因为急于和某些地区做生意，所以负担全部或部分实际运费。这些卖主认为，如果生意扩大，其平均成本就会降低，因此足以抵偿这些费用开支。此种定价方法有利于企业加深市场渗透，当市场竞争激烈或企业急于打开新的市场时，常采取这种做法。

四、物流产品定价调整

物流企业在产品价格确定后，由于客观环境和市场情况的变化，往往会对现行价格进行修改和调整。企业产品价格调整的动力，既可能来自于内部，也可能来自于外部。倘若企业利用自身的产品或成本优势主动地对价格予以调整，将价格作为竞争的利器，这称为主动调整价格。有时，价格的调整出于应付竞争的需要，即竞争对手主动调整价格，而企业也相应地被动调整价格。无论是主动调整还是被动调整，其形式不外乎是降价和提价两种。

1. 进行价格改变策划

（1）企业提价

企业提价一般会遭到消费者和经销商的反对，但在以下情况下企业可能会提价。

① 产品已经改进。

② 应付产品成本增加，减少成本压力。

③ 适应通货膨胀，物价普遍上涨，企业生产成本必然增加，为保证利润，减少企业损失，不得不提价。

④ 产品供不应求，遏制过度消费。一方面，买方之间展开激烈竞争，争夺货源，为企业创造有利条件；另一方面，抑制需求过快增长，保持供求平衡。

⑤ 利用顾客心理，创造优质高价效应。

⑥ 政府或行业协会的影响。

（2）企业降价

这是定价者面临的最严峻且具有持续威胁力的问题，企业有以下情况必须考虑降价。

① 生产能力过剩，产品供过于求，急需回笼资金，企业以降价来刺激市场需求。

② 市场份额下降，通过降价来开拓新市场。

③ 决策者决定排斥现有市场的竞争者。

④ 由于技术的进步而使行业生产成本大大降低，费用减少，使企业降价成为可能，并预期降价会扩大销售。

⑤ 政治、法律环境及经济形势的变化，迫使企业降价。

2. 对价格变动的反应

（1）顾客对价格变动的反应

不同市场的消费者对价格变动的反应是不同的，即使处在同一市场的消费者对价格变动的反应也可能不同。顾客对提价的可能反应包括：产品很畅销，不赶快买就买不到了；产品很有价值；卖主想赚取更多利润。顾客对降价可能有以下看法：产品样式老了，将被新产品代替；产品有某些缺点，销售不畅；企业财务困难，难以继续经营；价格还要进一步下跌；产品质量下降了。

购买者对价值不同的产品价格的反应也有所不同，对于价值高、经常购买的产品的价格变动较为敏感；而对于价值低、不经常购买的产品，即使单位价格高，购买者也不太在意。此外，购买者通常更关心取得、使用和维修产品的总费用，因此卖方可以把产品的价格定得比竞争者高，以取得较多利润。

（2）竞争者对价格变动的反应

虽然透彻地了解竞争者对价格变动的反应几乎不可能，但为了保证调价策略的成功，主动调价的企业又必须考虑竞争者的价格反应。没有估计竞争者反应的调价，往往难以成功，至少不会取得预期效果。竞争者对调价的反应有以下几种类型。

① 相向式反应。你提价，他涨价；你降价，他也降价。这样一致的行为对企业影响不太大，不会导致严重后果。企业坚持合理营销策略，不会失掉市场和减少市场份额。

② 逆向式反应。你提价，他降价或维持原价不变；你降价，他提价或维持原价不变。这种相互冲突的行为影响很严重，竞争者的目的也十分清楚，就是乘机争夺市场。对此，企业要

进行调查分析，首先摸清竞争者的具体目的，其次要估计竞争者的实力，最后要了解市场的竞争格局。

③ 交叉式反应。众多竞争者对企业调价反应不一，有相向的、逆向的、不变的，情况错综复杂。企业在不得不进行价格调整时，应注意提高产品质量，加强广告宣传，保持分销渠道畅通等。

3. 对价格变动的应对

竞争对手在实施价格调整策略之前，一般都要经过长时间的权衡调价的利害，但是，一旦调价成为现实，则这个过程相当迅速，并且在调价之前大多采取保密措施，以保证发动价格竞争的突然性。企业在做出反应时首先必须分析：竞争者调价的目的是什么？另外，还必须分析价格的需求弹性、产品成本和销售量之间的关系等复杂问题。企业要做出迅速反应，最好事先制定反应程序，到时按程序处理，提高反应的灵活性和有效性。

一般来说，在同质产品市场上，如果竞争者降价，企业必随之降价，否则企业会失去大部分顾客。但面对竞争者的提价，企业既可跟进，也可暂且观望。如果大多数企业都维持原价，则最终迫使竞争者把价格降低，从而使竞争者涨价失败。

在异质产品市场上，企业对竞争者价格变动的反应有更多的自由。在这种市场上，购买者选择卖主时，不仅要考虑产品价格高低，而且还要考虑产品质量、服务、可靠性等因素，因而在这种市场上，购买者对于较小的价格差异并不介意。

企业在对竞争者变价做出适当反应之前，必须调查研究以下问题：① 竞争者为什么要变价？② 竞争的变价是暂时的还是长期的？③ 如果对竞争者的变价不予理睬，企业的市场占有率和利润等会受到何种影响？④ 对企业的每一个可能的反应，竞争者和其他企业又会有何种举动？

在西方国家，居于市场领导者地位的大企业，经常成为小企业进攻的目标。例如，日本的富士通照相胶卷公司对美国的柯达公司，前者就曾以"侵略性削价"同后者争夺市场。小企业的产品性能和质量往往不比市场领导者差，而价格却很便宜，因而能够侵占市场领导者的部分市场阵地。在这种情况下，市场领导者有以下几种选择：

（1）价格不变。因为市场领导者认为，如果削价，将会使利润大为减少；保持价格不变，市场占有率也不会下降太多；必要时也可夺回失去的市场阵地。借此机会，正好摆脱那些不好的顾客，而抓住较好的买主。

（2）价格不变，用非价格手段反击。企业可以改进产品、服务、沟通等，使顾客感到支付的每一分钱都能买到比竞争者更多的东西。许多西方企业发现，价格不动，但把钱花在增加给顾客提供的利益上面，往往比削价更有利。

（3）降低价格。市场领导者之所以会这么做，是因为削价可以增加销售量和产量，从而降低成本费用，同时，市场对价格很敏感，不降价就会导致市场占有率下降，而市场占有率下降后很难得以恢复。从西方企业情况看，企业降价后，仍尽力保持产品质量和服务水平。

（4）提价并辅以产品反击。有些市场领导者不是维持原价或削价，而是提高原来产品的价格，并推出新的品牌，围攻竞争者品牌。例如，美国休布仑公司的"斯米诺夫"伏特加酒，占美国伏特加市场的 23%。当它遭到另一品牌"沃夫斯密特"的攻击时，该公司每瓶酒提价 1 美元，并把这笔收入用于广告支出。同时，该公司一方面推出新品牌"雷斯卡"同"沃夫斯密特"竞争，另一方面又将一种低价新品牌"波波夫"投入市场。这样，不仅有效地围攻了"沃夫斯密特"，而且还赋予了"斯米诺夫"更为高级的形象。

从西方企业的做法看，企业对竞争者价格变动的最佳反应，要视具体情况而定。受到进攻的企业要考虑，其产品在整个生命周期中所处的阶段，在产品投资组合中的重要程度，竞争者的意图和资源，市场对价格的敏感性，成本费用随销售量和产量的变化情况，以及企业的其他机会。

根据西方企业的经验，面对竞争者已发动的变价，企业要花很多时间去研究最好的应对方案是不可能的，而必须在几天甚至几小时内明确果断地做出反应。缩短这种价格反应决策时间的有效途径，是事先预料竞争者可能的价格变动，准备好适当对策。

◇ 项目小结

本项目主要讲述了物流服务定价策略，介绍了影响物流服务定价的因素、物流服务产品定价方法、物流服务的定价策略，重点阐述了物流服务产品的定价方法和定价策略。

重点概念：物流企业定价目标、物流企业定价方法、需求导向定价法。

◇ 知识巩固

一、选择题

1. 随行就市定价法是（　　）市场的惯用定价方法。
    A. 完全垄断　　　　B. 异质产品　　　　C. 同质产品　　　　D. 垄断竞争
2. 为鼓励顾客购买更多物品，企业给那些大量购买产品的顾客的一种减价称为（　　）。
    A. 功能折扣　　　　B. 数量折扣　　　　C. 季节折扣　　　　D. 现金折扣
3. 企业利用消费者具有仰慕名牌商品或名店声望所产生的某种心理，对质量不易鉴别的商品的定价最适宜用（　　）法。
    A. 尾数定价　　　　B. 招徕定价　　　　C. 声望定价　　　　D. 反向定价
4. 企业的产品供不应求，不能满足所有顾客的需要。在这种情况下，企业必须（　　）。
    A. 降价　　　　　　　　　　　B. 提价
    C. 维持价格不变　　　　　　　D. 降低产品质量

二、判断题

1. 竞争导向定价法包括随行就市定价法和需求差异定价法。
2. 当采取认知定价法时，如果企业过高地估计认知价值，便会定出偏低的价格。
3. 面对激烈的竞争，企业为了生存和发展，在任何时候都应坚持只降价不提价的原则。
4. 提价会引起消费者、经销商和企业推销人员的不满，因此提价不仅不会使企业的利润增加，反而导致利润的下降。
5. 企业提价的主要原因是通货膨胀、物价上涨、企业的成本费用提高或企业的产品供过于求。

三、简答题

1. 简述物流企业产品的定价目标。
2. 简述撇脂定价及其适用条件。

3. 简述价格折扣的主要类型及影响折扣策略的主要因素。

4. 企业在哪些情况下可能需要采取降价策略？

◇ **案例讨论**

另解"重赏之下，必有勇夫"

眼看着大半年过去了，可销售计划只完成 1/3，怎么办？

作为某食品公司营销经理的张××，一直为销售不畅苦恼，于是他请示老总，决定搞一次大规模的促销活动，以激励零售商大量进货，方法就是每进一件产品，奖励现金 50 元。

这招还真灵！零售商们见有利可图，进货积极性高涨，仅一周时间，上半年落下的任务就超额完成了。

张经理看着销售表，长长地舒了口气："真是有钱能使鬼推磨，重赏之下，必有勇夫啊！"

然而，让张经理万万没想到的是，没出一个月就发生了意外：公司在市场上一直平稳的食品价格莫名其妙地一个劲儿往下滑。

各零售点，无论是大商场还是小食杂店都竞相降价甩货，不但造成零售价格一片混乱，也直接影响了公司的市场形象。老总火了，公司急忙派出人员出面调查制止，零售商们当面说得好听，可一转身，仍然低价出售，搞得老总焦头烂额，无可奈何。

原来，在高额促销费的驱动下，零售商们进货量猛增，从表面上看，公司的库存降下来了，而商圈内消费者的消费量是相对有限和固定的，货虽然到了零售商手里，可并没有顺利地卖到消费者手中。由于零售商都进了大量的货，而一时又销不出去，故为尽快处理库存积压，回笼被占用的资金，他们便争相降价甩卖。结果市场上卖什么价的都有，而且越卖价格越低。

低价甩卖，零售商不赔钱吗？他们当然不会做赔本的买卖，因为还有高额促销费呢，只不过是少赚一点罢了，而食品公司的损失却要大得多了。公司形象受影响不说，产品价格一旦降下来，再想拉上去几乎是不可能的。因为消费者一旦接受了更低的零售价格，若再涨上去，他们肯定是不买账的。

于是，该种产品的售价越卖越低，零售商的利润越来越少，最后干脆不卖这种产品了，没人再进货，这种产品也就寿终正寝了，而这时只有食品公司叫苦不迭。张经理也因此引咎辞职，痛苦地离开了这家公司。

案例启示：奖励零售商进货目的是使企业增加销售额，从而获得更多利益。该案例中企业的做法，虽然使销量上去了，市场售价一路下滑，结果反而受损。因此，在制定促销活动方案时，要考虑多种因素和可能出现的问题，特别是各种因素之间的相互影响。

试讨论此促销方案中的定价方法为什么使用不当。

◇ **实训拓展**

定价策略应用

【项目情景】

组织学生对某物流企业的物流服务产品定价策略进行调查，并对其进行评析。

【实训目标】

通过实训，学生能够根据情景案例来确定物流服务产品定价策略。

【实训步骤】

（1）学生每 5～8 人为一组，每个小组选 1 名队长。

（2）以每位学生为单位，针对实地考察快递公司定价策略中所调查到的相关信息，各自发表意见，并记录总结成文。

（3）各组通过总结，收集要制定的指标内容。

（4）以组为单位完成物流市场产品定价策略的调查。

（5）每组组长陈述结果。

【实训评价】

教师对各组设计方案做出综合评价，如表 9-1 所示。

表 9-1 考评表

考评人		被考评人		
考评地点				
考评内容	确定物流市场产品定价策略			
考评标准	具体内容		分值	实际得分
	背景分析		20	
	影响定价的因素调查		20	
	调查定价方法的使用		20	
	定价策略的调查		30	
	团队合作和职业素养		10	
合　计			100	

项目 10 物流服务分销渠道策略

◇ **知识目标**

1. 了解物流分销渠道的概念；
2. 了解影响物流企业分销渠道选择的因素；
3. 掌握物流服务分销渠道的管理；
4. 掌握物流服务分销渠道的若干策略。

◇ **能力目标**

1. 能合理设计物流企业的分销渠道；
2. 具备对物流企业进行物流服务分销渠道设计和管理的能力；
3. 能够针对物流企业情况分析评价分销渠道策略；
4. 能够针对分销渠道出现的问题提出合适的解决方案。

◇ **本项目知识结构图**

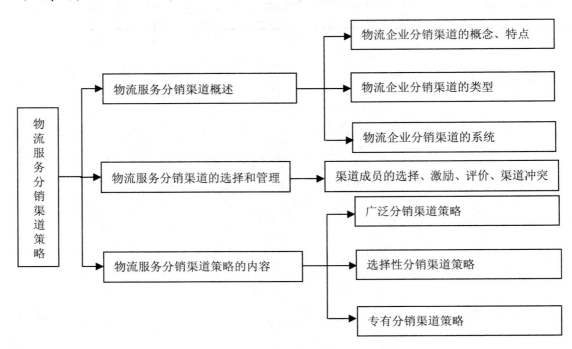

◇ **职业标准与岗位要求**

职业功能	工作内容	技能要求	相关知识
物流服务分销渠道认知与选择	物流服务分销渠道概念的把握及应用	➤ 能熟知物流服务分销渠道的概念 ➤ 能熟知物流服务分销渠道的功能 ➤ 能熟知影响营销渠道选择的因素	➤ 物流服务分销渠道 ➤ 物流服务分销渠道类型 ➤ 物流市场因素
物流服务分销渠道的管理认知	物流服务对中间商的管理应用	➤ 能准确把握中间商的选择 ➤ 能进行渠道冲突的管理 ➤ 能准确把握渠道成员的激励与评价	➤ 渠道冲突的类型 ➤ 渠道成员的激励 ➤ 分销渠道的调整

◇ **任务的提出**

如何进行快递业务分销渠道的扩展和管理

近年来，广西桂林市快递业发展迅猛，快递市场竞争也是相当激烈，既有 EMS 类国有企业，也有顺丰快递、申通快递类民营企业，还有联邦快递类外资企业。现有一家刚刚进入广西桂林的 H 快递企业，在经过快速发展后，面临一个很大的挑战——如何进行快递业务分销渠道的扩展和管理。

现在请谈谈你的看法：如何进行有效的分销渠道拓展？怎样提高分销渠道的管理效率？

◇ **任务分析**

为了完成上述任务，学生需掌握如下内容或要点：
1. 物流企业分销渠道的含义；
2. 物流企业分销渠道的类型；
3. 物流企业分销渠道系统；
4. 影响物流企业分销渠道选择的因素。

任务一　物流服务分销渠道概述

有些产品或服务滞销，并不一定没有市场，没人购买，而是因为没有适当的销售渠道。分销渠道不仅是物流服务营销组合的一个重要因素，也是市场营销组合策略中的四个基本要素之一。物流服务的市场营销渠道策略就是物流企业为目标顾客提供服务时对所使用的位置和渠道所做的决策，它涉及物流企业怎样以最低的成本，通过合适的途径，将产品及时送达目标顾客的过程。

建立一个有效的分销渠道网络，是企业在激烈的市场竞争中脱颖而出、持续稳定发展的关键因素。企业生产的产品只有通过有效的渠道，才能在适当的时间、地点，以适当的价格传递给广大消费者或客户，从而最大限度地满足市场和客户的需求，实现企业的营销目标。

一、物流企业分销渠道的概念

1. 分销渠道的概念

分销渠道，是指某种产品和服务在从生产者向消费者转移的过程中，取得这种产品和服务的所有权或帮助所有权转移的所有企业和个人。

分销渠道的始点是生产者（或制造商），终点是消费者（或用户），中间环节包括商人、中间商（他们取得所有权）和代理中间商（他们帮助转移所有权），前者又包括批发商和零售商，后者又包括代理商和经纪商。

小贴士

物流产品分销渠道的各类中间商

独立经营组织的车站、码头、机场等场站组织；

航运代理、货运代理、航空代理、船务代理、受物流公司委托的揽货点等代理商；

铁路、公路、水路航空运输公司等联运公司。

需要说明的是，物品在从起点向终点转移的过程中所经过的具有独立经营资格或属于独立经营组织的各个节点，基本上可以成为物流分销的一个层次。

2. 分销渠道的特点

（1）分销渠道反映某一特定商品价值实现的过程和商品实体的转移过程。分销渠道一端连接生产，另一端连接消费，是从生产领域到消费领域的完整的商品流通过程。这个过程主要包括两种运动：一是商品价值形式的运动（商品所有权的转移，即商流），二是商品实体的运动（即物流）。

（2）分销渠道的主体是参与商品流通的商人、中间商和代理中间商。

（3）商品从生产者流向消费者的过程中，商品所有权至少转移一次。大多数情况下，生产者必须经过一系列中介机构或代理转卖产品。所有权转移的次数越多，商品的分销渠道就会越长。物流企业分销渠道如图 10-1 所示。

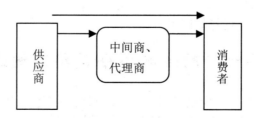

图 10-1　物流企业分销渠道

3. 分销渠道的基本职能

（1）调研。调研是指收集制订计划和进行交换所必需的信息。

（2）促销。促销是指进行关于所供产品的说服性沟通。

（3）接洽。接洽是指寻找潜在购买者并与其进行有效的沟通。

（4）配合。配合是指使所供商品符合购买者需要，包括制造、分等、装配、包装等活动。

（5）谈判。谈判是指为了转移所供货物的所有权，而就其价格及有关条件达成最后协议。

（6）实体分销。实体分销是指储存和运输产品。

（7）融资。融资是指为补偿分销成本而取得并支付相关资金。

（8）风险承担。风险承担是指承担与渠道工作有关的全部风险。

二、物流企业分销渠道的类型

物流企业营销的产品是无形的服务，其内涵与有形产品的分销渠道有所不同。物流企业分销渠道是指从供应商向客户转移所经过的通道。

物流企业的分销渠道主要根据渠道拥有成员的多少分为直接渠道和间接渠道。在产品从生产者转移到消费者的过程中，任何一个对产品拥有所有权或负有销售责任的机构，都作为一个渠道层次。

1. 直接分销渠道

直接分销渠道也叫零阶渠道，或者零层渠道，是指物流企业直接将服务产品销售给客户，无须中间商参与。采用直接分销渠道有以下优越性。

（1）物流企业可以对销售和促销服务过程进行有效的控制。

（2）可以减少佣金折扣，便于企业控制服务价格。

（3）可以直接了解客户需求及其变化趋势。

（4）便于企业开展提供个性化的服务。

鉴于该模式的优点及物流服务产品的特点，目前绝大多数物流企业首选的就是直接分销渠道的模式。我国现代物流产业处于起步阶段，许多客户对于如何购买和使用第三方物流服务缺乏了解，对于这种服务的信赖程度还很低。在这种市场环境下，物流企业只有采用电话、人员上门直接推销、广告或电子商务直接推销的方式，才能使物流服务获得销售和推广。特别是由于国际互联网的迅猛发展，物流企业纷纷利用这个先进的媒介进行服务的宣传与推广。美国联邦快递公司（FedEx）在 1995 年开通网站，使客户实时提交业务、跟踪运输公司、得知抵达时间等。

2. 间接分销渠道

间接分销渠道是物流企业通过一些中间商来向客户销售物流服务的渠道模式。

物流业的特点决定了物流业无批发商与零售商，物流中间商即为代理商。代理商是直接接受物流企业或客户的委托从事物流服务购销代理业务的中间商。代理商只在物流企业与客户之间起媒介作用，通过提供服务来促成交易并从中赚取佣金。尽管代理商的作用是有限的，但是对物流企业而言，采用代理商仍然有以下优点。

（1）代理商可以适应某一些地区或某一些细分市场的客户的需求。

（2）有利于物流企业扩大市场覆盖面。

（3）可以延伸信息触角，拓宽信息来源。

三、物流企业分销渠道系统

物流企业分销渠道系统是渠道成员之间形成相互联系的统一体系，这一体系的形成是物流运作一体化的产物。事实上，不管采用何种分销渠道，企业要想在不同区域和目标市场完成营销任务，都需要独立拥有或合作形成具有管理控制能力的分销渠道系统。随着物流市场竞争与合作的加强，分销渠道及渠道中成员的构成也会发生变化。物流企业分销渠道的系统如图 10-2 所示。

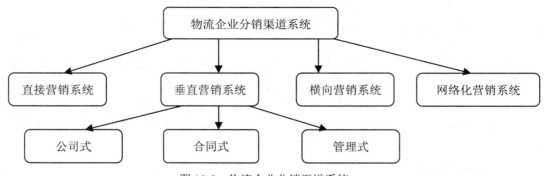

图 10-2　物流企业分销渠道系统

目前，物流企业的分销渠道系统大体有以下结构。

1. 直接营销系统

传统的直接营销就是上门推销。随着信息化等科学技术的发展，直接营销系统的内容越来越丰富，有广告、电话直销、电视直销、邮购直销、网络直销、会议直销等。尤其是互联网的商务化开发和普及，使物流企业可以进行网上销售，这种营销形态成为直复营销，发展前景良好。直复营销（Direct Marketing）也就是直接回应的营销，美国直复营销协会（ADMA）认为直复营销是一个互动的营销系统，它使用一种或多种广告媒体，以产生可度量的回应或达成交易。直复营销的主要形式有以下几种：网络营销——直复营销中电子购物的一种典型形式；数据库营销；直邮营销；电话营销；电视营销；其他媒体营销。

小贴士

TNT 直复营销

2005 年 8 月 9 日，TNT 集团下属的全资附属公司——上海天地直复营销策划服务有限公司宣布，经过短短四个多月的努力，一个名为"亿向"（Eye）的消费者数据库诞生。

从数据开始到数据结束，TNT 直复营销的大致流程为：

（1）需要选择好目标群体；

（2）通过电话、信件、E-mail、面谈等多种形式，把客户需要传递的信息传递给目标消费群体；

（3）对受访者回复的信息进行统计分析。

"通过数据收集活动，建立高水准的消费者数据库，我们将通过其日常的数据管理程序不断强化这一数据库，使其保持实时更新和准确可用。"然而，由于政策的限制，TNT 所依赖的"三驾马车"一直以来都难以在中国实现同场竞技的梦想。

在快递、物流业务先后通过合作伙伴敲开中国市场大门后，TNT 一直在寻求让其邮政业务在中国"松绑"的机会。为此，TNT 决定选择中国邮政作为其业务合作伙伴，为其开展消费者信息收集提供渠道支持。业内人士纷纷认为，借助直复营销业务运作模式，TNT 的邮政业务在中国得以"曲线"开展。

2. 垂直营销系统

垂直营销系统是指由物流企业及其代理商所组成的一种统一的联合体。这一联合体由有实力的物流企业统一支配、集中管理，有利于控制渠道各方的行动，消除渠道成员为追求利益而造成的冲突，进而提高成员各方的效益。垂直营销系统主要有公司式、合同式和管理式。

（1）公司式垂直营销系统

公司式垂直营销系统是在一家物流企业拥有属于自己的渠道成员，并进行统一管理和控制的营销渠道系统。这个系统通过正规的组织进行渠道成员间的合作与冲突控制。中国储运总公司在推行现代企业制度的过程中，建立了以资产为纽带的母子公司体制，理顺了产权关系，其所属 64 个仓库在全国各大经济圈中心和港口形成了覆盖全国、紧密相连的庞大网络，成为其跻身物流服务市场的强大基础。由于同属一个资本系统，公司式的营销系统中各渠道成员的结合最为紧密，物流企业对分销的控制程度也最高。

（2）合同式垂直营销系统

合同式垂直营销系统是指为了取得单独经营时所不能得到的经济利益或销售效果，物流企业与其渠道成员之间以合同形式形成的营销系统。这种系统的紧密程度要逊于公司式。

（3）管理式垂直营销系统

管理式垂直营销系统是指不通过共同所有权或合同而是以渠道中规模大、实力强大的物流企业来统一协调物流服务销售过程中渠道成员各方利益的营销系统。

3. 横向营销系统

横向营销系统是指通过本行业中各物流企业之间物流运作管理的合作，开拓新的营销机会，提高物流效率，各方在共同利益的基础上，实现资源互补、相互信任，为竞争而合作，靠合作来竞争，获得规模效益。横向营销系统能较好地集中各有关企业在分销方面的优势，从而更好地开展分销活动。

4. 网络化营销系统

网络化营销系统需要引用垂直和横向两种分销系统的部分构架，并针对不同目标市场的情况，确定具体的分销关系。当一个企业物流系统的某个环节同时又是另一个物流系统的组成部分时，以物流为联系的企业就会形成一个网络，即物流网络。基于 Internet 的综合物流代理分销渠道流程如图 10-3 所示。

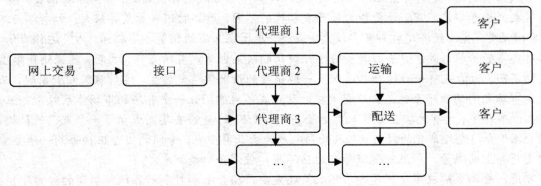

图 10-3　基于 Internet 的综合物流代理分销渠道流程

小贴士

锦程物流网

锦程国际物流集团（简称锦程物流）在15年里，从几个人、几间办公室的货代企业，发展成为今天资产过亿、拥有全球服务网络的大型国际物流集团；从单一功能的业务运营模式逐步转型为业务功能齐全、综合性、国际性的物流运营集团。锦程物流的成功赢在创新战略——连锁加盟构建实体网络。

随着互联网的发展，锦程物流建立了公司网站——锦程物流网（www.jctrans.com）。锦程物流网的成功运作扩大了锦程物流的品牌知名度，为锦程物流实施一系列创新举措打下了坚实的基础。锦程物流实现加盟企业之间的信息共享和运输各环节的资源优化配置，降低联盟企业的运营成本、提高效益，使公司规模不断扩大。

锦程物流网是国内著名的物流综合门户网站，根据世界权威检测网站Alexa.com的访问量排名统计，锦程物流网在国内物流行业网站中连续四年排名第一。锦程物流网成立以来，始终致力于打造全球最大的物流交易市场，为所有需要物流和提供物流的客户服务。锦程物流网连续两年独揽由中国物流行业协会颁发的"最佳物流B to B网站""中国物流最佳媒体"殊荣；连续三年独揽由《电子商务世界》评选出的"中国行业电子商务网站TOP100"称号；连续两年荣获由《互联网周刊》评选出的"中国商业网站100强"称号，成为物流行业唯一上榜的网站。

任务二　物流服务分销渠道的选择与管理

物流企业在设计和选择分销渠道的过程中，会受到包括企业自身情况、物流市场情况、服务产品情况以及政治经济环境等因素的影响和制约。

一、影响物流服务分销渠道选择的因素

 小贴士

娃哈哈集团对窜货的控制

区域窜货问题，是所有企业面临的共同问题，娃哈哈集团也不能避免。中国市场幅员广阔，各省区之间由于经济状况、消费能力及开发程度的不同，产品的销售量差异极大，如浙江与江西、安徽毗邻而居，经济发展却差异较大。娃哈哈集团在三省的销量各不相同，为了运作市场，总部对各省的价格、促销配套力度和给予经销商的政策也肯定有所差异，因而，各经销商根据政策的不同，偷偷地将一地的产品送到另一地销售的情况便难免发生，这种状况频繁出现，必将造成市场之间的秩序紊乱。如蚁噬大堤，往往在不经意间让一个有序的市场体系毁于一旦。在过去十多年中，已有无数企业因此莫名坠马，一蹶不振。娃哈哈集团成立了一个专门的机构，巡回全国，专门查处窜货的经销商，其处罚之严为企业界少有。专门的巡查机构每到一地要看的便是商品上的编号，一旦发现编号与地区不符，便严令彻查到底。

可是，要彻底解决窜货问题，治根之策还是要严格分配和控制好各级经销商的势力半径。一方面充分保护其在本区域内的销售利益，另一方面则严禁其对外倾销。近年来，娃哈哈集团

放弃了以往广招经销商、来者不拒的策略，开始精选合作对象，从众多的经销商中发展、扶植大客户，同时有意识地规划小经销商的辐射半径，促使其精耕细作，挖掘本区域市场的潜力。

（资料来源：王常红. 物流市场营销[M]. 北京：中国书籍出版社，2015. ）

影响分销渠道选择的因素很多，企业在选择分销渠道时，必须对下列几方面的因素进行综合分析和判断，才能做出合理的选择。

1. 物流企业自身因素

企业的特性在渠道选择中扮演着十分重要的角色，影响渠道策略选择的企业因素有：

（1）企业的规模和品牌知名度

物流企业的总体规模决定了其市场范围、较大的客户规模以及强制中间商合作的能力。企业规模大、声誉高、资金雄厚、销售力量强，具备管理销售业务的经验和能力，在渠道选择上主动权就大，甚至可以建立自己的销售机构，渠道就短一些，反之就要更多地依靠中间商进行销售。

（2）企业的营销经验

物流企业过去的营销经验也会影响渠道的设计。一般而言，企业市场营销经验丰富，则可考虑较短的分销渠道。反之，缺乏营销管理能力及经验的企业，就只有依靠中间商来销售。而且若企业曾通过某种特定类型的中间商销售产品，则会逐渐形成渠道偏好。

（3）企业的服务能力

如果物流企业有能力为最终消费者提供各项服务，如安装、调试、维修及操作服务等，则可取消一些中间环节，采用短渠道。如果服务能力有限，则应充分发挥中间商的作用。

（4）企业控制渠道的愿望

物流企业控制分销渠道的愿望各不相同。有的企业希望控制分销渠道，以便有效控制产品价格和进行宣传促销，因而倾向于选择短渠道，而有些企业则无意控制分销渠道，采用宽而长的渠道。

 小贴士

环境因素对物流分销渠道的选择有没有影响

影响物流企业的环境因素包括宏观环境和微观环境。微观环境是指物流企业在目标市场开展营销活动的诸多因素，包括物流企业、供应商、营销中介、竞争者、顾客和社会公众等。这些因素直接影响物流企业提供服务的能力和水平。宏观环境包括政治法律环境、经济环境、社会文化环境、科技环境和自然环境等。宏观环境因素复杂多变、可控性弱，但是它常常给企业带来机遇和挑战。例如"非典"事件，为网上购物迎来良好的发展机遇，对物流配送提出新的要求；国际油价的调整影响货物运价的调整；各国法律、法规的差异影响产品检验规定和代理网点的设置等。影响物流企业渠道选择的因素多，物流市场营销复杂，物流企业应综合分析本企业面临的实际情况，选择适宜的渠道模式，才能在竞争激烈的物流服务市场中占据一席之地。

2. 物流市场因素

（1）目标市场的分布

目标市场的分布是指目标市场规模的大小及潜在客户地理分布状况。如果目标市场规模大且客户分布集中则适宜采用直接渠道；若货主较为分散，则应直接渠道和间接渠道相结合，充分利用间接渠道。例如物流公司承担杂货班轮运输，一船货可能高达几百甚至上千票，因而不利用中间商是很难做好工作的。但对于某些特殊的运输任务，如中远集团为三峡工程所做的大宗货物、特殊货物的运输，由于价值大、复杂、要求高，适用于直接服务，无须中间渠道参与。

（2）购买量的大小

客户购买量大可采用短渠道，直接购买；购买量小，交易次数频繁，则需要采用较长较宽的渠道。

（3）目标客户的购买习惯

目标客户的购买习惯直接影响物流企业分销渠道的选择。货主往往根据自身托运货物的数量、地点等因素来选择物流企业。如果客户需要的是方便、快捷的服务，则物流企业需要与代理商合作，广泛地设立自己的服务网点。例如，宝供物流集团为宝洁、飞利浦、雀巢、沃尔玛和联想等40多个跨国公司和国内企业提供国际性物流服务，目前，宝供物流集团已在澳洲、泰国、中国香港地区及国内主要城市设有多个分公司或办事处，构筑了国际市场的物流运作网络。

（4）需求的季节性

季节性物品由于时间性强，要求供货快、销售快，因此要充分利用中间商进行销售，渠道相应就宽些。

（5）市场竞争状况

企业出于市场竞争的需要，有时应选择与竞争对手相同的分销渠道。因为消费者选择物流企业服务时，往往要在不同品牌、不同价格的企业之间进行比较、选择，这是本企业可以采取类似竞争者所使用的分销渠道；有时则为避免"正面交锋"，选择与竞争对手不同的分销渠道。

（6）市场形势的变化

市场繁荣、需求上升时，物流企业应考虑扩大其分销渠道，而在经济萧条、需求下降时，则需减少流通环节。

3. 物品因素

不同物品适合采用不同的分销渠道，这是物流企业选择分销渠道时必须首先考虑的。物品因素通常包括以下几方面。

（1）物品价格

一般来说，单位价格高的物品，宜采用短渠道，尽量减少流通环节，降低流通费用；而单位价格低的物品，则宜采用较长和较宽的分销渠道，以方便消费者购买。

（2）物品重量和体积

重量和体积直接影响运输费用和储存费用。因此，对于体积和重量过大的物品，宜采用短渠道，以减少物品损失，节约储运费用；体积和重量较小的物品，可采用较长渠道。

（3）物品本身的物理化学性质

凡是易腐、易毁物品，如鲜活产品、陶瓷制品、玻璃制品及有效期短的物品如食品、药品等，应尽可能选择短而宽的渠道，以保持新鲜，减少腐坏损失；反之亦然。

（4）服务解决方案的技术性

技术复杂、售后服务要求高的产品，宜采用短渠道，由企业自销或由专业代理商销售，以便提供周到的服务。相反，技术服务要求低的产品，则可选择长渠道。

（5）物流服务的标准化程度

一般来说，渠道的长度和宽度与物流服务的标准化程度成正比，标准化程度越高，可以使用较长的渠道。

4. 宏观环境

（1）经济形势：在经济繁荣时，市场需求旺盛，企业可以选择最合适的渠道来销售。而当经济衰退时，市场需求下降，通货紧缩，企业应尽量减少不必要的流通环节，采用较短渠道，以控制产品的价格。另外，当遇到突发的危机事件，如 SARS、禽流感等，在疫情比较严重地区的企业，就要对分销渠道进行调整，以应对特殊情况。

（2）政策法规：企业在设计销售渠道时，必须符合国家有关法令政策的规定。国家政策、法规及国际惯例可能限制某些营销渠道的安排，如对运价的调整、产品的检验规定、网店的设置及运输线路的选定。

（3）信息技术：电子商务和电子交易已经成为分销行业战略发展规划不可或缺的组成部分，对于物流分销商来讲，互联网提供的是长期市场营销机遇，而非短期销售机遇，通过互联网分销商品的优势不容小觑。

因此，影响物流企业渠道选择的因素除了企业及市场两个主要因素外，还有物流服务的种类及社会的政治、经济、科技等多方面因素，物流企业应综合分析本企业面临的实际情况来选择渠道模式，在竞争激烈的物流服务市场中占据一席之地。

二、物流服务分销渠道的管理

物流企业在对各种影响因素进行分析并选择渠道模式后，就要对渠道实施管理。物流服务分销渠道的管理主要包括对渠道成员（中间商）的选择、激励、评估、渠道冲突的解决以及对渠道进行必要的调整五个方面，分销渠道的管理如图 10-4 所示。

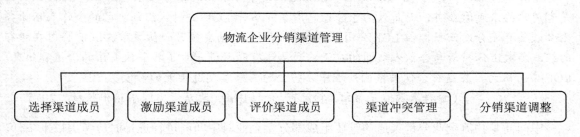

图 10-4　物流企业分销渠道的管理

1. 选择渠道成员

渠道成员是指参与物流活动过程的各类中间商，选择渠道成员即选择中间商。中间商选择合理与否，对物流企业产品进入市场、占领市场、巩固市场和发展市场有着关键性的影响。

 小贴士

LOF 公司构建玻璃运输中的合伙关系

如今托运人在寻找运输供应商时更多考虑的是成本和服务。LOF 是一家建筑和汽车玻璃制造商，它所面临的挑战是搬运和运输大量棘手的产品。LOF 公司对顾客的承诺使其需要这样一种承运人，即既有竞争性价格，又有优越的物流服务。这些服务需求要求 LOF 公司去寻找有创新意识的承运人和实力强大的渠道伙伴。

过去，LOF 公司使用多达 534 位承运人进行内向和外向运输。玻璃运输往往需要使用专门化设备，以使玻璃损坏降低到最低程度。但如果使用专门化设备，则意味着 LOF 公司无法提供回程运输的产品，因此，承运人或者以竞争性低价揽取回程运输品，或者 LOF 公司支付空载回程费用。

值得庆幸的是，LOF 通过与两位承运人的联盟，解决了这个问题。所用内向和外向的零担装运货物全部安排给罗德威物流服务公司承担。虽然该公司负责与装运有关的所有日常业务、跟踪和支付，但它并不需要运送所有的货物。这种安排使 LOF 公司向其 197 位供应商提供免费电话号码，对所有的内向装运给予协作。这种"礼仪路线"系统为内向和外向的装运都选择了最低成本的运输方式和承运人。该系统已在 300 万美元的运输预算中减少了 50 万美元，并排除了 7 万件的书面工作。此外，凯斯物流公司提供第三方的付款服务，负责用电子手段处理所有的账单信息。

尽管成本是 LOF 联盟所要考虑的一个因素，但在建筑玻璃的整车运输中依然存在强烈的质量意识。Schneider National 公司的专门化卡车营运需要 18 个月的试运，才获准成为 LOF 的承运人。Schneider National 的总裁唐·斯纳德声称，这是他所经历的最严格的审查之一。Schneider National 公司与拖车制造 Wabash Nation 公司是合作伙伴，它们对一种专业拖车申请了专利，专门来运输 LOF 公司的玻璃。这种拖车是一种 A 字形设计，改变了标准的平板卡车结构，也排除了专门化设备所产生的问题，但不适合其他货物的回程运输。在 LOF 公司、Schneider National 公司以及 Wabash Nation 公司之间的排他性安排，确保了所有设备都可以为三方合作人利用，任何一家公司都不会承担发展总量紊乱的风险或是财务风险。这种独特的运输合作伙伴关系，使这三家公司分别享受各自在其行业中的竞争优势。

除技术方面外，LOF 公司在其他承诺上也确定了非常高的服务期望和要求。LOF 公司不是利用价格来刺激业务，而是致力于降低总成本。尽管 LOF 公司认识到自己的合作人在业务上必须要有充分的回报，但 LOF 公司认为超额的利润反而会损害合伙关系。LOF 公司在所有的组织层次上保持着与合伙人之间的广泛沟通，这有助于进一步了解合伙关系的价值和状况。LOF 公司认为，在这种合伙关系的处理中，将会为其顾客创造重大的价值。

（资料来源：王常红. 物流市场营销[M]. 北京：中国书籍出版社，2015.）

中间商是物流企业分销渠道的重要组成部分，企业对中间商进行选择时应考虑以下条件。

（1）中间商的经营范围。这是选择中间商最关键的因素，中间商的经营范围应该与物流企业的经营内容和服务范围基本一致，能够协助物流企业在目标市场开展营销活动。

（2）中间商的资金、财务和声誉。资金雄厚、财务状况良好、声誉口碑好的中间商，有利于形成物流企业与中间商的联合。否则，不利于物品和服务的有效传递，增加经营风险。

（3）中间商的营销管理水平和营销能力。中间商经营管理好、工作效率高，则营销能力就强，从而提高对用户提货的服务能力。

（4）中间商对物流企业产品的熟悉程度。中间商对企业的产品越熟悉，就越容易把产品介绍给顾客，从而提高产品的市场占有率。

（5）其他方面。中间商的促销策略和技术、中间商的地理环境和位置以及中间商预期合作程度等，都是物流企业在选择中间商时所要考虑的。

2. 激励渠道成员

激励是对中间商管理的重要一环,其目的是为了让中间商不断积极提高经营水平,建立良好的合作伙伴关系。对中间商的激励可以分为直接激励和间接激励。

直接激励包括制定严格的返利政策、价格折扣和开展促销活动;间接激励包括培训中间商和向中间商提供营销支持。不同的中间商在不同的情况下有不同的需求,这就需要物流企业首先要了解激励对象的需求,然后予以满足。如果不分析中间商的需求情况盲目采取激励手段,其激励效果可能不会很好,有时甚至会起负面作用。还应指出的是,物流企业对中间商的激励毕竟是需要付出成本的,因此物流企业要确定一个合理的激励水平,以免付出许多不必要的激励成本。

此外,在进行激励时,要注意采用多元手段,因为中间商与生产企业如果仅仅只有利益关系,在市场不稳定,出现利润下降甚至没有利润时,中间商就可能流失。如果相互之间的纽带多元化,就可以化解很多危机。如现有一些企业在自身发展的同时,扶持起一大批一流经销商,企业不惜花费较多的时间指导中间商的经营工作,从提供商品发展为提供管理、培训人员,合作领域扩大、接触面扩大,企业对中间商的影响力也随之扩大。

对中间商的激励首先要正确处理好与中间商的利益关系,尽量与中间商建立长期的合作关系。具体激励措施如下:

(1)合理分配利润。企业与中间商在一定程度上是一种利益共同体,这就要求企业合理分配双方利润,否则中间商就没有销售积极性。同时,对中间商要视其情况采取不同的政策。对销售指标完成得好的中间商可给予较高的折扣率,提供一些特殊优惠,还可以发放奖金或给予广告补助、促销津贴等;若中间商未完成应有的渠道责任,则对其进行制裁,可降低折扣、放慢交货甚至终止关系。

(2)做必要让步。此种激励措施要求企业了解中间商的经营目标和需要,在必要时做一些让步,以满足中间商的某些要求,鼓励中间商努力经营。

(3)对中间商提供资金、信息、广告宣传和经营管理等方面的扶持。资金方面,可适当延长中间商的付款期限,放宽信用条件,以解决其资金不足的困难。信息帮助是指将物流企业了解的市场信息和产品信息等及时传递给中间商,为其扩大产品销售提供信息方面的依据。也可定期或不定期地邀请中间商座谈,共同研究市场动向,制订营销措施。广告宣传帮助主要包括帮助中间商策划当地的促销活动,并提供广告津贴、陈列经费、宣传品等,如帮助中间商安排商品陈列、举办产品展览和操作表演、训练推销人员等。经营管理帮助是指物流企业通过帮助中间商搞好经营管理,从而扩大本企业产品的销售量,如帮助设计管理制度规范、责任制度、工作定额标准等。

(4)经销规划。此激励措施是一种把物流企业和中间商的需要融为一体的、有计划的、有专门管理的纵向营销系统。物流企业在其市场营销部门中设立一个分部,专门负责规划与中间商的关系,其任务主要是解决中间商的需要和问题,并做出经营规划以帮助中间商实现最佳经营,双方可共同规划营销工作,如共同确定销售目标、存货水平、陈列计划、培训计划以及广告和营业推广方案等。

总之,物流企业对中间商应当贯彻"利益均沾、风险分摊"的原则,尽量使中间商与自己站在同一立场,将中间商作为销售渠道的一员来考虑问题,而不是使他们站在对立的买方市场。这样就可以较好地缓和产销之间的矛盾,使双方密切合作,共同搞好营销工作。

3. 评价渠道成员

物流企业需按照一定的标准来评价渠道成员的优劣。评价的内容主要包括：该中间商的经营时间、增长记录、偿还能力、意愿及声望、销售密度及涵盖程度、平均存货水平、对企业促销及训练方案的合作、中间商为客户服务的范围等。对于达不到标准的，则应考虑造成这种情况的原因及补救方法。物流企业有时需要让步，因为若断绝与该中间商的关系或由其他中间商取而代之，可能造成更严重的后果。但若存在比使用该中间商更为有利的方案时，物流企业就应要求中间商在规定的时间内达到一定的标准，否则，就要从分销渠道中剔除。

4. 渠道冲突管理

为了争夺市场份额，在分销渠道的中间商之间，甚至物流企业与中间商之间都存在着冲突。事实上，企业的渠道冲突是难免的，特别是物流企业面对的市场范围广，如果营销体系中没有渠道冲突发生，反而说明企业的市场覆盖面可能出现了盲区。可是如果渠道冲突过于严重则会极大地影响渠道成员的合作，分散渠道成员的精力和资源，需要企业给予重视和协调。

（1）渠道冲突的类型

① 水平渠道冲突。水平渠道冲突是指分销渠道中同一层次的中间商之间的冲突。产生这种冲突大多是因为企业没有对各个中间商的销售区域进行明确的划分，导致中间商之间出现抢占市场的局面。对于这种冲突，企业应当及时采取有效措施缓和中间商之间的矛盾，否则会影响渠道内部成员的合作。当然，最重要的还是企业在进行中间商分工时要对销售区域进行明确合理的分配，尽量在源头上避免冲突的出现。

② 垂直渠道冲突。垂直渠道冲突也叫作上下游渠道冲突，是指在一条分销渠道中不同层次中间商之间的冲突。导致这种冲突的原因有很多，例如，上游的中间商直接面向客户销售，导致下游中间商的不满，或者下游中间商由于实力增强，希望在渠道系统中有更大的权利，向上游渠道发起了挑战等。由于在物流服务产品的销售中，多层渠道应用很少，因而这种冲突比较少见，但是利用多层销售渠道进行销售的企业应当引起重视。

③ 多渠道冲突。多渠道冲突是指企业对同一目标市场有一条以上的分销渠道时，分销渠道之间的冲突。企业应当尽力在一个目标市场设置一条分销渠道，以防止这种渠道冲突的出现。例如，企业进行分销渠道改革，决定在有中间商的市场进行直接销售，这必然会导致中间商的不满。

不论面对何种类型的渠道冲突，都需要企业采取及时有效的调解措施，防止渠道冲突进一步影响企业产品的销售。渠道冲突的类型如图 10-5 所示。

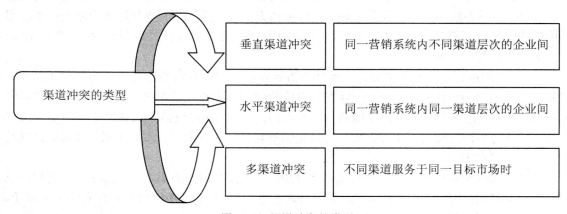

图 10-5　渠道冲突的类型

（2）渠道冲突的原因

不论是物流企业还是中间商，渠道中的成员进行产品销售都是从自身的利益角度出发，利益的矛盾再加上许多其他因素，导致渠道成员之间产生冲突的原因有很多，其中最主要的是以下两点。

① 目标和利益不一致。由于物流企业与中间商各自营销的目标不同导致冲突，例如，物流企业希望通过低价策略抢占市场，而中间商却专注于提高价格获得的短期利益；或者是物流企业希望高价销售并要求现金交易，而中间商却要压低价格并要求赊销。像上述这样，物流企业与中间商之间目标不一致的冲突还有很多。

② 任务与权利不明确。这种问题在分销渠道中也比较突出，主要是对于中间商销售区域、任务、权利等划分不明确。可能是物流企业没有进行详细的考虑和布置，或者是双方在权责关系的认知上存在差异，这些都会导致渠道矛盾的产生。

（3）解决冲突的办法

对企业来说，分销渠道中的冲突是不可避免的，企业应该在经营活动中时刻关注渠道成员的合作状况，总结积累预防和解决渠道冲突的好办法。渠道冲突的解决方法主要有以下几点。

① 超级目标法。超级目标，是指通过渠道成员的共同努力达到单个成员无法达到的目标。这也是我们常说的，系统效用大于系统中个体效用之和，只是这种效用必须在系统成员协调合作的前提下才能发挥出来。从根本上讲，超级目标是单个企业不能承担，只能通过合作才能实现的目标。一般只有当渠道受到威胁时，共同实现超级目标才会有助于冲突的解决，才有建立超级目标的必要。

② 协商谈判法。冲突的双方能够进行积极的协商是解决问题的好办法，但要注意的是，通过协商谈判并不能从根本上解决冲突，只是通过双方的妥协来缓解当前的矛盾。协商谈判可以说是双方讨价还价的过程，在谈判过程中，每个成员会放弃一些东西，从而避免冲突发生，利用谈判或劝说还要看成员的沟通能力。

③ 法律战略法。当企业的领导力不起作用，冲突十分严重而通过协调、谈判无法解决的时候，可能会需要利用法律手段来解决渠道成员之间的冲突。事实上，这种方法只会加剧冲突，对于分销渠道来说毫无益处，非到必要时候不建议使用这种方法，渠道成员也应注意预防，防止相互间出现过于严重的冲突。

④ 退出法。退出是指离开分销渠道系统。虽然我们前面说过分销渠道的稳定性十分重要，然而事实上退出分销渠道系统也是解决渠道冲突的普遍方法。当渠道的水平、垂直或渠道间冲突无法调和解决的时候，果断地退出是一种可取的办法，前提是退出造成的损失不能大于渠道冲突给企业带来的损失。毕竟退出后渠道的特定环节会发生脱节，又需要企业和中间商费时费力重新完善渠道环节，因而在退出之前一定要慎重考虑。

 小贴士

格力与国美的渠道冲突

2004 年 3 月 14 日，国美与格力正式"分手"，结束了合作关系。3 月 9 日，国美北京总部向全国各地分公司发了一份《关于清理格力空调库存的紧急通知》。此前，国美在一次全国统一空调降价行动未能与格力达成共识，于是格力开始将产品全线撤出成都国美 6 大卖场。一时间，"格力与国美彻底闹翻"的传言在业内沸沸扬扬。据悉，格力电器在全国有 20 多家销售公司，其中有 5 家与国美合作。就在前一天，格力并没有说其他 4 家公司不与国美合作。

格力总部市场部有关人士透露，导致这次"分手"事件的直接源头是格力和国美之间有关 2004 年合作的协议没有谈妥。按照格力的说法，国美要求格力给其销售返点偏高（据悉是其他经销商的 2~3 倍），并且要求在空调安装费上扣除 40%作为国美的利润。从 2001 年下半年开始进入到国美、苏宁等大型家电卖场的格力认为，其对所有经销商的政策都是一致的，国美不能有特殊待遇。而国美坚持认为，格力的代理商多级分销模式导致成本过大，空调价格太高。同品质的空调，格力要比其他品牌贵 150 元，这与国美要求的厂家全国直供"薄利多销"的大卖场模式相背离。

此案例说明，随着市场竞争越来越激烈，厂家与经销商之间难免会存在一些冲突，如果厂家与经销商直接互不让步，只会给双方带来更大的损失。国美在实质上仍摆脱不了传统零售业的基本特征，即依靠门店的数量和空间来扩大规模，成本控制能力有限而且无法提高盈利能力。在新经济浪潮到来时，其经营理念已经落后，这是引起双方冲突的根本原因。因此，要想解决冲突，必须改变经营理念，控制好成本，提高自身盈利能力。理论上讲，国美作为渠道中一个强有力的成员，格力完全可以把国美作为一个特殊的大客户，像其他同行那样直接点对点供货，前提是双方遵守既定的游戏规则，不会导致格力原有价格体系的崩溃，国美和格力冲突则会回归理性。

（资料来源：http://wenku.baidu.com/link?url=S70Zl2NkvSAtrk）

5. 分销渠道调整

市场营销环境是不断发展变化的，原先的分销渠道经过一段时间以后，可能已不适应市场变化的要求，必须进行调整。一般来说，对分销渠道的调整有以下三个层次。

（1）增减分销渠道成员

由于个别中间商的经营不善而造成市场占有率下降，影响到整个渠道效益时，可以考虑对其进行削减，以便集中力量帮助其他中间商搞好工作，同时可重新寻找几个中间商替补；市场占有率的下降，有时可能是由竞争对手分销渠道扩大而造成的，这就需要考虑增加中间商数量。在分销渠道的管理与改进活动中，最常见的就是增减某些中间商的问题。这是渠道改进和调整的最低层次。调整的内容包括功能调整、素质调整和数量调整。

（2）增减一条分销渠道

当物流企业通过增减个别中间商不能解决根本问题时，就要考虑增减某一条分销渠道。调整的内容包括：对企业的某个分销渠道的目标市场重新定位，对某个目标市场的分销渠道重新选定。

（3）调整整个分销渠道系统

这是渠道调整中最复杂、难度最大的一类，也是分销渠道改进和调整的最高层次。对企业来说，最困难的渠道变化决策就是调整整个分销渠道系统，因为这种决策不仅涉及渠道系统本身，而且涉及营销组合等一系列市场营销政策的调整，所以必须慎重对待。如放弃原先的直销模式，而采用代理商进行销售；或者建立自己的分销机构以取代原先的间接渠道。这种调整不仅是渠道策略的彻底改变，而且产品策略、价格策略、促销策略也必须做相应调整，以期和新的分销系统相适应。

总之，分销渠道是否需要调整、如何调整，取决于其整体分销效率。因此，不论进行哪一层次的调整，都必须做经济效益分析，看销售能否增加、分销效率能否提高，以此鉴定调整的必要性。

任务三　物流服务分销渠道策略的内容

企业应当根据企业自身因素与市场因素，选择最方便客户也最有利于企业的分销渠道，不仅要保证为客户提供准确及时的物流服务，而且还要考虑所选择的分销渠道销售效率高、费用少，能为企业带来最佳的经济效益。

一、确定分销渠道的模式

分销渠道的模式是指企业选择采用直销渠道还是选择采用间接销售渠道，如果选择间接销售渠道，还要确定销售渠道的长度和宽度。这种对销售渠道模式的考虑应该是建立在对企业实力、市场状况以及其他外部因素权衡的基础上。

二、中间商选择的三种策略

企业如果选择通过间接销售渠道进行物流服务产品的销售，那么中间商的选择至关重要。根据中间商的销售能力以及物流企业对目标市场覆盖面的要求，中间商选择的策略有以下三种。

1. 广泛分销渠道策略

广泛分销渠道策略又叫密集分销渠道策略，是指企业同时选择众多的中间商来推销自己的产品。采用广泛分销渠道策略可以充分利用中间商的销售渠道，最大化地扩展企业产品的市场覆盖面，赢得更多的潜在客户，同时也有良好的广告效果。但是这种策略的缺点就是中间商过多，有些中间商的效率较低，使得企业的分销成本可能上升；中间商之间的盲目竞争甚至可能出现互相抢占市场的局面，难以有效控制。

2. 选择性分销渠道策略

选择性分销渠道策略是指选择在某一地区有一定实力和知名度的中间商销售其产品。采用这种分销策略能够有效保证分销渠道的运作效率，降低企业营销成本，提高利润，同时能加强企业与中间商的合作关系，提高企业对分销渠道的控制力。

3. 专有分销渠道策略

专有分销渠道策略，也叫作独家分销策略，这是一种窄分销策略，是指物流企业在某一地区只选择一家中间商进行产品的独家销售，要求中间商的营销能力能有效满足该地区的市场需求，有充足的营销经验和市场知名度。这种分销策略更体现了物流企业与中间商密切的合作关系，两者通过签订合同确定双方之间的权利和义务，物流企业对渠道的控制力最强，中间商的销售积极性较高。中间商选择策略如图 10-6 所示。

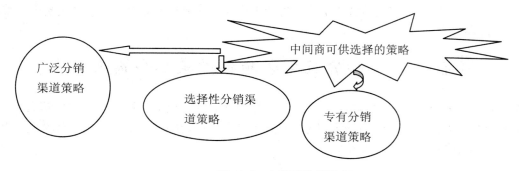

图 10-6　中间商选择策略

除了数量外，质量更是选择中间商的重要参考因素。下面列举一些不同学者建立的中间商选择指标体系，如表 10-1 所示。

表 10-1　不同学者认为企业对中间商的选择指标体系

路易斯·斯特恩等人的研究成果	伯特·罗森布罗姆的研究成果	劳伦斯·G. 弗里德曼等人的研究成果
销售绩效	销售业绩	销售量/销售增长率
财务绩效	库存保持	经营利润
竞争能力	销售能力	市场份额/本产品的份额
遵守合约	态度	销售完成额
适时调整	持有的竞争产品	潜在客户达成交易率
发展规模	增长的潜力	存货定量
顾客满意		客户满意/客户抱怨

资料来源：崔秀梅，张茂忠. 分销渠道中间商选择研究[J]. 科技管理研究，2006（6）：106.

通过表 10-1 可以发现，学者们提出的企业对中间商的选择指标体系大体是相同的，主要包括销售业绩、财务绩效、竞争能力（销售能力、市场占有率）、应变能力（态度、适时调整）、本产品竞争力（持有竞争品或本产品份额）和服务水平（顾客满意或抱怨）等。

三、分销渠道成员的权利与义务

物流企业在与中间商建立合作关系时需要确定两者在产品销售过程中各自的权利和义务，这种权责关系一般通过合同的形式确定下来。一般来说，物流企业与中间商之间的权责关系主要包括以下几点。

1. 双方的利润分配

在合同中确定中间商通过销售产品所能获得的佣金，对于不同的中间商、不同的产品可以给予不同的佣金比率。

2. 中间商的经营范围

确定允许中间商进行物流服务产品经营活动的地区范围，中间商在该地区享有一定的经营自主权，同时也应当确定中间商在范围外地区的经营权限，这防止出现不同地区的中间商之间抢占市场的情况。

3. 其他权利与义务

物流企业与中间商可以根据业务需求，制订一些其他方面的权责关系。例如，中间商可以享受的折扣条件以及在宣传、人员培训等方面的权利和责任。

四、分销渠道方案选择原则

分销渠道管理人员在选择具体的分销渠道模式时，无论出于何种考虑、从何处着手，一般都要遵循以下原则。

1. 畅通高效的原则

畅通高效原则是渠道选择的首要原则，这是由企业建立分销渠道的主要目的决定的。物流服务产品的分销渠道应该以客户的需求为导向，保证目标市场的客户通过最快速、最便捷的渠道取得所需的服务，同时还应在畅通高效的前提下努力提高分销渠道的效率，降低分销成本，以获得最大的经济效益，赢得竞争的时间和价格优势。

2. 覆盖适度的原则

物流企业在建立其产品分销渠道之前应该确定其目标市场的位置和范围，特别是物流服务产品的特性要求企业建立分布相当广泛的渠道覆盖面，而部分偏远地区由于对物流服务产品的需求量较小，物流企业可以考虑不在这些地区开通业务以降低成本。这就需要物流企业进行全面的权衡考虑，既要避免渠道覆盖面不足导致市场流失、销售量不足，也应当避免分布范围过宽过广造成沟通和服务的困难，导致无法控制和管理目标市场。

3. 稳定可控的原则

物流企业建立分销渠道往往需要耗费大量的人力、物力、财力，整个过程的建立也是复杂而缓慢的，分销渠道内任何环节的突变都会影响到整条渠道的运作，进而影响物流企业的产品销售，因而分销渠道的稳定性至关重要。此外，分销渠道也不是一成不变的，随着内外部环境的变化，物流企业需要对产品的分销渠道进行一定的调整以适应新的环境，保持渠道的适应力和生命力，这也需要物流企业始终保持对渠道的控制力，使渠道在可控制的范围内保持基本的稳定状态。

4. 协调平衡的原则

分销渠道内的成员共同组成了一个有序的销售系统，然而渠道成员间的利益关系并不是完全统一的。有时物流企业希望能以高价出售物流服务产品，然后价格过高又会影响到经销商的销量和收入。不同的经销商之间有时候也会产生冲突，这些就是渠道冲突。物流企业面对这些状况，就必须对分销渠道成员间的利益进行合理的分配，不应从片面的利益角度出发而忽略了其他渠道成员的利益，同时还要对渠道成员之间的矛盾进行协调、控制，保证分销渠道的效率。

5. 发挥优势的原则

企业在选择分销渠道模式时为了在竞争中处于优势地位，要注意发挥自己各个方面的优势，将分销渠道模式的设计与企业的产品策略、价格策略、促销策略结合起来，增强营销组合的整体优势。

◇ 项目小结

本项目主要讲述了物流服务分销渠道的策略，介绍了分销渠道的概念、物流服务分销渠道的选择与管理，着重讲述了选择、激励和评价渠道成员的方法和指标，介绍了渠道冲突管理的具体方法，重点阐述了物流服务分销渠道可采用的三种策略。

重点概念：分销渠道、中间商选择、渠道冲突、分销渠道策略。

◇ 知识巩固

一、选择题

1. （　　）是物流企业通过中间商向客户销售物流服务的渠道模式。
  A. 直接渠道　　　　B. 间接渠道　　　　C. 垂直分销　　　　D. 水平分销
2. （　　）系统需引用垂直和水平两种分销渠道系统的部分构架，并针对不同目标市场的情况，确定具体的分销关系。
  A. 垂直分销　　　　B. 水平分销　　　　C. 网络化分销　　　　D. 横向分销
3. （　　）是指每个区域只选择一家或少数几家中间商进行分销，并要求中间商只经销本物流企业的物流产品的分销形式。
  A. 广泛分销　　　　B. 选择性分销　　　　C. 专有分销　　　　D. 间接分销
4. 物流分销渠道成员不包括（　　）。
  A. 物流企业　　　　B. 客户　　　　C. 中间商　　　　D. 辅助商
5. （　　）是直接市场营销的最新形式，是由互联网替代了报刊、邮件、电话和电视等中介媒体，其实质是利用互联网对产品的售前、售中和售后各环节进行跟踪服务。
  A. 特许经营　　　　B. 网络化分销系统　　　　C. 网络营销　　　　D. 垂直分销系统

二、判断题

1. 确定企业所要达到的目标市场是渠道有效设计的起点。
2. 判断一个渠道方案的好坏就是看它能否带来较高的销售额和较低的成本。
3. 渠道冲突是完全可以通过某些方法和手段避免的。
4. 使用法律战略更为公平公正，应当提倡使用这种方法来解决渠道冲突。

三、简答题

1. 渠道冲突的类型有哪些？
2. 解决渠道冲突的具体举措有哪些？
3. 物流企业如何选择中间商？
4. 物流分销渠道的模式、分类有哪些？
5. 如何对物流企业的分销渠道进行有效管理？

◇ 案例讨论

中国远洋运输集团（简称中远集团或中远）是以国际航运、现代物流以及船舶修造为主业的大型跨国企业集团，是中国最大的国际航运、物流和修造船企业集团，综合实力居世界前列。

面对集装箱行业供大于求的市场态势，中远集团为了应对集装箱市场的竞争，充分考虑到集装箱市场的分销，如果使用中间商，会导致箱源不稳的市场局面。而且集装箱运输行业供大于求的市场态势使得公司必须充分利用价格竞争的手段开展与对手的竞争，以获得更稳定、更多的货源。公司如果与各类货主直接会面和接触，增加了解市场、了解需求和了解客户的机会，就能向客户提供更有效的服务，提高他们的满意度。

分析以上因素，中远集团在自己的主要目标市场上直接设立自己的办事处，开展直销渠道，不通过中间商。这样，揽货能力增强了，保证了货源，增强了企业的竞争力。对于一些重点大客户，中远集团干脆直接将自己的办事机构设在客户公司内，实行"一站式全程绿色通道服务"。

问题：

（1）中远集团为什么在集装箱运输市场上采用直销渠道策略？这一策略的优势体现在哪里？

（2）中远集团的这种分销策略对物流企业选择分销渠道类型有哪些启示？

◇ 实训拓展

实训 1　物流企业分销渠道调查

【项目情景】

宝洁公司为什么会成功？究其原因，是对市场的深入了解、体贴入微的对消费者需求的把握、新技术和新方法的大量使用、构思独特的广告之术、高效快速的销售执行、大量准确的消费者沟通、审慎的产品推广计划，以及周到的售后服务；当然更包括企业准确的目标、全员共识的战略、先进的企业文化，最重要的是宝洁独到的选拔、激励发展战略分销商的独到之处。

宝洁公司的销售部门在 1999 年之前称为销售部，全国共分为四个销售区域，即华南，以广州为区域中心；华北，以北京为区域中心；华东，以上海为区域中心；西部，以成都为区域中心。每个销售区域配有相应的区域分销中心（Regional Distribution Center），并有相应的后勤、财务、人力资源和营销行政人员。宝洁的分销商生意系统是中国第一个由制造商帮助分销商建立的管理进销存的系统，为提升中国分销商的管理水平和竞争优势立下了汗马功劳，这也是整个分销商管理系统的数据库基础，以后的分销商一体化系统（Integrated Distribution System）和高效分销商补货系统（Efficient Distribution Replenishment）都以此系统为基础。华南区销售经理魏炜先生在华南理工大学管理系毕业后，负责宝洁公司洗衣粉包装的改革项目，即由原来的纸箱包装改为塑料袋包装。这次改革的成功堪称中国洗衣粉包装的一场革命。目前，基本上所有的洗衣粉为塑料袋包装，这大大节省了包装、储存和运输的成本，大大提升了产品的竞争优势。

请根据宝洁公司现有的分销模式，进行宝洁西安大区分销渠道调查。

【实训目标】

通过实训，学生能够根据情景案例来调查宝洁西安大区的分销渠道。

【实训准备】

（1）了解并掌握物流企业设计分销渠道的基本思路和方法。

（2）熟悉分销渠道的相关概念。

【实训器具】

企业相关资料、笔、笔记本等。

【实训步骤】

（1）将学生进行分组，每组 6～8 人，每个小组选 1 名队长。

（2）先上网搜集将要调查的物流企业的相关资料，以每位学生为单位，针对情景设置里的分销渠道设立，对如何进行分销渠道调查各自发表意见，并进行记录。

（3）各组通过总结，收集要制订的内容。

（4）实地走访宝洁公司，调查了解该企业分销方面的主要做法，做好相关记录。

（5）走访企业完毕后撰写调查报告，其内容包括该企业分销渠道的特点、对企业分销渠道的改进建议。

（6）最后各组组长向全班同学汇报。

【实训评价】

教师对各组设计方案做出综合评价，如表 10-2 所示。

表 10-2　考评表

考评人		被考评人		
考评地点				
考评内容	物流企业分销渠道调查			
考评标准	具体内容		分值	实际得分
	企业背景分析		20	
	物流服务分销渠道类型的掌握和应用		30	
	物流服务分销渠道管理的掌握		20	
	物流服务分销渠道设计的能力		20	
	小组团队合作和敬业态度		10	
合　　计			100	

实训 2　物流服务分销渠道管理

【项目情景】

今天我们耳熟能详的快递公司，除了顺丰速运基本是直营外，其他快递公司多采取加盟制，不过加盟商的架构不同。一些大快递公司，可能有湖北—武汉—武昌区几级加盟商。每一单业务会被层层包转，这些加盟商每送出一单，就能拿到一单的钱，这是很强的激励机制。就是这种激励机制，使快递公司和加盟商形成统一的利益体，实现货物的日常运送。

加盟商的参与降低了快递公司总部的经营成本，加盟商的经营效率也比直营的高，但加盟制的弊端显而易见：如果对加盟商的管理力度不强，就可能比直营快递公司更容易发生货物丢失、延误派送等现象。

如果快递公司要保持持续发展，如何改善渠道管理方法，特别是针对加盟商有什么好的举措？

【实训目标】

通过实训，学生能够根据情景案例提出改善物流企业分销渠道管理的具体方法。

【实训准备】

（1）掌握渠道成员的激励办法。

（2）熟悉渠道冲突管理的方法。

（3）熟悉分销渠道调整的举措。

【实训步骤】

（1）全班分成若干个组（5～8人一组为宜），每组指定专人负责。

（2）精心进行物流服务分销渠道相关资料准备，可以提前一周布置学生准备。

（3）以每位学生为单位，根据情景案例罗列改善物流企业分销渠道管理的具体方法。

（4）授课教师提供丰富的企业素材和模拟情景。

（5）每组组长陈述结果，总结情景模拟练习的收获，分析存在的问题。

【实训评价】

教师对各组设计方案做出综合评价，如表10-3所示。

表 10-3 考评表

考评人		被考评人		
考评地点				
考评内容		物流企业分销渠道管理的方法		
考评标准	具体内容		分值	实际得分
	企业背景分析		20	
	激励渠道成员的方法		30	
	分销渠道调整的掌握		30	
	论证的条理性、合理性		10	
	团队合作和敬业态度		10	
合　　计			100	

项目 11 物流服务促销策略

◇ **知识目标**

1. 了解物流服务促销的含义；
2. 理解物流促销的作用；
3. 掌握物流产品的促销组合策略；
4. 掌握人员推销、广告促销、营业推广及公共关系的实施过程。

◇ **能力目标**

1. 具备物流服务人员推销的能力；
2. 能够综合考虑各种因素，选择合适的促销组合策略；
3. 能根据物流企业的特点及所处环境，选择适当的促销方式，达到最佳宣传效果；
4. 能够对给定物流产品进行人员促销；
5. 能够制定物流产品的公共关系推广方案；
6. 能够初步完成物流产品的促销方案。

◇ **本项目知识结构图**

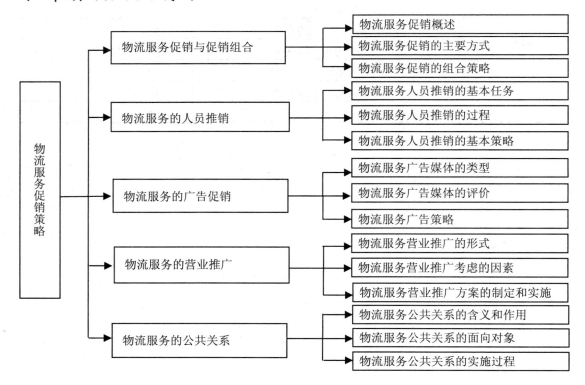

◇　职业标准与岗位要求

职业功能	工作内容	技能要求	相关知识
促销组合知识认知	推拉战略过程的应用	➢ 能熟知促销的概念 ➢ 能熟知促销组合的实施过程 ➢ 能准确把握促销组合的因素	➢ 促销 ➢ 促销组合 ➢ 推拉战略
人员推销实施模式	人员推销的策划	➢ 能掌握物流企业人员推销的特点及方法 ➢ 能根据企业实际情况进行人员推销的实施 ➢ 能进行物流企业人员推销的管理	➢ 人员推销 ➢ 人员推销的过程 ➢ 物流企业人员推销的组织结构
广告促销策划实施	物流企业促销广告编制	➢ 能熟知广告的概念 ➢ 能进行广告媒体的合理选择 ➢ 能对广告效果进行评估	➢ 广告 ➢ 广告媒体的选择 ➢ 物流企业广告策略
营业推广操作	营业推广活动规划	➢ 能熟知营业推广考虑的因素 ➢ 能了解营业推广的对象 ➢ 能选择营业推广的恰当时机 ➢ 能确定营业推广的费用	➢ 营业推广 ➢ 营业推广的形式 ➢ 营业推广的考虑因素

◇　任务的提出

联邦快递的促销策略

联邦快递公司（FedEx 或 FDX），是全球快运业的一方巨擘。它仅用 25 年时间，从零起步，在联合包裹服务公司（UPS）和美国运通公司等同行巨头的前后夹击下迅速成长壮大起来，发展为现有 130 多亿美元，在小件包裹速递、普通速递、非整车运输、集成化调运管理系统等领域占据大量市场份额的行业领袖，并跃入世界 500 强。公司现有全世界员工总数 14.5 万人，开展业务的国家和地区 211 个，全球业务航空港 366 座，备有各类型运输飞机达 624 架，日出车数近 4 万辆，处理超过 200 万磅的空运货物。

公司每月提供两次机会供人参观，一批批客人也愿意支付每人 250 美元的票价，来到其位于田纳西州孟菲斯的超级调运中心，亲自感受一下它的恢宏气势、高速繁忙而精确的作业现场，领略其非凡的竞争力。

同时，FedEx 还表明，在服务业中，先进的系统和技术仍需与充满亲情的人与人的面对面交往为基础。令人仰慕的企业形象是要花很多年建立的，并具体体现在各员工与顾客接触的那几秒钟内。公司力求最大限度地调动员工的积极性，让他们在每一个表情和举手投足间将企业的好形象传递出去。

在 FedEx 主页上最引以为自豪的服务案例，是其在母亲节这一天为成千上万的家庭送去充满人情的"FedEx 之盒"。因为这是全美餐馆最繁忙的一天，也是无数家庭表达其亲情与和睦的一天，但许多家庭却会因临时找不到餐馆空位而驻足久等，或在一家又一家的餐馆前徘徊。FedEx 就与一家全美最大的餐馆调查公司联手，运用其智能系统，根据各餐馆订座、距离、家庭人数等情况编排出应去哪家餐馆使用哪个餐位的计划，将其连同公司祝贺词一道灌录在那个著名的绿色小盒中，递送到千家万户，真正体现了"礼轻情意重"之服务要旨。

公司现在已经把"交给联邦快递"这句话同遵守承诺等同起来。这一成果来之不易，诚如FedEx 电子贸易经理布朗称："无论顾客是通过电话、亲自上门，还是通过国际互联网，我们的目标都是要保持百分之百的顾客满意。"

试分析：联邦快递采用了哪些行之有效的促销方法？如果是你，你会采用哪些联邦快递尚未想到的促销方法？

◇ 任务分析

通过任务分析，学生需掌握如下内容或要点：
1. 物流服务促销的含义以及特点；
2. 物流服务促销的作用、目标；
3. 4Ps 促销组合的基本内容。

任务一　物流服务促销与促销组合

物流企业要想市场营销活动成功，必须进行灵活多样的促销活动。物流企业促销活动是企业和消费者之间的一种沟通活动，它可以刺激消费者的需求，扩大产品的销量，提高市场占有率。因此，物流市场营销是企业实现经营目标的重要手段，对物流企业有着重要作用。

一、物流服务促销概述

促销（promotion）是指企业通过各种方法和手段把企业的产品和服务的信息通过各种方式传递给消费者，沟通企业与消费者之间的信息，引发、刺激消费者的消费欲望和兴趣，使其产生购买行为的活动。促销实质上是企业与消费者之间的信息沟通，具体来说，它具有以下两层含义。

1. 促销的含义

（1）促销工作的核心是信息沟通

企业与消费者之间达成交易的基本条件是信息沟通。如果企业没有将其生产的产品或服务的有关信息传递给消费者，那么，消费者对此则一无所知，自然谈不上购买。只有企业主动地把其产品或服务的信息传递给消费者，才可能使消费者引起注意，并有可能产生购买欲望。

（2）促销的目的是引发、刺激消费者产生购买行为

消费者是否产生购买行为很大程度上取决于消费者的购买欲望，而消费者购买欲望又与外界的刺激密不可分。促销正是针对这一特点，通过各种传播方式把产品或服务的有关信息传递给消费者，以激发其购买欲望，使其产生购买行为。

对于现代的物流企业，物流服务促销是指物流企业在经营的过程中，利用各种方式和手段把本企业所能提供服务的相关信息，如服务的内容、方式、特色等，传递给消费者，进而促进销售的经营活动。通过物流企业的促销活动，客户可以对物流企业有一定的认识，进而才可能购买企业提供的服务。因此，物流服务促销是物流企业与客户沟通的重要方式，它影响了物流企业的运营效益，所以进行服务促销非常必要。

小贴士

海航集团"甘肃年，海航情"主题公共活动

2007年4月6日，海航集团"甘肃年，海航情"系列活动在甘肃省省会城市兰州隆重举行。当日下午2点，海航集团"甘肃年，海航情"海航空乘现场招聘活动在兰州市东方红广场开始。数千名应聘者争先排队参加海航乘务员招聘报名，场面尤为壮观。下午3点，海航集团"甘肃年，海航情"主题活动在兰州市宁卧庄宾馆举行，系列活动包括：海航集团"甘肃年，海航情"航空、旅游、机场产品推介会；海航集团"甘肃年，海航情"新闻媒体通报会和海航集团"甘肃年，海航情"主题推介活动暨答谢晚宴。

海航集团通过实施"海航甘肃年"计划，极大地改善了甘肃省民航发展滞后的局面。

海航集团以兰州分公司作为基地，以甘肃机场集团所属兰州机场、敦煌机场、嘉峪关机场和庆阳机场为依托，投入4架飞机，执行支线航班14条，推动了甘肃地区航空运输业跨越式的发展。目前，海航集团在甘肃周航班量为64班次，无国际或地区航班，只有北京、西安、厦门、福州、重庆、桂林、海口、嘉峪关、长沙、广州、深圳、太原、天津、兰州、庆阳、敦煌、呼和浩特、大连和沈阳19个通航城市。

"甘肃年，海航情"活动启动后，海航将在甘肃地区的航线网络上对航线宽度和航班密度进一步完善。甘肃地区网络覆盖面将大幅度拓宽，主干航线密度增强；计划开通兰州到香港等航班，周航班量约为200班次，增长幅度约为200%；提供航点38个，增长幅度为100%，使通航城市在现有基础上再翻一番。同时，建立以兰州为结点的入疆、进藏的航空通道。以兰州为枢纽，连接全国航线网络，兰州始发可通过北京、西安、海口和广州中转枢纽，实现800余条中转联程的衔接，中转至欧洲、非洲、日本及中国港澳多个国家及地区城市，从而极大地丰富了甘肃地区与地区性、国际性交流合作的交通网。

此外，海航集团针对甘肃旅游的特点，通过对甘肃省旅游资源的充分挖掘和重新包装整合，设计了全新的"丝绸之路游"，海航将以运力的投放和新航线的开辟，打开甘肃通往国际、国内两个市场的大门，促进甘肃经济与旅游产业的快速发展，以满足国内、国际旅客进出甘肃的需要。在当天的启动仪式上，数千名应聘者排队参加海航乘务员招聘报名活动。同时，海航集团、团省委和礼县政府共同签署了捐建希望小学的协议。

（资料来源：http://www.gscn.com.cn）

2. 物流服务促销的基本目标

物流企业通过促销要达到的基本目标是：建立对该物流服务产品及物流企业的认知和兴趣；使服务内容和物流企业本身与竞争者产生差异；沟通并描述所有提供服务产品的种种利益；建立并维持物流企业的整体形象和信誉；说服顾客购买或使用该项物流服务产品。物流服务促销的具体目标如图11-1所示。

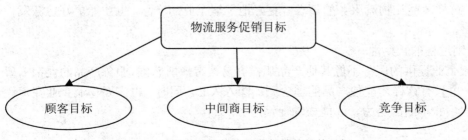

图11-1 物流服务促销的具体目标

3. 物流服务促销的作用

物流服务是一种无形的服务产品，如何使需求者真正感觉到本企业所提供的物流服务，是物流服务促销的主要任务。因此，物流服务促销是企业营销活动中的重要组成部分，对物流企业具有重要作用。

（1）沟通信息，提供情报

销售产品是市场营销活动的中心任务，信息传递是产品顺利销售的保证。信息沟通包括两方面，一方面是企业为消费者提供服务产品的相关信息，介绍有关企业现状、产品特点、价格及服务方式和内容等信息，以此诱导消费者对产品或服务产生需求欲望并采取购买行为；另一方面是企业收集客户对本企业及产品的相关信息，如客户对产品的看法、态度、建议等，使企业更好地满足客户的需求，并为日后的促销活动提供基础。

（2）刺激需求

物流企业的促销活动不仅可以诱导需求，而且能在一定条件下创造需求。物流企业通过促销活动，突出本企业产品的特点，侧重宣传从订单处理、仓储保管、运输配送、装卸到包装、流通加工、信息反馈等一连串作业活动，创造商品的附加值，为客户提供增值服务，使消费者认识到购买本企业产品所带来的利益，激发消费者的需求欲望，变潜在需求为现实需求。

（3）改善企业形象，提高企业的知名度和美誉度

传统的广告活动、宣传推广以及 CIS 活动等形式多样的促销活动有助于塑造与改善企业的形象，在公众和顾客群体中提高其知名度和美誉度。

（4）稳定客户关系

在激烈的市场竞争中，企业产品的市场地位经常不稳定，致使有些企业的产品销售波动较大。物流企业运用适当的促销方式，开展促销活动，可使较多的消费者对本企业的产品产生偏爱，加深企业和客户之间的感情，与客户建立长期、稳定的合作关系，进而稳住已经占领的市场，达到稳定销售的目的。

（5）指导顾客消费

促销活动有助于顾客对产品的了解，有助于顾客对广告的正确识别，有助于顾客消费意识的提高。

4. 物流服务促销的特点

（1）物流服务的有形化

现代物流企业通过一系列的物流活动，一方面向客户提供产品运输、仓储、配送等传统服务；另一方面向客户提供更为重要的增值服务。这些物流服务都具有一定的非实体性和不可储存性特点。针对物流服务的这些特点，在进行营销活动中，一定要注重把物流服务的无形化尽量地有形化，这样才能让物流服务的需求者更好地了解企业的产品，也才能更好地激发他们购买产品的欲望。

（2）促销过程的长期性

由于物流企业提供的服务不像其他产品那样容易被客户所感知，服务产品的促销需要一个长期的过程，也只有这样才能使产品的理念更加深入人心。同时，也需要物流企业在促销过程中做长期的积累和不断的努力，才能成功促销服务产品。

（3）促销人员的专业性

物流企业是以提供服务产品为主的企业，而且这些服务要求具有相应的专业知识才能更好地保证整个物流过程的高效率和高效益，这就决定了物流服务促销人员必须是专业人士。物流专有人员在进行推销时可以根据各类客户对物流服务的不同需求设计不同的推销策略，并在推销过程中随时调整。在与客户进行交流的同时，还可以及时发现和挖掘客户的潜在需求，通过努力扩大对客户的服务范围，尽量满足客户的需求。

（4）促销范围的广泛性

为了满足社会对物流的需求，物流市场的触角遍及全国乃至世界各地，面对的是一个多层次的需求主体。这些客户群体既有社会组织的，也有个人的；既有国内的，也有国外的；既有固定的，也有流动的。此外，物流服务需要全程物流网络和线路，对单个物流企业来说，它所完成的是整个物流网络的一个阶段，为促进销售，各个阶段需要密切地协作，以确保物流服务的质量。

5. 物流服务促销的主要方式

物流企业在促销中可以使用的方式有很多，按照信息传递的载体，可以把促销分为人员促销和非人员促销两大类，具体包括人员推销、广告促销、营业推广、公共关系四种主要方式。

二、物流服务促销组合

1. 促销组合的概念

促销组合是一个物流企业的总体营销传播计划。促销组合就是有目的、有计划地对人员推销、广告促销、营业推广和公共关系进行综合运用。这四种促销方式所包括的推销方法有很多，如各种广告形式、各类人员推销以及服务场所的布置等。如何从中选择和组合，使营销获得成功，是物流企业营销的重点和难点。

人员推销、广告促销、营业推广和公共关系的形式、特点和作用是不同的，但是它们增加物流服务需求、扩大物流服务销售的目的是一致的。

（1）人员推销

人员推销是指企业通过推销人员与消费者面对面地交谈来传递信息，说服消费者购买的一种营销活动。这种促销方式的最大优点是能够实现信息的双向传递。一方面，推销人员可以直接向消费者演示和说明物流服务的信息，以增进顾客对产品的了解，从而促进销售；另一方面，可直接了解到顾客的意见和要求，以便及时改进产品和经营。因此，人员推销对于那些单位产品价值高、市场比较集中、无足够资金推行完善的宣传策略的企业非常有效，但是人员推销的成本比较昂贵。

（2）广告促销

广告促销是指通过一定的媒介，以付费的方式向消费者展示和推销产品或服务的一种促销方式。广告宣传的最大优点是传播速度快、宣传面广、形象生动、节省人力。物流企业的广告促销通过综合运用文字、声音、图像等手段，增强信息的表现力，使客户易于接受。同时，由于广告具有公众性，在树立企业产品的长期形象方面有比较好的效果。对于那些产品市场很大、需求量增长快、产品具有特色或隐藏性质，需要向消费者说明的企业，广告宣传十分有用。但是广告单向传播信息，往往不能促成立即成交，而且广告的费用也比较昂贵。

（3）营业推广

营业推广是指一种短期促销的方式，是在短期内采取一些刺激性的手段来鼓励消费者购买的一种营销活动。营业推广主要通过优惠、有奖销售等形式进行宣传，使消费者产生强烈的、即时的反应，促成立即购买，从而提高产品的销售量。但这种方式通常只在短期内有效，如果时间过长或过于频繁，很容易引起消费者的疑虑和不信任。

（4）公共关系

公共关系是指通过协调企业与公众之间的关系，以争取公众对企业的理解、认可和合作，达到扩大企业产品推销目的的推销方式。公共关系的核心是沟通信息，促进相互了解，宣传企业，提高企业的知名度，为企业创造一个良好的发展环境。公共关系主要通过新闻报道以及企业参加的各种社会活动来传播企业和产品的信息。由于传播的信息带有新闻性，因而消费者一般会感觉广告信息是有权威性的、公正可靠的，比较容易相信和接受。但这种方式不如其他方式见效快，而且信息发布权掌握在公共媒体手中，企业也不容易进行控制。

2. 影响物流服务促销组合的因素

营销成功的关键在于合理选择、组合各种物流服务的促销方式。企业在进行促销活动时，不仅应综合考虑促销组合与整体营销的关系，还要分析目标市场的环境，客户的数量、类型及要求，不同商品的性质和市场生命周期等。影响物流服务促销组合的因素有如下四个方面。

（1）物流服务的性质

物流服务的促销策略应依据不同类型的服务产品及不同客户的需求而定。如果物流服务比较复杂，最好采用人员推销的方式；如果物流服务简单，则比较适合采取广告的方式。对于机构的物流服务促销，需要与客户当面接触，这时物流服务的促销以人员推销为主，同时利用广告作为辅助手段。

（2）物流产品的生命周期

产品市场在生命周期的不同阶段，市场的状况不同，企业的促销目标不同，所以，促销手段的配合也应不同。

① 产品进入市场之前。这一时期，运用广告宣传形式是较为合适的。因为在产品进入市场之前，消费者从未接触过，极为陌生，这个时候，如果能够利用广告这一直观且富于表现力的宣传形式，把新产品展示于众，在消费者心中留有好的印象，就为产品的顺利上市奠定了基础。

② 产品的市场导入期与成长期。这一时期，促销的主要形式还是广告宣传，人员推销只起辅助作用。在产品的市场导入期的广告宣传是广泛的介绍，在成长期的广告目的则是树立品牌、突出特色，引起客户的偏爱。至于人员推销，在导入期主要是劝说经销商经销产品，在成长期则应努力扩大销售渠道，创造需求，提高市场占有率。

③ 产品的市场成熟期。这一时期，企业从事促销的目的则是努力巩固产品的市场地位。这时候的促销手段仍以广告为主，同时辅以营业推广扩大企业和产品的声誉，争取在竞争中取胜。

④ 产品的市场衰退期。这一时期，物流企业更多地采用营业推广的促销方式，如进行有奖销售和赠送销售等。这时的广告起到提示作用，面向企业的忠实客户，提示他们不要忘记使用老的服务产品。

（3）市场性质

采用哪种促销组合应依据不同的市场特点，市场的客户数量及市场的集中程度不同，都会影响促销组合的形式。产品的目标市场集中或不同类型的潜在客户数量不多，应以人员推销为主,这样人员推销的作用会得到充分发挥,而且能够把一些广告费用节省下来;如果销售市场的范围广阔,或不同类型的潜在客户数量很多,采用人员推销就不太现实,因为它无法适应广泛的市场需求,这时就应以广告宣传为主。

（4）企业情况

企业的规模与资金状况不同,应该运用不同的促销组合。如果企业规模比较大、产品数量多、资金雄厚,就有能力负担大量的广告费用,广泛地向客户施加影响,所以,就应以广告促销为主,人员推销为辅;如果是小规模的企业,一般资金力量较弱,支付大量的广告费用比较困难,就应该以人员推销为主。

3. 促销的基本策略

（1）推式策略

推式策略是指企业运用人员推销等方式,把产品推向市场,即从生产企业推向中间商,再由中间商推给消费者。推式策略一般适合于单位价值较高、性能复杂、需要做示范的产品;根据用户需求设计的产品;流通环节较少、流通渠道较短的产品;市场比较集中的产品等。推式策略的优点是风险小、推销周期短、资金回收快。推式策略具体运作如图 11-2 所示。

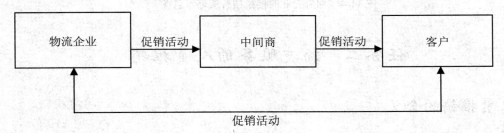

图 11-2　物流企业的推式策略示意图

物流企业采用推式策略,常用的方法主要有人员推销、营业推广等。例如,大家熟悉的一种保健品——脑白金,其公司就经常进行营业推广活动以促销产品。

（2）拉式策略

拉式策略是指企业针对客户展开广告攻势,使其对本企业的产品产生购买欲望,形成市场需求,以扩大销售。对单位价值较低的日常用品;流通环节较多、流通渠道较长的产品;市场范围较广、市场需求较大的产品,通常采用拉式策略。拉式策略具体运作如图 11-3 所示。

图 11-3　物流企业的拉式策略示意图

物流企业采用拉式策略,常用的方式主要有价格促销、广告、代销等。脑白金产品的广告是大家所熟知的,其广告使许多潜在客户都产生了购买的欲望与冲动,那句广告词——“今年过年不收礼,收礼只收脑白金”更是为人熟知。正是由于成功运用了广告促销策略,脑白金在短时间内成为一种非常大众化的产品，每年的销量惊人，为公司赚得巨额利润。

4. 促销组合策略

营销人员可以在两个基本的促销组合战略——推动和拉动战略中做出选择。通常情况下，物流企业可以把上述两种策略结合起来运用，在向中间商进行大力促销的同时，通过广告刺激市场需求。

在"推式"促销的同时进行"拉式"促销，用双向的促销努力把服务产品推向市场，这比单独利用推式策略或拉式策略更为有效。推拉策略具体运作如图11-4所示。

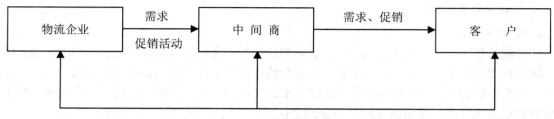

图 11-4 物流企业的推拉结合策略示意图

任务二 物流服务的人员推销

一、人员推销的含义

人员推销是指企业派出推销人员直接与顾客接触，宣传产品、提供服务，以促进销售的活动过程。人员推销是一种古老的销售方式，由于物流服务产品的专业性和订制性的特点，人员推销具有其他推销方式不可替代的作用，是物流企业促销组合中不可缺少的促销方式，在现代物流企业市场营销中占有重要的位置。

二、人员推销的基本任务

推销人员在企业从事推销的具体活动各有侧重，销售的性质也有所不同，但是推销的基本任务却是一样的。主要包括以下五个方面。

1. 收集情报

推销人员是企业与客户之间的桥梁，一个企业能否事业兴旺，推销员的作用是举足轻重的。无论是在推销之前或是在推销之中，推销人员都要收集诸如物流服务设计、品质、竞争以及市场等方面的信息资料。推销人员"接了订单就可交差"的指导思想是片面的，推销人员除了在市场争取订单之外，一个很重要的任务就是调查各项情报，包括对服务设计的要求以及对服务的主要评价；竞争者的服务品质、特点及功能；竞争者各项市场营销战略与战术的变化情况；客户的投诉资料及对物流产品的使用情况；客户对价格的意见以及愿意支付价格与物流服务成本的关系；同类物流服务市场及目标市场的变化情况。

2. 传递信息

推销人员要擅长应用推销员的推销技巧向客户传递有关的服务以及企业发展的信息,这些信息对于客户的购买非常重要,一名优秀的推销员应善于传递有利于企业的信息,通过推销引起客户对产品的注意和兴趣,最终促成购买。

3. 推销物流服务产品

物流推销人员的根本任务就是推销物流产品,通过推销使得客户对物流企业的信任度增加,更多地购买服务产品,提高该产品的市场占有率,这样的推销才是最有效的。一位优秀的推销员还应该是一名能够妥善处理各种客户意见的能手,这样可以消除种种客户的顾虑与误解,增进客户的购买信心。

4. 提高质量服务

推销人员在推销过程中应向客户提供最好的服务,要从客户的利益出发,真正为了客户而服务,只有这样的服务才能给客户和企业双方带来现实和长远的利益。

5. 拓展业务

长期依赖老客户和固有关系网推销自己的物流服务的推销员并不是一名好的推销员,了解并巩固现有的客户很重要,而善于拓展和发掘新的客户则更重要,不开拓潜在的客户,企业就难以发展。

三、人员推销的利与弊

1. 人员推销的优点

人员推销是物流服务营销中最直接的销售方式,销售人员以谈判的方式向用户做出口头说明,以达到销售的目的,从而满足用户的愿望,开拓产品市场。其优点表现在以下三个方面。

（1）方式直接、针对性强

采用人员推销可针对未来客户预先做研究,找到突破点,这样,在今后实施的面对面的直接推销过程中获得成功的可能性会增大。人员推销比其他促销方式效果显著,会减少不必要的浪费。

（2）灵活性强

推销人员在与客户面对面的推销过程中,可随时根据各类客户的需求采取必要的行动,可根据客户对某种推销方法的反应做必要的调整,可按照客户提出的相反意见或质疑及时给予答复。

（3）促进物流企业发展

推销人员是物流企业与客户的有力纽带,经常与客户面对面地接触,他们最了解客户的需求,在推销过程中可以及时反馈给物流企业有价值的信息,使企业改进服务质量,提高服务水平,有利于企业健康发展。

2. 人员推销的缺点

人员推销的最大弊端是劳动成本高。根据美国《商业周刊》报道:"美国劳动力中有800万人直接从事推销,目前他们任何一人进行一次访问的费用都在250美元以上。"需要说明的是,一个订单很少在第一次访问中就能定下来,经常需要5次以上的访问,因此获得一个新客户的成本是极高的，尽管是高成本，但对一个物流企业来说，人员推销常常是最有效的手段。

四、推销产品与推销服务的差异

制造业推销产品，服务业推销服务，两者的推销人员在销售的原则、程序和方法等方面具有许多相似的地方，如销售工作必须予以界定，应该招募合格的推销员并加以训练，应该设计并执行有效的奖酬制度，销售人员必须予以监督和管理等。同时，推销产品和推销服务也存在较大的差异，如表 11-1 所示。

表 11-1　推销产品和推销服务的差异

消费者对服务采购的看法	客户认为服务业与制造业相比缺乏一致的质量
	采购服务比采购产品的风险高
	采购服务似乎总有比较不愉快的购买经历
	服务的购买主要是针对某一特定卖主
	决定购买一项服务时，对该服务业公司的了解程度是一个重要因素
客户对服务的采购行为	客户对服务不太爱做价格比较
	客户对服务的某一特定卖主给予较多关注
	客户受广告的影响较小、受别人介绍的影响较大
服务人员销售	推销人员往往需要花很多时间来说服客户对购买的犹疑不决

五、推销人员的选择和培训

当市场广阔而又分散时，推销成本较高，人员过多也难以管理。因此，物流企业要挑选一批素质较高的理想的推销人员，而且要加强对推销人员的训练与管理。

1. 推销人员的选择

销售工作要获得成功，关键问题就是选择高素质的促销人员。普通促销人员与高素质销售人员之间的业务水平有很大差异。物流企业选用推销人员时应考虑以下几点。

（1）素质高，品质可靠

推销人员必须忠诚可靠，这不仅有利于推销人员自身的成长，也有利于物流企业的发展。推销人员在进行推销时，他的形象不仅仅代表自己的形象，也代表了该物流企业的形象。一个讲求诚信、品质可靠的推销员可以赢得客户对他的信任，从而赢得客户对该物流企业和其物流服务产品的信赖。

（2）表达能力强

推销人员应具有知识面宽、表达能力强的优势，这是作为一名优秀的推销员必须具备的重要条件。推销人员要有较强的记忆力和宽泛的知识面，能对公司的每项产品或服务有深入的认识，在面对各类可能出现的客户时充满自信、谈吐自如、举止得体，能够顺利轻松地完成推销工作。

（3）能独立工作，有合作精神

推销人员依靠自身的力量，不断发掘自身的潜能，是由其工作性质决定的。一个好的推销员需独立面对工作，上司很少会给他以直接的帮助和指导。对于推销人员来说，积极主动、自愿肯干、独立工作是十分重要的。推销人员也是一个团队，在独立工作的同时也要注重与同事的合作，具备合作精神，一些缺乏集体精神的人是不宜做推销人员的。

2. 推销人员的教育与培训

在选定适当的推销人员后，要对推销人员进行系统的岗前教育与培训，对原有的推销人员队伍还要定期集中进行培训，以满足市场形势发展的需要。

在培训前，首先要制订针对性强的培训计划，应考虑培训的目标、培训的内容、由谁来主持培训、培训的时间、培训的地点、培训的方法和培训的效果评价等问题。对促销人员进行培训的目标内容，一般包括销售人员了解物流的基础知识、熟悉企业的服务能力情况、能够表述企业目标市场各类顾客和竞争对手的特点、演示有效推销方法的能力、明确销售人员实际工作的程序和责任。

培训推销员的方法有集体培训和个别培训两种。集体培训的方法有讲座、模拟分组讨论、岗位练兵等；个别培训的方法有在职函授、业务进修和请有经验的推销人员"传、帮、带"等。

 小贴士

无声的推销

日本一家铸砂厂的推销员为了重新打入多年来未曾来往的一家铸铁厂，多次前往拜访该厂采购部经理。但采购部经理却始终避而不见，推销员则紧缠不放，于是那位经理迫不得已给他五分钟的时间见面，希望这位推销员能知难而退。只见这位推销员在经理面前一声不响地摊开一张报纸，然后从皮包里取出一袋砂，突然倾倒在报纸上，顿时沙尘飞扬，几乎令人窒息。经理咳嗽了几声，大吼道："你在干什么！"这时推销员才不慌不忙地开口说话："这是贵公司目前所采用的砂，是上星期我从你们的生产现场向领班取来的样品。"说着他又在地上另铺一张报纸，又从皮包里取出一袋砂倒在纸上，这时却不见沙尘飞扬，使经理十分惊讶。紧接着推销员又取出两个样品，性能、硬度和外观都截然不同，使那位经理惊叹不已。就是在这场戏剧性的表演中，推销员成功地接近了顾客，并顺利地赢得了一家大客户。

（资料来源：王常红. 物流市场营销[M]. 北京：中国书籍出版社，2015.）

六、人员推销的过程

推销是一种古老的艺术。成功的推销员不仅要有天赋，而且还要接受战术培训来达到推销的目的。推销的过程主要体现在 8 个方面：寻找和限定潜在顾客、接触前阶段、接触、展示和证明、谈判、说服反对意见、成交、售后服务。人员推销的过程如图 11-5 所示。

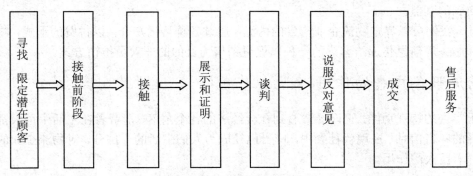

图 11-5　人员推销的过程

七、人员推销的基本策略

人员推销具有很强的灵活性。在推销过程中，有经验的推销人员善于审时度势，并巧妙地运用推销策略，促成交易。人员推销的策略主要有以下三种。

（1）试探性策略

试探性策略即"刺激—反应"策略，是推销人员利用刺激性的方法引发顾客购买的行为。推销人员通过事先设计好的能够引起顾客兴趣、刺激顾客购买欲望的推销语言，投石问路地对顾客进行试探，观察其反应，然后采取相应的措施。因此，运用试探性策略的关键是要引起顾客的积极反应，激发顾客的购买欲望。

（2）针对性策略

针对性策略即"配方—成交"策略，是通过推销人员利用针对性较强的说服方法，促成顾客的购买行为。针对性的前提是推销人员事先掌握了顾客的需求状况和消费心理，这样才能有效地设计好推销措施和语言，做到言辞恳切，实事求是，有目的地宣传、展示和介绍产品，说服顾客购买。让顾客感到推销员的确是为自己服务，从而愉快地成交。因此，运用针对性策略的关键是促使顾客产生强烈的信任感。

（3）诱导性策略

诱导性策略即"诱发—满足"策略，是推销人员通过运用能激起顾客某种欲望的说服方法，唤起顾客的潜在需求，诱导顾客采取购买行为。运用诱导性策略的关键是推销人员要有较高的推销技巧和艺术，能够诱发顾客产生某方面的需求，然后抓住时机，向顾客介绍产品的功效，说明所推销的产品能够满足顾客的某方面需求，从而诱导顾客购买。

任务三　物流服务的广告促销

一、物流服务广告的含义

"广告"一词源于拉丁语，有"注意""诱导"之意。在汉语中，顾名思义，即广而告之。广告通过大众传播媒体，向目标购买者及公众传达产品或服务的存在、特征和顾客所能得到的利益，激发消费者的注意和兴趣，以达到促销的目的。广告的概念有广义和狭义之分。广义的广告是指借用一切媒体形式向公众传播信息的活动。狭义的广告是指经济广告，也叫商业广告，即以广告主的名义，交付一定费用，通过大众传播媒介向公众传递关于产品的性能、特征和购买所能得到的利益。

据此，我们可以界定物流企业广告的内涵：通过各种传播媒介，以付费的形式，将本企业的产品和服务等信息传递给客户的一种以促进销售为目的的非人员推销方式。

二、物流服务广告的作用

由于广告的特殊功能，它已经渗透到社会经济的各个角落，消费者在生活中每天都在接受各种各样的广告信息。在现代社会中，广告已经成为人们生活的一部分，对物流企业的营销和服务发挥着巨大的作用。

1. 介绍产品，传播信息

传播信息是广告最基本的功能，经济愈发达，社会愈进步，这一功能愈清晰。物流企业通过各种广告活动，把服务产品的信息传递给消费者，消费者可以根据广告宣传了解物流产品的性能、质量、特点、使用方法等。

2. 刺激需求，促进销售

促进销售是广告的最终目的。由于消费者的很多需求都处于潜在状态，物流企业通过广告的方式营造浓烈的购买气氛，会使消费者的潜在需求被激发，产生购买行为。

3. 引导消费

随着科学技术的进步，新产品不断涌现，如果不借助广告，这些新产品就会长期鲜为人知，消费者也就无法购买。广告宣传不仅能指导消费者购买老产品，而且能指导他们去购买新产品，引导公众的消费。

4. 树立企业形象，提高企业知名度和美誉度

哪里有产品生产，哪里就有竞争。物流企业通过广告把自己产品的性能、特点、质量、适用范围以及企业经营方针公之于众，接受消费者的评判，这样有利于树立良好的企业形象，提高企业的知名度，从而间接促进销售。

三、物流服务广告的原则

物流企业对其物流服务产品做广告宣传不同于对一般产品所做的广告。针对物流服务的特征，物流服务广告应遵循如下四个原则。

1. 目标性原则

物流企业对其产品进行广告宣传始终要明确广告的目的是通过广告文字、图形或声像，传达所提供服务的领域、位置、质量和特色，使公众了解和认识其服务产品，最终增加产品的销售。应在广告中着重强调与物流服务相关的信息，强调顾客购买的合理性。

2. 大众性原则

物流服务广告应用最为简洁的文字、图形或声像，通俗易懂地传递所提供的服务。广告应一切围绕大众，为大众着想，从大众的角度和利益进行宣传。

3. 真实性原则

广告必须以事实为依据，讲求信誉。物流企业不要过度承诺给顾客所提供的服务，以免顾客产生过度的预期而企业无力兑现，而使顾客失望，给企业带来不必要的压力。若能使服务超出顾客预期，或者服务超越标准，通常会给顾客带来惊喜。

4. 连续性原则

物流企业可以通过在广告中持续连贯地使用象征、造型和形象等主题，以克服物流企业广告促销的不利之处，即服务的差异化和非实体性。所以，根据对象的不同，有效实施"主题差异化"的连续性广告，能够提高广告促销的效益。

四、物流服务广告媒体的类型、选择及广告预算

广告媒体也叫广告媒介，是广告主与广告接受者之间沟通广告信息必不可少的物质条件，不同的媒介有不同的特点。

1. 广告媒体的类型

广告媒体的种类繁多，凡是可以传播广告信息的物体都可以作为广告媒体，但主要的媒体有以下几种。

（1）印刷类广告

① 报纸广告

报纸是传播广告信息的重要手段。由于各类报纸的读者对象不同，发行数量和范围不同，其广告效果也不同。因此，企业必须有选择地登载广告。

报纸广告的优点是：信息容量大，能够对广告内容进行详细说明；能够重复阅读，长久保存；更具有权威性。

局限性是：内容杂，不易引人注意；不精美，吸引力不大；时效性不高。

② 杂志广告

杂志广告是指利用杂志的封面、封底、内页和插页刊登的广告。例如，在《环球供应链》《口岸物流》《中国物流与采购》等杂志上做广告。

杂志广告的优点是：阅读有效时间长，发行量大，影响广泛；内容专业性强，有独特的、固定的消费者群，有利于有的放矢地刊登有针对性的广告。局限性是：发行周期长，传播不及时；灵活性不高；时效性、季节性不够鲜明。

（2）电子类广告

电子类广告主要有广播广告、电视广告、电影广告、网络广告、电子显示屏幕广告和霓虹灯广告等。

① 广播广告

广播广告是指以无线电或有线广播为媒体播送、传播的广告。广播在我国现阶段仍然是一种被广为利用的主流媒体。广播广告的优点是：传收同步，听众容易收听到最快、最新的信息，而且每天重播频率高，收听对象层次广泛，传播范围广，广告制作费用低。其局限性是：只有信息的听觉刺激，而没有视觉刺激。人的信息 60%以上来自视觉，而且广播广告的频段频道不太固定，需要经常调频，也从某种程度上影响了信息的传播效率。

② 电视广告

电视广告是指以电视为媒体传播、放映的广告。电视广告起源较晚，但发展迅速。它通过视觉形象和听觉的结合，综合运用各种艺术手法，融声音、图像、色彩于一体，直观形象地传递商品的信息。电视广告的优势：收视率高，若插播于精彩的电视剧中间，观众为了收看节目愿意接受广告。其局限性表现为：制造成本高，广告播放后瞬间消失，存储性差，小型企业无力支付昂贵的费用。

③ 网络广告

近年来，因特网在广告促销中的作用日益突出，已经被人们称为第五大广告媒体。物流企业可以在百度、谷歌、雅虎等网站上做广告，利用该网站的广告横幅、文本链接、富媒体广告进行广告宣传。网络的优点是：不受时间限制；速度快；信息容量大；传播范围广；可检索，

可复查；交互性强；成本低廉；针对性强；受众数量可准确统计。其局限性表现为：受网络用户限制；传播面有限。

（3）实体广告

实体广告主要包括实物广告、橱窗广告和赠品广告。

① 实物广告

实物广告以商品自身为媒体的广告。商人或持所售商品，或将经营的商品悬挂于店铺门前，或陈列于顾客易见之处以招揽生意。实物广告是一种最原始的广告形式，是古代交换、推销货物时普遍应用的广告方法。

在古代中国、埃及、印度、希腊等国均有广泛采用。我国早在西周至春秋、战国时期，随着生产力的不断发展，剩余劳动产品大量出现，逐渐产生了商品生产和商品交换。为了找到商品交换对象，人们在交换时必须展示自己的商品，尽可能吸引多方注意，方便购买者观看挑选，这样就产生了最为原始的实物展示广告。《诗经·氓》中"氓之蚩蚩，抱布贸丝"，描写的就是一个满面笑容的小伙子，抱着布交换丝。这里的"抱布"就是一种实物展示广告。后来，这种实物广告又发展变化出一种悬物广告形式，就是将实物悬挂起来以招徕顾客。

② 橱窗广告

橱窗广告是现代商店店外 POP 广告的重要组成部分，是指借助玻璃橱窗等媒介物，把商店经营的重要商品按照巧妙的构思，运用艺术和现代科学技术，陈列成富有装饰美感的货样群，以达到刺激消费的目的。以下是橱窗广告的三大特性。

第一是真实性，不仅做到"橱窗里有样，店堂里有货"，而且要通过道具、色彩、灯光、文字、图片等手段，将商品的美感尽量地显示出来。

第二是具有可利用的空间。橱窗空间虽小，但它同样具有上下、左右、前后的三度空间的层次变化，能容纳真实的商品。商品陈列通过总体的造型图案的构思和形象的内在联系，组成一幅幅多姿多彩的立体画面。

第三是适应性强。能适应季节气候的变化，适应消费心理的变化，适应购买力的变化。橱窗广告不能有什么就陈列什么，要根据顾客兴趣和节气变化，及时调整商品陈列位置，最好把热门货和新产品摆在显眼的地方。

通常，橱窗广告有如下四种分类。

a. 特写橱窗。陈列一种商品，有独特模型，突出商品特点，一般为大型或专业商店采用。

b. 专业橱窗。陈列同一大类商品，一般为大中型商店采用。

c. 联合橱窗。把有连带性的商品陈列在一起，大中小型商店都可采用。

d. 混合橱窗。把不同类商品混合陈列在一起，是小型商店橱窗广告宣传的主要形式。

③ 赠品广告

赠品广告是指以赠品为号召促进物流产品销售的广告。将富有创新意识与促销商品相关的广告小礼品，选择恰当的时机，在较大范围内，赠送给消费者，从而引起轰动效应，促进商品销售。

赠品广告的优点如下。

第一，生命周期较长大多是有实用价值或欣赏价值的物品，可以较长时间地保留和使用，因而其生命周期也长。

第二，吸引力强，好的广告赠品甚至会达到消费者为了广告赠品而购买企业产品的目的。

赠品广告的缺点如下。

第一，成本居高不下，即使是一些低值物品，由于发放数量不能太少，花费也相当可观。

第二，广告信息容量有限，一般只表明企业名称、品牌或其他一些简单的信息。

赠品广告根据用途分为如下两种：一种是送给经销商有关业务人员或大宗设备的采购人员的，目的主要是联络感情、显示公司实力。该类礼品一般较为高档，一次性制作数量较少，如公文包、计算器、电子词典等。另一种是送给经销商用于摆放在卖场的，该类赠品广告有大有小，小的如有些烟草企业赠送给娱乐场所的烟灰缸、菜单架，大的如部分饮料企业赠送给小商店的冰柜。

 小贴士

购买点广告

购买点广告（POP 广告）有广义和狭义两种。广义的 POP 广告，是指在商业空间、购买场所和零售商店的周围、内部以及在商品陈设的地方所设置的广告物，如商店的牌匾、店面的装潢和橱窗，店外悬挂的充气广告、条幅，商店内部的装饰、陈设、招贴广告、服务指示，店内发放的广告刊物，进行的广告表演，以及广播、录像电子广告牌等。

狭义的 POP 广告起源于美国超级市场和自助商店里的店头广告。1939 年，美国 POP 广告协会正式成立后，POP 广告获得正式的地位。

20 世纪 30 年代以后，POP 广告在超级市场和连锁店等自助式商店频繁出现，于是逐渐为商界所重视。60 年代以后，超级市场这种自助式销售方式由美国逐渐扩展到世界各地，所以POP 广告也随之走向世界各地。

（资料来源：陈玲，王爽. 物流服务营销[M]. 上海：立信会计出版社，2010.）

2. 广告媒体的选择

广告媒体的选择是广告决策的重要内容，媒体选择得是否科学合理直接影响到广告费用开支与广告效果。物流企业在选择广告媒体时，应考虑以下因素。

（1）产品的性质

对不同的物流服务产品宜采用不同的媒体，如需要展示的、有特色的产品，应选择电视、电影或印刷品做媒体，以增加美感和吸引力。技术性较强的产品宜选择报纸和杂志做媒体。

（2）消费者的习惯

企业必须研究目标市场的消费者经常接触什么广告媒体，对不同的人群宜采用不同的适应其特点的媒体。

（3）媒体的传播范围

不同媒体传播范围有大有小，能接近的人有多有少。企业要根据目标市场情况对媒体进行选择，全国性的市场宜采用全国性的媒体，地方性的市场宜采用地方性的媒体。

（4）媒体的费用

广告宣传应考虑费用与效果的关系，不同的媒体，费用也不同，企业要考虑其实力，既要使广告达到理想的效果，又要考虑企业的负担能力，应尽量争取以较低的成本达到最大的宣传效果。

3. 广告预算

广告预算是物流企业根据广告计划在一定时间内对开展广告活动的费用估算，是企业进行广告宣传活动投入资金的使用计划。物流企业究竟该投入多少广告费用才是适当的，要考虑多方面的因素，主要有：

（1）产品生命周期

对于处于生命周期不同阶段的产品，广告预算是不同的。如投入期的产品需要较高的广告预算，而成熟期的产品广告预算应该按照销售比例有计划地缩减。

（2）市场份额

市场份额比较大的产品的广告预算应该比较高，市场份额比较小的产品的广告预算应该低一些。此外，物流企业要想扩大其产品的市场份额，其广告预算当然要比仅仅保持目前市场份额的产品广告预算高。

（3）竞争的程度

在一个激烈竞争的市场，广告预算要高一些，因为竞争对手很多，物流企业只有加大宣传力度，才能引起消费者的注意。

（4）产品的差别性

如果物流企业的产品与同类产品极为相似，就需要比较高的广告预算，这样才能突出自身的特色，在消费者的心中树立形象。如果产品具有比较独特的性能，广告预算就可以少些。

目前，常见的确定广告预算的方法有以下几种。

（1）量力而行法

量力而行法是指根据企业的资金实力来决定广告预算。物流企业要考虑自身在运营过程中的成本以及对客户的收费价格等因素，再确定企业可用于广告的费用比例。

（2）销售额百分比法

销售额百分比法是指依销售额的一定百分比制定广告预算。这种方法使广告费用与销售收入相关联，简便易行。但销售额百分比法忽视了广告的促销作用，颠倒了二者的关系，忽视了未来市场的环境变化，并且二者比例系数很难确定。

（3）与竞争者相平法

与竞争者相平法是指广告预算费用与竞争者大体相同。这种方法有助于避免广告战的白热化，但它忽视了竞争对手广告费用不一定合理以及竞争对手与本企业各种情况的差异等问题。

（4）目标任务法

目标任务法是指根据企业营销的目标和任务确定广告预算。这是一种较科学的方法，但它也会有主观性，因此，也需要采用上述某些方法对其加以修正。

五、物流服务广告效果的评价

企业广告决策的最后一个步骤是广告效果评价，它是完整的广告活动中不可缺少的重要内容。广告效果的评价和衡量可以使企业更好地进行广告计划和控制，进而更好地发挥广告在营销中的作用。一般来说，广告效果包括两个方面：传播效果、销售效果。

1. 广告传播效果的评价

广告传播效果是指物流企业广告对客户知晓、认知和偏好的影响。它是以客户对物流企业认知程度的变化情况或客户接受广告的反应等间接促销因素为根据来评价效果。这种测定应在广告推出之前和推出之后分别实施，评价其效果，通常采用测试评价法和试验评价法。

2. 广告销售效果的评价

广告销售效果评价是评估物流企业推出广告后销售额的增长情况。这种评估比较困难，因为销售额的增长取决于多种因素，除了广告之外，产品价格、产品特色、竞争情况变化等因素都会影响销售额。有的企业采用试验方法来测量广告效果，看在哪个地区通过广告后销售量增长了，也可采用不同地区、不同的广告方式来试验，经过一个时期后，检查各地区销售额的增长情况，分析哪种媒体对促进销售额有效。目前对销售效果评价，常用的方法有历史比较法和实验法两种。

六、物流服务产品的广告策略

物流企业广告策略主要有以下两种。

1. 广告的目标市场策略

目标市场是指企业选择一定范围的消费者作为自己的市场，以满足部分消费者的需求为宗旨。目标市场策略有以下几种。

（1）无差别市场广告策略。无差别市场广告策略即面对整个市场，通过各种媒介做同一主题内容的广告宣传。一般物流企业在投入期或成长期的初期，或其产品供不应求时，或者目标市场不够明确的状况下常用此策略。

（2）差别市场广告策略。把市场进行细分，对不同的市场采用不同主题的广告。

（3）集中市场广告策略。把已经细分了的市场再作细分，即再分为若干个子市场，企业以其中一个或几个子市场作为自己的目标市场。

2. 广告产品的定位策略

定位（Locating）是指确立产品在市场中的位置。其理论基本观点是：做广告不在于怎样规划广告，而在于做广告的产品处在什么位置。因此，定位使自己的产品获得个性，或是具有独特性。定位原则如下：一是突出宣传产品的特点和价值；二是强调这种特点与价值给消费者带来的利益。物流企业的定位策略又可分为四种：

（1）功效定位。对物流服务产品在功能效用上的独特之处进行宣传。

（2）市场定位。即把自己的产品放在什么市场位置上。

（3）价格定位。突出自己产品的价格位置，针对有相应价格接受能力的企业进行促销。

（4）区别定位。将自己产品与类似的其他产品相区分，显示自己的特性。

任务四　物流服务的营业推广

一、物流服务营业推广的概念及特点

1. 营业推广的概念

营业推广（Sales Promotion）又称销售促进，是指在短期内能够迅速刺激物流需求、吸引客户、增加物流需求量的各种促销形式。营业推广在物流服务的各个阶段都是有效的，可以用来引起消费者的注意力使之产生兴趣，诱发欲望，刺激购买。营业推广一般被看作与广告、通过人员销售和公共关系一起构成促销活动的部分。当促销做法是降价时，也被看作是价格政策的组成部分。营业推广和其他沟通宣传形式结合时效果更好，特别是加上广告的效果更佳。在广告活动中，使用激励措施可以改变潜在购买者对服务的态度。

2. 营业推广的特点

营业推广是指除人员推销、广告和公共关系之外的一项基本促销手段，一般用于短期的和额外的促销工作，其着眼点往往在于解决一些具体的促销问题。其最大的作用就是通过某种营销刺激，以极强的诱惑力，使消费者迅速做出购买决策，产生即时购买效应。因此，营业推广是一种物流企业不经常采用的、无规则的促销方式。

物流企业的营业推广具有以下特点。

（1）刺激效果显著

在开展营业推广的活动中，可选用的方式多种多样。一般来说，只要能选择合理的营业推广方式，对消费者和用户是具有相当吸引力的，会很快收到明显的促销效果。营业推广向消费者提供了一个特殊的购买机会，使消费者有一种机不可失的紧迫感，促使消费者马上购买。因此，营业推广的效果是立竿见影的，而不像广告和公共关系那样需要一个较长的时期才能见效。

（2）是一种辅助性促销方式

人员推销、广告和公共关系都是常规性的促销方式，而营业推广方式则是非经常性的，只起到一种辅助的作用。所以物流企业在开展促销活动时，一般不会单独使用营业推广手段，而是配合其他促销方式使用，这样才能使营业推广更好地发挥作用。

（3）有贬低产品之意

采用营业推广方式促销，使顾客产生"机不可失，时不再来"之感，但同时也让消费者感觉企业是想急于出售产品，若频繁使用或使用不当，会使顾客怀疑产品或服务的质量有问题，或价格定得不合理等。因此，企业在开展营业推广活动时，要注意选择恰当的方式和时机。

二、物流服务营业推广的作用

1. 实现物流企业的营销目标

营业推广实际上是物流企业让利于消费者，可以使广告宣传和其他促销方式的效果得到有力增强，达到销售本企业物流服务产品的目的，削弱消费者对其他物流服务产品的信赖。

2. 吸引消费者购买

吸引消费者购买是物流服务营业推广的首要目的，尤其是在物流企业推出新的服务产品或吸引新用户方面，由于营业推广的刺激作用比较强，较易吸引顾客的注意力，使顾客在了解服务产品的基础上购买，也可能使顾客因追求某些方面的优惠而购买服务产品。

3. 奖励忠诚客户

营业推广的手段众多，其直接受惠者大多是经常使用本企业服务产品的顾客，从而使他们更乐于使用本企业物流服务产品，以巩固企业的市场占有率。例如，物流服务的赠送、物流服务的积分票和特价销售等通常都附带价格上的让步。

物流服务营业推广活动对消费者刺激强烈，在物流企业促销过程中发挥着积极的作用，但营业推广时效较短，只是物流企业为创造声势、获取快速反应的一种短暂促销方式。再加上营业推广只是广告和人员销售的一种辅助的促销方式，所以影响面也较小。

三、物流服务营业推广的不足

（1）影响面较小。它只是广告和人员销售的一种辅助的促销方式。

（2）刺激强烈，但时效较短。它是企业为创造声势获取快速反应的一种短暂促销方式。

（3）顾客容易产生疑虑。过分渲染或长期频繁使用，容易使顾客对卖方产生疑虑，对产品或价格的真实性产生怀疑。

四、物流服务营业推广的形式

营业推广的形式很多，一个企业不可能全部使用。对物流企业来说，大致可以分为两类：面向消费者的营业推广、面向推销人员的营业推广。

1. 面向消费者的营业推广

（1）赠送附加服务

赠送附加服务是指物流企业在为客户提供物流服务的时候，可以根据客户所购买服务的数量、类别，免费为客户提供一些附加的增值服务。这样可以让消费者感觉到实惠，同时让他们感觉企业在真诚地为他们着想，有利于提高物流企业在客户心目中的形象，吸引更多的客户。

（2）赠送优惠券

赠送优惠券是指物流企业可以通过多种方式将优惠券发到消费者手中，有此优惠券的消费者在购买本企业的物流服务时可以得到一定的价格折扣。一般来说，优惠券的持有者通常是对企业有直接或间接贡献的消费者，或者是影响较大、与企业业务关系密切的长期客户，也有一部分是企业要争取的新顾客。这种优惠券的形式，有利于刺激消费者使用老产品，也可以鼓励消费者认购新产品。

（3）退费优待

退费优待是指物流企业根据客户所购买服务的数量和价值，给予客户一定的退费。如果客户购买的物流服务数量很多，就可以享受一定的退费，购买数量越大，折扣越多。这样可以鼓励客户在日后更多地购买物流企业的服务产品，把企业更多的物流业务外包给物流企业。

（4）折价优待

折价优待是指物流企业可以根据市场竞争情况的变化、消费者的心理变化以及自身企业的经营情况，在一定时期调低特定服务产品的售价，减少自身利润以回馈消费者。折价优待可以有效地与竞争者相抗衡，增加市场份额，从长期来看也增加了利润。

（5）展销

展销是指通过展销会的形式，使消费者了解商品，增加销售的机会。物流企业在参展时，可以突出企业的产品特色，吸引消费者的注意力。可以说，参展是难得的营业推广机会和有效的促销方式。

2. 面向推销人员的营业推广

 小贴士

天津保亚物流发展有限公司的营业推广

天津保亚物流发展有限公司招揽业务的广告，采用的是营业推广的推销方式。该公司在网页上是这样宣传的：

优势类型：海运航线运价

起始港：天津新港

承运人：俄远东

航线：远东航线

天津—海参崴 975/20GP，能装 27 吨，周一上海转，9 天到，俄罗斯远东航运的船，特价优惠！另：凡是从我们这订舱的客户，我们会送优质出口棉被一条。数量有限，预订从速！

（资料来源：陈玲，王爽. 物流服务营销[M]. 上海：立信会计出版社，2010.）

（1）红利提成

红利提成是指给推销人员不变的固定工资，在一定时间内，根据推销人员的销售业绩，从其销售利润中提出一定比例的金额作为奖励发给推销人员。由于推销人员红利提成的多少直接取决于其销售业绩，销售利润越大，提成也就越多，因此，这种方法可以有效地激励推销人员大力推销。

（2）推销竞赛

推销竞赛内容包括推销数额、推销费用、市场渗透、推销服务等，规定奖励的级别、比例与奖金的数额，用于鼓励推销人员。对成绩优异、贡献突出者，给予现金、旅游、奖品、休假、提级晋升、精神奖励等。

（3）提供培训

提供培训是指物流企业可以根据推销人员的工作业绩，挑选优秀的推销人员进行免费培训和技术指导，这样有利于促进推销人员的职业发展，自然就可以鼓励其努力推销。

五、物流服务营业推广考虑的因素

物流企业进行营业推广时应考虑的因素主要包括以下方面。

1. 营业推广的目标

营业推广必须有明确的目标，物流企业根据目标市场的特点和企业的整体营销策略来确定营业推广的目标，依据推广的目标制订周密的计划。

2. 营业推广的对象

营业推广针对不同的客户，作用也是不同的。物流企业营业推广的对象主要有客户、中间商、推销人员，企业应根据已确定的目标，因时、因地制宜地选择推广对象。

3. 营业推广的途径

物流企业应根据企业的覆盖面及营业推广的预算费用，选择既能节约推广费用，又能收到最佳效果的营业推广手段。

4. 营业推广的时机

营业推广的时机选择对其效果是很重要的，如果时机选择得好，能起到事半功倍的效果。物流企业应综合考虑产品的生命周期、市场竞争情况、客户及中间商的营业状况等来制订营业推广的实施方案。

5. 营业推广的期限

营业推广期限的选择必须符合企业市场营销的整体策略，并与其他经营活动相协调。时间太短会使一部分客户来不及购买；时间太长，又会使人产生变相降价的感觉，从而影响企业声誉。因此，推广期限的选择必须要恰到好处。

6. 营业推广的费用

营业推广是企业促销的一种重要方式，通过营业推广可以使企业的营业额增加，但同时也增加了销售成本。企业应权衡推销费用与企业收益的得失，把握好费用和收益的比值，确定营业推广的规模和程度。

六、物流服务营业推广方案的制定

1. 确定营业推广活动规模的大小

物流企业准备投入营业推广费用金额的多少意味着营业推广活动规模的大小。企业要考虑成本与效益的关系，投入的费用必须能有超额的回报，因此企业在确定规模、费用时，要考虑实施后的实际效果。

2. 明确营业推广的对象

明确营业推广的对象也就是明确企业开展的营业推广活动主要针对的对象是哪一类消费者。

3. 营业推广的媒体选择

营业推广的媒体选择也就是向消费者传递营业推广活动的信息通过什么样的媒体来实现，如电视、广播、多媒体、户外广告等哪种媒体最合适、最有效。

4. 营业推广时间的确定

营业推广执行的时间、地点和持续时间这些因素如果选择得当，就能使营业推广取得预期的效果。

5. 营业推广预算的确定

营业推广费用支出与活动的规模有关。预先确定费用时可采用以下方法。

（1）比较法

以上次开展同类活动的费用为基准，比较规模后估计这次活动的费用，这种方法简单易行，前提条件是活动的情况大致不变。

（2）比例法

从销售总费用中按一定的百分数提取营业推广费用，再将不同比例或者同一比例分摊到不同项目中。

（3）总合法

先确定每一个推广项目的费用，再进行汇总，得出总费用预算。

七、物流服务营业推广方案的实施与评价

1. 物流服务营业推广方案的实施

营业推广方案确定以后，可预先测试该方案是否可行、效果是否理想。测试时，可以在小范围内仿真实施，以便观察其效果。

可行性方案经过测试后便可按预定计划实施。方案实施前，首先应做好一些准备阶段的工作，包括推广方式的策划、营业推广信息的传播、促销人员的招募及营业推广活动的培训工作等。这为营业推广方案奠定了基础。在实施过程中，由于顾客接受刺激，往往会形成一个消费狂潮，这时，企业营销人员应努力做好各项工作，兑现对消费者的各种承诺，满足消费者的有关愿望和要求，促使促销活动收到显著的效果。总之，营业推广方案能否取得预期效果，与实施期间各方面的努力是分不开的。

2. 物流服务营业推广方案的评价

每次营业推广活动结束后，物流企业都应对该次活动进行总结性评价。企业通过评价可以明确成果、总结经验、发现不足，以便更好地开展下一轮的促销活动。评价方法如下：

（1）分析营业推广实施后对销售量的影响

在其他条件不变时，把营业推广增加的销售额所带来的毛利与营业推广活动的费用相对照，计算出营业推广活动获得的净收益，从而分析营业推广实施前、实施中和实施后服务销售量的变化情况。

（2）顾客调查

对顾客进行跟踪调查，了解他们的购买量、重复购买率以及对本次营业推广活动的看法和意见等，以此来分析开展此次活动的成效与不足。

任务五　物流服务的公共关系

一、物流服务公共关系的含义

物流服务公共关系是指物流企业在从事市场营销活动中，正确处理企业与社会公众的关系，以便树立企业的良好形象，从而促进产品或服务销售的一种活动。

二、物流服务公共关系的作用

1. 加强社会公众联系，树立良好物流企业形象

企业形象是指人们通过企业的各种标志而建立起来的对企业的总体印象。企业形象是企业精神文化的一种外在表现形式，是社会公众与企业接触交往过程中感受到的总体印象。这种印象是通过人体的感官传递获得的。物流企业的形象主要包括服务形象、组织形象、人员形象和文化形象等。物流企业通过公关活动可以树立良好的公众形象，被社会各界和公众舆论所理解和接受。

小贴士

海航的企业文化

管理理念：内修中华传统文化精粹，外融西方先进科学技术。

海航目标：创建世界级企业和世界级品牌。

三以：以德养身、以诚养心、以义制利。

四至：至诚、至善、至精、至美。

三为：为社会做点事，为他人做点事，为自己做点事，不枉此生。

同仁共勉十条：

团体以和睦为兴盛，精进以持恒为准则，健康以慎食为良药，争议以宽恕为旨要，长幼以慈爱为进德，学问以勤习为入门，待人以至诚为基石，处众以谦恭为有理，凡事以预立而不劳，接物以谨慎为根本。

2. 树立物流企业信誉

企业信誉是指企业在市场上的威信和影响，在消费者心目中的地位、形象和知名度。物流企业信誉好主要体现在物流服务的信誉好，它是争取舆论支持和公众信任、企业生存发展的重要条件。物流服务的态度、服务的及时性和解决问题的有效性，都是影响物流企业形象，决定顾客是否信任该企业、认可该企业的重要标准。

物流服务公共关系的目的就是通过树立物流企业良好的服务信誉，使公众接受和信任物流企业的服务，从而促进物流企业的发展。

3. 提升企业美誉度和产品知名度

企业可以通过公共关系活动来扩大企业在公众中的影响力，树立企业的正面形象，创造和谐的舆论氛围，提升企业美誉度和产品知名度，最终提高产品的销售量。

4. 化解企业危机

物流企业与公众之间存在着具体利益的差别，在公共关系中必然会存在矛盾。这种矛盾主要源自两者之间不同的利益，加之缺乏信息交流与沟通，故物流企业通过建立良好的公共关系机制，增加与公众之间的相互了解，就有可能避免与公众的纠纷，并可通过公关手段将已经发生的信任危机所造成的组织信誉、形象损失降到最低程度，这种功能是人员推销和营业推广等其他促销方式难以取代的。

5. 为企业的决策提供咨询意见

公共关系工作的重要内容是处理企业的内外部各种关系，为企业营造有利的发展环境。企业在处理各种关系的过程中，可以收集企业内外部信息，检测经营环境的变化，发现企业面临的机遇和威胁、经营劣势和优势，及时、准确地向企业决策者进行咨询，提出合理而可行的建议。

三、物流服务公共关系的方式

物流企业公共关系的方式是指以企业一定的公关目标和任务为核心，将若干种公关媒介与方法有机地结合起来，形成一套具有特定公关职能的工作方法系统。

按照公共关系的功能不同，物流企业公共关系的活动方式可分为五种。

1. 主题活动

企业可以围绕一个主题，通过一些特殊的事件来吸引公众对企业的注意。例如，在重大事件或者纪念日，物流企业可以组织或举办新闻发布会、展览会、联谊会、庆典、比赛等专题公共活动，介绍企业及产品的情况，加强与公众的信息沟通和情感联络，扩大宣传，树立企业形象。在上述的活动过程中，公众能够感受到企业的状况，因此具有较强的感染力。

2. 公益活动

企业作为社会经济的主体，在追求自身发展的同时，也承担着一份社会责任。物流企业可以通过赞助和支持教育事业、体育事业、环境保护、社会福利等，使公众感觉到企业不但是一个经济体，而且承担社会责任，关心社会的和谐和长远福利。这样，物流企业可以赢得公众的好评和称赞，大大地提高其在公众中的美誉度。

3. 媒体报道

物流企业应争取尽可能多的机会与新闻媒体建立良好的关系，运用报纸、杂志、广播、电视等传播媒介，以一定的形式，如新闻、专题报道、现场采访等，向公众介绍企业及产品。由于媒体报道具有较高的权威性、真实性和知识性，因此在推广企业形象方面的宣传效果要优于广告。

4. 外联活动

物流企业与社团公众、媒体公众、政府公众、相关企业保持稳定的联系十分重要，因此，企业应和他们建立广泛的联系，向他们介绍企业的情况，展示企业的实力，争取他们的理解和支持。

5. 加强内部员工的联系

物流企业可以向本企业的职工宣传企业的经营方针、产品和服务等，使他们对企业的发展有良好的愿景，培养员工的集体意识，增强企业的凝聚力，并且可以通过企业员工向社会公众做有利于企业形象塑造的宣传。

四、物流服务公共关系的对象

在物流企业的各种促销方式当中，公共关系属于非人员推销，是企业的一项长期投资。一般而言，物流企业公共关系活动的对象涉及以下方面。

1. 客户

物流企业在经营过程中，一条重要的宗旨就是一切活动的出发点是满足客户的需要。要做到这一点，物流企业除了为客户提供优质服务之外，还必须与客户进行有效的沟通，以良好的企业形象和声誉吸引客户。而如何艺术地和客户进行沟通，这就需要通过公共关系的方式。

2. 社区

物流企业总是处在一定的社区里，要与社区里的其他组织打交道，包括机关、学校、医院、工会、消费者协会、公益事业单位以及其他企业等，社区关系的好坏，影响着企业的经营活动。

因此，社区是物流企业公关活动的重要对象之一。物流企业应该与社区携手，为社区经济与文化建设出力，同时得到社区的大力支持与帮助。

3. 媒体公众

媒体公众是指报纸、杂志、电台、电视、互联网等信息传播的中介机构、部门以及从属于这些机构和部门的工作人员。物流企业的公共关系活动一般都要通过媒介来进行，媒体公众可以影响社会舆论、改变人们的价值观念、引导消费需求的发展变化。因此，物流企业要重视与媒体公众建立友好关系，争取媒体公众的信任和支持，借助媒体公众的权威性和说服力引导其他公众对企业形象的评价。

4. 政府公众

政府公众是政策、法律、法规的制定者和执行者，是市场经济的宏观调控者。物流企业的每一步发展，都是与政府的各种政策和管理分不开的。政府的财政政策、货币政策、税率政策、产业政策等都会影响物流企业的经营和发展。同时，政府具有很高的权威性，政府公众的政策及态度会影响其他公众对企业的看法。因此，企业必须与政府有关部门进行及时沟通，与政府保持良好关系，了解各种相关的政策与法规及其变化，取得政府有关部门的理解和支持。

5. 其他相关企业

物流企业的公共关系对象还包括一些其他的相关企业，如竞争对手、中介机构、合作者等，这些企业与物流企业的经营活动密切相关。因此，物流企业要与他们进行有效沟通，争取他们的理解与支持，促进企业营销活动的顺利开展。

五、物流服务公共关系实施的过程

1. 调研

物流企业进行公共关系活动的第一步是调研，收集信息。企业通过调研才能了解和掌握社会公众对企业决策与行为的意见。只有了解这些，企业才能为检测外部环境确立参照，为企业制订合理决策提供依据。

2. 建立公关活动目标

在调查的基础上对问题进行分析，进而根据企业的要求和分析的结果，确定明确的公共关系目标。只有目标清楚，才可能有的放矢地采取一定的手段。物流企业公共关系的目标主要是赢得公众的理解与信任，影响和改变公众的态度和行为，建立良好的企业形象，唤起消费者购买欲望和需求。

3. 界定目标群体

利用合适的工具把相关信息传播给目标群体，这对于公共关系的成功非常关键。有效的公关活动组织者会非常仔细地识别他们希望影响到的群体，然后研究这一群体，并最终确定目标群体。

4. 选择公关媒介与方式

确定了公共关系的目标以后，还要选择达到目标的公共关系的内容和方式。公关媒介应依据公共关系工作的目标、要求、对象和传播内容以及经济条件来选择。企业可以对产品性能、成分进行科学论证，宣传产品特色或者经营特色，甚至介绍企业的发展史以及发展前景。公关人员应随时准备为产品撰写有趣的新闻报道。在必要情况下，企业可以举行报告会、纪念会、展览会等活动。

5. 实施公关计划

公共关系活动的具体实施是公共关系活动的最重要内容。企业主要是利用各种传播渠道，把有关的信息传达给公众，力图影响他们的态度和行为，创造有利于组织生存与发展的环境。在实施计划中应注意坚持计划所规定的公共关系目标及实现目标的要求，克服可能会遇到的困难，必要时及时修改计划的具体内容，争取最佳的公关效果。

6. 评价公共关系效果

公共关系效果评估是公共关系工作的最后一步程序。对公共关系工作的实施成绩和效果进行评价，可从定性与定量两方面进行。定性方面主要看消费者态度是否改变、是否理解信息内容。定量方面，可以统计宣传报道在媒体上显露的次数和时间等。实施评价，可以为今后开展公共关系活动提供资料，同时也为企业决策提供成功的经验和失败的教训。

◇ 项目小结

本项目主要讲述了物流服务促销策略，介绍了物流服务促销的概念、作用和特点，物流企业促销的主要方式、促销组合的概念以及促销的基本策略，介绍了人员推销的基本任务和过程及策略、物流服务广告媒体的类型选择和广告策略，阐述了物流服务营业推广的形式、推广方案的实施与评价，以及物流服务公共关系的方式、对象与实施过程。

重点概念：促销组合、人员推销、广告促销、营业推广、公共关系。

◇ 知识巩固

一、选择题

1. 促销的目的是引发刺激消费者产生（　　）。
   A. 购买行为　　　　B. 购买兴趣　　　　C. 购买决定　　　　D. 购买倾向
2. 对单位价值高、性能复杂、需要做示范的产品，通常采用（　　）策略。
   A. 广告　　　　　　B. 公共关系　　　　C. 推式　　　　　　D. 拉式
3. 公共关系是一项（　　）的促销方式。
   A. 一次性　　　　　B. 偶然　　　　　　C. 短期　　　　　　D. 长期
4. 按照推销对象来划分，人员推销不包括（　　）。
   A. 向消费者推销　　　　　　　　　　B. 向制造商用户推销
   C. 向中间商购买者推销　　　　　　　D. 向企业推销
5. 物流企业的各种促销方式中，最直接的促销方式是（　　）策略。
   A. 人员推销　　　　B. 广告　　　　　　C. 营业推广　　　　D. 公共关系
6. 促销策略组合中，物流企业利用推销人员与中间商促销,将产品推向客户的策略是（　　）。
   A. 拉式策略　　　　B. 推式策略　　　　C. 推拉结合策略　　D. 以上均不是

7. 物流企业人员推销的主体是（　　　　）。

    A. 推销市场　　　　　B. 推销品　　　　　C. 推销人员　　　　　D. 推销条件

8. 从公关手段上看，公关活动注重（　　　　）。

    A. 直接促销　　　　　B. 间接促销　　　　　C. 推式促销　　　　　D. 拉式促销

9. 对于规模小而相对集中的市场，适合于选择（　　　　）。

    A. 人员推销　　　　　B. 营业推广　　　　　C. 广告　　　　　D. 公共关系

10. 公共关系（　　　　）。

    A. 是一种短期促销战略　　　　　　　　B. 直接推销产品

    C. 树立企业形象　　　　　　　　　　　D. 需要大量费用

二、判断题

1. 物流企业在其促销活动中，在方式的选用上只能在人员促销和非人员促销中选择其中一种加以应用。

2. 人员推销的双重目的是相互联系、相辅相成的。

3. 由于人员推销是一个推进商品交换的过程，所以买卖双方建立友谊、密切关系是公共关系而不是推销活动要考虑的内容。

4. 推式策略风险小、推销周期短、资金回收快。

5. 因为促销是有自身规律性的，所以不同企业的促销组合和促销策略也应该是相同的。

6. 推销员除了要负责为企业推销产品外，还应该成为顾客的顾问。

7. 广告的生命在于真实。

8. 非人员促销是在无法使用人员促销时的被迫选择。

9. 在选择广告媒体时，影响力越大越好。

10. 营业推广的形式很多，一个企业不可能全部使用。对物流企业来说，大致可分为两类：第一类是对消费者的营业推广；第二类是对推销人员的营业推广。

三、简答题

1. 简述物流企业促销的作用。

2. 简述物流企业人员推销的策略。

3. 简述物流企业广告目标。

4. 如何理解公共关系的含义？

5. 营业推广的特点有哪些？

6. 企业在甄选推销人员时，应考虑其具备哪些素质？

7. 物流服务公共关系的功能有哪些？

◇ 案例讨论

案例 1　FedEx 树立企业形象

1999 年，FedEx 选择了大田集团作为合作伙伴，成立了大田—联邦快递有限公司，结束了与中外运携手的历史。随后的四年中，FedEx 用业绩证实了这是"强强联合"，它的在华业务不断增长，目前是拥有直飞中国航班数目最多的国际快递公司。

说起 FedEx，在很多人心中它如同一位古道热肠的大侠。事实的确如此，比如 2003 年 4 月，FedEx 将两只大熊猫由中国运送到美国田纳西州孟菲斯动物园，成就了"熊猫大使"的形象；6 月，它又协助香港红十字会运送"非典"防护医疗物资至 7 个城市，积极配合我国政府抗击"非典"的工作。正是这些古道热肠的举动，为 FedEx 赢得了多数顾客的认可。这或许也是众多快递公司值得借鉴的经验，"以情"动人，为企业树立良好的形象。

回想起 FedEx 的广告，至今许多人还对它津津乐道：正在运送的 FedEx 包裹中有一个小包裹（顾客给其他公司的业务），暗喻着即使是其他快递公司，也放心地把业务交给它来做，这也从一个侧面说明 FedEx 的业务可靠和及时。确实，服务一直是 FedEx 引以为荣的核心竞争力，从 2002 年 3 月开始，FedEx 又将目光投向零售业，与柯达建立了合作关系，在北京、上海和广州三大城市的 70 多家柯达彩色冲印店内设立了自助服务专柜。

这不能不说是一步好棋。FedEx 不但将自己的领域向供应链下游延伸，扩大自己的业务范围，还能为顾客提供更快捷、方便的服务，丰满了企业以顾客为中心的形象，为 FedEx 赢得更多青睐。

问题：

（1）请分析 FedEx 使用的是什么促销策略。

（2）结合案例，请阐述物流服务公共关系的实施过程。

案例 2　顾客争座时，肯德基怎么办

2000 年 8 月，江西南昌第一家肯德基餐厅发生一件顾客争座的事情。事件经过大致如下：一位女顾客因座位问题与一位男顾客发生争执。先是两位顾客因争座发生口角，尽管已引起其他顾客的注意，但都未太在意，此时餐厅的员工未能及时平息两人的争端。接着两人从小声争吵上升到大声争吵，店内所有顾客都开始关注事态，最后二人从争吵上升到斗殴，男顾客大打出手，打伤女顾客后离店，女顾客非常气愤，当即要求肯德基餐厅对此事负责，并加以赔偿。但餐厅经理表示"这是顾客之间的事情，肯德基不应该负责"，拒绝了女顾客的要求，女顾客马上打电话向《南昌晚报》和《江西都市报》两报投诉。两报立即派出记者到场采访。餐厅经理在接受采访时对女顾客被打表示同情和遗憾，但是认为餐厅没有责任，不能做出道歉和赔偿。两报很快对此事作了报道，结果引起众多市民的议论和有关法律专家的关注。事后，根据《消费者权益保护法》，肯德基被认为对此事负有部分责任，向女顾客公开道歉，并赔偿了部分医药费，两报对此也都作了后续报道。

问题：

（1）从公共关系角度来看，顾客争座，肯德基到底该不该管？

（2）通过这一事件，我们应该汲取哪些教训？

◇ 实训拓展

实训 1　营业推广的方式与操作

【项目情景】

某日，在某地一条平时很冷清的街道上，一家平时很不起眼的店面门口格外热闹。这是一家经营强力胶水的小店，这天，在店堂里当着众多顾客和摄像机镜头，店主右手拿起一瓶胶水，左手拿起一枚金币，先在金币背面涂上一层薄薄的胶水，又在店堂一面光洁的墙面上也均匀地涂了一层，略等片刻，便把金币往墙上一粘，然后他环顾四周，大声宣布："这块金币是本店

特意订制的，价值 4 500 美元，现在已用本店出售的强力胶水粘在墙上，如果哪位先生能用手把它揭下来，这块金币就归他了。"

人群顿时骚动起来，人们一个接一个满怀信心地上去试运气，又一个个心有不甘地退下来，连一位气功师也徒叹奈何。从此，这家小店的强力胶水声名远扬，天天门庭若市。

【实训目标】

（1）通过实训，学生能够根据情景案例进行恰当的营业推广。

（2）强化对营业推广的理解。

（3）熟悉针对潜在购买者和中介应该采取何种营业推广方式。

（4）熟悉各种营业推广方式的操作。

【实训准备】

（1）掌握营业推广的形式。

（2）熟悉营业推广方案的实施过程。

（3）桌椅、空白小卡片、笔、实训报告纸。

【实训步骤】

（1）学生每 6～8 人为一组，每个小组选 1 名队长。

（2）组织学生讨论物流企业针对该胶水商店的潜在购买者应采取何种营业推广方式？并对每种方式的优缺点做出评论。

（3）组织学生讨论物流企业针对中介应采取何种营业推广方式？并对每种方式的优缺点做出评论。

（4）针对以上讨论的缺点，具体讨论改善的办法，并阐述其改善办法的可行性。

（5）以组为单位完成推广方案的制定。

（6）每组组长陈述结果。

【实训评价】

教师对各组设计方案做出综合评价，如表 11-2 所示。

表 11-2　考评表

考评人		被考评人		
考评地点				
考评内容	营业推广的方式与操作			
考评标准	具体内容		分值	实际得分
	胶水商店的营销背景分析		10	
	营业推广形式的拟定		20	
	营业推广考虑因素的选择		20	
	营业推广方案的制定		30	
	团队合作和敬业态度		20	
合　　计			100	

实训 2 人员推销的方法与技巧

【项目情景】

乔·吉拉德，1928 年 11 月 1 日出生于美国底特律市的一个贫民家庭。9 岁时，乔·吉拉德开始给人擦鞋、送报，赚钱补贴家用。乔·吉拉德 16 岁就离开了学校，成了一名锅炉工，并在那里染上了严重的气喘病。后来他成为一位建筑师，到 1963 年 1 月，他盖了 13 年房子。35 岁以前，乔·吉拉德是个全盘的失败者，他患有严重的口吃，换过四十个工作仍一事无成，甚至当过小偷，开过赌场。35 岁那年，乔·吉拉德破产了，负债高达 6 万美元。为了生存下去，他走进了一家汽车经销店，3 年之后，乔·吉拉德以年销售 1 425 辆汽车的成绩，打破了汽车销售的吉尼斯世界纪录。这个人在 15 年的汽车推销生涯中总共卖出了 13 001 辆汽车，平均每天销售 6 辆，而且全部是一对一销售给个人的。他也因此创造了吉尼斯汽车销售的世界纪录，同时获得了"世界上最伟大推销员"的称号。

在一次销售汽车的过程中，他认为自己非常认真地阐述了该汽车的优越性能和各种注意事项，就在他认为交易将要达成时，客户却冷冷地说不买此款汽车了。回家后，乔·吉拉德非常不甘心，决定一问究竟，就打电话给那位顾客询问自己究竟哪一方面没有陈述清楚。谁知顾客对他说："我认为你只顾说你的汽车，却没有尊重我所说的话，我不止一次告诉你我的儿子考上了全美国最好的大学，可是你却不闻不问!"

【实训目标】

通过实训，学生能够根据情景案例提出改善和提高人员推销的方法。

（1）了解人员推销与其他促销策略相比其拥有优势与劣势。

（2）提高学生的口头表达能力及即时反应能力。

（3）熟悉人员推销的过程及在过程中要注意的问题。

（4）使学生掌握一定的谈判方法及技巧。

【实训准备】

（1）掌握人员推销的基本任务和注意事项。

（2）熟悉提高人员推销的方法和基本策略。

（3）实训器材：模拟道具（如手机，书籍，MP3，钥匙扣等）、多媒体器材、光盘、桌椅、笔、实训报告纸。

【实训步骤】

（1）先通过观看一些经典的推销案例录像使学生对人员推销有个大致的认识。

（2）把学生分组，每组 6～8 人，轮流扮演推销员的角色，其他组员扮演客户的角色。

（3）以各组的模拟道具为推销产品，"推销员"通过电话联系、约会邀请、见面会谈、产品展示及介绍、价格谈判、疑惑解答等内容和"客户"沟通。

（4）"客户"可以在"推销员"推销的各个环节提出各种问题或质疑，客观实际地表达自己满意或不满意的态度，以考核各"推销员"对推销技巧的掌握程度、口头表达能力及即时反应能力。

（5）针对每轮表演"客户"决定成交或不成交的结果，并如实做好记录，待该组全部表演完后把记录汇总。

（6）各组根据记录汇总，讨论每轮表演成交或不成交的原因，得出一些经验或教训。

【实训评价】

教师结合相关理论和经验对各组设计方案做出综合评价，如表 11-3 所示。

表 11-3 考评表

考评人			被考评人		
考评地点					
考评内容		人员推销的方法与技巧			
考评标准	具体内容			分值	实际得分
	阐述销售人员的必备技能			10	
	提高推销效果的方法			20	
	人员推销过程的有效性			30	
	人员推销不同策略的应用			30	
	团队合作和口头表达能力			10	
合　计				100	

项目 12　物流服务人员参与、有形展示和过程设计策略

◇ **知识目标**

1. 熟悉内部营销的内容构成、有形展示的类型、物流作业基本流程。
2. 理解顾客参与、有形展示和过程管理的重要性。
3. 掌握人员参与、有形展示和过程设计策略的内涵。

◇ **能力目标**

能正确运用产品、价格、渠道、促销、人员参与、有形展示和过程设计营销组合策略开展物流企业的服务营销活动。

◇ **本项目知识结构图**

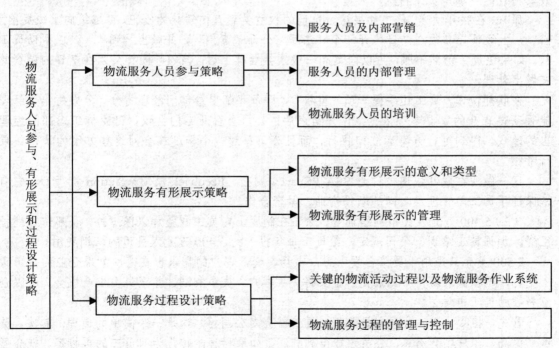

◇ 职业标准与岗位要求

职业功能	工作内容	技能要求	相关知识
物流服务人员参与策略	物流服务内部营销理念的把握及应用	➤ 能熟知服务人员及内部营销的概念 ➤ 能熟知内部营销的内容构成 ➤ 能了解物流服务人员培训的方法	➤ 服务人员 ➤ 内部营销 ➤ 人员培训
物流服务有形展示策略	物流服务有形展示设计	➤ 能熟知物流服务有形展示的意义 ➤ 能熟知物流服务有形展示的类型 ➤ 能进行物流服务有形展示的管理	➤ 提高满意度的方法 ➤ 顾客满意度战略策划的步骤 ➤ 顾客满意度战略策划评定方法
物流服务过程设计策略	物流服务过程设计策划	➤ 能熟知关键的物流活动过程 ➤ 能熟知物流服务作业系统 ➤ 能进行物流服务过程的管理与控制	➤ 物流服务过程 ➤ 物流服务作业系统 ➤ 顾客服务过程参与

◇ 任务的提出

联邦快递：特殊"法庭"保证员工快乐工作

（1）特殊"法庭"与SFA。在联邦快递，"以人为本"有一套严格的制度来保障，其中最具特色的一项是员工特殊"法庭"。

原来，在联邦快递，员工如果认为自己的权益受到直接领导的侵犯，可越级向上级提出"诉讼"，上级领导必须在7日内开一个"法庭"公开"审判"，并做出"判决"，以帮助员工维权。如果该员工仍然不服，可以向更高一级领导继续上诉，该领导同样必须在7日内调查此事并做出处理。

在联邦快递，员工还手握一项"重权"，即每年都要给部门经理打分，分数将作为经理们能否获得晋升的重要参考依据。评分结束后，公司会召开专门会议，讨论员工对部门经理提出的建议，得到可行方案后立即执行，而且公司每过一个季度都会对这些方案的执行效果进行考核。

这一做法在联邦快递被称为SFA（Survey 调查、Feedback 反馈、Action 执行），它有效地保证了员工与管理层之间的顺畅沟通、紧密合作。

（2）5 400万元人民币的培训费。除了在制度上对员工权益加以保障外，联邦快递还投入巨资，加强员工培训。公司规定，给员工每年投入约5 400万元人民币的培训费用。

2 500美元只是用于员工自发学习。市场在变，客户的需求也在变，如果企业的员工跟不上变化，顾客需求就得不到满足，企业将失去客户、失去利润，甚至失去生产机会，所以企业应当鼓励员工再学习。

首先，将心比心，公司对员工好，员工就会对公司好，这是一个简单的道理；其次，员工水平提高，客户才会满意，公司才能得到利润，如果利润能转化为对员工的再投资，就会形成一个良性循环。

思考题：联邦快递是如何保证员工快乐工作的？

◇ **任务分析**

为了完成上述任务，学生需掌握如下内容或要点：

1. 服务人员的地位及服务利润链；
2. 服务人员对服务的影响；
3. 服务人员在物流服务营销中的作用；
4. 内部营销的内容。

物流市场营销组合策略除了传统的产品、定价、渠道和促销 4 个因素外，还需要考虑人员参与、有形展示和过程设计 3 个因素，由此形成一体化的服务解决方案。

任务一 物流服务人员参与策略

在物流服务营销的 7Ps 组合中，"人"的要素是比较特殊的一项。对物流企业来说，人的要素包括两个方面的内容，即服务人员（员工）和顾客。

一、服务人员及内部营销

（一）服务人员

1. 服务人员的地位及服务利润链

在提供物流服务产品的过程中，人（物流企业的员工）是一个不可或缺的因素，尽管有些物流服务产品是由机器设备来提供的，如网上物流服务等，但物流企业的员工在这些服务的提供过程中仍起着十分重要的作用；对于那些要依靠员工直接提供的物流服务，员工因素就更为重要。一方面，高素质、符合有关要求的员工的参与是提供物流服务的一个必不可少的条件；另一方面，员工服务的态度和能力水平也是决定顾客对物流服务满意程度的关键因素之一。

通常，一个高素质的员工能够弥补由于物质条件的不足可能使顾客产生的缺憾，而素质较差的员工则不仅不能充分发挥物流企业拥有的物质设施上的优势，还可能成为顾客拒绝再次使用物流服务的主要缘由。考虑到人的因素在服务营销中的重要性，克里斯蒂安·格隆罗斯（Christian Gronroos）提出，服务业的营销实际上由 3 个部分组成（如图 12-1 所示），物流服务也不例外。

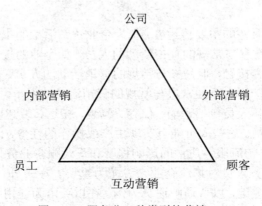

图 12-1 服务业 3 种类型的营销

其中，外部营销包括企业提供的服务准备、服务定价、促销、分销等内容；内部营销则指企业培训员工及为促使员工更好地向顾客提供服务所进行的其他各项工作；互动营销则主要强调员工向顾客提供服务的技能。图 12-1 中的模型清楚地显示了员工因素在服务营销中的重要地位。

顾客对物流企业服务质量评价的一个重要因素是一线员工（或称前线员工）的服务素质和能力，而要形成并保持一支素质一流、服务质量优异的员工队伍，物流企业管理部门就必须做好员工的挑选和培训工作，同时要使物流企业内部的"二线""三线"队伍都围绕着为一线队伍的优质服务提供更好的条件这个中心展开。只有为一线员工创造了良好的服务环境，成就了员工对物流企业的忠诚，才能实现员工为顾客服务的热忱，并通过较高的服务质量赢得顾客对企业的忠诚，从而使企业获取收益。物流服务利润链对这一思路做出了很好的说明，如图 12-2 所示。

图 12-2　物流服务利润链

物流企业要对员工从事内部营销，对顾客则从事外部营销，而员工之间则交互营销，共同为顾客提供服务。因此，物流企业的营销不仅施之于顾客，而且还要针对内部员工，这不同于有形产品的营销。

2. 服务人员及顾客对服务的影响

贾德（Judd）根据服务人员接触顾客的频繁程度和参与常规营销活动的程度把服务营销中的人员分为 4 类（如图 12-3 所示），即接触者、改善者、影响者和隔离者。

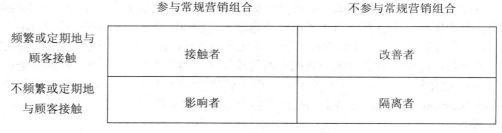

图 12-3　营销人员分类

接触者是物流企业服务的主要传递者，也是企业营销活动的主要执行者。改善者指经常与顾客接触，但是并不经常参与常规的营销活动的人员，如企业的接待人员、总机接线员等。影响者是指不经常参与顾客接触，但是参与常规的营销活动的人员，如产品设计开发人员等。隔离者是指不经常与顾客接触也不经常参与常规的营销活动的人员，如人事等部门的员工。

物流企业的具体服务人员包括运输、储存、包装、搬运、装卸以及配送和信息处理等一系列过程中涉及的服务人员。这些人可能有实现生产或操作的任务，他们也可能是与顾客直接接触的角色，他们的态度对物流服务质量的影响程度和正式顾客业务代表态度的影响程度是一样的。因此，高素质的服务人员对物流企业来说尤为重要。在中外—运敦豪（DHL），高素质的员工始终是其成功的关键，以普通邮递员为例，在以英语为通用工作语言的快递行业，国际化的业务意味着递送员每天要面对来自世界各地的快件和大公司里众多的"洋"面孔，过硬的英语能力自然成为 DHL 对员工的基本要求之一；此外，作为直接面对顾客的服务人员，真诚自然的服务态度更是不可或缺。同时，随着行业的不断升级，DHL 强调服务人员必须具有"能够并愿意为客户尽力服务"和"团队协作"的精神。

在物流服务营销组合中"人"的要素的另一个方面就是顾客。在物流企业的营销活动中顾客的参与意识越来越强，顾客之间的关系也会影响对物流服务的看法。一位顾客对某项物流服务质量的感受，很可能会受其他顾客意见的影响。顾客总会与其他顾客谈到物流企业的服务，或者当一群顾客同时接受一项物流服务时，对服务的满足感往往是由其他顾客的行为间接决定的。因此，每一个顾客都必须受到物流企业的高度重视。

顾客所接受的物流服务通常从技术性质量和功能性质量方面来评价。技术性质量是指顾客在他与物流企业之间交易后所得到的实质内容。技术性质量可以通过客观方式加以评估，并成为任何顾客对某项物流业务评价的重要依据。功能性质量是指物流服务过程的质量。物流服务的功能性要素有两项是重要构成，即过程和物流服务体系的人。功能性质量虽不易于进行客观的评估，但也是顾客对服务评价的重点。功能性质量包括以下要素：员工的态度、员工的行为、员工间的关系、与顾客有接触经验员工的需要、服务人员的外观、服务对于顾客的可及性、服务人员对于服务的态度。

（二）内部营销

1. 内部营销的内容构成

内部营销的概念形成于 20 世纪 80 年代，现在越来越多的物流企业认识到它们需要内部营销，内部营销已被当作外部营销成功执行的先决条件。内部营销起源于这样一个观念，即把员工看作是企业最初的内部市场。如果产品、服务和沟通行动在针对内部目标群体时不能很好地市场化，那么，最终针对外部顾客的营销活动也不可能取得成功。

内部营销的主要目的在于鼓励高效的市场营销行为，建立这样一个营销组织，即通过恰当的内部营销，使内部人员了解、支持外部营销活动，使其成员能够而且愿意为企业创造"真正的顾客"。

内部营销的内容构成如图 12-4 所示。

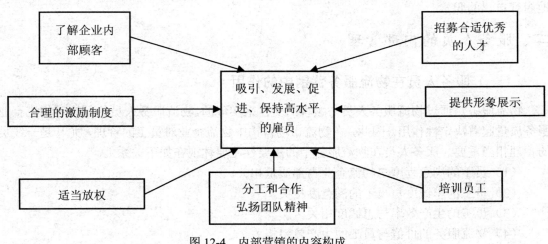

图 12-4　内部营销的内容构成

内部营销是一项管理战略，其核心是培养员工的顾客意识。在把产品和服务通过营销活动推向外部市场之前，应先对内部员工进行营销。只有进行恰当的内部营销，物流企业在外部市场上进行的经营活动才可能获得成功。"有效的服务，要求理解服务观念的员工。"因此，对所经营业务的理解、企业中员工的期望以及为什么抱有这种期望，这些想法或认识的实现需要经过努力才能达到。

内部营销作为一种管理过程，通过两种方式将物流企业的各种功能结合起来。首先，内部营销能保证物流企业所有级别的员工，理解并体验本企业的业务及各种活动；其次，它能保证所有员工准备并得到足够的激励以服务为导向的方式进行工作. 内部营销强调的是物流企业在成功达到与外部市场有关的目标之前，必须有效地进行组织与其员工之间的内部交换过程。

2. 内部营销的目标

从策略层次上看，内部营销的目标是：通过制订科学的管理方法、升降有序的人事政策、企业文化的方针指向、明确的规划程序，创造一种内部环境，来激发员工主动为顾客提供服务的意识。从战术层次上看，内部营销的目标是：向员工推销服务、支援服务、宣传并激励营销工作。

3. 内部营销的管理过程

内部营销意味着两种类型的管理过程：态度管理和沟通管理。首先，员工对顾客意识和服务观念的态度和动机需要进行管理。态度管理经常支配着物流企业内部营销中为取得竞争优势而推行的服务战略。其次，经理、接待员和支持人员需要大量信息，以使其能执行作为领导或经理或是内部和外部顾客的服务提供者的任务。这些信息可能包括工作计划、产品和服务的特征、对顾客的承诺（如广告或推销员所做出的承诺）等。需要沟通他们之间的要求、改进工作的意见以及他们发现的顾客需要，这是内部营销的沟通管理。

在服务营销中，有两句格言流传甚广，经常被人们引用。其一是："你希望员工怎样对待顾客，你就怎样对待员工。"其二是："如果你不直接为顾客服务，那么，你最好为那些直接为顾客提供服务的人提供优质服务。"这两句格言提示了两个原则：对人的尊重和树立团队（或集体主义）观念。因而，内部营销被用来对物流企业员工推销服务理念与正确的价值观。物流企业可以通过内部营销，使"顾客至上"的观念深入员工的心坎，从而使物流服务提供者更好地履行自己的职责。

二、服务人员的内部管理

（一）服务人员在物流服务营销中的作用

物流服务是通过物流服务人员与顾客的交往来实现的，物流服务人员的行为对物流企业的服务质量起着决定性作用。因此，在物流市场营销中物流企业对员工的管理，尤其是一线员工的管理相当重要。服务人员在物流服务中的重要性主要体现在如下关系上。

（1）员工的满意程度与物流企业内部质量相关。

（2）员工的忠诚度与员工的满意度相关。

（3）员工的生产效率与忠诚度相关。

（4）物流服务的价值与员工的生产效率相关。

这一系列的推断说明内部质量是基础，可以通过评价员工对自己的工作、同事和企业的感觉而得到。最主要的是来自于员工对自己工作的评价，而员工对物流企业内其他人的看法和物流企业内部人员互相服务的方式也对内部质量产生影响。换句话说，物流企业内部对人力资源的管理影响着员工的满意度，从而导致物流企业服务价值的实现。

（二）"顾客或员工关系反映"分析

"组织—员工—顾客"给我们的另一重要启示是"顾客或员工关系反映"，即对于服务组织来说，顾客关系反映了员工关系，即组织（尤其是管理人员）如何对待员工，员工就将怎样对待顾客。正如一份研究报告指出的：如果管理人员帮助员工解决问题，员工也就会为顾客解决问题。

1. 关心员工遇到的问题并帮助解决

这并不意味着管理人员无条件地去关注其下属的所有问题，管理人员应关心影响员工工作的问题，既包括公事也包括私事。要做到这一点，管理人员不妨从以下几方面加以考虑。

（1）定期举行与基层员工的会议，可以使高层管理人员从这些普通员工中得到建议。

（2）为员工提供一些福利性的帮助，如通过赞助援助员工的计划和为员工做信用担保等方式以表示对员工需求的关心。

（3）制订一些支持员工的计划，包括提供服务、职位阶梯和分享企业利润。

要记住管理人员在与下属交往时应尽量避免显示自己的权威性，同时可采取一些显而易见的措施。比如，办公室不设门或办公时间敞开门，能使员工感觉如果有难题可以随时找管理人员。

2. 使员工了解组织内部发生的事

如关于销售、利润、新产品、服务和竞争的综合情况；其他部门的活动关于企业在实现目标上的最新发展及完成目标的情况。

如果每个员工都了解组织内部发生的事，会使物流企业在对顾客的服务过程中得到好处。因为如果在物流服务中有一些无法处理的情况发生，员工会很快找到答案或让能处理的员工来完成对顾客的服务。

3. 树立组织的整体观念，增强员工责任感

培养员工共同的责任感应始于新员工加入时，新员工需要学会的是对顾客和对其他员工的责任感。要使这项工作持续进行还需要关注顾客对负责任的员工的反馈信息，经常回顾工作中员工表现出责任感的行为以及对那些很好地为顾客服务的员工进行当众表扬。

4. 尊重员工

当员工感觉不到被上司或同事尊重时，他在对顾客提供物流服务的过程中往往易于急躁，管理人员在与员工的交往中应注意自己的言行，处处体现出对员工的尊重：① 及时表扬出色完成工作的员工。② 记住下属的名字。③ 尽量避免当众指责员工。④ 为员工提供干净、适用的设备。⑤ 注意礼貌用语。⑥ 认真倾听并尽力去理解员工的看法。

5. 给予员工决定的权力并支持员工做决定

管理人员对员工给予充分的支持会让员工做得更好，下放一部分权力会使员工更加主动、

积极地为顾客提供服务。可以从以下的方面来理解"支持"：① 为员工提供应该配备的人员、资源及相关知识等以使员工更有效地工作。② 合理的加薪计划。③ 为下属所犯错误承担相应责任。④ 在其他人面前为自己的下属做辩护。⑤ 把注意力集中在解决问题上，而不是一味地责备。

当然，支持员工要在一定范围内，比如说在为下属所犯的错误承担相应领导责任的同时，也应对下属员工进行一定的责罚。

（三）管理人员对员工的管理

"把员工作为自己的顾客"和"顾客或员工关系反映"指出了管理人员如何在平时的工作交往中加强对员工的管理。管理人员所要面对的员工各不相同，并非每个员工都能很好地完成自己的工作。在这种情况下，管理人员应学会帮助员工改变做法，做好工作。而对员工来说，为了更好地服务顾客，他们往往需要知道自己做得怎样，他们需要来自管理人员的反馈信息，无论这种信息是正面的还是负面的。因此，管理人员应及时评价员工的工作并帮助他们改正错误。所有的这些无非就是加强沟通。联邦快递的经理把75%的时间花在路上，为什么跑来跑去，就是要跟员工多碰面、多对话、多了解，了解经理们的一些困难，把一些理念跟他们讲，到员工工作的地方去跟他们谈话。经理现在几乎每个月都在与不同地方的员工交流，此外每半年他会跟所有的经理召开一次电话会议，每年所有的经理也会被召集在一起开一个会，这样可确保沟通顺畅，能及时了解各地员工的需要，从而达到良好的管理效果。

对员工在工作中取得的成绩，管理人员应及时给予表扬，无论是对员工还是对顾客都将产生巨大的激励效果。但作为管理人员也不能滥用表扬，应把对员工的表扬用在较为关键的方面：当员工的行为超过企业所要求的行为标准时；当员工的行为一直都符合标准时；当员工取得进步时（无论进步的大小）；当员工面对挑剔的顾客保持冷静时；当员工采取灵活措施帮助顾客时。

但是当员工的工作出现差错时，管理人员应该如何对待？管理人员应以谨慎的态度对待员工的差错，员工在这时的心态是很敏感的，如果管理人员处理不当，可能会适得其反。管理人员的谨慎首先表现在他对待员工错误的态度上，管理人员应对员工的错误持理解的态度，在帮助其改正的实施过程中应避免触发员工的敌对情绪（因为员工在犯错误之后的心态是敏感的，而这种敏感容易转化为敌对情绪）。

管理人员应做到的是：考虑员工的感受；冷静地分析每一种可能的情况，期望的改正效果；在私下里批评，解释所犯错误的本质及管理人员的后果；向员工描述未来可能发生的错误带来怎样的后果；公平地对待每一个员工，当错误发生后，迅速给予关注；表明对员工进行惩罚的目的；迅速对所有违反规则的行为做出处理。

管理人员应该避免的是：讽刺犯错误的员工，发脾气；由此而轻视犯错误的员工；用带有侮辱性的语气说话；在其他员工面前批评犯错误的员工；对员工进行欺骗或威胁；表现出个人喜好；对员工所犯错误迟迟不进行处理；采取过分严厉的惩罚措施；对改正错误的措施执行不够。

企业还要加强制度上的保证。例如联邦快递公司设有"员工公平对待条例"，员工受到处分如觉得不合理，可以在7天以内投诉到他上司的上司那里，他上司的上司要在7天内开一个"法庭"来判定是员工对还是经理对，如果员工还是不满意，可以继续往上告，确保员工得到公平的对待。在联邦快递，很多原先管理阶层的决定都是通过这个"法庭"被推翻的，在公司里没有人可以一手遮天。

三、物流服务人员的培训

（一）人员招聘

在选择前线员工时，不能像招聘普通员工那样只看重其经验和技能，而更应考察其态度、资质和个性等能为物流服务人员带来成功的因素。一般的招聘方法不适用于选择前线员工，因为在这些招聘过程中，招聘人员的决定常常只是由他们的直觉和应聘者的书面材料产生。调查资料显示，60%的简历中有不真实资料，大多数推荐信只提供正面的意见，面试也不是一种可靠的方法，招聘人员通过面试只能了解应聘者的外表及在面试中的表现。因此选择物流服务的前线员工需要更科学的方法。

可以通过计算机化的问卷测试来进行人员选择，具体步骤如下。

（1）研究人员决定一个合格的前线员工所应有的素质。这项工作是通过与管理人员的交谈以及通过对原有的顾客满意度研究进行总结，大致勾勒出符合物流企业需要的、有利于顾客服务的方面。例如，通过交流和经验总结，DHL 认为雇员对企业文化的认同是影响员工服务态度的一个非常重要的因素。因此，如果个人价值观与企业文化存在明显的冲突是不可能成为DHL 的雇员的。

（2）从中选出对物流企业成功有重大影响的行为，针对这些行为制订标准化的测试内容。DHL 全球统一的经理人甄选标准化的测试内容包括计划、团队管理、自我激励、沟通能力等10 种核心能力。

（3）在物流企业内选几个工作出色的员工进行测试，对测试结果进行分析，选出得分高的条款综合为测试内容。

（二）员工培训

员工招聘只是物流企业人力资源管理的开始，如何使新员工成为符合物流企业要求的服务提供者，这是物流企业内部培训要解决的问题。许多物流企业为培训员工开办了专门的学校，这些学校为本企业的员工培训制订专门的培训计划、配置专门的培训人员。学校的一切活动都围绕着培训企业所需要的人，只要是企业的需要，哪怕是细微的方面也会配以精心的计划。例如，联邦快递公司每个员工每年都有 2 500 美元作为学习津贴，有了 2 500 美元，大家就有机会去学习、去提高自己。

这些机构的主要任务之一是对员工进行技能培训（针对某些特定的事务）。这些培训内容主要是一些行为准则，一般是针对那些新加入公司的员工。进行这样的培训是为了让新员工在今后的工作中以符合标准的行为高效地完成本职工作，并与其他员工取得协调，更好地工作。员工在上岗之前都要接受正规、严格的入职培训。每个新员工会依次进入所有部门进行轮岗实习，以确保在正式上岗之前对公司的所有业务环节都有直接的体验，对所有的专业知识都有了解，这样不仅提高了员工的专业水平，而且为相互尊重、共同协作的工作态度奠定了坚实的基础。

物流企业除了对员工进行技能培训外，还应对员工进行交往培训。由于员工在与顾客交往中可能遇到的问题难以预料，因此很难在培训中对这些问题加以模拟解决。所以，在物流服务组织的培训中，交往技巧的培训在某种程度上比技能培训更困难。许多航空公司对乘务员进行事件分析培训，以帮助乘务员在意想不到的情形下处理好顾客提出的苛刻要求。还有一些物流企业把角色扮演、创造性技巧和冲突的模拟作为培训方法。联邦快递公司注重对员工的培养，每个岗位都有一个培训计划，对于新人，公司不仅对他们进行专业的培训，还会对他们进行管理培训、怎么做人的培训，如怎样跟人家沟通，让员工清楚公司的文化、自己未来的发展情况、在公司里成功的表现。

培训的作用还在于向员工灌输企业的价值观，并使员工对一些与企业发展有关的事给予更多的关注，这是有关企业文化的培训内容。企业文化不仅是物流企业制订战略方针的思想指导，对物流企业员工的日常工作也起到指导作用。

为员工精心设计的培训计划对整个企业的运作产生深远、积极的影响。如果这样的培训计划被当作系统的一个整体而不是只当作一些空洞的教条，那么对员工的培训将是服务组织最好的工具。

在设计内部员工培训计划的过程中，首先应考虑的是物流企业内不同层次的业务需要，这里所说的业务需要指的是物流企业各级部门的工作目的、工作内容及所应达到的要求等。在分析各级部门业务需要的基础上制订培训计划以满足这些需要。在制订培训计划时还应注意对不同部门的员工、不同职能和不同地区的部门及组织内不同级别之间相互影响、相互联系的领域进行研究，使制订出的培训计划增进彼此间的联系，并在公司遇到的问题与业务流程方面建立员工之间、部门之间、地区之间的理解。

 小贴士

Mega Products 的物流培训

Mega Products 公司参加培训计划的规则非常简单——任何想要参加公司提供的培训计划的员工都可以参加。物流经理根据物流管理的需要制订一个培训计划。这个计划包括几个星期的活动，包括的主题为介绍大学物流的课程——采用练习方式——这些员工可以分析实用的、直接应用的例子。参与者包括：从营销部门新转到物流部门的管理者、仓库的长期操作人员、从一个职能部门刚提升的现在负责几个职能领域的中层管理者。培训的讲义由一家大型教科书出版社负责，公司负责所有员工的培训费用。

培训甚至超出组织的界限——向供应商和客户开放。一些中层管理者经过认证成为根源错误分析（RCFA）培训师，他们为自己的下属和客户提供课程培训，但同时也需要运输供应商接受这些课程。Mega Products 公司对全世界范围的全部承运商进行培训，并承担这些费用。

还存在其他需要的培训课程，尤其为那些接任新工作的员工，管理者提升职位前要经过几项培训，而且为了保持他们的技能，要不断接受新的培训。

公司鼓励制订个人发展计划，例如，压力管理、时间管理和沟通技巧。物流经理支持有助于员工发展以及影响他们在家中和工作中的行为的培训。

其结果是：该公司十几年内全球所有非铁路运输的按时交货率超过98%，不存在操作层、监督层、管理层的人员跳槽的现象。

（三）由上而下的培训

对基层员工的培训是重要的，那么管理人员是否也应培训呢？答案是肯定的。每个人都需要知道该做些什么和怎样去做，而且每个人都需要他人的鼓励与肯定，总裁也不例外。物流企业内部全面的培训一般在以下四个层面展开。

（1）最高管理层。对最高管理层的培训以宏观的管理为特色。主要在于如何制订、实施以顾客为导向的物流管理战略。高层管理人员还应学会如何加强管理并以身作则，以建立以服务为导向的企业文化。

（2）经理和主管。一般的管理人员需要在下放权力、团队建设、做手下员工的顾问等方面学习如何扮演好自己的角色。管理人员还应掌握必要的技巧使整个组织的计划相互协调以形成整体。这样的培训在许多组织中几乎是强制性措施，是每一位管理人员必须学会的。

（3）与顾客接触的前线员工。前线员工在培训中应学会有关帮助顾客、为顾客做出安排，把顾客需要放在第一位的看法、战略和技巧。前线员工最常犯的错误就是对顾客的"打扰"（事实上接待顾客的"打扰"正是前线员工的工作）感到厌烦，而当这种感觉反映到态度和行为中时就会把顾客吓跑。

（4）物流企业的其他员工。培训计划应使这些员工知道优质服务给企业、给他们自己的事业所带来的好处，并使他们意识到自己在服务提供过程中的重要性，同时帮助他们理解"内部顾客"的含义，最重要的在于使这些员工学会如何在工作中支持、帮助前线员工。

在这 4 个层面的培训中，经理和主管以及前线员工这两个层面较为重要。物流服务组织中经理和主管的培训与其工作特点密切相关，员工对顾客提供服务的过程不仅受到管理人员如何对待员工的影响，而且也受到管理人员如何对待顾客的影响。管理人员都应该理解自己的行为对下属具有怎样的影响力，同时也应了解在建立以服务为导向的企业文化中自己应扮演的角色和应有的行为。管理人员在平时的工作中要起表率作用，他们应以顾客为中心，管理人员还应学会培训和发展自己手下的员工同样关心顾客。

任务二　物流服务有形展示策略

基于服务产品的无形性和其他特性，顾客会更多地把注意力集中于通过多种有形的线索来强调和区分事实。因此，对物流企业而言，要善于通过对物流服务工具、设备、员工、信息资料、其他顾客、价目表等有形物的服务线索的管理，增强顾客对物流服务的理解和认识，为顾客做出购买决定提供信息。

一、物流服务有形展示的意义和类型

（一）物流服务有形展示的概念

物流服务有形展示是指在物流服务营销组合策略的范畴内，一切可传达物流服务特色及优点、暗示企业提供服务的能力、可让顾客产生期待或记忆的有形组成部分。具体而言，就是物流企业中与提供物流服务有关的实体设施、人员及沟通工具等的展现。

根据环境心理学理论，顾客利用感官对有形物体的感知及由此所获得的印象，将直接影响到顾客对物流服务产品质量及物流服务企业形象的认识和评价。顾客在购买和享用服务之前，会根据那些可以感知到的有形物体所提供的信息而对物流服务产品做出判断。比如，一位初次光顾某物流企业的顾客，该企业的建筑物、门口的招牌等已经使他对该企业有了一个初步的印象。如果印象尚好，他会径直走进去，而这时企业内部的装修、设备以及服务员的礼仪形象等将直接决定他是否会进一步对企业做深入的了解，而这正是顾客购买的开始。因此，采用有形展示策略，可以帮助物流服务企业开展营销活动。

做好有形展示管理工作，发挥有形展示在营销策略中的辅助作用，是物流企业管理人员的一项重要工作。利用各种有形展示，生动、形象地传递各种营销信息，使客户与员工都能了解并接受。有形展示在物流服务营销中可发挥以下作用。

（1）使客户形成初步印象。

（2）使客户产生信任感。

（3）提高客户感觉中的服务质量。

（4）塑造企业的市场形象。

（5）为客户提供美的享受。

（6）促使员工提供优质服务。

（二）物流服务有形展示的类型

物流服务有形展示可以从不同的角度做不同的分类。不同类型的有形展示对顾客的心理及其判断物流服务产品质量的过程有不同程度的影响。

1. 根据物流服务有形展示能否被顾客拥有分类

根据物流服务有形展示能否被顾客拥有可分为边缘展示和核心展示。

边缘展示是指顾客在购买过程中能够实际拥有的展示，比如机票、火车票等，它是一种使乘客接受服务的凭证。物流解决方案的供给商提供给需求方的有关此方案的实施条件、应注意的问题、具体的操作步骤等，这些代表物流服务的物的设计，都是以顾客的需要为出发点，它们无疑是物业核心服务强有力的补充。

核心展示与边缘展示不同，在购买和享用服务的过程中不能为顾客所拥有。但核心展示却比边缘展示更重要，因为在大多数情况下，只有核心展示符合顾客的需求时，顾客才会做购买决定。例如，航空公司的形象、物流企业的标识、设施设备状貌等，都是顾客在购买这些服务时首先要考虑的核心展示。因此，可以说边缘展示与核心展示加上其他现成服务形象的要素（如提供物流服务的人）都会影响顾客对物流服务的看法与观点。当一位顾客判断某种物流服务的优劣时，尤其在使用或购买之前，其主要的依据就是物流服务的一些实际性线索、实际性的呈现所表达的东西。

2. 根据物流服务有形展示的构成要素分类

根据物流服务有形展示的构成要素可分为实体环境、信息沟通和价格。

从物流服务有形展示的构成要素进行划分，主要表现为三种类型：实体环境、信息沟通和价格（如图 12-5 所示）。如同图 12-5 中相交的圆环，这几种类型不是完全独立的。例如，价格是一种不同于物质设备和说服性信息交流的展示方式，然而，必须通过多种媒介将价格信息从物流服务环境传进、传出。

图 12-5　有形展示的构成要素

1）实体环境展示

实体环境有三大类型：周围因素、设计因素、社会因素。

（1）周围因素。这类因素通常被顾客认为是构成物流服务产品内涵的必要组成部分，是指顾客可能不会立即意识到的环境因素，如气温、湿度、气味、声音等。

（2）设计因素。设计因素是刺激顾客视觉的环境因素，这类因素被用于改善物流服务产品的包装，使产品的功能更为明显和突出，以建立有形的、赏心悦目的服务形象。比如，物流服务场所的设计、企业形象标识等便属于此类因素。

（3）社会因素。这类因素是指在物流服务场所内一切参与及影响物流服务产品生产的人，包括服务员工和其他在服务场所同时出现的各类人士，他们的言行举止皆可影响顾客对服务质量的期望与判断。服务员的外貌在服务展示管理中也特别重要，因为顾客一般情况下并不对物流服务和物流服务提供者进行区分。

2）信息沟通展示

信息沟通是另一种物流服务的展示形式，这些来自物流企业本身以及其他引人注意的沟通信息通过多种媒体传播，展示服务。从赞扬性的评论到广告，从顾客口头传播到物流企业标记，这些不同形式的信息沟通都传达了有关物流服务的线索，影响着物流企业的营销策略。

物流企业总是通过强调现有的物流服务展示并创造新的展示来有效地进行信息沟通管理，从而使物流服务和信息更具有形性。图 12-6 总结了物流服务企业通过信息沟通进行服务展示管理所能使用的各种方法。

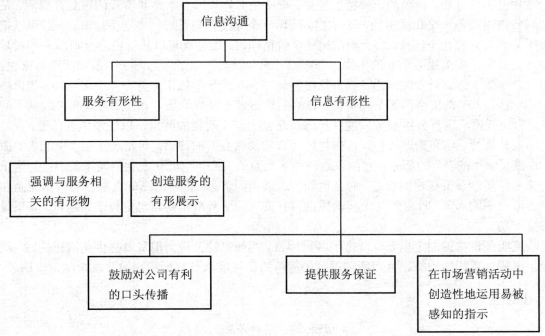

图 12-6　信息沟通与物流服务展示

（1）物流服务有形化。让物流服务更加实实在在而不再十分抽象的办法之一就是在信息交流过程中强调与物流服务相联系的有形物，从而把与物流服务相联系的有形物推至信息沟通策略的前沿。中国南方航空股份公司先后推出了"商务 2000""货运 5000""真诚 9000""南航中转""货运中转"等特色品牌，使服务变得有形化。

（2）物流信息有形化。物流信息有形化主要指营销人员通过营销手段使与物流服务有关的信息更加有形化。信息有形化常用的方法是鼓励对物流企业有利的口头传播，物流企业的信息通过大众口头传播，会直接影响顾客的消费倾向。如果顾客经常选择物流服务提供者，那么他特别容易接受其他顾客提供的可靠的口头信息，并据此做出购买决定。因此，顾客在选择物流服务解决方案、第三方物流服务等之前，总要先询问他人的看法。

自 2004 年 7 月 2 日起，联邦快递先后在北京、上海、深圳全面启动基于通信无线分组业务（GPRS）技术的服务升级计划，推出"掌上宝"快件信息处理系统。GPRS 技术采用先进的现代移动通信技术，联邦快递"掌上宝"是由联邦快递在该技术基础上自行开发，用于追踪包裹递送状态。联邦快递"掌上宝"集成了安全控制、将信息上传下载至联邦快递信息库的多项功能，该信息中心实时监控每一个快件的处理过程。通过无线传输，使得信息实时扫描并上传。这一覆盖面广泛并方便可行的设备可取代车载电台、寻呼和手机短信。此外，联邦快递"掌上宝"不仅可以传输运送信息，同时还能够加强联邦快递快件取送及查询的服务。

3）价格展示

对物流企业而言，价格除了是市场营销组合中唯一能产生收入的因素外，还有一个重要原因就是：顾客把价格看作有关物流服务的一个线索。价格能培养顾客对物流服务产品的信任，同样也能降低这种信任。价格可以提高人们的期望（比如顾客会想："它这样昂贵，这个解决方案应该很不错吧！"），也能降低这些期望（顾客也会想："价格这么高，合适吗？"）。

在物流服务行业，正确的定价特别重要，价格是对物流服务水平和质量的可见性展示，是顾客判断物流服务水平和质量的一个依据，但物流企业没有必要把价格定得过细。一般可以把物流服务产品分成几个档次，每个档次定一个价格即可，这样既可以从价格上反映服务的质量差别，又简化了物流服务企业的工作。分级定等时，级数不宜过多，对于一般物流服务来说，大致可以定为 5 级。有专家指出：服务价格的分布应和统计学的正态分布差不多，40%的价格为平均价格，20%的价格高于平均价格，20%的价格低于平均价格，10%定为最高价，剩下的10%定为最低价。实行分级服务，能在形态或感觉上产生明显的区别，以便使顾客信服。

与实体环境、信息沟通一样，价格也传递有关物流服务的线索。价格能展示"空洞"的服务，也能展示"饱满"的服务；它能表达对顾客利益的关心，也能让人觉得漠不关心；制定正确的价格不仅能获得稳定的收益，而且也能传送适当的信息。价格的高低直接影响着物流企业在顾客心目中的形象。丹麦的马士基就凭借自身良好的服务质量将自己定位于高运价、高质量的细分市场。

物流服务价格的制定也要综合考虑各种因素，例如班轮公司为消费者提供某次运输时，往往会根据所运货物的种类、客户所需得到的服务质量标准以及有无特别的要求来制定价格。

 小贴士

FedEx 的 "踏脚石"

广告片以一个 FedEx 速递员被困在一起交通事故造成的塞车中开始，他身处一座桥上，短时间内无法突围而出，在这种情况下，他致电求助。

"被困在桥上，紧急呼叫 FedEx 团队！"

镜头一转：河边岸上，速递员正准备"走"在水面上前往河的对岸，手中拿着 FedEx 包裹。然后速递员在水面上行走！奇迹般地到达了河的对岸，包裹丝毫无损，并且没有水渍。

"这是奇迹……真的吗？"

下一幕可见：FedEx 团队，全部在水底列队，支撑同事使他可以在水面行走。这队 FedEx 员工象征每一个在幕后工作的 FedEx 员工，虽然工作不为客户所见，却是确保客户的包裹能安全准时送达的主要原因。

这一集广告片说明 FedEx 每一个速递员，背后都有一群自愿超越责任所需，为确保客户的包裹准时送达，而愿意额外付出的员工。除了合作无间的团队精神，它还显示 FedEx 员工遇到困难时，会合力及有弹性地解决问题。

（三）物流服务有形展示的效应

物流服务有形展示的首要作用是支持物流企业的营销战略。在建立营销战略时，应特别考虑对有形因素的操作，以及希望顾客和员工产生什么样的感觉、做出什么样的反应。

有形展示的效应包括：通过感官刺激，让顾客感受到物流服务给自己带来的利益；引导顾客对物流服务产品产生合理的期望；影响顾客对物流服务产品的第一印象；促使顾客对物流服务产生"优质"的感觉；帮助顾客识别和改变对物流企业及其产品的形象；协助培训物流服务员工；成为顾客回忆曾经接受过的服务的有形线索。

二、物流服务有形展示的管理

（一）物流服务有形展示管理的意义

鉴于有形展示在物流服务营销中的重要地位，物流企业应善于利用组成物流服务的有形元素，突出物流服务的特色，使无形的物流服务变得有形和具体化，让顾客在购买物流服务前，能有把握判断物流服务的特征及享受物流服务后所获得的利益。因此，加强对有形展示的管理，努力借助这些有形的元素来改善物流服务质量，树立独特的物流企业形象，无疑对物流企业开展市场营销活动具有重要意义。

1. 服务的有形化

服务有形化就是使物流服务的内涵尽可能地附着在某些实物上。例如，符合要求的运输车辆、高水平的信息处理平台等。

 小贴士

日本宅急便

宅急便——大和运输的象征商标，是一个黑猫叼着小猫的图案。1957 年，大和运输受理美国军人、军队的杂物运送，开始与美国的亚莱德·莱斯运输公司合作输送。这家美国公司以"Careful handing"为宣传口号，象征这个标语意义的，是以母猫叼着小猫小心运送的图案。大和运输认为，图案中母猫那种小心翼翼，不伤及小猫，轻衔住脖子运送的态度，仿佛是谨慎搬运顾客托运的货物，这种印象和公司的宗旨相符。于是经过亚莱德公司的同意，并对图案做了进一步的造型设计，改为现在的黑猫标志，使这个图案更具有象征意象。大和运输又将Careful handing 意译为"我做事，你放心"，并以此作为宣传标语。因此，人们又把大和运输称为"黑猫大队"。

2. 使服务在心理上较容易把握

除了使物流服务有形化之外，物流企业还应考虑如何使物流服务更容易地为顾客所把握。通常有两个原则需要遵循。

（1）把物流服务同易于让顾客接受的有形物体联系起来。由于物流服务产品的本质是通过有形展示表现出来的，所以，有形展示越容易理解，则物流服务就越容易为顾客所接受。运用此种方式时要注意两点：第一，使用的有形物体必须是顾客认为很重要的，并且也是他们在此物流服务中所寻求的一部分。如果所用的各种实物都是顾客不重视的，则往往适得其反。第二，必须确保这些有形实物所暗示的承诺，在物流服务被使用的时候兑现，也就是说，各种服务的质量必须与承诺中所载明的相一致。

（2）把重点放在发展和维护物流企业同顾客的关系上。使用有形展示的最终目的是建立物流企业同顾客之间的长久关系。物流企业的顾客通常都被鼓励去寻找和认同物流企业中的某一个人或某一群人，而不只是认同物流服务本身。因此，物流服务人员的作用很重要，他们直接与顾客打交道，不仅其衣着打扮、言谈举止影响着顾客对物流服务质量的认知和评价，他们之间的关系将直接决定顾客同整个企业关系的融洽程度。

另外，其他一些有形展示也有助于发展同顾客的关系，如物流企业向客户派发与客户有关的具有纪念意义的礼物。

（二）物流服务有形展示效果的形式

物流服务有形展示的效果一般有 3 种形式。

（1）该服务的一种实物表征，即能唤起顾客想到该服务的利益；

（2）可以强调服务提供者和消费者之间的相互关系；

（3）可以联结非实物性服务和有形物体，从而让顾客易于辨认的一种展示。

例如，运输车队车的数量、车况、车的类型、车上的 GPS 定位系统等展示效果的测量，是"利用这些展示的广告所能产生说服消费者相信运输服务"的能力来衡量。每一种服务都有其特定的利益，服务有形展示的效果往往因所考虑的利益不同而不同。至于服务提供者与客户相互之间的展示效果，根据提供者和客户之间对于服务利益的个人信任程度而定。这也就是强调：服务有形展示的类型必须与顾客寻求的利益相关，如果没有考虑这些利益，就不应该使用该类型的服务有形展示。服务业营销人员面临的最大挑战是，找出这些利益，然后用适当的服务有形展示去表现。物流服务所能利用的展示方式有很多，从环境到装潢、设备、文具、颜色和照明灯，都是物流服务企业形成与塑造环境气氛的一部分。

（三）物流服务有形展示管理的执行

物流服务展示管理不仅仅是营销部门的工作，其他部门和个人也要通力协作。有形展示管理的执行涉及很多方面，既有宏观层面也有微观细节，下面列出的问题清单对实施有形管理帮助巨大。

（1）我们有一种高效的方法来进行物流服务展示管理吗？我们对顾客可能感觉到的有关物流服务的每一件事都给予了充分的重视吗？

（2）我们是否积极地进行物流服务展示管理？我们积极地分析了如何使用有形因素来强化我们的服务概念和服务信息吗？

（3）我们对细节进行了很好的管理吗？我们是否关注"小事情"？

（4）我们将物流服务展示管理和市场营销计划结合起来了吗？例如，当我们做出环境设计的决定时，是否考虑到这一设计能否支持高层营销策略？我们作为管理人员，是否熟知展示在市场营销计划中的作用，进而对计划做了有益的补充？作为管理人员我们知道在营销计划中什么是首要的吗？

（5）我们通过调查来指导我们的物流服务展示管理了吗？我们有没有寻找来自员工和顾客的由价格传递的线索？我们预先是否测定我们的广告向顾客传递了什么样的信息？在物流服务方案设计的过程中，我们征求过顾客和员工的意见吗？我们作为管理人员，在提高公司整体形象的过程中是如何运用环境设备和其他展示形式的呢？

（6）我们将物流服务展示管理的主人翁姿态扩展到整个组织了吗？我们向员工讲授了物流服务展示管理的特点和重要性吗？我们是否向组织内的每个人提问，让他们回答个人在展示管理中的责任？

（7）我们在物流服务展示管理过程中富有创新精神吗？我们所做的每件事都有别于竞争者和其他物流服务提供者吗？我们所做的事有独创性吗？

（8）我们对第一印象的管理怎么样？和顾客接触早期的经历是否给我们留下了深刻的印象？我们的广告、内部和外部的环境设备、标志物，以及我们员工的服务态度对新顾客或目标顾客是颇具吸引力呢，还是使他们反感？

（9）我们对员工的仪表进行投资了吗？我们有没有向员工分发服装并制订符合其工作角色的装扮标准？对于负责联系顾客的员工，我们考虑到为其提供服装津贴了吗？我们考虑过提供个人装扮等级津贴吗？

（10）我们对员工进行物流服务展示管理了吗？我们有没有使用有形因素服务对员工来说不再神秘？我们是否使用有形因素来指导员工完成其服务角色？我们工作环境中的有形因素是表达了管理层对员工的关心呢，还是缺乏关心呢？

任务三　物流服务过程设计策略

物流服务过程是指物流服务产品交付给顾客的程序、任务、活动和日常工作。因为顾客通常把物流服务交付系统感知成物流服务本身的一个部分。物流企业的顾客所获得的利益或满足，不仅来自物流服务本身，同时也来自物流服务的递送过程。因此，物流服务体系运行管理的决策对物流服务营销的成功十分重要。

一、关键的物流活动过程以及物流服务作业系统

（一）关键的物流活动过程

在物品从原产地到消费地的流程中涉及以下关键活动。

1. 顾客服务

顾客服务被定义为"一种以客户为导向的价值观，它整合及管理在预先设定的最优成本——服务组合中的客户界面的所有要素"。客户服务担负着捆绑和统一所有物流活动的任务。

2. 需求预测

需求预测包括确定客户会在未来某个时点所需要的物品数量及其伴随的服务。对未来需求的预测决定了营销策略、销售队伍配置、定价以及市场调研活动。销售预测决定生产计划、采购和购并策略以及工厂内的库存决策。

3. 库存管理

由于在财务上必须维持物品的充足供应以满足客户和制造商两方面的需求,库存控制活动显得非常关键。原材料和零部件以及制成品的库存都会消耗物理空间、人员、时间和资产,库存占用的资金无法用于别的地方。

4. 物流通信

通信是整个物流过程和企业客户之间极其重要的联系。例如,当 Sequent 公司的一个客户需要一个备件时,就会生成一份订单确认备件编码、数量和客户信息,然后用电子方式将订单传输到音速空运位于路易斯维尔的设施,同时确认函被返回以确认收到信息。调度员在几分钟之内收到订单并发回订单确认。音速空运随后发运订单并在客户收到时向 Sequent 送出发运确认。其结果是更快速的反应时间、更准确的订单和更严格的库存控制。

5. 物料搬运

物料搬运的目标是在任何可能的地方消除搬运;使行走距离最短;使在制品最少;提供无瓶颈的均衡流动;尽量减少由于浪费、破损、变质和偷盗所造成的损失。

6. 订单处理

订单处理的组成要素可分为三类:① 运行要素,如订单录入、安排时间、订单发运准备和开发票;② 通信要素,如订单修改、订单状况查询、错误纠正和物品信息请求;③ 信息和收款要素,包括信用查询和应收账款的处理。

7. 包装

当企业涉及国际营销时,包装变得更加重要。国际营销的物品要运输更远的距离和经受更多的物理搬运,如果国内的包装不够坚固,将无法满足国际配送的严格要求。

8. 零部件和服务支持

企业的部分营销活动是向客户提供售后服务,这包括在物品发生停顿和故障时提供替代的零部件。例如,汽车销售商必须有高效的服务部门提供完整的保养和汽车维修。拥有充足的备件和替换零部件,对于服务和维修活动至关重要,并且物流负责确保无论在何时何地,客户只要需要就能得到那些零部件。

9. 工厂和仓库选址

无论设施是企业自己拥有还是租赁的,工厂或仓库的位置都极为重要。工厂或仓库的战略性设置能帮助企业改善客户服务水平。合理的设施位置还能使物品从工厂到仓库、从工厂到工厂或是从仓库到客户的移动取得更低的与量相关的运输费率。

10. 采购

在大多数行业,公司将收入的 40%～60%花费在外界资源提供的材料和服务上。近几年以材料的供应和价格的大幅变动为标志的经济环境,使采购在物流过程中的地位更为重要。

11. 逆向物流

在许多行业,客户因保修、调换、再改造或再生循环等原因退货,逆向物流成本相对前向物流成本来说更高。通过系统将物品从客户运回生产者的成本可能是将相同物品从生产者运到客户成本的 5~9 倍。退回的物品往往无法像原来的物品那样容易运输、储存和搬运。随着客户群的增大，他们对灵活和宽松的退货政策的需要以及回收和其他环境问题，使逆向物流变得尤为重要。

12. 交通和运输

交通运输活动涉及物品移动的管理，并且包括选择运输方法、选择专门的路径、遵守各种地方的运输法规，以及了解国内和国际的运输需求。

13. 仓储和储存

具体的储存活动包括：决策储存设施是应该自己拥有还是租赁，储存设施的布局和设计、物品组合的考虑、安全和维修流程、人员培训以及生产率预算等。

（二）物流服务作业系统

物流服务作业系统可以从很多研究角度来分类，其中，从过程形态和接触度来分是两种主要的划分方式。

1. 从过程形态来划分

（1）线性作业。线性作业是指各项作业或活动按一定顺序进行，物流服务是依循这个顺序产出的。线性作业的各种不同构成要素之间的相互关系，往往使整体作业受到连接不足的限制，甚至因此造成停顿现象，但这也是一种具有弹性的过程，过程中的工作项目，可经由专门化、例行化而加快工作速率。线性作业过程最适合用于较标准化性质的物流服务业，并且有大量的持续性需求。

（2）订单生产。订单生产过程是使用活动的不同组合及顺序而制造出各式各样的服务。这类服务可以特别设计订制，根据不同客户进行订制，并提供事先预订的服务。虽然这种形态的优势关键在于有弹性，但仍然存在着时间不易安排，以及用资本密集取代劳动密集不易的困难，同时也不易估算系统产能。

（3）间歇性作业。间歇性作业是指各物流服务项目独立计算，做一件算一件，或属于非经常性重复的物流服务。这类项目工作浩繁，对管理阶层而言，作业管理是复杂而艰巨的，这类项目最有助于项目管理技术的转移及关键途径分析方法的应用。这类项目的规模及其间断性与前两种方式大不相同。

2. 从接触度来划分

物流作业可分为高接触度和低接触度两类。与顾客接触度高的物流服务作业管理与接触度低的物流服务作业管理差别很大。对作业管理者而言，顾客接触度的高低往往影响到他们各个不同层面的决策。

（1）高接触度的物流服务比较难以控制，因为顾客往往成为物流服务过程中的一种投入，甚至会扰乱过程。

（2）在高接触度的物流服务中，顾客也会妨碍到需求时效，同时其物流服务系统在应付各种需求上较难均衡其产能。

（3）高接触度物流服务的工作人员，对顾客的服务印象有极大影响。

（4）高接触度物流服务中的生产日程较不容易编制。

（5）高接触度物流服务比较难以合理化，比如用技术取代人力。

（6）将物流服务系统中的高接触度构成要素和低接触度构成要素分开管理将较为有利；同时可激励员工们在各种不同功能中尽量专门化，因为各种功能需要的技能并不相同。

无论是依据过程方式还是接触度高低来分类，都可显示物流服务过程中的作业顺序，并予以明确化，也可以将物流服务系统依其接触度加以分门别类。物流服务管理者了解其服务递送过程的一个重要步骤，就是制作物流服务系统的流程图表，并将物流服务过程中与顾客的互动顺序予以流程化。

物流服务管理者为物流企业拟订策略时，在经过以上的分析之后，需要进一步考虑的几个关键性问题是：① 物流服务过程中应包括哪些必要的步骤？② 这些步骤是否可以取消或者合并？③ 每一步骤的产能是否均衡？④ 顾客在哪些地方会介入物流服务？⑤ 不必要的顾客接触是否可以减少甚至取消？⑥ 科技是否可以用来加速过程的进行？⑦ 是否有些过程中的步骤可以转移到其他部分去？

图 12-7 给出了物流作业的一个基本框架。

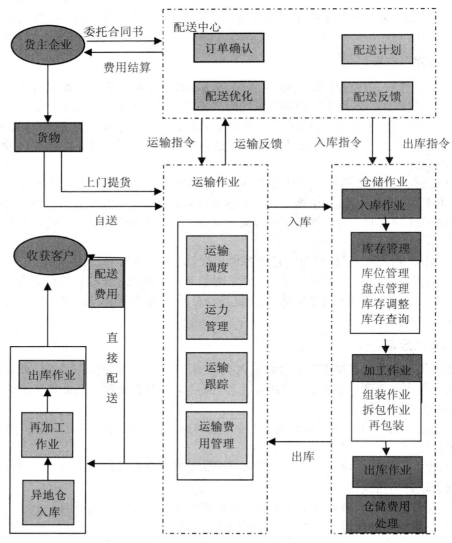

图 12-7 物流作业基本框架

小贴士

公路运送作业流程的基本内容

（1）接单。公司主管从客户处当面接收（或传真接收）运输发送计划；公路运输调度部门从客户处接出库提货单证；核对单证。

（2）登记。运输调度部门在登记表上分配送货目的地，分配收货客户标定提货号码；司机（指定人员及车辆）到运输调度中心拿提货单，并在运输登记本上确认签收。

（3）调用安排。填写运输计划；填写运输在途、送到情况，追踪反馈表；电脑输单。

（4）车队交接。根据送货方向、重量、体积、统筹安排车辆；报运输计划给客户处，并确认到厂提货时间。

（5）提货发运。按时到达客户提货仓库；检查车辆情况，办理提货手续；提货，盖好车厢，锁好厢门；办好出厂手续；电话通知收货客户预达时间。

（6）在途追踪。建立收货客户档案；司机及时反馈途中信息；与收货客户电话联系送货情况；填写跟踪记录；有异常情况及时与客户联系。

（7）到达签收。电话或传真确认到达时间；司机将回单用 EMS 或 FAX 传真回公司；签收运输单；定期将回单送至客户处；将当地市场的情况及时反馈给客户。

（8）回单。按时准确到达指定卸货地点；货场交接；百分之百签收，保证运输产品的数量和质量与客户出库单一致；了解送货人对客户产品在当地市场的销售情况。

（9）运输结算。整理好收费票据；做好收费汇总表交至客户，确认后交回结算中心；结算中心开具发票，向客户收取运费。

二、物流服务过程的管理与控制

1. 顾客的服务过程参与

顾客往往可以由与服务人员关联的质量来判断物流服务质量，并从中获得满足感。显然，物流服务人员的自我态度、训练的质量与其对物流服务的知识水平，对于顾客的需求满足与否影响甚大。但是服务人员毕竟只是物流服务系统的构成要素之一，他们虽然可以尽其所能协助顾客，但却无法完全补偿整体性物流服务系统的不完善和低效率。

在高接触度物流服务中，顾客也参与物流服务递送过程，因此物流服务系统的设计，也必须考虑到顾客的反应和动机。顾客对物流企业的要求会影响到物流服务生产者的行为。要调整对物流服务系统的管理，可能要先调整顾客的行为，或者将顾客行为从物流服务系统中完全除去。传统的经济理论确定了提高生产率的三种方式：改善人力质量、投资于更有效率的资本设备、将原来由人力操作的工作加以自动化。

但是，提高物流服务的生产率还需改变顾客与物流服务生产者的互动方式。将物流服务系统，尤其是高接触度物流服务区分为技术核心与个人化接触两个部分，或许可以缓和顾客的抗拒问题。使用这种方式，较高的生产率可以在技术核心内实现（如网上物流交易）。但是，顾客仍然和技术核心的作业有若干程度接触，因此，对顾客的反应保持高度敏感仍然很必要。

2. 物流服务系统的组织内冲突

物流企业的有些经营包括许多小单位即多地点作业形态的管理。这些小单位往往分散于不同的地理位置。中央作业可能仅限于策略性决定事项，如选择新服务处所、规划未来服务产能、建立人事与训练政策以及控制采购与财务控制。但分支单位经理必须管理该处所的整个物流服务系统，他们的职责包括：营销、作业和人事。对于具有高度独立性的作业系统而言，各项功能之间的影响与相互依存性往往造成冲突。

据调查，造成这种功能间冲突的原因主要来自以下4点。

（1）动机不同。不同的功能部门各有不同的动机（如作业方面，可能考虑技术上的开发进展；而营销方面，则可能考虑提高市场占有率的可能性），由此可能带来一些冲突。

（2）成本收益取向。作业经理人往往关心提高效率和降低成本，营销经理则追求营业额与收入增加的机会。

（3）不同时间取向。营销人员往往采取短期导向，关注短期情况，而作业人员则着眼于新技术及新作业程序引进的长期导向。

（4）对既有作业中加入的新服务的适应程度的认同。新物流服务产品并不一定与既有的作业系统相适应。

如何克服功能间的冲突呢？主要可以采取以下几种措施。

（1）建立柔性化组织。柔性企业包括企业外在柔性、均衡性、企业内在柔性以及界面柔性，包括供应链企业间的界面柔性和企业与顾客间的界面柔性。为了实施敏捷物流系统，需强调企业间的界面柔性——在研究人们心理和行为规律的基础上采用非强制方式在敏捷物流网络各成员中产生一种潜在的说服力。运用柔性管理的原则，对各管理对象（如服务商和客户）施加软控制，通过提高企业各种资源的柔性，实现灵活、敏捷的经营机制。

（2）实施信息共享管理。在物流网络系统中，各企业间以及企业内部各子系统之间采用信息共享管理是敏捷物流实施的前提。只有系统之间相互达到良好的信息共享，才能充分利用整体资源优势和进行内外部协商。同时，在信息共享管理的前提下，可建立面向客户关系管理的综合性物流服务企业各系统实现以客户为中心的战略决策支持系统，要求物流服务企业各系统实现以客户为中心的战略目标。

（3）共同建立标杆管理。标杆管理的英文为 Benchmarking management，其中标杆的另一层含义是水准、基准，是一个地理测绘用的专业词汇。标杆管理主要是一个发现目标以及寻求如何实现这一目标的手段和工具。物流服务商和客户建立共同的标杆管理模式，可使企业内部意见一致，企业之间达成协议。实施标杆管理主要在共同利益方面，制订长期合作的目标，朝共同指定的方向努力。

同时，在标杆管理的环境下建立有效的物流绩效衡量和控制，对资源的监督和配置是非常必要的。建立一套正式、科学的绩效评价体系，包括客户服务的绩效评价、物流计划的绩效评价、运营计划的绩效评价等，使公司在作业设计、物流运营、协调运作等方面有突破性的改进与激励作用，使敏捷物流网络中的每一成员在基于整体服务利益的前提下，达到最佳状态，越过可能存在的利益冲突，实现集成化的运营和管理。

具体而言，可采取以下几个方式。

（1）功能间转移。用工作轮调的方式让员工在不同功能组织间保持流动。

（2）任务小组。可成立任务编组，以整合各种不同功能性观点，并解决功能间的冲突。

（3）新任务新员工。为现有员工重新定向，并从其他部门甚至是企业外引进新人。

（4）在工作现场层次培养营销导向。

◇ 项目小结

人员参与、有形展示、过程设计策略对物流企业来说是非常重要的营销策略。

顾客是物流服务营销组合中"人"的要素的一个方面。

在提供物流服务产品的过程中，人是一个不可或缺的因素。服务人员和有形展示是物流企业中与提供物流服务有关的实体设施、人员及沟通工具，服务营销组合中"人"的要素的两个方面。

有形展示是物流企业中与提供物流服务有关的实体设施、人员及沟通工具等的展现。若善于管理和利用有形展示，则可帮助顾客感觉物流服务产品的特点以及提高享用服务时所获得的利益，有助于建立物流服务产品，和物流服务企业的形象，支持有关营销策略的推行。

物流服务有形展示的作用表现为：通过感官刺激，让顾客感受到物流服务给自己带来的利益；引导顾客对物流服务产品产生合理的期望；影响顾客对物流服务产品的第一印象；促使顾客对物流服务产生"优质"的感觉；帮助顾客识别和改变对物流企业及其产品的形象；协助培训物流服务员工；成为顾客回忆曾经接受过的服务的有形线索。

有形展示的管理要做到：服务的有形化；使服务在心理上较容易把握。另外，也要注意其他一些有助于发展同顾客关系的有形展示。

物流服务过程是指物流服务产品交付给顾客的程序、任务、日程、结构、活动和日常工作。物流服务产生和交付给顾客的过程是物流服务营销组合中的一个重要因素。

线性作业、订单生产、间歇性作业是物流服务的 3 种过程形态：要注意在高接触度物流服务中，顾客参与意识、互动意识、体验意识强，因此物流服务系统的设计，必须考虑到顾客的反应和动机。

重点概念：人员参与、内部营销、外部营销、互动营销、有形展示、过程设计、线性作业、订单生产、人员招聘、员工培训、标杆管理。

◇ 知识巩固

一、选择题

1. 以下说法正确的是（　　）。

　　A. 内部营销比外部营销重要

　　B. 外部营销比内部营销重要

　　C. 内部营销的服务水平在某种程度上决定着外部营销

　　D. 都不是

2. 员工培训的内容不包括（　　）。

　　A. 技能培训　　　　B. 交往培训　　　　C. 企业价值观培训　　　　D. 国外培训

3. 以下哪个不属于"组织—员工—顾客"的启示？（　　　）

    A. "顾客或员工关系反映"

    B. 组织如何对待员工，员工就将怎样去对待顾客

    C. 顾客关系反映了员工关系

    D. 强调外部营销的重要性

4. 以下哪个不是根据有形展示的构成要素进行划分的？（　　　）

    A. 实体环境　　　B. 信息沟通　　　C. 价格　　　　　D. 边缘展示

5. 以下哪个不是物流服务作业系统从过程形态来划分的？（　　　）

    A. 线性作业　　　B. 订单生产　　　C. 间歇性作业　　D. 连续性作业

6. 克服物流服务系统组织内冲突的方法有（　　　）。

    A. 建立柔性化组织　　　　　　B. 实施信息共享

    C. 标杆管理　　　　　　　　　D. 都不是

7. 影响物流服务形象形成的关键因素有（　　　）。

    A. 实体属性　　　B. 渠道　　　　C. 广告　　　　　D. 促销

8. 物流服务营销策略除了传统的 4P 策略外，以下哪一个策略不是另外的 3P 策略？（　　　）

    A. 有形展示　　　B. 过程设计　　　C. 人员参与　　　D. 客户关系管理

二、填空题

1. 贾德（Judd）根据服务人员接触顾客的频繁程度和参与常规营销活动的程度把服务营销中的人员分为_____、_____、_____、_____。

2. 内部营销意味着两种类型的管理过程：_____、_____。

3. 物流企业内部全面的培训一般在以下 4 个层面展开：_____、_____、_____、_____。

4. 物流服务有形展示的构成要素可分为_____、_____、_____。

5. 物流服务的 3 种过程形态是_____、_____、_____。

6. 订单处理的组成要素可分为_____、_____、_____ 3 类。

7. 物流服务系统的组织内冲突形成的主要原因有_____、_____、_____、_____。

三、判断题

1. 有形产品与无形产品的有形展示本质上没什么区别。

2. 核心展示比边缘展示更重要。

3. 企业提供的客户接受服务政策的声明属于实体环境展示。

4. 内部营销是"全员营销"的具体体现。

5. 物流服务有形展示应特别考虑对有形因素的操作。

6. 在物流服务过程中，价格可以提高人们的期望，因此企业定价时价格越高越好。

7. 物流企业的服务人员就是为顾客提供现场物流服务的人员。

8. 对与顾客接触的前线员工的培训对物流企业来说最为重要。

四、简答题

1. 简述服务人员在物流服务营销中的地位及服务利润链。

2. 物流经理要想组织一次成功的物流培训，应该考虑哪些方面？

3. 内部营销的本质是什么？为什么？

4. 举例说明如何有效实施物流服务有形展示策略。

5. 物流服务的过程设计策略与流程再造是相同的吗？为什么？

◇ 案例讨论

新加坡航空公司——保持优质的服务

新加坡航空公司（SIA）是一家获国际认可的、世界一流的航空公司。新加坡航空公司希望在任何时候、任何方面都比竞争对手好一点点。

（一）提供优质的服务

新航女郎是公司的标志，公司为她们感到骄傲，一直在提高她们的技能。然而，公司不只是集中在新航女郎上。航班的服务可以分为很多不同的部分。公司必须使任何一个部分都达到优质的标准，公司不仅仅只是在商务舱提供最好的座椅给乘客使用。公司希望提供最好的客舱服务、最好的食物、最好的地面服务，这些就和提供最好的座椅一样，而且价格不能太高。

（二）培训是提供优质服务的保障

新加坡航空深知，只有对员工进行全方位的培训，才能增强员工的满意度，只有这样才能使员工提供真正优质的服务给顾客。培训是必需的，每个人都要接受培训。公司对员工发展的投资不会受到经济波动的影响。

在新加坡航空公司，对待培训几乎到了虔诚的程度。公司相信，任何时候，不管你有多老，你都能学习。所以对子公司来说，包括高级副总裁，都要经常被送去培训。公司每个人都有一个培训计划。

在新加坡航空公司，人是一个很重要的因素，所以公司采用了全面的、整体的方法来发展它的人力资源。从本质上来讲，有两类培训：职能培训和一般管理培训。职能培训是训练员工具体工作的技能，让他们在技术方面有足够的能力和信心。新加坡航空集团有几个培训学校，专门提供几个核心的职能培训：机舱服务、飞行操作、商业培训、IT、安全、机场服务培训和工程。新加坡航空管理发展中心（MDC）负责提供一般管理培训。这种培训主要关注软技能，是集中进行的。这样，工程师、IT 专家和市场人员等都能聚在一起。他们一年能培训 9 000 个员工，而且以动态和专注于培训而闻名。

将近70%的培训课程是在内部完成的，比如机舱服务和商业培训。有时会邀请乘客来分享他们的经历，帮助员工学习。对于一些服务方面的培训，还请了一些"培训员"。他们亲自到一线去观察实际情况，然后回来为员工做培训。对于一些一般的管理培训，可以请一些咨询顾问、大学教授等"来访师资"。

新加坡航空公司有一种创新的优质服务叫作客户服务转型（TCS），涉及了五个核心职能部门的员工，其中有机舱服务、工程、地面服务、飞行操作和销售支持。为了确保客户服务转型文化在全公司内发扬，公司还加入了管理培训的内容。管理发展中心把员工召集起来，进行了一次为期两天、题为"TCS 职能部门的战略协同"的培训课程。这个课程是关于如何在关键职能部门的员工中建立一种团队精神，这样可以让团队充分合作，使整个为乘客服务的过程令人愉快，而且尽量衔接紧密。

（三）帮助员工处理来自客户的压力

因为新加坡航空在优质服务方面享有盛誉，而且一直在努力地提高，其客户可能对新加坡航空有很高的期望而且要求很苛刻。这样就会给一线员工很大的压力。因此，公司要帮助他们处理因为给顾客提供服务、让他们满意而带来的情绪上的波动。同时，公司也要确保公司的员工不会产生被人利用的感觉。新加坡航空公司的挑战是如何帮助员工处理一些艰难的情况和一些贬责的话，"这将是公司下一步培训的重点"。

（四）沟通和激励

新加坡航空公司认为，要鼓励员工为乘客提供好的服务，就必须和员工有很好的沟通。公司定期举行全公司的大会和简会，告诉员工公司最近的情况。公司内部的时事通讯和公告也加强了信息的传递。在定期的员工会议上，鼓励经理和员工之间相互交流。假如公司在机场换票处新添了一项服务，公司会在事前、事中和事后都告诉大家。公司还会和大家讨论这项新服务的重要性和价值，以确保每一个人都知道公司在做什么、为什么这样做。这也使员工在做事的时候有自豪感。

公司还利用非物质奖励来鼓励优秀的服务人员。时事通讯会和大家分享和表扬优秀的服务。公司设法去表扬那些做得很优秀的员工，每年，公司都颁发"副主席奖"（DePuty chairman's Award）。这也是高级管理层感谢那些优秀员工的一个方式。表扬是非常重要的。在背后轻轻地拍一下，在时事通讯上一个好的庆祝、相片和捧场文章都可以表示公司的表扬。公司会为那些赢得了很多乘客称赞的员工颁发一个特别的奖章，会表扬那些优秀员工所做出的贡献。

问题：

（1）新加坡航空公司是如何使优质服务有形化的？

（2）新加坡航空公司是如何实现提高内部员工满意度的？

（3）如果你是该公司的营销经理，该如何设计服务过程？

◇ **实训拓展**

实训 1　物流服务有形展示的设计

【项目情景】

近年来，陕西省快递发展迅猛，快递市场竞争也是相当激烈。既有 EMS 类国有企业，也有顺丰快递、申通快递类民营企业，还有联邦快递这些外资企业。为了更加有力地吸引客户，刚进入快递市场的 MM 快递公司，在物流服务产品有形展示方面应该有什么样的行动和策略？根据物流企业的战略目标、企业的状况、目标客户的特点，为其进行一个有形展示的设计。

【实训目标】

通过实训，学生能够根据情景案例来进行有形展示的设计。

【实训准备】

（1）掌握有形展示服务线索。

（2）掌握有形展示管理内容。

【实训步骤】

（1）学生每 5 人为一组，每个小组选 1 名队长。

（2）以每位学生为单位，针对情景设置里的快递公司情况，对如何设计有形展示线索内容各自发表意见，并记录总结成文。

（3）各组通过总结，收集要制订的指标内容。

（4）量化有形展示各个线索。

（5）以组为单位完成设计内容。

（6）每组组长陈述结果。

【实训评价】

教师对各组设计方案做出综合评价，如表 12-1 所示。

表 12-1 考评表

考评人		被考评人		
考评地点				
考评内容		物流服务有形展示的设计		
考评标准	具体内容		分值	实际得分
	背景分析		20	
	有形展示内容设计		20	
	量化各个线索		20	
	评价各线索		30	
	团队合作和职业素养		10	
合　计			100	

实训 2　物流企业内部营销方法

【项目情景】

要扩大和留住客户必须提供良好的服务,而提供良好服务的基础是企业内部员工的满意和忠诚度。现在为了更好地扩大陕西省快递市场占有率，刚进入快递市场的 MM 快递公司在物流服务内部营销方面应该有哪些行动和策略？

【实训目标】

通过实训，学生能够根据情景案例提出企业进行内部营销的方法。

【实训准备】

（1）了解内部营销的意义。

（2）掌握物流企业进行内部营销的方法。

【实训步骤】

（1）学生每 5 人为一组，每个小组选 1 名队长。

（2）以每位学生为单位，根据情景案例在纸上写出物流企业内部营销的方法。

（3）各组通过组内互相讨论、论证总结最佳策略。

（4）各组根据自己的办法进行验证讨论。

（5）每组组长陈述结果。

【实训评价】

教师对各组设计方案做出综合评价，如表 12-2 所示。

表 12-2　考评表

考评人		被考评人			
考评地点					
考评内容		物流企业内部营销方法			
考评标准	具体内容			分值	实际得分
	背景分析			20	
	内部营销的策略			20	
	方法可行性			20	
	讨论归纳			30	
	团队合作和职业素养			10	
合　　计				100	

模块四　物流服务营销应用

项目 13　物流服务营销客户关系管理

◇ **知识目标**

1. 掌握客户关系管理的内涵和意义；
2. 掌握物流客户关系管理的理念和内容；
3. 了解物流客户关系管理的实现步骤。

◇ **能力目标**

1. 能对物流服务客户关系进行准确分类；
2. 能进行物流客户信息收集和分析；
3. 初步具备进行物流服务客户关系管理的能力。

◇ **本项目知识结构图**

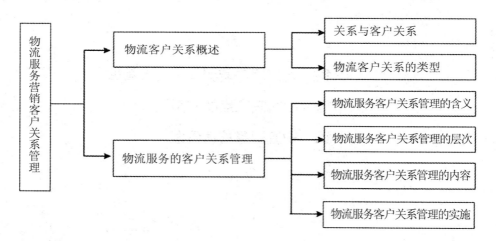

◇ **职业标准与岗位要求**

职业功能	工作内容	技能要求	相关知识
物流客户信息搜集与分析	物流客户信息搜集、整理	➢ 能对物流客户信息资料进行搜集 ➢ 能准确分析物流客户信息	➢ 物流客户关系管理 ➢ 客户的类型
客户关系管理具体运作	客户关系管理的具体操作	➢ 能够以客户为导向，完成 CRM 具体步骤	➢ 物流服务客户关系管理实施步骤

◇ 任务的提出

联邦快递的客户关系管理体系

联邦快递的创始者佛莱德·史密斯有一句名言，"想称霸市场，首先要让客户的心跟着你走，然后让客户的腰包跟着你走"。由于竞争者很容易采用降价策略参与竞争，联邦快递认为提高服务水平才是长久维持客户关系的关键。

一、联邦快递的全球运送服务

电子商务的兴起，为快递业提供了良好的机遇。电子商务体系中，很多企业之间可通过网络的连接，快速传递必要信息，但对一些企业来讲，运送实体的东西是一个难解决的问题。如对通过大量网络直销的戴尔电脑来讲，如果借助联邦快递的及时配送服务来提升整体的运筹效率，可为规避经营风险做出贡献。有一些小企业，由于经费、人力的不足，往往不能建立自己的配送体系，这时也可以借助联邦快递。

要成为企业运送货物的管家，联邦快递需要与客户建立良好的互动与信息流通模式，使得企业能掌握自己的货物配送流程与状态。在联邦快递，所有顾客可借助其网址 http://www.fedex.com/同步追踪货物状况，还可以免费下载实用软件，进入联邦快递协助建立的亚太经济合作组织关税资料库。它的线上交易软件 Business Link 可协助客户整合线上交易的所有环节，从订货到收款、开发票、库存管理一直到将货物交到收货人手中。这个软件能使无店铺零售企业以较低成本较迅速地在网络上进行销售。另外，联邦快递特别强调，要与顾客相配合，针对顾客的特定需求，如公司大小、生产线地点、业务办公室地点、客户群科技化程度、公司未来目标等，一起制订配送方案。

联邦快递还有一些高附加值的服务，主要是三个方面：

1. 提供整合式维修运送服务

联邦快递提供货物的维修运送服务，如将已坏的电脑或电子产品，送修或返还所有者。

2. 扮演客户的零件或备料银行

扮演着零售商的角色，提供诸如接受订单与客户服务处理、仓储服务等功能。

3. 协助顾客简化并合并行销业务

帮助顾客协调数个地点之间的产品组件运送流程。在过去这些作业是由顾客自己设法将零件由制造商送到终端顾客手中，现在可由快递业者完全代劳。

二、联邦快递的客户服务信息系统

为了协助顾客上网，联邦快递向顾客提供了自动运送软件，有三个版本：DOS 版的 Power Ship、视窗版的 FedEx Ship 和网络版的 FedEx interNetShip。利用这套系统，客户可以方便地安排取货日程、追踪和确认运送路线、列印条码、建立并维护寄送清单、追踪寄送记录。而联邦快递则通过这套系统了解顾客打算寄送的货物，预先得到的信息有助于运送流程的整合、货舱机位、航班的调派等。

联邦快递通过这些信息系统的运作，建立起全球的电子化服务网络，目前有三分之二的货物量是通过 Power Ship、FedEx Ship 和 FedEx interNetShip 进行，主要利用它们的订单处理、包裹追踪、信息存储和账单寄送等功能。

三、员工理念在客户关系中扮演重要的角色

在对员工进行管理以提供顾客满意度方面，具体方案有三个方面：

第一，建立呼叫中心，倾听顾客的声音。联邦快递台湾分公司有 700 名员工，其中 80 人在呼叫中心工作，主要任务除了接听成千上万的电话外，还要主动打出电话与客户联系，收集客户信息。呼叫中心中的员工是绝大多数顾客接触联邦快递的第一个媒介，因此他们的服务质量很重要。呼叫中心中的员工首先经过一个月的课堂培训，然后接受两个月的操作训练，学习与顾客打交道的技巧，考核合格后，才能正式接听顾客来电。

第二，联邦快递为了了解顾客需求，有效控制呼叫中心服务质量，每月都会从每个接听电话员工负责的顾客中抽取 5 人，打电话询问他们对服务品质的评价，了解其潜在需求和建议。

运用奖励制度是联邦快递最主要的管理理念，只有善待员工，才能让员工热爱工作，不仅做好自己的工作，而且主动提供服务。例如，联邦快递台湾分公司每年会向员工提供平均 2 500 美元的经费，让员工学习自己感兴趣的新事物，如语言、信息技术、演讲等，只要对工作有益即可。

第三，当公司利润达到预定指标后，联邦快递会加发红利，这笔钱甚至可达到年薪的 10%。值得注意的是，为避免各区域主管的本位主义，各区域主管不参加这种分红。各层主管的分红以整个集团是否达到预定计划为根据，以增强他们的全局观念。

（资料来源：http://www.all56.com）

◇ 任务分析

为了完成上述任务，学生需掌握如下内容或要点：

1. 客户关系管理；
2. 物流服务客户关系管理的内容；
3. 物流服务客户关系管理的实施步骤。

任务一　物流客户关系概述

在物流业的竞争中，技术和管理方法的差距越来越小，物流企业的核心竞争力集中表现在高水平、与众不同的物流服务上，它是企业吸引新客户、留住老客户的法宝。而客户对服务满意与否很大程度上取决于客户对企业提供的服务的感受。客户服务水平直接影响着企业的市场份额和物流总成本，并最终影响其盈利能力。因此，在企业物流系统的设计和运作中，客户服务是至关重要的环节。

一、关系与客户关系

1. 关系的含义及重要性

关系是一种很重要的资源，对于我们每个人来说就像鱼儿离不开水一样重要。人是具有社会性的个体，因此，每个人无论处于哪个行业、从事什么工作、处于什么地位，都不能避免同其周边的事物保持一定的联系，这种联系我们称之为关系。

2. 客户及其类型

（1）客户：客户是物流企业服务的对象，是物流企业一切营销活动的出发点和最终归宿。物流企业必须坚持以客户为中心，识别当今物流市场上各客户的特征，以便为客户提供优质、高效、便捷的物流服务。

（2）类型：

① 按照客户是否为最终消费者可分为：消费客户（终端客户）和中间客户（经销商）。

② 按照客户的性质可分为：个人客户、企业客户、公益客户（政府、媒体等）。

③ 按照带给企业的价值大小可分为：大型客户、中型客户、小型客户。

 小贴士

理解和认识客户的内涵就是让企业能够创造真正的客户，发展并保持同客户的关系。

二、物流客户关系的类型

不同的客户关系是指分别从客户和企业独立的利益角度来考虑。对于客户来说，希望企业真正了解自己的需要，提供高质量的产品或服务，同时尊重个人隐私，希望企业为他们提供更多的利益，不要因为他们不是最具价值的客户而另眼相看，也希望企业成为自己值得信赖的朋友，在需要帮助的时候能获得帮助等；企业目前所理解的或者试图管理的客户关系，与客户实际期望的并不一致。不少企业定义的客户关系只有一个主题，即无论采取什么销售措施（维系老客户或开发新客户），一切都只是为了获取收入和利润。最初的动机根本不是为了改善客户关系，而单纯是为了向客户销售更多的产品或服务，所以有人把这样的企业客户关系描绘为：寻找一个钱袋满的客户，然后诱惑他尽可能多地从钱袋里掏出钱来。

企业在具体的经营管理实践中，建立何种类型的客户关系，必须针对其商品的特性和客户的定位来做出抉择。市场营销学大师菲利普·科特勒的研究中对企业建立的客户关系的不同水平、程度区分为以下 5 种，如表 13-1 所示。

表 13-1 客户关系类型

关 系 类 型	内容和特征
基本型	公司/销售人员将产品或服务销售出去后就不再与客户接触，对客户不闻不问
被动型	公司/销售人员将产品或服务销售出去后，客户在遇到与产品有关的问题时，根据提供的厂家地址或电话号码与企业取得联系，寻求解决问题的方法和途径
责任型	公司/销售人员完成产品或服务的销售后不久，就主动与客户联系，主动向客户询问有关产品的使用情况、改进意见以及产品自身的缺陷，以此来帮助企业不断改进自身的产品，使之更加符合市场的发展趋势以及客户的要求。但是这种联系只是一次或少数几次联系，没能注重长期客户关系的维护
主动型	公司/销售人员完成销售后，除主动联系了解客户对产品本身相关意见来实现对产品的改进之外，还应该不断主动向客户提供有关改进产品的建议和新产品的信息。这种联系更注重与客户保持长期、稳定的关系
伙伴型	公司/销售人员完成销售后，不断与客户实现互动，和客户共同努力，企业与客户持续合作，使客户能更有效地使用其资金或帮助客户更好地使用产品，按照客户的要求制作产品或服务菜单，满足客户的个性化需求

这 5 种程度的客户关系类型之间，并不具有简单的优劣对比程度或顺序，因为企业所采用的客户关系类型既然取决于产品以及客户的特征，那么不同企业甚至同一企业在对待不同客户时，都有可能采用不同的客户关系类型。比如一家生产日用化妆品的企业，与它的化妆品消费

者之间常会建立一种被动型的客户关系，企业设立客户服务机构或联络中心听取客户的意见，处理客户投诉以改进产品，但这家企业同大型超市或零售企业、同连锁的美容机构之间，常可能建立一种伙伴型的客户关系，实现产销企业之间的互惠互利。科特勒指出，企业可以根据其客户的数量以及产品的边际利润水平，根据图13-1指示的思路，选择合适的客户关系类型。

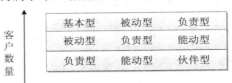

基本型	被动型	负责型
被动型	负责型	能动型
负责型	能动型	伙伴型

客户数量

产品边际利润水平

图 13-1 企业依据客户数量和产品边际利润水平选择客户关系类型示意图

企业的客户关系类型并不是一成不变的，那么该如何选择适当的客户关系类型呢？如果企业在面对少量客户时，提供的产品或服务边际利润水平相对高，那么，它应当采用"伙伴型"的客户关系，力争实现客户利润的同时，自己也获得丰厚的回报；但如果产品或服务的边际利润水平很低，客户数量极其庞大，那么企业会倾向于采用"基本型"的客户关系；否则，它可能因为售后服务的较高成本而出现亏损；其余的类型则可由企业自行选择或组合。因此一般来说，企业对客户关系应当是朝着为每个客户提供满意服务，并提高产品的边际利润水平的方向进行管理或改变。

事实上，由于企业对自己的全部客户按照一定的标准进行区别，从而根据具体情况建立不同类型的客户关系。所以，企业用以区别不同客户的标准，在某种程度上体现了企业经营管理的指导思想，也是进行客户关系选型的关键。

任务二　物流服务的客户关系管理

在企业的发展过程中，客户的保持和获利能力也都依赖于提供优质的服务。在当前产品的同质化倾向越来越强的情况下，企业间的竞争已经不再局限于产品本身，而转移到产品的"外在形式"，即服务的差距上。而服务的本质是创造和实现客户效用和价值的手段。因此，客户服务和支持对很多企业都是极为重要的。在客户关系管理中，客户服务与支持主要是通过呼叫中心和互联网实现的，在满足客户的个性化要求方面，它们的速度、准确性和效率都令客户满意。同时，企业的发展有赖于老客户的重复购买、新客户的加入和新产品的推出，这也从客观上要求企业对现有客户进行有效的管理与沟通，才能提高老客户的满意度与忠诚度，进而使其重复购买，同时树立良好的口碑，提高企业的知名度与美誉度，吸引更多新客户的加入。有效的客户关系管理还可以拉近企业与客户的距离，减少双方的不信任，使得新产品的推出更易为客户所接受，新产品推出的成功率更高。

一、物流服务客户关系管理的含义

1. 客户关系管理的含义

客户关系管理是指企业为提高核心竞争力，达到竞争取胜、快速成长的目的，树立以客户为中心的发展战略，并在此基础上开展的包括判断、选择、争取、发展和保持客户关系所需实施的全部商业过程；是企业以客户关系为重点，通过开展系统化的客户研究，通过优化企业组织体系和业务流程，提高客户的满意度和忠诚度，提高企业效率和利润水平的工作实践；也是企业在不断改进与客户关系相关的全部业务流程，最终实现电子化、自动化运营的过程中，所创造并使用的先进的信息技术、软硬件和优化的管理方法、解决方法的总和。其内涵是企业利用 IT 技术和互联网技术实现对客户的整合营销，是以客户为核心的企业营销的技术实现。

 小贴士

客户关系管理（Customer Relationship Management，CRM）这个概念最初由 Gartner Group 提出来，1980 年年初被称为"接触管理"（contact management），即专门收集客户与公司联系的所有信息，到 1990 年则演变成包括电话服务中心支持资料分析的客户关怀（customer care）。最近开始在企业电子商务中流行。

CRM 本身是一种管理方法，它借助于信息技术，迅速发展成为一个融合了多种功能、使用了多种渠道的组合软件。CRM 的内涵主要包含三个主要内容，即顾客价值、关系价值和信息技术，如图 13-2 所示。

（1）顾客价值，是指任何企业实施客户关系管理的初衷都是想为顾客创造更多的价值，即实现顾客与企业的"双赢"。

（2）关系价值，即建立和维持与特定顾客的关系能够为企业带来更大的价值。

（3）信息技术，是客户关系管理的关键因素，它使得企业能够有效地分析顾客信息，积累和共享顾客知识，根据不同顾客的偏好和特性提供个性化服务，从而提高顾客价值。

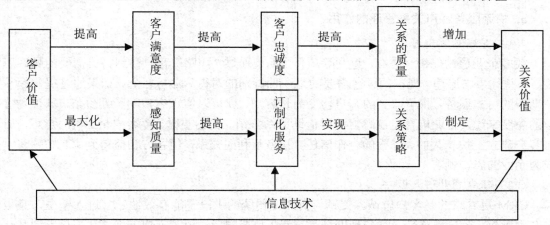

图 13-2　客户关系管理的内涵

CRM 的管理方法主要包含四个主要内容，即销售自动化、营销自动化、客户服务与支持、商务智能。

（1）销售自动化。

① 现场销售。

② 电话销售与网络销售。

③ 客户管理。

④ 佣金管理。

⑤ 日历日程表。

（2）营销自动化。通过呼叫中心和互联网来实现。

① 营销活动管理。

② 营销百科全书。

③ 网络营销。

④ 日历日程表。

（3）客户服务与支持。

① 产品安装的跟踪。

② 服务合同管理。

③ 求助电话管理。

④ 退货和检修管理。

⑤ 投诉管理和知识库。

⑥ 客户关怀。

⑦ 日历日程表。

（4）商务智能。结合前三者实现销售智能、营销智能、客户智能等。

2. 物流服务客户关系管理的含义

物流服务客户关系管理是指把物流的各个环节作为一个整体，从整体的角度进行系统化客户管理，它包括对企业相关的部门和外部客户业务伙伴之间发生的从产品（或服务）设计、原料和零部件采购、生产制造、包装配送直到终端客户全过程中的客户服务的管理。

3. 物流服务客户关系管理的作用

（1）提高顾客忠诚度

很多企业通过促销、赠券、返利等项目，期望通过"贿赂"客户得到自己需要的顾客忠诚度，但往往事与愿违。现在的顾客需要的是一种特别的对待和服务，企业如果通过提供超乎客户期望的可靠服务，将争取到的客户转变为长客户，就可以实现客户的长期价值。从市场营销学的角度来说，企业培育忠诚顾客可以借助关系营销。我们要树立"客户至上"的意识，通过与客户建立一种长久的、稳固的合作信任、互惠互利的关系，使各方利益得到满足，顾客才能成为企业的忠诚顾客。

（2）建立商业进入壁垒

CRM 更看重的是客户忠诚。促销、折扣等传统的手段不能有效地建立进入壁垒，且极易被对手模仿。客户满意是一种心理的满足，是客户在消费后所表露出的态度；客户忠诚是一种持续交易的行为，可以促进客户重复购买。对于企业来说，客户的忠诚才是最重要的，满意并不是客户关系管理的根本目的。CRM 系统的建立，使对手不易模仿，顾客的资料都掌握在自己手中，其他企业想挖走客户，则需要更长的时间、更多的优惠条件和更高的成本。只要 CRM 能充分有效地为客户提供个性化的服务，顾客的忠诚度将大大提高。

（3）创造双赢效果

CRM 系统之所以受到企业界的广泛青睐，是因为良好的客户关系管理对客户和企业均有利，是一种双赢的策略。对客户来说，CRM 的建立能够为其提供更好的信息、更优质的产品和服务；对于企业来说，通过 CRM 可以随时了解顾客的构成及需求变化情况，并由此确定企业的营销方向。

（4）降低营销成本

过去每个企业的业务活动都是为了满足企业的内部需要，而不是客户的需要，不是以客户为核心的业务活动会降低效率，从而增加营销成本。现在企业实施 CRM 管理系统，通过现有的客户、客户维系及追求有价值客户等措施促进销售的增长，节约了销售费用、营销费用、客户沟通成本及内部沟通成本。另外，CRM 系统的应用还可以大大减少人为差错，降低营销费用。

二、物流服务客户关系管理的层次

客户关系管理（简称 CRM）可以帮助物流企业树立以客户为中心的战略思想，实现从以生产运营为主向以客户服务为主的转变。实际上，实施 CRM 的过程就是物流企业在管理思想、服务意识和业务流程等各方面综合转变的过程。在经营思想上，物流企业的重点将不再是盲目扩张而是分析有价值客户的需求，及时推出有针对性的服务，然后通过高满意度的服务来维持客户尤其是一些可以带来高回报的大客户。员工的服务意识也将通过 CRM 的实施发生质的飞跃，各部门将树立起协同工作、共同服务客户的理念。在流程上，通过简捷、高效的流程提高效率，最大限度地让客户满意。事实上，从国外很多物流企业实施 CRM 的前后状况来看，实施 CRM 的过程就是物流企业核心竞争力得到提升、走向集约化经营的过程。

CRM 可以分为渠道层次的 CRM、操作层次的 CRM 以及分析层次的 CRM。

1. 渠道层次的 CRM

由于物流客户服务市场拓展的需要，当前物流企业和客户的接触渠道日趋多样化。除了传统的营业窗口外物流企业营销部门、客户服务部门、呼叫中心、互联网等其他沟通渠道同样成为物流企业与客户之间交互的重要途径。特别是呼叫中心的建设近年来为各运营商广泛运用，如中国移动的 1860 已经基本覆盖全国，2011 年中国电信及中国联通等运营商在呼叫中心的建设方面也加大了力度。上述不同的客户沟通渠道各具特色，如互联网在成本上具有很强的优势，但要求客户必须进行自助式服务，人性化程度低；而营业厅受理或业务代表直接拜访的客户沟通方式，则更具人性化，但人力成本明显高于互联网。问题的关键是当前国内运营商并没有把多种沟通渠道进行有效的整合，使得客户信息得不到很好的共享和利用。分散的信息收集方式容易导致有价值的客户信息的流失。举个简单例子，一位客户打一个电话给中国移动的 10086进行业务咨询，客户代表一般很难识别该客户是否为大客户以及该客户是否和其他业务部门有过交往（如营业窗口），也就不可能根据客户的实际情况给予针对性较强的服务，更无从提高客户的满意度、抓住销售机会。CRM 在渠道层次可以有效地帮助运营商整合目前与客户交互的各种渠道，充分结合不同渠道的特点及优势，最终实现客户信息的高效收集及最大限度的共享，使得客户与运营商之间建立一个统一的沟通界面，从而强化与客户沟通的效果，提升客户的满意度，为更高一层的 CRM 奠定基础。

2. 操作层次的 CRM

操作层次的 CRM 可以帮助运营商实现营销、销售、服务等业务流程的自动化，真正达到利用 IT 手段提高运营商的运作效率、降低运作成本的目的。在实施该层次的 CRM 时，如何辅以业务流程的优化乃至重整，是一个极其重要的课题。通过实施操作层次的 CRM，运营商最终将建立一套以客户为中心的运作流程及管理制度，同时有助于培养员工的服务意识，销售、服务营销部门的业绩将明显得到提升。从销售方面来看，CRM 可以帮助运营商扩大销售。由于对客户资料的全面掌握，销售的成功率必然会提高。同时，根据客户需求特点提供个性化的产品，客户价值才能很好地体现出来，销售效率也会大大提高。另外，采用横向销售和纵向销售等手段，也会进一步扩大销售。从服务角度来看，CRM 可以提高客户的满意度。在 CRM 系统中客户服务代表可以根据客户资料和访问历史提供个性化的服务，在知识库的支持下向客户提供更专业化的服务。主动的客户关怀、严密的客户纠纷跟踪都将成为物流企业改善服务的重要手段。从营销角度来看，CRM 帮助物流企业更好地进行营销策划。这对于我们评估市场活动的绩效和策划新的营销活动来说都是极为重要的。

3. 分析层次的 CRM

分析层次的 CRM 最终使得运营商将宝贵的客户信息转变为客户知识。从某种意义上说，CRM 系统将企业原有的客户信息管理系统提升到客户知识管理系统的高度。通过建立数据仓库、运用数据挖掘、商业智能等技术手段，对大量的客户信息进行分析，可以让运营商更好地了解客户的消费模式，并对客户进行分类（如根据客户的当前贡献与潜在贡献，寻找对物流企业最为重要的大客户），从而针对客户的实际需求，制订相应的营销战略，开发出相应的产品或服务，来更好地满足客户需求，这也是我们经常谈的"大规模订制"及"一对一营销"模式的核心思想。

三、物流服务客户关系管理的内容

物流服务客户关系管理的目的不是对所有与企业发生过关系的客户都一视同仁，而是从这些客户中识别哪些是一般客户，哪些是合适客户，哪些是合适客户中的关键客户。然后以此提供具有针对性的合适服务，从而使企业价值目标与客户价值目标相协调。因此，客户关系管理首先应当对客户进行识别和管理。支持企业在合适的时间和合适的场合，通过合适的方式，将合适的价格、合适的产品和服务提供给合适的客户。

1. 物流客户识别与管理

（1）物流客户信息资料的搜集

该项工作主要是搜集、整理和分析谁是企业的客户，客户的基本类型及需求特征和购买行为，并在此基础上分析客户差异对企业利润的影响等问题。

搜集、分析和整理的客户信息有：分辨谁是一般客户、合适客户和关键客户，它是客户关系管理的基础；与合适客户和关键客户建立深入关系；根据客户信息制定客户服务方案，满足客户个性化需求，提高客户价值。

在搜集、整理和分析客户信息时，客户的原始资料是非常重要的，被称为基础性资料，是企业获得的第一手资料，也是构成客户信息的基本内容。一般情况下包括以下内容：客户名称、地址、邮政编码、联系人、电话号码、银行账号、使用货币、报价记录、优惠条件、付款条款、税则、付款信用记录、销售限额、交货地、发票寄往地、企业对口销售号码、佣金码、客户类型等。企业应该细致地做好客户原始信息的搜集，搞好客户原始记录。

搜集客户信息的方法主要有：自己搜集、向咨询机构购买、信息交换等。

想一想

请同学们想一想我们在实际的工作中应该怎样区分一般客户、合适客户和关键客户？他们各自有着什么样的特征？针对这些特征，我们又可以提供什么样的具有针对性的服务？

（2）物流客户信息分析

物流客户信息分析是客户信息管理的核心部分，它能对客户的信息进行有针对性的全面的、系统的分析。

对客户信息进行分析时寻找共同点是必要的，它可以帮助企业找准发展方向；但是客户信息分析的关键应该是将我们的客户准确地区分哪些是关键客户、哪些是一般客户，并针对我们的区分结果提供有针对性的服务，使我们的物流客户服务工作更加具有效率。

对客户进行差异化分析的主要内容有：

① 识别企业的有效客户群；

② 客户为企业带来的利润在时间上往往体现什么样的规律；

③ 企业本年度最想和哪些企业建立商业关系；

④ 有哪些合适客户或关键客户对企业的产品或服务多次提出了抱怨；

⑤ 去年最大的客户是否在今年也订了不少产品或服务；

⑥ 是否有些客户从本企业只订购了一两次服务却会从其他地方订购更多的服务。

根据客户对本企业的价值，将客户进行分类。针对不同类型的客户开展不同的服务。

（3）信息的双向流动

企业与客户进行双向信息交流，通过这样的方式及时发现客户服务过程中存在的问题，正确处理客户的意见和投诉，减少甚至消除一般客户和合适客户的不满情绪，巩固关键客户的忠诚度。

想一想

同学们，请结合我们身边的生活经验思考一下，企业往往可以通过什么样的方式进行信息的交流与反馈？

（4）服务管理

服务管理的主要内容包括：服务项目的快速录入；服务项目的安排、调度和重新分配；事件的升级；搜索和跟踪与某一业务相关的事件；生成事件报告；服务协议和合同；订单管理与跟踪；问题及其解决方法的数据库。

（5）时间管理

时间管理的主要内容有：日历、设计约会、活动计划；有冲突时，系统会提示；进行事件安排，如约见、会议、电话、电子邮件、传真；备忘录；进行团体事件安排；查看团体中其他人的安排，以免发生冲突；把事件的安排通知相关的人；任务表；预告；记事本；电子邮件；传真；配送安排等。

2. 物流服务人员管理

物流服务人员如何得以合理招聘，如何进行正规培训，如何细化岗位职责，如何进行成果评价等不是一个企业能单独做好的。它们只有被纳入到客户关系管理系统之中，在信息协同共享的情况下才能规范地为客户服务,使客户满意。因此,服务人员管理在客户关系管理中占有举足轻重的地位。

3. 市场行为管理

在客户关系管理中的市场行为管理主要包括:营销管理、销售管理、响应管理、电子商务、竞争对手管理。其中响应管理的主要内容包括:呼入呼出电话处理,互联网回呼,呼叫中心运行管理,客户投诉管理,客户求助管理,客户交流,报表统计分析,管理分析工具,通过传真电话、电子邮件、打印机等自动进行资料发送,呼入呼出调度管理。

4. 合作伙伴关系管理

物流合作伙伴关系管理包括:生产制造商伙伴关系管理和业务外包管理。通过对上述两种伙伴关系的管理,使供应链正常地运转,其主要内容包括:对企业数据库信息设置存取权限,合作伙伴通过标准的 Web 浏览器及以密码登录的方式对客户信息、企业数据库、与渠道活动相关的文档进行存取和更新;合作伙伴可以方便地存取与销售渠道有关的销售机会信息;合作伙伴可以通过浏览器使用销售管理工具和销售机会管理工具,如销售方法、销售流程等。

5. 信息与系统管理

信息畅通与共享是供应链一体化良性运行的保证,同样也是客户关系管理的保障。其主要内容有:

（1）公开信息管理

在客户关系管理中,信息是共享的,但并不是所有的信息都是公开的。公开信息管理的主要内容包括:电话本;生成电话列表,并把它们与客户、联系人和业务建立关联;把电话号码分配到销售员;记录电话细节,并安排回电;电话营销内容草稿;电话录音,同时给书写器,客户可做记录;电话统计和报告;自动拨号。

（2）平台管理

平台管理的主要内容包括:系统维护与升级;信息搜集与整理;文档管理;对竞争对手的 Web 站点进行监测,并向使用者和客户进行报告等。

（3）商业智能

商业智能的主要功能包括:预定义查询和报告;客户订制查询和报告;可看到查询和报告的有关代码;以报告或图表的形式查看潜在客户和业务可能带来的收入等。

（4）信息集成管理

信息集成管理就是对零散的信息进行筛选、整理、汇编、编码,然后按照规范程序进行分散和发送,使之与企业其他信息耦合,达到共享。

四、物流服务客户关系管理的实施

开展物流服务客户关系管理的关键在于企业所采用的 CRM 系统是否真正足以实现企业所设想的 CRM 目标。要实现以客户为导向的 CRM,必须经过如下几个步骤。

1. 考量实施客户关系管理的必要性

经营自己的企业并不是追求潮流,我们应该结合本单位实际情况分析我们的单位是不是需要实施 CRM。

对于产品单位价值较低、客户终身价值低、规模小、业务流程简单、供应商不多、下游客户明确的企业来说，应用 CRM 不但成本过高，而且收效可能并不显著。

2. 考察实施客户关系管理的物质基础

CRM 是一种工具，作为工具要发挥作用，必须有平台作为支撑。实施 CRM 之前应当对企业的管理水平、运作流程、员工的素质、客户数据库的管理、信息系统结构、客户信息的处理能力等基础条件进行全面的审查。

3. 制定实施目标

实施 CRM 是一项长期复杂的系统工程，企业应当在认真研究和反复论证的基础上，制定长期、中期和短期的阶段性目标。通过目标的制定我们可以明确操作的方向，也可以方便今后的考核工作。

4. 梳理业务流程

梳理业务流程是每一个准备实施 CRM 的企业必须要做的。企业应当着重从现有的营销、销售和客户服务体系进行业务流程的分析，找出存在的问题，以便更有针对性地选择需要的技术。

5. 结合自身实际设计操作体系

CRM 是一个复杂的操作系统且环环相扣，要使这样的系统能够很好地运转，在进行结构设计时，应当充分重视与企业原有的采购、库存、财务等管理系统相契合，实现各系统之间的无缝接口。

6. 在企业内实施 CRM

对许多企业来说，实施 CRM 最困难的不是技术，而是来自企业内部方方面面的阻力。企业可以通过宣传沟通、技术培训等手段，统一全体员工的认识，激励他们投入到变革中去。

7. 绩效评价

在实施 CRM 的过程中，企业还应当适当地对实施进程和实施效果做出准确的评价，并利用评价结果进行纠偏。为此，完善的信息反馈系统就显得尤为重要了。

◇ 项目小结

客户是企业宝贵的财富，而良好的客户关系就是企业实现长期财富的"黏结剂"。因为一个忠诚的客户在其生命周期内不但可以直接为企业带来长期的效益，而且其良好的口碑还会成为企业最有说服力的推销员。然而，获取服务渠道的多样性使客户有了更多的选择，难以形成长期稳定的客户忠诚关系，也使企业的客户管理工作面临新的挑战。对现代企业来说，通过采取有效的措施、科学的方法改善物流服务的客户管理，是企业巩固客户、提高竞争力所必需的。

本项目详细阐述了客户关系管理的内涵、物流客户关系管理的内容，介绍了客户服务中心的流程、客户服务管理的具体运作。

重点概念：客户关系、物流服务客户关系管理。

◇ 知识巩固

一、选择题

1. 客户关系管理（CRM）的宗旨就是（　　）。
   A. 以客户为中心　　　　　　　B. 改善企业与客户之间的关系
   C. 提高核心竞争力　　　　　　D. 优化企业组织结构和业务流程

2. 完善的客户关系管理（CRM）系统能（　　）。
   A. 判断客户的价值　　　　　　B. 判断利润的来源
   C. 判断相关的客户业务流程　　D. 提高最有价值客户和潜在价值客户的满意程度

3. 如果企业面对的是少量客户，而且产品的边际利润很高，那么它就应当采用（　　）的客户关系，支持客户的成功，同时获得丰厚的回报。
   A. 基本型　　　B. 伙伴型　　　C. 主动型　　　D. 责任型

4. 传统的"客户关系管理"之所以被现在的"客户关系管理"所代替，一个重要的原因是它们缺乏（　　）的支撑。
   A. 互联网　　　　　　　　　　B. 数据库
   C. 现代管理信息技术　　　　　D. 现代管理理论

5. （　　）的发展与新技术的出现，对于 CRM 具有重大影响。
   A. 商业模式　　　B. 互联网　　　C. 信息技术　　　D. 现代管理理念

二、判断题

1. 实施客户关系管理的目标就是了解企业的客户、满足客户的要求和保持客户，建立企业与客户之间的长期、稳定的关系，实现从客户更高的满足中获利。

2. 客户关系管理（CRM）的宗旨就是"以客户为中心"。

3. 客户服务是 CRM 系统的基本功能之一，是实现以"客户为中心"的核心思想的具体体现。

4. 呼叫中心是 Intranet 的信息交互平台。

5. 把一切有需求的对象都划入客户之列，最终造成的难题是企业会迷失客户的真正需求。

6. 过去买过或正在购买的客户为"潜在客户"，还没有购买但今后有可能购买的人或组织为"现有客户"。

7. CRM 系统中的客户服务与支持可以帮助企业以更快的速度和更高的效率来满足顾客的独特需求，保持和发展客户关系。

三、简答题

1. 什么是客户关系管理？
2. 物流服务客户关系管理的内容是什么？
3. 物流服务客户关系管理的实施步骤有哪些？

◇ 案例讨论

看 DHL 如何成功应用 CRM

作为一家知名快递公司，DHL 的网络遍布全球 220 个国家，向各种客户提供他们所需的物流解决方案。

DHL 最早的业务是递送旧金山和夏威夷地区的海运提单。随后慢慢在日本和菲律宾打响了知名度，将公司的物流业务提升到了国际水准。经过多年的发展，DHL 最终成为全球物流行业的龙头之一。

如今，DHL 在全球 220 个国家设立了 4 400 家分支机构和 120 000 个网点，并配备了高素质的专业人员。在这些分支机构中，有 2/3 是由 DHL 自己管理经营。因此，相比那些外包给第三方的同业竞争者，DHL 有显著的优势。在任何国家，只要是 DHL 的业务能抵达的地方，几乎都有分支机构。这帮助 DHL 进一步缩短了运输时间，提高了账单处理的效率，也更容易进行货物及包裹追踪。目前，该公司有超过 400 架飞机来执行快速运输任务，为超过 400 万的客户提供高效、可靠的服务。除此之外，DHL 也是一个 CRM（客户关系管理）部署成功的企业。

1. DHL 与 CRM

鉴于自己的业务范围，DHL 需要根据其遍布全球的物流网络来选择一套创新的、具有成本效益的 CRM 解决方案，向员工提供一种全面的客户视角，帮助他了解并满足每一位客户的需求。经过多番比较尝试，再加上来自欧洲和亚洲公司的使用反馈，以及评估了解决方案的成本效益与灵活性，DHL 最终选择了 Salesforce.com 的 CRM 系统作为公司的 CRM 平台。

这套系统的选择为 DHL 在 CRM 方面的长期成功奠定了基础。相比之下，Salesforce.com 的解决方案为 DHL 提供了定制的优势，可以灵活地满足客户的需求，而采用其他 CRM 解决方案则要耗费更多的实施时间。在六个月内，Salesforce.com 的解决方案在 DHL 全球公司中同步安装，并顺利集成到了其他现有系统中，确保了数据控制的集中化。Sales force 的 CRM 解决方案让 DHL 进一步缩短了实施时间，专注于客户需求，并持续为 DHL 的全球化经营贡献力量。

2. DHL 的 Partnership CARE 计划

DHL 推出的 Partnership CARE（customer activation resolution enhancement——客户激活、确定与增进）计划提供了卓越的客户服务。该计划的主要目标是根据各客户公司的需要来提供适合的解决方案，向那些物流要求复杂的客户提供专家支持，并在整个客户关系周期中持续这一流程。在这套计划中，DHL 的每一支服务队都向客户提供了单一的触点来进行相关服务，因此每一名 DHL 客户都能获得最全面的支持。Partnership CARE 计划不仅向 DHL 的客户输送了专业经验，而且还提高了效率、责任、价值与客户满意度。通过这套计划，DHL 可以先评估客户的运输要求，然后制订相应的计划，提出能够满足客户需求的最佳运输服务方式，并确保对客户后续要求做出及时响应，让客户轻松访问 DHL 的运输解决方案。

一直以来，Salesforce 的 CRM 解决方案始终在协助 DHL 贯彻、实现其目标，也让该公司成为 CRM 部署的一个成功案例。

问题：通过阅读该案例，请尝试总结 DHL 是如何针对本行业的特征展开客户关系管理的。

◇ 实训拓展

搜集某物流企业客户基本资料

通常，企业客户资料的基本信息中应包括基础资料、客户特征、业务状况、交易现状四个方面的内容，如表 13-2 所示。

表 13-2 客户资料的基本内容

类　别	详　细　内　容
基础资料	客户的最基本的原始资料，主要包括客户的名称、地址、电话、所有者、经营管理者、法人代表及他们个人的性格、爱好、家庭、学历、年龄、创业时间、与本公司的起始交易时间、企业组织形式、业种、资产等
客户特征	主要包括服务区域、销售能力、发展潜力、经营观念、经营方向、经营政策、企业规模、经营特点等
业务状况	主要包括销售实绩、经营管理者和销售人员的素质、与其他竞争对手之间的关系、与本公司的业务关系及合作态度等
交易现状	主要包括客户的销售活动现状、存在的问题、保持的优势、未来的对策、企业形象、声誉、信用状况、交易条件以及出现的信用问题等方面

【实训目标】

通过实训，学生能够完成某物流企业客户的信息搜集工作。

【实训准备】

（1）客户信息搜集内容。

（2）客户信息搜集工作程序。

【实训步骤】

（1）学生每 5 人为一组，每个小组选 1 名队长。

（2）选定某一物流企业，以小组为单位，通过各种方式和手段搜集客户信息，设计"客户资料卡"，并填写该资料卡。

（3）各组共同完成该任务，并撰写报告。

（4）每组组长陈述结果。

【实训评价】

教师对各组设计方案做出综合评价，如表 13-3 所示。

表 13-3 考评表

考评人		被考评人			
考评地点					
考评内容	搜集某物流企业客户基本资料				
考评标准		具体内容		分值	实际得分
		搜集方法和手段		20	
		资料卡填写情况		30	
		报告撰写		30	
		团队合作和职业素养		20	
	合　计			100	

项目 14　顾客满意度战略策划

◇ **知识目标**

1. 了解顾客满意度的含义和重要性；
2. 理解顾客满意指标；
3. 掌握顾客满意度的评价方法。

◇ **能力目标**

1. 能设计顾客满意指标；
2. 能对顾客满意度进行测定；
3. 初步具备顾客满意度战略策划的能力。

◇ **本项目知识结构图**

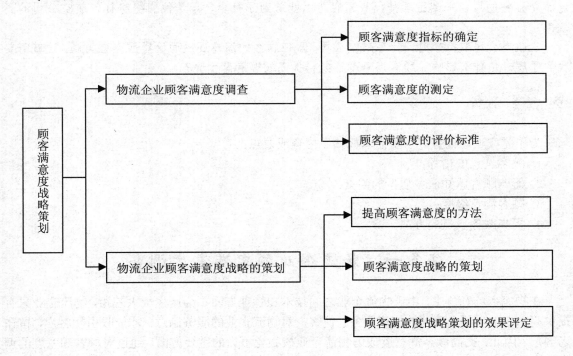

◇ **职业标准与岗位要求**

职业功能	工作内容	技能要求	相关知识
顾客满意度知识认知	顾客满意度理念的把握及应用	➤ 能熟知顾客满意度的概念 ➤ 能熟知顾客满意度指标 ➤ 能准确把握顾客满意度的评价标准	➤ 顾客满意度 ➤ 顾客满意度指标 ➤ 评价标准
顾客满意度战略策划的效果评定	顾客满意度战略的策划	➤ 能掌握提高顾客满意度的方法 ➤ 能根据企业实际情况进行顾客满意度战略的策划 ➤ 能进行顾客满意度战略策划的效果评定	➤ 提高满意度的方法 ➤ 顾客满意度战略策划的步骤 ➤ 顾客满意度战略策划的评定方法

◇ **任务的提出**

7分钟为什么比6分钟更高效

（1）甲航空公司服务精良，一路上让乘客都很满意，但下了飞机，乘客却要在行李处等候6分钟才能取到自己的东西。乘客们抱怨公司服务质量差，运送行李的速度慢得令人难以忍受。

（2）乙航空公司派人在乘客下机以后，马上热情地招呼他们跟随着去取行李，绕了一圈，走了7分钟的路，一到行李处，乘客们马上就拿到了行李，于是他们纷纷称赞航空公司的高效率。

乙航空公司取行李时间比甲航空公司长，但顾客的满意度反而比甲航空公司高。这就需要我们了解：是什么影响了顾客满意度？怎样提高顾客满意度呢？

◇ **任务分析**

为了完成上述任务，学生需掌握如下内容或要点：

1. 顾客满意度指标；
2. 影响顾客感知服务质量的因素；
3. 顾客满意级度；
4. 提高服务质量的方法。

任务一　物流企业顾客满意度调查

在物流市场竞争中，由于物流企业之间技术和管理方面不会产生很大差距，物流企业只有提供高水平的、与众不同的物流服务，使客户对物流企业的服务满意，才能吸引新客户，留住老客户。因此，提高顾客满意度成为物流企业核心竞争力的重要方面。通过对顾客满意度的调查来确定顾客满意度指标，并形成顾客满意度的标准，为物流企业顾客满意度战略策划提供依据，从而改善物流客户服务，提高顾客的满意度，这样才能使物流企业在激烈的市场竞争中立于不败之地。

一、顾客满意度指标的确定

顾客满意（Customer Satislaction，CS）作为现代企业的一种手段，常被称为 CS 战略，或顾客满意战略。它是指顾客接受有形产品或无形产品后，感到需求满足的状态。

1. 顾客满意度指标概念

顾客满意度是指顾客在购买和消费某种有形产品或无形服务的过程中，消费需求获得满足的状态，是作为顾客满意程度的常量感知性评价指标。这一理念，在国外企业的经营管理特别是质量管理中，占有相当重要的地位。1987 年美国商务部设立的马尔科姆·鲍得里奇国家质量奖的评奖标准中，顾客满意度的指标比重占第一位，达 30%。该项指标又分为 8 个子项：① 对顾客要求和期望的认识程度；② 顾客关系管理；③ 顾客服务标准；④ 对顾客的承诺；⑤ 对质量改进要求的解决；⑥ 顾客满意度的确认；⑦ 顾客满意效果；⑧ 顾客满意度比较。

从以上评奖标准项目可以看出，识别顾客、明确需要、改进质量、不断提高顾客满意度并不断与竞争对手比较等一系列活动，已构成企业全面质量管理的重要内容。通过产品和服务解决顾客的问题，保证满意度的提高是全面质量管理的核心。

我们的顾客希望尽早在适合他们的时机得到完整的或满足具体要求的产品与服务。倘若我们能够顺利地完成全面满足这一时间和内容上的需求，则我们将使"顾客完全满意"。如果根据我们的时间安排顺利地向顾客提供他们所选择的产品和服务，则只能说明我们功亏一篑，未做到顾客完全满意。

 小贴士

"顾客满意"的产生和发展

"顾客满意"推进的产生是在 20 世纪 80 年代初。当时的美国市场竞争环境日趋恶劣，美国电话电报公司（AT&T）为了使自己处于有利的竞争地位，开始尝试性地了解顾客对目前企业所提供服务的满意情况，并以此作为服务质量改进的依据，并取得了一定的效果。与此同时，日本本田汽车公司也开始应用顾客满意度作为自己了解情况的一种手段，并且更加完善了这种经营战略。

20 世纪 80 年代中期，美国政府建立了"马尔科姆·鲍德里奇全国质量奖"（Malcolm Baldrige National Quality Award），以鼓励企业应用"顾客满意"。这一奖项的设立大大推动了"顾客满意"的发展。当然，它不只是单纯考核企业顾客满意度最终得分，而是测评企业通过以"顾客满意"为中心引发的一系列进行全面质量管理的衡量体系。IBM、MOTOROLA、FedEx、先施等都是这一奖项的获得者，但迄今为止，全球每年获得这一奖项的企业没有超过五名。

20 世纪 90 年代中期，顾客满意度调查在中国内地的跨国公司中得到迅速而广泛的应用。原因之一是跨国公司总部要求按照本部的模式定期获得大中国区市场的顾客信息，以应对全球化进程中的竞争与挑战；二是日趋激烈的竞争中，优秀的服务成为企业获得并保持竞争优势的重要诉求；三是主管需要对员工的工作绩效进行量化评估，这需要来自顾客的评价。

2. 顾客的组成

顾客指具有消费能力和消费潜力的人。在顾客满意策划中，顾客包含两部分：一是内部顾客，二是外部顾客。

（1）内部顾客

① 股东、员工是企业的基本顾客。

② 采购、生产和销售是典型的顾客关系。

③ 各职能部门之间是顾客关系。

④ 工序之间是顾客关系。

（2）外部顾客

在企业外部，凡是购买或可能购买企业产品的单位或个人都是企业的顾客。这类顾客按与企业的关系程度分为三种：① 忠诚顾客；② 游离顾客；③ 潜在顾客。

3. 建立顾客满意指标

顾客满意度（Customer Satisdaction Index，CSI）是衡量顾客满意程度的量化指标，由该指标可以直接了解企业或产品在顾客心目中的满意度。

满意指标的设计应该具有全面性、代表性、独立性。

（1）企业内部顾客满意指数，包括：① 股东 CSI；② 管理者 CSI；③ 员工 CSI。

（2）服务的 CSI 设计，包括：① 效用；② 保证；③ 整体性；④ 便利性；⑤ 情绪或环境。

（3）企业综合 CSI，包括：① 美誉度；② 知名度；③ 回头率；④ 抱怨率；⑤ 销售力。

4. 顾客满意指标设计

（1）内部顾客满意指数。

① 股东 CSI，主要包括六个项目：在年度结算时有不错的盈余和分红；企业能继续稳定地成长下去；劳资和谐无严重冲突；能尽到社会责任；以拥有优良的企业而骄傲并且有成就感。

② 管理者 CSI，主要包括 13 个方面：健全的薪金与退休或退职制度；个人生涯规划与晋升机会；好的企业文化；有自我表现的机会可以达到自我成就的愿望；有更多的学习机会；被上级欣赏重用；公司及个人均有发展前景；能自由发挥个人潜力；同事间合作愉快；公司的企业形象或社会地位良好；目前对其个人未来发展和个人事业有帮助；有效率的管理制度；充分授权。

③ 员工 CSI，按照美国管理学家赫茨伯格的"激励—保健因素"理论，使职工非常满意的因素有成就、认可度、工作本身、责任感、发展、成长；易导致职工非常不满意的因素有公司政策和行政管理、监督、与主管的关系、工作条件、薪水、与同级的关系、个人生活、中级的关系、地位安全。

（2）内部顾客满意企划包括：① 尊重员工；② 体贴关怀；③ 利益共享；④ 有效沟通。

（3）行业 CSI，指用以衡量某一行业顾客满意的项目因子或属性。

① 选取本行业中最优秀企业的 CSI 用作行业指标；

② 综合本行业各企业 CSI 的优点，然后组合成为一个更全面、更科学和更完整的行业 CSI；

③ 组织 CS 专家对本行业的产品或服务进行系统分析，确定出行业 CSI。

（4）企业综合 CSI，是排除具体的满意指标，而用几个主要的综合性数据来反映顾客满意状态的指标体系。企业综合 CSI 包括：

① 美誉度，是顾客对企业的褒扬程度。对企业持褒扬态度者，肯定对企业提供的产品或服务满意，即使本人不曾直接消费该企业提供的产品或服务，那么也一定直接或间接地接触过该企业产品和服务的消费者，因此，他的意见可以作为满意者的代表。借助于对美誉度的了解，可以知道企业所提供产品或服务在顾客中的满意状况，因此美誉度可以作为企业 CSI 的指标之一。

② 知名度，是指顾客指名消费某企业产品或服务的程度。如果顾客对某种产品或服务非常满意，他们就会在消费过程中放弃其他选择而指名道姓、非此不买。产品的知名度高是因为它一流的质量已令使用过的顾客非常满意，以至于形成了"口碑效应"，所以名声在外，甚至造成了长年缺货的局面。

③ 回头率，是指顾客消费了该企业的产品或服务之后再次消费，或可能愿意再次消费，或介绍他人消费的比例。当一个顾客消费了某种产品服务之后，如果心里十分满意，那么他会再次消费。如果这种产品或服务不能重复消费（比如家里仅需一台冰箱），那么他会向领导、亲朋大力推荐，引导他们加入消费队伍。因此，回头率也可以作为顾客满意衡量的重要指标。

④ 抱怨率是指顾客在消费了企业提供的产品或服务之后产生抱怨的比例。顾客的抱怨是不满意的具体表现，通过了解顾客抱怨率，就可以知道顾客的不满意状况，所以抱怨率也是衡量顾客满意度的重要指标。抱怨率不仅是顾客直接表现出来的显性抱怨，还包括顾客存在于心底未予倾诉的隐性抱怨。因此，要了解抱怨率必须直接征询顾客。

⑤ 销售力是产品或服务的销售能力。一般而言，顾客满意的产品或服务就有良好的销售力，而顾客不满意的产品或服务就没有良好的销售力，所以销售力也是衡量顾客满意的指标。

顾客满意指标是用以衡量顾客满意度的项目因子或属性，找出这些项目因子或属性，不仅可用以测量顾客的满意状况，而且还可以由此入手改进产品和服务质量，提升顾客的满意度，使企业立于不败之地。

树立服务理念、建立完整的服务指标和为顾客提供优质服务，既是 CS 营销的保证，又是 CS 战略策划的关键。

二、顾客满意度的测定

1. 顾客满意度指数测评及顾客满意层次

（1）顾客满意度指数测评，是指通过测量顾客对产品或服务的满意程度以及决定满意程度的相关变量和行为趋向，利用数学模型进行多元统计分析得到顾客对某一特定产品的满意程度。顾客满意度指数测评的工作流程如图 14-1 所示。顾客满意指数能帮助组织了解发展趋势、找出经营策略的不足，为政府部门、企事业制定政策，改进产品和服务质量，提高经营绩效，提供科学依据。

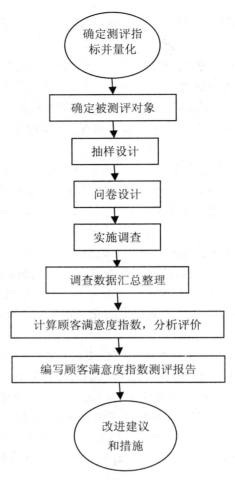

图 14-1　顾客满意度指数测评的工作流程

（2）顾客满意分为三个层次：

① 物质满意层次，是顾客在对企业提供的产品核心层的消费过程中所产生的满意。物质满意层次的支持者是产品的使用价值，如功能、质量、设计、包装等，它是顾客满意中最基础的层次。

② 精神满意层次，是顾客在对企业提供的产品形式层和外延层的消费过程中产生的满意。精神满意层的支持者是产品的外观、色彩、装潢品位和服务等。

③ 社会满意层次，是顾客在对企业提供产品的消费过程中所体验到的社会利益维护度。社会满意层次的支持者是产品的道德价值、政治价值和生态价值。产品的道德价值是指在产品的消费过程中，不会产生与社会道德相抵触的现象；产品的政治价值是指在产品的消费过程中不会导致政治动荡、社会不安；产品的生态价值是指在产品的消费过程中不会破坏生态平衡。

以上三个满意层次，一般具有递进关系。从社会发展过程中的满足趋势看，人们首先得到满足的是产品的物质满意层，只有这一层次基本满意后，才会推及精神满意层，而精神满意层基本满意后，才会考虑社会满意层。

2. 顾客满意度测评对企业的意义

据美国《财富》杂志对"全球 500 强企业"的跟踪调查，企业的顾客满意度指数同"经济增值"和"市场增值"呈明显的正比关系：企业的顾客满意度指数若每年提升一个点，则 5 年后该企业的平均资产收益率将提高 11.33%。对企业而言，"满足顾客的要求和期望"将取代追求质量合格或服务达标而成为企业所追求的最高目标。

顾客满意度指数测评对企业的意义表现在以下方面。

（1）调整企业经营战略，提高经营绩效

通过顾客满意度指数测评，可以使企业尽快适应从"卖方"市场向"买方"市场的转变，意识到顾客处于主导地位，确立"以顾客为关注焦点"的经营战略。在提高顾客满意度、追求顾客忠诚的过程中显著提高经营绩效。

（2）塑造新型企业文化，提升员工整体素质

外部顾客满意度测评使员工了解对产品的需求和期望，了解竞争对手与本企业所处的地位，感受到顾客对产品或服务的不满和抱怨，这使员工更能融入企业文化氛围，增强责任感。内部顾客满意度测评使员工的需求和期望被企业管理层了解，可以建立更为科学完善的激励机制和管理机制，最大限度地发挥员工的积极性和创造性。

（3）促进产品创新，利于产品或服务的持续改进

顾客满意度测评使企业明确产品或服务存在的急需解决的问题，并识别顾客隐含、潜在的需求，利于产品创新和持续改进。

（4）增强企业竞争力

经营战略、企业文化和员工队伍的改善，创新机制的推进，能显著增强企业的适应能力和应变能力，提高市场经济体制下的竞争能力。

3. 顾客满意及其界定

在 CS 理论里，顾客满意有其特殊的含义，在此我们必须予以界定。

（1）顾客满意是顾客消费了企业提供的产品和服务之后所感到的满足状态，这种状态是个体的一种心理体验。

（2）顾客满意是以顾客总体为出发点的，当个体满意与总体满意发生冲突时，个体满意服从于总体满意。

（3）顾客满意有鲜明的个体差异。如甲十分满意的产品和服务，乙可能十分不满意。因此，企业不能追求统一的满意模式，而应因人而异，提供有差异的满意服务。

（4）顾客满意必须符合公众道德、国家法律和社会义务。有违于公众道德、国家法律和社会义务的满意行为不是顾客满意的本意。

（5）顾客满意是相对的，没有绝对的满意。因此，企业应不懈地追求，向绝对满意靠近。

4. 收集顾客满意信息的渠道

顾客满意度信息收集渠道一般来讲包括七个方面。

（1）顾客抱怨。

（2）与顾客的直接沟通。

（3）问卷和调查。

（4）委托收集和分析数据。

（5）消费者组织的报告。

（6）各种媒体的报告。

（7）行业研究的结果。

5. 设计调查问卷

设计调查问卷的过程中应考虑的因素：问卷的长度、问卷的结构、问卷的类型（事实陈述或性能及重要性的衡量），如表 14-1 所示。

表 14-1　顾客满意度调查表范例

NO.

顾客名称			联系人	
地址			电话	
邮编			传真	
合同业务名称			合作时间	
序号	内容	意见		
1	产品质量	□很满意　□满意　□基本满意　□不满意		
2	产品价格	□很满意　□满意　□基本满意　□不满意		
3	交货期限	□很满意　□满意　□基本满意　□不满意		
4	售后服务	□很满意　□满意　□基本满意　□不满意		
5	配合度	□很满意　□满意　□基本满意　□不满意		
总体评价		□很满意　□满意　□基本满意　□不满意		

您最关注的是哪项内容？

　　　　□1　　□2　　□3　　□4　　□5

请提出宝贵意见或建议：

备注：

填写人姓名/日期：

三、顾客满意度的评价标准

1. 顾客满意级度

七个级度为：很不满意、不满意、不太满意、一般、较满意、满意、很满意。

五个级度为：很不满意、不满意、一般、满意、很满意。

顾客满意级度的界定是相对的，因为满意虽有层次之分，但毕竟界限模糊，从一个层次到另一层次并没有明显的界限。进行顾客满意级度的划分是为企业进行顾客满意程度的评价之用。管理专家根据心理学的梯级理论对七梯级给出了如下参考指标：

① 很不满意

指征：愤慨、恼怒、投诉、主动反宣传。

分述：很不满意状态是指顾客在消费了某种商品或服务之后感到愤慨、恼羞成怒难以容忍，不仅企图找机会投诉，而且还会利用一切机会进行反宣传以发泄心中的不快。

② 不满意

指征：气愤、烦恼。

分述：不满意状态是指顾客在购买或消费某种商品或服务后所产生的气愤、烦恼状态。在这种状态下，顾客尚可勉强忍受，希望通过一定的方式进行弥补，在适当的时候，也会进行反宣传，提醒自己的亲朋不要去购买同样的商品或服务。

③ 不太满意

指征：抱怨、遗憾。

分述：不太满意状态是指顾客在购买或消费某种商品或服务后所产生的抱怨、遗憾状态。在这种状态下，顾客虽心存不满，但想到现实就这个样子，别要求过高吧，于是认了。

④ 一般

指征：无明显正、负情绪，无所谓，印象不深，还算过得去。

分述：一般状态是指顾客在消费某种商品或服务过程中所形成的没有明显情绪的状态。也就是对此既说不上好，也说不上差，还算过得去。

⑤ 较满意

指征：好感、肯定、赞许。

分述：较满意状态是指顾客在消费某种商品或服务时所形成的好感、肯定和赞许状态。在这种状态下，顾客内心还算满意，但按更高要求还差之甚远，而与一些更差的情况相比，又令人安慰。

⑥ 满意

指征：称心、赞扬、愉快、乐于宣传、物有所值。

分述：满意状态是指顾客在消费了某种商品或服务时产生的称心、赞扬和愉快状态。在这种状态下，顾客不仅对自己的选择予以肯定，还会乐于向亲朋推荐，自己的期望与现实基本相符，找不出大的遗憾。

⑦ 很满意

指征：激动、满足、感谢、主动宣传、能成为忠诚顾客。

分述：很满意状态是指顾客在消费某种商品或服务之后形成的激动、满足、感谢状态。在这种状态下，顾客的期望不仅完全达到，没有任何遗憾，而且可能还大大超出了自己的期望。

这时顾客不仅为自己的选择而自豪，还会利用一切机会向亲朋宣传、介绍推荐，希望他人都来消费。

2. 顾客满意度的分值与加权

为了能定量地评价顾客满意程度，可对顾客满意分为五个级度，给出每个级度得分值，并根据每项指标对顾客满意度影响的重要程度确定不同的加权值，这样即可对顾客满意度进行综合评价。

3. 评价体系

（1）建立顾客满意度测评指标体系，必须遵循以下原则

① 建立的顾客满意度测评指标体系，必须是顾客认为重要的。"由顾客来确定测评指标体系"是设定测评指标体系最基本的要求。要准确把握顾客的需求，选择顾客认为最关键的测评指标。

② 测评指标必须能够控制。顾客满意度测评会使顾客产生新的期望，促使企业采取改进措施。但如果企业在某一领域还无条件或无能力采取行动加以改进，则应暂不采用这方面的测评指标。

③ 测评指标必须是可测量的。顾客满意度测评的结果是一个量化的值，因此设定的测评指标必须是可以进行统计、计算和分析的。

④ 建立顾客满意度测评指标体系还需要考虑到与竞争者的比较，设定测评指标时要考虑到竞争者的特性。

（2）设立顾客满意度测评指标体系的基本构成

顾客满意度测评指标体系是一个多指标的结构，运用层次化结构设定测评指标，能够由表及里、深入清晰地表述顾客满意度测评指标体系的内涵。通过长期的实践总结，将测评指标体系划分为四个层次较为合理。每一层次的测评指标都是由上一层测评指标展开的，而上一层次的测评指标则是通过下一层的测评指标的测评结果反映出来的，其中"顾客满意度"是总的测评指标，为一级指标，即第一层次；顾客满意度模型中的顾客期望、顾客对质量的感知、顾客对价值的感知、顾客满意度、顾客抱怨和顾客忠诚六大要素作为二级指标，即第二层次；根据不同的产品、服务、企业或行业的特点，可将六大要素展开为具体的三级指标，即第三层次；三级指标可以展开为问卷上的问题，形成了测评指标体系的四级指标，即第四层次。

由于顾客满意度测评指标体系是依据顾客满意度模型建立的，因此测评指标体系中的一级指标和二级指标的内容基本上对所有的产品和服务都是适用的，具体如表 14-2 所示。

表 14-2　顾客满意度指数测评的二、三级指标

一　级　指　标	二　级　指　标	三　级　指　标
顾客满意度指数	顾客期望	顾客对产品或服务质量的总体期望
		顾客对产品或服务满足需求程度的期望
		顾客对产品或服务质量可靠性的期望
	顾客对质量的感知	顾客对产品或服务质量的总体评价
		顾客对产品或服务质量满足需求程度的评价
		顾客对产品或服务质量可靠性的评价

续表

一级指标	二级指标	三级指标
顾客满意度指数	顾客对价值的感知	给定价格条件下顾客对质量级别的评价
		给定质量条件下顾客对价格级别的评价
		顾客对总价值的认知
	顾客满意度	总体满意度
		感知与期望的比较
	顾客抱怨	顾客抱怨
		顾客投诉情况
	顾客忠诚	重复购买的可能性
		能承受的涨价幅度
		能抵制的竞争对手降价幅度

任务二　物流企业顾客满意度战略的策划

一、提高顾客满意度的方法

1. 提高顾客满意度

顾客满意是顾客对企业和员工提供的产品和服务的直接性综合评价,是顾客对企业顾客关怀的认可,不断强化的顾客满意是顾客信任的基础。

在卖方市场环境下,物流企业只要提供的服务产品就能销售出去即可,物流企业管理的目标是如何降低服务产品的成本。后来,物流市场出现了竞争,物流企业的产品如果卖不出去,就无法实现资本循环。为了实现从产品向货币的转换,"以销售为中心"逐步成为物流企业的管理核心。随着物流市场竞争日益激烈,物流企业发现虽然销售额提高了,但由于生产成本和销售费用越来越高,利润反而下降。因此,物流企业转而追求利润的绝对值,通过在生产和营销部门的各个环节上最大限度地削减生产成本和压缩销售费用来实现利润最大化,但成本是由各种资源构成的,相对而言它是一个常量,不可能无限制地降低。当物流企业对利润的渴求无法或很难再从削减成本中获得时,它们自然就将目光转向了顾客,并企图通过顾客需求满足来维护其利润。为此,物流企业开始从内部挖潜转向争取顾客,进入了"以顾客为中心"的管理。由于需求构成了市场,也构成了企业的获利潜力,而在物流市场上需求运动的最佳状态是顾客满意,因此顾客满意就是物流企业效益的源泉,这样顾客满意度就成为顾客服务的中心和基本观念。

满意本身也有不同的层次:

满足——产品和服务可以接受或容忍。

愉快——产品和服务可以给顾客带来积极的体验。

解脱——产品和服务能给顾客解决麻烦。

新奇——产品和服务能给顾客带来新鲜、兴奋的感觉。

惊喜——产品和服务超过了期望。

因此，在满足顾客需求、向顾客提供服务时，针对不同的顾客采取不同的方式，可以达到不同的效果。

物流企业要提高顾客满意度要做到以下几点。

（1）开发顾客满意的服务产品

企业的全部经营活动都要以满足顾客的需要为出发点，所以企业必须熟悉顾客，了解用户，即要调查他们的现实和潜在的要求，分析他们购买的动机和行为、能力和水平，研究他们的消费习惯、兴趣和爱好，只有这样，企业才能科学地确定产品的开发方向，准确地选择服务的具体内容和重点对象，把顾客需求作为具体内容和重点对象。把顾客需求作为企业开发产品的源头也是 CS 营销战略中较重要的一环。

（2）提供顾客满意的服务

提供顾客满意的服务即不断完善服务系统，最大限度地使顾客感到安心和便利。热情、真诚、为顾客着想的服务能给顾客带来满意，而令人满意又是顾客再次上门的主要因素。销售是否成功，就要看顾客是否再次上门。美国哈佛商业杂志发表的一项研究报告指出："企业利润的 25%～85%来自于再次光临的顾客，而吸引他们再来的因素，首先是服务质量的好坏，其次是产品本身，最后才是价格。"

对物流企业来说，如果顾客对物流企业的产品和服务感到满意，往往会重复其购买行为，从而增加企业的利润，同时他们也会将自己的消费感受通过口碑传播给其他顾客，扩大产品的知名度，提高企业的形象。

顾客对服务质量的满意度是一种非财务的评估方法，它是营销绩效非财务衡量的一个重要内容。研究人员发现，有五个因素在衡量服务质量方面起着关键作用。一是有形资产，包括有形设施、装备、工作人员及交通设施；二是可信赖感，令消费者信任的、提供已承诺的服务的能力；三是责任感，帮助顾客并且提供及时、便捷服务的意愿；四是保证，保证雇员所掌握的知识和所具备的教养，以及他们赢得顾客信任和向顾客表现其信心的能力；五是感情，让顾客感受到企业给予他们的照顾和关注。

顾客服务满意的策略有：全方位服务；个性化服务（为每一位顾客提供差异化服务）；特色服务（与同类产品企业的服务有差异）；品牌服务；承诺服务。

要使顾客满意还应考虑以下因素。

① 信任感，是指固定的行为准则和令人信任的感受。这表示企业第一次就能很好地提供服务，也指企业兑现自己的承诺，它包括：

a. 开票时的高度准确。

b. 正确地做记录。

c. 按指定时间提供服务。

② 责任感，包括员工乐于向顾客提供服务的意愿，它包括：

a. 与顾客接触员工的知识和技能。

b. 企业经营人员所具备的知识和技能。

c. 机构的研究水平，如物流规划水平。

③ 可接近性，包括便捷利用服务的程度及易于接触性举措。

a. 通过打电话可以轻易地获得服务（如电话不占线和电话接通后不让顾客等候太久）。

b. 为了接受服务而等候的时间不会太长（如订单处理、收发货时间）。

c. 合适的、方便的经营时间的安排（如 24 小时服务、节假日不休息等）。

d. 服务设施所处地点的适当安排（如网点的合理布局）。

④ 礼节，包括与顾客接触的员工的礼貌、尊重别人及对顾客的友善态度。

a. 考虑到保护顾客的财产（比如，上门服务，不能因员工鞋不干净，弄脏顾客的地毯）。

b. 与顾客交往接触的公关人员仪表的整洁。

⑤ 交流，是指用顾客能够听懂的语言来向顾客传达信息，也指企业要对不同的顾客使用不同的语言表达方式，让各种层次的顾客都满意，提高与受过高等教育的顾客交流时的措辞及谈话水平；同时这类员工讲话要清晰、简洁。它具体包括：

a. 讲解企业的服务。

b. 顾客为得到服务而急需支付的费用。

c. 说明服务与费用之间的交易细节。

d. 向顾客说明企业能解决合作中出现的问题。

⑥ 信赖感，指企业值得信赖的程度，令人感受到企业的诚实，它能使消费者在心目中对该企业感到踏实。有助于消费者信任的因素有：

a. 企业名称。

b. 企业信誉。

c. 与顾客接触的员工的自身特点。

d. 企业与顾客交往过程中的销售努力程度。

⑦ 保障，是指使顾客免遭危险、风险及不使顾客有任何疑惑。它包括：

a. 人身安全（客户是否会被欺骗）。

b. 货物安全（如客户的货物储运安全是否有保障）。

c. 保密度（客户与企业的交易作为客户个人的私事，是否能够保密）。

⑧ 理解、了解顾客包括努力了解顾客的需要，它是指：

a. 了解顾客的特殊要求。

b. 表示对每个顾客的关注。

c. 熟悉经常光临的顾客。

⑨ 有形资产（包括有形服务）：

a. 实物投资。

b. 员工的外表。

c. 提供服务的工作设备。

d. 享受服务设施的其他顾客。

（3）培养企业员工 CS 观念

企业要对全体员工进行 CS 观念教育，使"顾客第一"的观念深入人心，使全体员工能真正了解和认识到 CS 行动的重要性，并形成与此相适应的企业文化，是一种对顾客充满爱心的观念和价值观。

同时，员工满意度与客户满意度有很大的关系。研究结果表明：员工满意度提高 5%，会连带提升 1.3% 的客户满意度，同时也提高 0.5% 的企业业绩，也就是说，重视提高员工满意度，最终可以给企业带来收益。内部员工满意度反映了企业的士气、向心力和团队精神，是外部客户满意的动力。

员工满意度情况也可利用问卷进行调查，在选择问卷涵盖的议题前，应确定调查的目的，并与员工沟通，深入了解他们所关心的话题，然后有针对性地设计问卷。员工满意度调查至少一年进行一次，定期做调查可以改进工作效果，从而提高工作业绩。

从物流企业角度来说，顾客服务的目标并不仅仅使顾客满意，使顾客感到满意只是营销管理的第一步。在物流企业与顾客建立长期伙伴关系的过程中，物流企业向顾客提供超过其期望的"顾客价值"，使顾客在每一次的购买过程和购买后都能获得满意。每一次的满意都会增强顾客对物流企业的信任，从而使企业能够获得长期的盈利与发展。因此，我们说顾客满意仅仅只是迈上了顾客服务的第一个台阶。

（4）建立 CS 分析评价体系

用科学的方法和手段来检测顾客对企业的产品和服务的满意程度，及时反馈给企业管理层，为企业不断改进工作，及时、真正地满足顾客的需要和服务。如今营销是以服务取胜的时代，这个时代企业活动的基本准则应是使顾客感到满意。因为在信息社会，企业要保持产品上的优势和生产率的领先已越来越不容易，企业必须把工作重心转移到顾客身上。从某种意义上说，使顾客感到满意的企业才是不可战胜的。

顾客满意度评价及实施体系建立的步骤：① 顾客的需求结构；② 顾客满意指标；③ 顾客满意级度；④ 顾客满意度的分值与加权；⑤ 顾客满意信息的收集与分析；⑥ 顾客满意战略的实施。

2. 提高顾客忠诚度

顾客忠诚是指顾客对某一企业、某一品牌的产品或服务认同和信赖，它是顾客满意不断强化的结果，与顾客满意倾向于感性感觉不同，顾客忠诚是顾客在理性分析基础上的肯定、认同和信赖。

（1）顾客忠诚的层次

一般来说，顾客忠诚可以分为 3 个层次：认知忠诚、情感忠诚、行为忠诚。认知忠诚直接基于产品和服务而形成，因为这种产品和服务正好满足了他的个性化需求，这种信任居于基础层面，它可能会因为志趣、环境等的变化而转移；情感忠诚是在使用产品和服务之后获得的持久满意，它可能形成对产品和服务的偏好；行为忠诚只有在企业提供的产品和服务成为顾客不可或缺的需要和享受时，行为信任才会形成，其表现是长期关系的维持和重复购买，以及对企业和产品的重点关注，并且在这种关注中寻找巩固信任的信息或者征求不信任的信息以防受欺。

老顾客是对物流企业、产品、服务有信任感而多次重复购买产品或接受服务的群体。物流企业为了提高市场占有率和完成不断增长的销售额，都或多或少地把寻找新顾客作为营销管理的重点，而忽视了老顾客的作用。事实上，这是一个误区。越来越多的物流企业开始通过提高服务质量来维系与老顾客的关系，这带来的远不只是"顾客数量"，而是"顾客质量"的提高。

（2）顾客忠诚度的衡量标准

由于企业的具体经营情况有很大的不同，因此，不同企业在设计客户忠诚度的量化考核标准时可以从自身情况加以考虑，根据实际情况选择合适的因素，并给以不同的权值来得出一个综合评价得分。客户忠诚度的衡量标准主要有：

① 客户重复购买率。考核期间，客户对某一种产品重复购买的次数越多，说明对这一产

品的忠诚度越高；反之，则越低。对于经营多种产品的物流企业来讲，重复购买本企业品牌的不同产品，也是一种对企业高度忠诚度的表现。

② 客户对本企业产品品牌的关心程度。一般来讲，对物流企业的商品和品牌予以关注的次数越多，表明忠诚度越高。

③ 客户需求满足率。指一定时间内客户购买某物流商品的数量占其对该类产品或服务全部需求的比例，这个比例越大，表明客户的忠诚度越高。

④ 客户对物流产品价格的敏感程度。敏感程度越低，忠诚度越高。客户对产品价格的敏感程度可以从侧面来了解，比如公司在价格调整以后，客户购买量的变化、其他反应等。但需要注意的是，忠诚客户对商品价格的不敏感，并不意味着企业可以利用单独的调价行为来谋取额外利益，而是要结合产品的供求状况、对于人们的必需程度等进行综合考察。

⑤ 客户对竞争产品的态度。人们对某一品牌态度的变化，大多是通过与竞争产品的比较而产生的，客户对竞争者表现出越来越多的偏好，表明忠诚度下降。

⑥ 客户对商品的认同度。如果客户经常向身边的人推荐产品，或者在间接的评价中表示认同，则表明忠诚度较高。

⑦ 客户购买时的挑选时间。客户在挑选产品的时候，时间越短，忠诚度越高（客户能在短时间内了解物流企业提供物流服务产品的种类、价格等）。

⑧ 客户对产品质量事故的承受力。客户忠诚度越高，对出现的质量事故也就越宽容（货损、货差）。

企业设计适合自身情况的指标体系，采用相应的客户忠诚度解决方案，可以提高客户的"回头率"，增加单位客户销售额，同时降低客户流失率。

（3）提高顾客忠诚度的方法

① 提高普通顾客的忠诚度。物流企业如何才能提高顾客忠诚度是很多企业希望解决的问题。

首先，物流企业要完整地认识整个客户生命周期，从技术上提供与客户沟通的统一平台，提高员工与客户接触的效率和客户反馈率，建立多样化的沟通渠道和灵活高效的激励机制，形成一个完整的反馈流，从而既能为消费者提供完全一致的高品质服务，使消费者在意想不到的时刻感受来自产品提供商的点到点、面对面的关怀，同时还可以实时掌握市场动态，迅速开发出新的市场。

其次，增加顾客忠诚度的重要手段是提供个性化的产品和服务。物流企业具有以客户为中心，为客户提供最合适的服务，或根据客户的不同需求而提供不同内容的产品，客户再次光顾的可能性才会大大增加。除了在产品本身的因素上努力外，还可以采用卓有成效的消费累积奖励方案，让消费者在购买产品之后免费成为注册用户，以后每次购买商品将实时赢得累积奖励，累积奖励将为消费者带来优惠，从而留住高价值客户并吸引新客户。有针对性的服务对维持顾客的忠诚度有极大的帮助。

② 提高大客户的忠诚度。大客户往往关系到庞大的生意，因而对物流企业非常重要。物流企业必须密切关注大客户的动态，调动大客户的积极性。可以从以下几个方面着手，做好大客户的工作。

a. 优先供货。大客户对产品的需要量非常大，物流企业要优先满足大客户对产品的数量及系列化的要求，优先为大客户供货（在生产旺季为大客户优先提供货位，优先提供运输、配送服务）。

b. 开展关系营销。物流企业营销人员应充分调动大客户中的一切与销售相关的因素，甚至包括最基层的营业人员和推销人员。

c. 关注大客户的动态。大客户是物流企业市场营销的重要一环，物流企业必须密切关注大客户的一切公关及促销活动、商业动态，并及时给予支持和协助，利用一切机会加强与客户之间的感情交流。

d. 安排企业领导访问大客户。物流企业有关部门的领导，应定期访问大客户，如营销部门的主管提供准确的信息，协助安排合理的日程，以使其有目的、有计划地访问大客户，联络与大客户的感情，并显示对大客户的尊重和重视。

e. 经常征求意见。物流企业应经常征求大客户的意见，特别是对市场营销人员的意见，及时调整市场营销人员。

f. 及时准确地传递消息。大客户对市场具有强大的影响力，甚至控制力，其销售状况是市场状况的"晴雨表"，因此，企业要对大客户的有关销售信息进行及时、准确的收集、汇总、整理、分析，并及时通报各有关部门，以便针对市场变化及时调整。

g. 制定特别的奖励机制。物流企业应针对大客户的特点，采取特别的奖励政策，如各种折扣、合作促销计划、销售竞赛、返利等，以此有效地刺激客户的销售积极性和主动性。

h. 组织业务洽谈会。定期组织高层主管与大客户之间的业务洽谈会，听取大客户对物流企业产品、服务、营销、产品开发等方面的意见和建议，客户对未来市场发展趋势的看法，并对企业以后的发展计划进行研讨等。

大客户管理工作涉及物流企业许多部门，要求各部门之间协调配合，进行非常细致的工作。大客户管理工作的成功与否，对企业的销售业绩有着举足轻重的影响。因此，物流企业必须充分调动一切积极因素，深入做好各项工作，更好地为大客户服务。牢牢抓住大客户，才能增强企业对竞争对手的抵御能力，才能在激烈的竞争中立于不败之地。

二、顾客满意度战略的策划

现代营销的中心是使顾客满意，企业要努力达到顾客满意的目标，就要有一系列的战略策划。

顾客满意度战略的策划有以下几个步骤。

1. 衡量创造价值的顾客

在顾客评价企业实绩的某个方面，例如，送货是否满意时，我们应该清楚，不同顾客在定义所谓满意的送货时有不同的标准：它可能意味着较早地送到，或者准时送到，或者订货一次全部运到等。所以还必须清楚，两个顾客在宣称"非常满意"时，可能是出于不同的原因：一个顾客可能在大多数场合都很容易满足；而另一个可能很难满足，只是偶尔感到满意。

企业还应注意，经理和销售人员可操纵顾客满意度的高低。他们可以在调查前对顾客特别好，他们也可将不愉快的顾客排除在调查之外。还有一点要注意的是，如果顾客知道企业将尽全力取悦他们时，他们可能会尽量表示不满（甚至可能是满意的时候），以获得更多的折让。

尽管以顾客为中心的企业寻求创造客户满意，但未必追求顾客满意最大化。首先，企业可以通过降低价格或增加服务来提高顾客的满意度，然而，这样可能会降低利润；其次，企业可以通过其他途径来增加利润（如改善其服务能力）；再次，企业有许多与利润有关的因素，包括员工、货代、供应商和股东等，增加了在提高顾客满意度方面的开支，就是转移了部分原来用于提高其他"合伙人"满意度的资金；最后，企业必须遵循这样一个理念，在总资源一定的限度内，企业必须在保证其他利益相关者至少能接受的满意水平下，尽力提供一个高水平的顾客满意。

什么样的顾客才是创造价值的呢？一个创造价值的顾客就是指能不断为企业产生收入流的个人、家庭或公司，其收入应超过企业吸引、销售和服务该顾客所花的成本。

事实上，为企业带来最大利润的并不是最大的顾客。最大的顾客常常要求相当多的服务和很大的价格折扣，从而降低了企业的获利水平；购买量小的顾客付全价，而且服务也最少，然而，与小客户的交易成本降低了他们的利润；中等的顾客受到良好的服务，支付的价格接近全价，在很多场合，他们带来的利润最大。这可以用来解释历来仅以大客户为目标的顾客的大企业现在纷纷看好中等客户市场。

2. 培养顾客品牌忠诚度

忠诚营销是为企业发展忠诚顾客的策划过程，对企业忠诚的顾客多，企业的收入就越多。然而，公司对忠诚顾客的支出也越多。发展忠诚顾客的获利率也就往往高于企业的其他业务活动。一个企业应该在顾客关系活动中投入多少呢？怎样使成本不超过收益？

每一市场由不同种类购买者组成。一个品牌忠诚者的市场是一个对品牌的坚定忠诚者在买主中占很高百分比的市场。在一个品牌忠诚者市场推销产品的企业，要想获得更多的市场份额就很困难，要进入这样一个市场的企业，也得经过一段艰难时期。

需要注意的是，品牌忠诚者购买模式的出现也可能反映出习惯、无差异价、低价、高转换成本或对其他品牌的不适用性。因此，企业必须仔细地分析在观察到的购买形式的后面究竟是什么。它必须确定用户是否属于忠诚者、多变者或新顾客，还必须根据这些现象灵活地开展营销活动。

为什么使目标顾客满意是极端重要的呢？因为企业每一时期的销售，基本上来自两种顾客群——新顾客和老顾客。有人评估过，吸引一个新顾客的成本是维护一个满意的老顾客的 5 倍，对盈利率来说，吸引新顾客与丧失一个老顾客相差 15 倍，留住新顾客比保持现有顾客常常要花费更多的成本。因此，保持顾客比吸引顾客更重要。

保持顾客的关键是使顾客满意，一个高度满意的顾客会忠诚企业更久；购买更多的新产品和提高购买产品的等级；对企业及它的产品和服务说好话；忽视竞争品牌和广告并对价格不敏感；向企业提出改善产品和服务的建议，由于交易惯例化而比新顾客降低了成本。当一个企业认识到一个忠诚的顾客在几年内可使企业增加巨大收益这一事实，就不会在小事上使顾客委屈或同顾客争吵，从而得罪甚至失去每一个老顾客。维持老顾客是一项重要的营销活动，它的成本通常比吸引一个新顾客要低。

因此，企业的精明之举是经常测试顾客的满意度。例如，企业可以通过电话向最近的客户询问他们的满意度，测试要求为：高度满意、一般满意、无意见、有些不满意、极不满意。这也是发现顾客满意与不满意的方法。企业将利用这些信息来改进其下一阶段的工作。

3. 追踪顾客满意度

对于顾客满意的追踪是一项非常重要的工作，它确保企业了解自己在消费者心中的位置，改进经营以增加新顾客并维系老顾客。顾客满意度追踪调查和衡量的方法主要有：

（1）建立投诉和建议制度

一个以顾客为中心的组织应为其顾客投诉和建议提供方便，如让顾客填写意见表，开设免费的"顾客热线"为顾客提要求、建议、发牢骚敞开大门。这些信息为企业带来了好的创意，使他们能更快地采取行动、解决问题。

（2）顾客满意度调查

仅仅靠一个投诉和建议，企业无法完全了解顾客的满意和不满意。一些研究表明，顾客每4次购买中会有1次不满意，而只有5%以下不满意的顾客会抱怨，顾客可能觉得他们的抱怨无关紧要，或者觉得这样做有些不理智，或者认为说了也没有人理解，大多数顾客会少买或转向其他供应商，而不是抱怨，结果企业就失去了顾客。所以，企业不能以抱怨水平来衡量顾客的满意度。敏锐的企业通过定期调查，直接测定顾客满意情况。企业在现有的顾客中随机抽取样本，向其发送问卷或打电话咨询，以了解顾客对企业业绩各方面的形象，还可以向顾客征求其对竞争者业绩的看法。

（3）佯装顾客收集信息

研究顾客满意的另一个有效途径是雇一些人，装扮成顾客报告他们在购买企业及其竞争产品和服务的过程中发现的优点。佯装客户甚至可以故意提出一些问题，以测试企业的销售人员能否适当处理。比如，一个佯装客户可以对货物送达不及时表示不满意，以检验企业如何处理这些抱怨。

企业不仅应该雇用佯装客户，销售经理们还应经常走出办公室，进入他们不熟悉的公司以及竞争者的实际销售环境，亲身体验作为"顾客"所受到的待遇。

（4）分析流失的顾客

对于那些已停止购买或转向另一个供应商的顾客，企业应与他们沟通接触以了解原因。当企业流失一个顾客时，需要尽一切努力去了解企业在哪些地方做得不足，是服务价格太高、服务不周到，还是其他原因等。企业不仅要和那些流失的顾客沟通，而且还必须控制顾客流失率，如果流失率不断增加，无疑表明企业在使其顾客满意方面不尽如人意。

三、顾客满意度战略策划的效果评定

1. 模糊评价法

模糊评价法又称模糊判断，是在建立各级数学模型的基础上，运用扎德法则作模糊矩阵乘法，然后根据"最大隶属度原则"给出综合评价理论。在模糊综合判断时，所需用的主要数据是各个指标的权重因数和指标的评定等级。比如传统的八级：E＝｛一级、二级、…、八级｝或四级：E＝｛优秀、良好、及格、不及格｝。对因素集、考核集、评定集综合评定后，用最大接近度原则来判定等级，进行综合评定。可以将模糊判断描述为：

确定评价因素集 $U＝（U_1,U_2,\cdots,U_n）$

确定评价的等级集 $V＝（V_1,V_2,\cdots,V_n）$

依据等级集评估表中的模拟信息，建立模拟矩阵，即确定指标权重集 $A＝（a_1,a_2,\cdots,a_n）$；进行模拟综合判断，得出判断结果。

2. 层次分析法的基本思想

层次分析法（AHP）是一种将半定性、半定量性问题转化为定量问题的拟定量方法。其主要思想是：

（1）分解，将一个复杂的系统对象表示为一个有序的、阶梯层次的结构模型，即把问题层次化。

（2）判断，将同一层次的评价指标两两比较重要性，建立判断矩阵，得到各评判指标的相对权重。

（3）综合，计算各层各指标的组合权重，得到相对于总目标的优先顺序。

其中指标集是由反映评价因素所组成的标准序列,权重集是一个按指标的层次相对性有序排列而成的权重值表。

◇　项目小结

本项目主要讲述了顾客满意度战略策划，介绍了顾客满意度的概念、顾客满意度指标的确定、顾客满意度的测定及顾客满意度的评价标准，介绍了提高顾客满意度的方法、顾客满意度战略的策划和顾客满意度战略策划的效果评定,重点阐述了顾客满意度指标和顾客满意度的评价方法。

重点概念：顾客满意、顾客满意度、顾客满意级度、顾客忠诚度。

◇　知识巩固

一、选择题

1. 客户满意度纵向层面不包括（　　　）。

　　A. 服务满意层　　　B. 物质满意层　　　C. 精神满意层　　　D. 社会满意层

2. （　　　）是指客户消费了该企业产品或服务之后再次消费，或可能愿意再次消费，介绍他人消费的比例。

　　A. 知名度　　　　　B. 美誉度　　　　　C. 回头率　　　　　D. 抱怨率

3. 航空公司的航班、书店或者出版商出售的图书、餐馆供应的肉食、银行的账户等属于影响客户满意度的因素中的（　　　）。

　　A. 情感因素　　　　B. 系统表现　　　　C. 技术支持　　　　D. 核心产品或者服务

二、判断题

1. 顾客没有不满意，就表示我们的产品没有问题。

2. 个别顾客对我们的产品不满意没关系，影响不大。

3. 在产品供不应求的时候，我们没必要太在意顾客的满意度。

4. 顾客满意度高不一定表明忠诚度也高。

三、简答题

1. 什么是顾客满意指标（CSI）策划？如何进行员工 CSI 策划？

2. 要使顾客感到满意应考虑哪些因素？

3. 什么是顾客的忠诚度？

4. 如何提高大客户的忠诚度？

5. 顾客满意战略策划效果评定有哪些方法？

6. 如何提高顾客的满意度？

7. 如何进行顾客满意度战略策划？

◇ 案例讨论

乐百氏饮用水公司成立之初，就从规模化经营角度制定了一个目标，用三年时间在桶装水这个行业做到四个中国第一：级市场覆盖率第一、销量第一、盈利第一、在70%的区域市场第一。同时，紧紧围绕深度利用乐百氏大品牌的资源打击小品牌、提升顾客综合价值与满意度等战略，创造性地进行了精细的战术执行。

乐百氏饮用水公司要求加盟专卖店有统一的招牌、店面形象，对所有送水工人进行专业的培训，对专卖店的行为规范、服务流程、用语、动作（如及时送水、送水员进入客户家庭的礼貌用语、衣着整洁等）都有详细的规定。乐百氏在行业内率先向消费者推广饮水机的使用知识，免费为消费者清洗饮水机。从一些小细节中可以看到乐百氏服务的细致。乐百氏的送水人员以前是穿鞋送水，为避免弄脏消费者家里的地板，往往会脱鞋进屋，但许多送水工脚汗味非常大，这种情形看似小事，却会严重损害乐百氏的形象。为此，乐百氏的送水工又有了一条新规定——带鞋套送水，进屋时换上。当这些服务逐渐为同行纷纷采用后，乐百氏又开始寻求更为精细的服务方式。

问题：

（1）乐百氏的四个第一目标和顾客满意度战略有什么关系？

（2）如果服务达不到顾客满意，那么再好的产品也卖不出去，你对这句话有什么理解？

◇ 实训拓展

实训1 确定顾客满意度指标

【项目情景】

某快递公司的主要业务是与多家企业合作，担负其物流配送的工作。网络购物的兴起，特别是淘宝、京东等大型电子商务企业的飞速发展，极大地促进了个人快递业务量的增长。为此，该公司准备进军一般客户快递业务，但是一般客户的需求和企业的需求是不一样的，要开展这项业务首先要确定一般客户的需求和满意度。请根据该公司的目的，拟订顾客满意度指标。

【实训目标】

通过实训，学生能够根据情景案例来确定顾客满意度指标。

【实训准备】

（1）掌握顾客满意度。

（2）熟悉顾客满意度指标。

【实训步骤】

（1）学生每 5 人为一组，每个小组选 1 名队长。

（2）以每位学生为单位，针对情景设置里的快递公司的企业目标要求，对如何拟订顾客满意度指标，各自发表意见，并记录总结成文。

（3）各组通过总结，收集要制订的指标内容。

（4）量化顾客满意度指标。

（5）以组为单位完成顾客满意度指标的确定。

（6）每组组长陈述结果。

【实训评价】

教师对各组设计方案做出综合评价，如表 14-3 所示。

表 14-3　考评表

考评人		被考评人		
考评地点				
考评内容		确定顾客满意度指标		
考评标准	具体内容		分值	实际得分
	背景分析		20	
	顾客满意度指标的拟订		20	
	量化顾客满意度指标		20	
	顾客满意度指标的确定		30	
	团队合作和职业素养		10	
合　计			100	

实训 2　提高顾客满意度

【项目情景】

某快递公司快递业务不仅多而且涉及面广，涵盖了个人业务、公司业务，甚至还开拓了海外业务，业务量增长了，但是服务却跟不上了。虽然宽泛的业务覆盖面给该公司带来了可观的销售额，但也带来了顾客大量的抱怨甚至指责，一段时间后，订单量开始下降。如果该公司要继续保持健康的发展，如何改善和提高顾客的满意度？

【实训目标】

通过实训，学生能够根据情景案例提出改善和提高顾客满意度的方法。

【实训准备】

（1）掌握顾客满意度。

（2）熟悉提高顾客满意度的方法。

【实训步骤】

（1）学生每 5 人为一组，每个小组选 1 名队长。

（2）以每位学生为单位，根据情景案例在纸上写出提高顾客满意度的方法。

（3）各组通过组内互相讨论、论证总结最佳办法。

（4）各组根据自己的办法进行市场问卷调查。

（5）每组组长陈述结果。

【实训评价】

教师对各组设计方案做出综合评价，如表 14-4 所示。

表 14-4　考评表

考评人		被考评人		
考评地点				
考评内容		提高顾客满意度的方法		
考评标准	具体内容		分值	实际得分
	背景分析		20	
	提高顾客满意度的方法		20	
	内容的科学性		20	
	可行性论证		30	
	团队合作和职业素养		10	
合　　计			100	

项目 15　物流服务营销管理

◇ **知识目标**

1. 了解市场营销策划组织建立的基本原则；
2. 了解影响市场营销组织设置的因素；
3. 掌握市场营销组织建立的一般操作程序；
4. 掌握市场营销控制的内容和方法；
5. 了解物流市场营销国际化管理内容。

◇ **能力目标**

1. 能够根据企业的实际情况建立市场营销组织；
2. 能够对物流市场营销组织进行控制与管理；
3. 能够对物流市场营销策划效果进行评价；
4. 能够认知物流市场营销国际化管理内容。

◇ **本项目知识结构图**

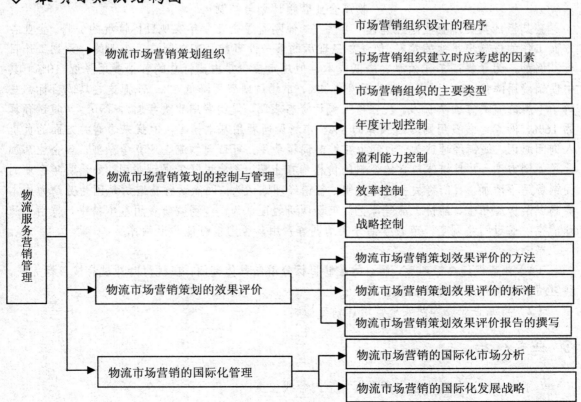

◇ 职业标准与岗位要求

职业功能	工作内容	技能要求	相关知识
物流市场营销策划组织的设计	设计物流市场营销组织	➤ 能熟知市场营销组织设计的程序 ➤ 能熟知市场营销组织的主要类型	➤ 组织结构 ➤ 建立组织考虑因素 ➤ 组织类型
物流市场营销策划的控制与管理	控制和管理物流市场营销策划	➤ 能掌握年度计划控制方法 ➤ 能掌握盈利能力控制方法 ➤ 能掌握效率和战略控制方法	➤ 年度计划控制 ➤ 盈利能力控制 ➤ 效率控制方法 ➤ 战略控制方法
物流市场营销策划的效果评价	对物流市场营销策划的效果进行评价	➤ 能掌握物流市场营销策划效果评价的方法 ➤ 能熟知物流市场营销策划效果评价的标准 ➤ 能撰写物流市场营销策划效果评价报告	➤ 效果评价方法 ➤ 效果评价标准 ➤ 效果评价报告
物流市场营销的国际化管理	管理国际化物流市场营销	➤ 能熟知如何分析物流市场营销的国际化市场 ➤ 能熟知物流市场营销的国际化发展战略	➤ 国际化市场发展战略

◇ 任务的提出

物流企业营销计划与控制

孙某担任某物流企业总经理已一年多了，他刚看了企业今年实现目标情况的资料。企业各方面工作的进展出乎他的意料。他任总经理后的第一件事就是亲自制订了企业的一系列工作目标。例如，为了提高工作效率、降低成本，他规定在一年内要把总的营销费用降低 10%，其中促销费用降低 3%，网点运营费用降低 4%，市场调研费用降低 3%。他把这些具体目标都告诉了下属的有关方面负责人。现在年终统计资料表明，促销费用比去年增加了不少，超过预算的 16%，网点运营费用则超过预算的 8%，市场调研费用基本持平，他找来了有关方面的负责人询问原因。促销经理认为：我们也在控制促销费用，可目前物流企业竞争激烈，各企业都加大了促销力度，并且媒体及宣传资料的价格都在上涨，不要说降低促销费用，如果明年企业的促销费用不增加，我们将失去竞争优势。营销经理则认为：网点运营费增加是因为劳动力成本提高以及房屋租金、油价上涨等原因。市场调研经理认为：市场调研费用基本持平，是由于开源节流，通过网络调查，节省了部分实地调查费用，否则也可能超出预算。

思考题：

（1）孙某担任总经理后，制订的控制目标分解给具体部门，在执行时却没有按目标完成，甚至超出了预算，其原因是什么？

（2）物流企业应如何实施营销计划与控制？

◇ 任务分析

为了完成上述任务，学生需掌握如下内容或要点：

1. 年度计划控制；
2. 盈利能力控制；
3. 效率控制；
4. 战略控制。

任务一　物流服务营销策划组织

一、市场营销组织设计的程序

物流企业对营销组织进行设计时一般要经历分析组织环境、确定组织内部活动、确立组织职位、设计组织结构、配备组织人员和组织评价与调整等环节。

1. 分析组织环境

任何一个市场营销组织都是在不断变化着的社会经济环境中运行的，要受这些环境因素的制约。由于外部环境是物流企业的不可控因素，因此，市场营销组织必须随着外部环境的变化而不断地调整、适应。组织环境包括很多复杂因素，如政治、经济、社会、文化、科技等，而对市场营销组织影响最为明显的主要是市场和竞争者状况。此外，市场营销组织作为企业的一部分，也受到整个企业特征的影响。

2. 确定组织内部活动

物流企业市场营销组织内部的活动主要有两种类型：一种是职能性活动，它涉及物流企业市场营销组织的各个部门，范围相当宽泛，物流企业在制订战略时要确立各个职能在市场营销组织中的地位，以便开展有效的竞争；另一种是管理性活动，涉及管理任务中的计划、协调和控制等方面。

物流企业通常是在分析物流市场机会的基础上，制订物流市场营销战略，然后再确定相应的物流市场营销活动和组织的专业化类型。假定一个物流企业满足下述条件：企业年轻且易于控制成本；企业的几种产品都在相对稳定的市场上销售；竞争战略依赖于广告或人员推销等技巧性活动，那么，该企业就可能设计职能型组织。同样，如果企业产品销售区域很广，并且每个区域的购买者的行为与需求存在很大差异，那么，它就会建立地理型组织。

3. 确立组织职位

物流企业对市场营销组织内部活动的确立有利于企业对组织职位的分析。通过组织职位的分析使这些组织活动有所归附。物流企业在建立组织职位时应考虑 3 个要素，即职位类型，职位层次和职位数量，从而弄清楚各个职位的权力、责任及其在组织中的相互关系。

（1）职位类型，每个职位的设立都必须与市场营销组织的需求及其内部条件相吻合。

（2）职位层次，是指每个职位在组织中地位的高低。

（3）职位数量，是指物流企业建立组织职位的合理数量，它同职位层次密切相关。

4. 设计组织结构

在确定了物流组织职位以后我们就可以对组织结构进行设计了。物流企业在设计组织结构时必须注意两个问题：一是把握好分权化程度，即权力分散到什么程度才能使上下级之间更好地沟通；二是确定合理的管理宽度，即确定每一个上级所能控制的合理的下级人数。一般来说，假设每个职员都是称职的，那么，分权化越高，管理宽度越大，则组织效率也就越高。如果一支 20 人的销售队伍仅由 1~2 名经理来控制，那么，这支队伍就有较大的决策自主权，从而可能会取得较好的销售效果。

此外，市场营销组织总是随着市场和企业目标的变化而变化，所以，设计组织结构要立足于将来，为未来组织结构的调整留下更多的余地。

5. 配备组织人员

在分析市场营销组织人员配备时，必须考虑两种组织情况，即新组织和再造组织（在原组织基础上加以革新和调整）。相比较而言，再造组织的人员配备要比新组织的人员配备更为复杂和困难。这是因为，人们总是不愿意让原组织发生变化，往往把再造组织所提供的职位和工作看作一种威胁。

事实上，组织经过调整后，许多人在新的职位上从事原有的工作，这就大大损害了再造组织的功效。同时，物流企业解雇原有的职员或招聘新职员也非易事，考虑到社会安定和员工个人生活等因素，许多物流企业不敢轻易裁员。但是不论哪种情况，物流企业配备组织人员时必须为每个职位制订详细的工作说明书，从受教育程度、工作经验、个性特征及身体状况等方面进行全面考察。而对再造组织来讲，还必须重新考核现有员工的水平，以确定他们在再造组织中的职位。

6. 组织评价与调整

任何一个组织都存在着冲突，在冲突中组织才能不断地发展和完善。因此，从市场营销组织建立之时，市场营销经理就要经常检查、监督组织的运行状况，并及时调整，使之不断发展。市场营销组织需要调整的原因主要有以下几点：

（1）外部环境的变化。包括：商业循环的变化，竞争加剧，新的技术出现，工会政策，政府法规和财政政策，产品系列或销售方法的改变等。

（2）组织主管人员的变动。新的主管人员试图通过改组来体现其管理思想和管理方法。

（3）改组是为了证明现存组织结构的缺陷。有些缺陷是由本组织的弱点所造成的，如管理宽度过大、层次太多、信息沟通困难、部门协调不够、决策缓慢等。

（4）组织内部主管人员之间的矛盾也可以通过改组来解决。所以，为了不使组织结构变得呆板、僵化和缺乏效率，物流企业必须适当地、经常地对组织结构加以调整。

综上所述，物流企业市场营销组织的设计和发展大体要遵循以上 6 个步骤，这 6 个步骤相互联系、相互作用，形成一个动态有序的过程。为了保持市场营销组织的生机和活力，市场营销经理就要根据这一过程进行有效决策。

二、市场营销组织建立时应考虑的因素

1. 建立物流市场营销组织的原则

（1）协调的原则。市场营销组织要与外部环境尤其与市场、顾客之间相互协调。市场营销机构也要与企业内部的其他机构相互协调，并能协调各个部门之间的关系。

（2）目标原则，是营销组织机构的设置与规模，要同所承担的任务与规定达到的目标一致。

（3）责、权、利相统一原则。这一原则，能促使营销组织积极、主动、有效地完成各项任务。

（4）统一领导原则。强调机构要实行统一领导，必须是一个统一的有机整体。

（5）精简及适当的管理跨度原则。强调组织机构设置要齐备，但要精简，划分得当，层次合理，动作流畅。

（6）灵活性原则。营销组织应具有一定的灵活性，能够使企业迅速捕捉有利机会，求得更大发展。

（7）效率原则。营销组织应运转灵活，善于寻找机会，高效运作。

（8）注重人才发现与培养原则。企业的竞争，归根结底是人才的竞争，企业组织机构要善于运用人才。

2. 物流市场营销组织建立时应考虑的因素

有效的市场营销组织应该满足这些要求：① 具有较好的环境适应性；② 具有较好的横向和纵向协调性；③ 能有效地实现营销目标；④ 能迅速传递信息。根据这些要求，物流市场营销组织建立时应该考虑以下因素。

（1）市场特点

物流市场是建立营销组织时应考虑的最主要的因素。物流企业所面临的市场不稳定性较强时，营销组织多采用柔性结构；当物流市场较稳定、变化性不大时，多采用刚性结构。物流市场由几个较大的物流目标市场组成时，常采用按物流目标市场（顾客）划分的营销组织。物流市场分布的地理特点较明显时，地理因素成为划分销售人员业务区域的标准。当物流企业面临的市场较大时，营销组织相对要大一些。

（2）企业规模

物流企业规模越大，营销组织越复杂。大型物流企业的营销组织规模较大，职能划分上较细，形成专门的部门，如市场调查部、广告部、销售部等；大型物流企业营销组织的层次较多，人员控制幅度较大。小型物流企业的营销组织则相对简单，往往只有一个或几个人进行营销管理活动。

（3）产品类型

产品的类型也会影响到营销组织的形式，尤其是在工作侧重上有所不同。

（4）企业所处行业和市场阶段

服务业的营销职能主要是同顾客进行沟通和形象塑造。创业阶段的营销组织较集权，进入正规化阶段后则多采用分权制的组织结构。

三、市场营销组织的主要类型

为了实现物流企业目标，市场营销经理必须根据自己所处的市场营销环境来选择合适的市场营销组织。大体上，市场营销组织可分为专业化组织和结构性组织两种。

1. 专业化组织

（1）职能型组织

这是最古老也是最常见的市场营销组织形式。它强调市场营销各种职能，如销售、广告和研究等的重要性。当物流企业只有一种或很少几种产品，或者物流企业产品的市场营销方式大体相同时，按照市场营销职能设置组织结构比较有效。但是随着产品品种的增多和市场的扩大，这种组织形式就暴露出发展不平衡和难以协调的问题。既然没有一个部门能对某产品的整个市场营销活动负全部责任，那么，各部门就强调各自的重要性，以便争取到更多的预算和决策权力，致使市场营销总经理无法进行协调。职能型组织如图 15-1 所示。

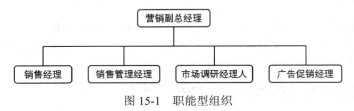

图 15-1　职能型组织

（2）市场型组织

当物流企业拥有单一的产品大类，面对各种不同偏好的消费群体以及使用不同的分销渠道时，建立市场型组织是可行的。许多物流企业都在按照市场系统安排其市场营销机构，使市场成为物流企业各部门为之服务的中心。

一名市场主管经理管理几名市场经理。市场经理开展工作所需要的职能性服务由其他职能性组织提供并保证。其职能是负责制订所辖市场的长期计划和年度计划，分析市场动向及企业应该为市场提供什么新产品等。他们的工作成绩常用市场占有率的增加来判断，而不是看其市场现有盈利状况。市场型组织的优点在于，市场营销活动可以按照满足各类不同顾客的需求来组织和安排，这有利于物流企业加强销售和市场开拓。其缺点是权责不清和多头领导。市场型组织如图 15-2 所示。

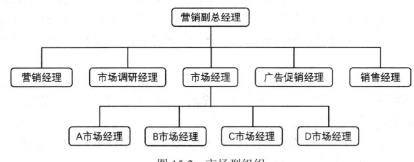

图 15-2　市场型组织

（3）地理型组织

如果一个物流企业的市场营销活动面向全国，那么它会按照地理区域设置其市场营销机构。该机构设置包括：一名负责全国销售业务的销售经理，若干名区域销售经理、地区销售经理和地方销售经理。为了使整个市场营销活动更为有效，地理型组织通常都是与其他类型的组织结合起来使用。地理型组织如图 15-3 所示。

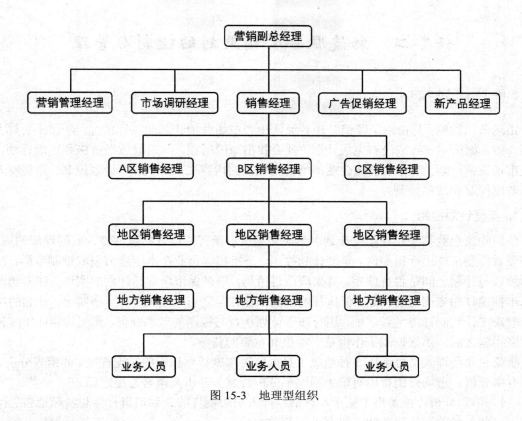

图 15-3 地理型组织

2. 结构性组织

专业化组织只是从不同角度建立了市场营销组织中各个职位的形态,至于如何安排这些职位,还要分析组织结构与职位之间的相互关系。物流企业设计组织结构不是最终目的,而只是实现市场营销目标的一种手段。既然各个物流企业有着不同的目标、战略、目标市场、竞争环境和资源条件,因而可以建立不同类型的组织结构。因此,物流企业最好的组织类型就是结构性组织类型,这种组织类型主要有以下两种表现形式:

(1)金字塔型。这是一种较为常见的组织结构形式。它由经理至一般员工自上而下建立垂直的领导关系,管理幅度逐步加大,下级只向自己的上级直接负责。按职能专业化设置的组织结构大都是金字塔型。其特点是上下级权责明确,沟通迅速,管理效率较高。不过,由于每个员工权责范围有限,往往缺乏对总体市场营销状况的了解,因而,不利于他们的晋升。

(2)矩阵型。这种组织形式是职能型组织与产品型组织相结合的产物,它以直线指挥系统为职能部门组成的垂直领导系统为基础,又建立一种横向的领导系统,两者结合起来就组成一个矩阵。

矩阵型组织能加强物流企业内部门间的协作,能集中各种专业人员的知识技能又不增加编制,组建方便,适应性强,有利于提高工作效率。但是双重领导、过于分权、稳定性差和管理成本较高的缺陷又抵消了一部分效率。

任务二　物流服务营销策划的控制与管理

一、年度计划控制

市场营销控制，是指市场营销管理者经常检查市场营销计划的执行情况，查看计划与实绩是否一致，如果不一致或没有完成计划，就要找出原因所在，并采取适当措施和正确行动，以保证市场营销计划的完成。物流企业市场营销控制的内容主要有：年度计划控制、盈利能力控制、效率控制和战略控制。

1. 年度计划控制

任何物流企业都要制订年度计划，然而，年度市场营销计划的执行能否取得理想的成效，还需要看控制工作进行得如何。年度计划控制，是指物流企业在本年度内采取控制步骤，检查实际绩效与计划之间是否有偏差，并采取改进措施，以确保市场营销计划的实现。许多物流企业每年都制订相当周密的计划，但执行的结果却往往与之有一定的差距。事实上，计划的结果不仅取决于计划制订得是否正确，还有赖于计划执行与控制的效率如何。可见，制订年度计划并付诸实施之后，搞好控制工作也是一项极其重要的任务。

物流企业经理人员可运用5种绩效工具以核对年度计划目标的实现程度，即销售分析、市场占有率分析、市场营销费用对销售额比率分析、财务分析及顾客态度追踪。

（1）销售分析，主要用于衡量和评估经理人员所制订的计划销售目标与实际销售之间的关系。这种关系的衡量和评估主要有以下两种方法。

① 销售差异分析用于决定各个不同的因素对销售绩效的不同作用。

② 微观销售分析可以决定未能达到预期销售额的特定产品、地区等。

（2）市场占有率分析，物流企业的销售绩效并未反映出相对于其竞争者企业的经营状况。如果物流企业销售额增加了，可能是由于企业所处的整个经济环境的发展，也可能是因为其市场营销工作较之其竞争者改善了。市场占有率正是剔除了一般的环境影响来考察物流企业本身的经营工作状况。如果物流企业的市场占有率上升，则表明它较其竞争者的情况更好；如果下降，则说明其相对于竞争者绩效较差。市场占有率分析的具体方法有以下4种。

① 全部市场占有率可用物流企业的销售额占全行业销售额的百分比率表示。使用这种方法必须做出两项决策：一是要以单位销售量或以销售额来表示市场占有率；二是正确认定行业的范围，即明确本行业所应包括的产品、市场等。

② 服务市场占有率可用其销售额占企业所服务市场的总销售额的百分比来表示。物流企业所服务的市场是指所有能够并愿意购买本企业产品的购买者。物流企业的物流市场占有率往往要小于它的全部市场占有率。一个物流企业能够获取100%的服务市场，但只能在全部市场中占有较小的比例。一个物流企业首先要获得它所服务市场的最大市场占有率，然后再考虑增加新的产品和地区，从而扩大它所服务的市场。

③ 相对3个最大竞争者的市场占有率，可用物流企业销售额对3个最大竞争者的销售额总和的百分比表示。如某物流企业有30%的市场占有率，其最大的3个竞争者的市场占有率

分别为 10%、20%、30%，则该企业的相对市场占有率是 50%(30/60)。一般情况下，相对物流市场占有率高于 33%即被认为是强势的。

④ 相对于市场领导竞争者的市场占有率，可用物流企业销售额对市场领导竞争者的销售额的百分比来表示。相对市场占有率超过 100%，表明企业是市场的领导者；相对市场占有率等于 100%，表明物流企业与市场领导竞争者同为市场领导者；相对市场占有率的增加表明物流企业正接近市场领导竞争者。

（3）市场营销费用对销售额比率分析。年度计划控制也需要检查与销售有关的市场营销费用，以确定物流企业在达到销售目标时的费用支出。市场营销费用对销售额比率是一种主要的检查方法。市场营销管理人员的工作，就是密切注意这些比率，以发现是否有任何比率失去控制。当一项费用对销售额比率失去控制时，必须认真查找原因。

（4）财务分析。市场营销管理人员应就不同的费用对销售额的比率和其他的比率进行全面的财务分析，以决定企业如何以及在何处展开活动，并获得盈利，尤其是利用财务分析来判别影响企业资本净值收益率的各种因素。

（5）顾客态度追踪。企业一般主要利用以下系统来追踪顾客的态度。

① 抱怨和建议系统，物流企业对顾客书面的或口头的抱怨应该进行记录、分析，并做出适当的反应。对不同的抱怨应该分析归类并做成卡片。较严重的和经常发生的抱怨应及早予以注意。物流企业应该鼓励顾客提出批评和建议，使顾客经常有机会发表意见。这样，才能收集到顾客对物流企业产品和服务所做反应的完整资料。

② 固定顾客样本，有些物流企业建立了由具有代表性的顾客组成的固定顾客样本，定期由企业通过电话访问或邮寄问卷了解其态度。这种做法有时比抱怨和建议系统更能代表顾客态度的变化及其分布范围。

③ 顾客调查，物流企业定期让一组随机顾客回答一组标准化的调查问卷，其中包括职员态度、服务质量等。通过对这些问卷的分析，物流企业可及时发现问题并予以纠正。

2. 盈利能力控制

除了年度计划控制之外，物流企业还需要运用盈利能力控制来测定不同产品、不同销售区域、不同顾客群体、不同渠道以及不同订货规模的盈利能力。由盈利能力控制所获取的信息，有助于管理人员决定各种产品或市场营销活动是扩展、减少还是取消。

3. 效率控制

假如盈利能力分析显示出物流企业关于某一产品、地区或市场所得的利润很差，那么下一个问题便是有没有高效率的方式来管理销售人员、广告、销售促进及分销，即对市场营销运行还要进行效率分析。

4. 战略控制

物流企业市场营销战略是指物流企业根据自己的市场营销目标，在特定的环境中，按照总体计划所拟定的一系列行动方案。由于市场营销环境变化很快，往往会使物流企业制定的目标、战略、方案失去作用。因此，在企业市场营销战略实施过程中必然会出现战略控制问题。战略控制是指市场营销管理者采取一系列行动，使实际市场营销工作与原计划尽可能一致，在控制中通过不断评审和信息反馈，对战略不断修正。市场营销战略的控制既重要又难以准确。因为物流企业战略的成功是总体的和全局性的，战略控制注意的是控制未来，是未发生的事件。战略控制必须根据最新的情况重新评价计划和进展，因而难度也较大。

物流企业在进行战略控制时，可以运用市场营销审计这一重要工具。各个物流企业都有财务会计审计，在一定期间客观地对审核的财务会计资料或事项进行考察、询问、检查、分析，最后根据所获得的数据按照专业标准进行判断做出结论，并提出报告。这种财务会计的控制制度有一套标准的理论、做法。但是市场营销审计尚未建立一套规范的控制系统，有些物流企业往往只是在遇到危急情况时才进行，其目的是为了解决一些临时性的问题。

市场营销审计的基本内容包括营销环境审计、市场营销战略审计、市场营销组织审计、市场营销系统审计、市场营销盈利能力审计和市场营销职能审计。

二、盈利能力控制

1. 市场营销成本

在考虑物流企业的盈利能力时，我们应从对市场营销成本的分析入手，因为市场营销成本直接决定了物流企业的利润。

物流企业的营销成本一般由以下项目构成：直接推销费用，包括直销人员的工资、奖金、差旅费、培训费、交际费等；促销费用，包括广告媒体成本、产品说明书印刷费用、赠奖费用、展览会费用、促销人员工资等；仓储费用，包括租金、维护费、折旧、保险、包装费、存货成本等；运输费用，包括托运费用等。如果是自由运输工具，则要计算折旧、维护费、燃料费、牌照税、保险费、司机工资；其他市场营销费用，包括市场营销管理人员工资、办公费用等。

上述成本连同物流企业的生产成本构成了物流企业的总成本，直接影响到物流企业的经济效益。其中，有些与销售额直接相关，称为直接费用；有些与销售额并无直接关系，称为间接费用。有时二者很难划分。

取得利润是任何物流企业的最重要的目标之一。物流企业盈利能力历来为市场营销管理人员高度重视，因而盈利能力控制在市场营销管理中占有十分重要的地位。

2. 战略利润模型

物流企业的财务状况不能由单一指标来衡量，必须由财务指标组合来衡量。财务指标组合包括以下4个方面：流动性比率、资产效率比率、获利能力比率和杠杆比率。

战略利润模型有4个重要的管理用途：第一，该模型强调公司的主要财务目标是赚取足够高的目标既定的投资收益率；第二，该模型定义了物流企业可以采取的3种"利润途径"，即加快资产周转率、提高净利率、深化杠杆经营程度，其假设前提是：未来的资金流动足以覆盖新增的借贷资本；第三，该模型理想地阐述了公司主要领域的决策制订方针，即资本管理、利润管理和财务管理，而且公司中相互联系的资本计划、利润计划、财务计划被认为有效地提升管理业务的效益；第四，该模型提供了评价财务策略的非常有用的观点，不同的组织可以采用这些财务策略来实现其目标投资收益率。

为了更好地理解战略利润模型，有必要掌握以下财务指标。

（1）流动性比率

流动性比率用于衡量物流企业资产的流动性。目的是评价物流企业按时履行其财务义务的能力。低比率表示物流企业债务沉重，有可能无力清偿债务或由于其信用级别低而无法充分利用可能出现的增长机会。供应商可以向渠道内偿债能力低的成员继续提供商品和服务，但应限制其信用（赊款）总额或妥善安排其偿债方案。广泛应用的 4 个流动性比率有流动比率、速动比率、营运资本比率和现金。

（2）资产效率比率

资产效率比率用来衡量一个企业怎样有效经营其资产。针对单项资产和总资产的管理有以下几个指标：应收账款周转率、存货周转率和总资产周转率。使用这些方法，渠道成员可促使债务人加快偿付，加速存货周转，或减少经营不佳的分店等非高效资产。

（3）获利能力比率

获利能力比率着眼于物流企业产生利润的行为。这些比率衡量物流企业产生利润的情况。在这里主要考察两种获利能力比率，即毛利率和收益率。

（4）杠杆比率

3 个常用的杠杆比率是负债比率、资产—权益比率和权益倍数。

三、效率控制

1. 销售人员效率控制

物流企业进行销售人员效率控制，各地区的销售经理需要记录本地区内销售人员效率的几项重要指标。这些指标包括：每个销售人员每天平均的销售访问次数；每次会晤的平均访问时间；每次销售访问的平均收益；每次销售访问的平均成本；每次销售访问的招待成本；每次销售访问所订购的百分比；每期间的新顾客数；每期间丧失的顾客数；销售成本对总销售额的百分比等。

2. 广告效率控制

物流企业进行广告效率控制，应至少做好如下统计：每一媒体类型、每一媒体工具接触每千名购买者所花费的广告成本；顾客对每一媒体工具注意、联想和阅读的百分比；顾客对广告内容和效果的意见；广告前后对产品态度的衡量；受广告刺激而引起的询问次数。

3. 促销效率控制

为了改善促销的效率，物流企业还需进行促销效率控制。为此，管理层应该对每项促销的成本和销售的影响做记录，注意做好如下统计：由于优惠而销售的百分比；每一销售额的陈列成本；赠券收回的百分比；因示范而引起询问的次数。

4. 分销效率

分销效率主要是对物流企业存货水平、仓库位置及运输方式进行分析和改进，以达到最佳配置并寻找最佳运输方式和途径。

四、战略控制

物流企业在进行战略控制时，可以运用市场营销审计这一重要工具。各个物流企业都有财务会计审计，在一定期间客观地对审核的财务会计资料或事项进行考察、询问、检查、分析，最后根据所获得的数据按照专业标准进行判断，做出结论，并提出报告。这种财务会计的控制制度有一套标准的理论、做法。但是市场营销审计尚未建立一套规范的控制系统，有些物流企业往往只是在遇到危急情况时才进行，其目的是为了解决一些临时性的问题。

目前，在国外越来越多的物流企业运用市场营销审计进行战略控制。市场营销审计，是对一个物流企业市场营销环境、目标、战略、组织、方法、程序和业务等进行综合的、系统的、独立的和定期性的核查，以便确定困难所在和各项机会，并提出行动计划的建议，改进市场营销管理效果。市场营销审计实际上是在一定时期对物流企业全部市场营销业务进行总体效果评价，其主要特点是不限于评价某些问题，而是对全部活动进行评价。

第二次世界大战以后，发达国家产品更新速度加快，需求趋向个性化、多样化，市场竞争日益激烈，物流企业市场营销出现危机。物流企业为了提高经济效益，必须对市场营销活动加强检查、分析和控制，逐步展开市场营销审计。进入 20 世纪 70 年代以后，美国许多工商企业，尤其是一些跨国公司，日益从单纯关注利润和效率发展到全面检查经营战略、年度计划和市场营销组织，高瞻远瞩地改善物流企业经营管理和更有效地扩大经营效果。它们对市场营销活动的检查范围逐步扩大，包括用户导向、市场营销组织、市场营销信息、战略控制以及作业效率等；同时制订了检查的具体要求，确立了检查标准并采用计分办法加以评核。从那时起，市场营销审计开始成熟，并逐步发展。越来越多的物流企业把它当作加强市场营销管理的一个有效工具。

市场营销审计的基本内容包括营销环境审计、市场营销战略审计、市场营销组织审计、市场营销系统审计、市场营销盈利能力审计和市场营销职能审计。

任务三　物流服务营销策划的效果评价

一、物流市场营销策划效果评价的方法

1. 传统定性分析法

常用的定性描述分析方法有：系统分析方法和逻辑分析方法。

（1）系统分析法是用系统科学的原理来处理评价市场营销策划。在评价市场营销策划效果时，用系统科学的基本原理（反馈原理、有序原理、整体原理）对评价的整个过程进行系统的思考，以使评价结果具有较高的可靠性和准确性，以提高评价效果。

（2）逻辑分析法是用逻辑学的基本原理和方法来评价市场营销策划效果，常用的方法有：

① 归纳、演绎。归纳是从个别事实推出一般结论的思维方法，相当于认识运动中从个别到一般的阶段。二者是密切联系的两个方面，归纳是演绎的基础，演绎是原有归纳的补充，而且演绎是新的归纳过程的前导，归纳也是演绎的补充。

② 分析和综合。分析就是把认识的对象在思维中分解成各个组成部分，然后对它们进行细致的研究。其研究的结果是对认识对象的各个部分提供了具体的认识。综合则与分析相对，是在思维活动中将分析所得的关于客观对象各个部分、方面、特性和因素的认识联结起来，形成对客观对象的整体性认识。二者是两种不同的、相反的理性认识方法，但它们又是相互依存、不可分割的。二者统一的客观根据是事物本身都是由若干部分、方面组成的统一体，事物既有多样性，又有统一性。分析是综合的前提，而综合又是分析的发展和提高。

2. 模糊综合评判法

模糊综合评判法是基于评价过程的非线性特点而提出的,它是利用模糊数学中的模糊运算法则,对非线性的评价论域进行量化综合,从而得到可比的量化评价结果的过程。模糊综合评判的过程是:将评价目标看成是由多种因素组成的模糊集合,再设定这些因素所能选取的评审等级,组成评语的模糊集合分别求出各单一因素对各个评审等级的归属程度,然后根据各个因素在评价目标中的权重分配,通过计算求出评价的定量解值。

传统的评价方法存在不足之处。其一,评价指标没有明确的外延,具有很大的"模糊性"。其二,评价的主观色彩浓厚,同时该方法将各种评价指标"同一化",并没有结合企业营销策划目标来分配各指标之间的权重。

二、物流市场营销策划效果评价的标准

1. 主要评价指标

(1)盈亏状况,企业进行市场营销策划的目的是提高经济效益,实现效益最大化的营销战略目标。这也是市场营销策划的出发点和归宿点。因此,盈亏状况是被策划企业最先关注的。

(2)销售增长率,是指企业本年销售增长额与上年销售额之间的比率,反映销售的增减变动情况,是评价企业成长状况和发展能力的重要指标。销售增长率是衡量企业经营状况和市场占有能力、预测企业经营业务拓展趋势的重要指标,也是企业扩张增量资本和存量资本的重要前提。该指标越大,表明其增长速度越快,企业市场前景越好。

(3)相对市场占有率,是指企业各个产品的市场占有率与同行业中最大的竞争对手的市场占有率之比。相对市场占有率是分析企业竞争状况的重要指标,也是衡量企业营销状况的综合经济指标。相对市场占有率高,表明企业营销状况好,竞争能力强,在市场上占有有利地位;反之,则表明企业营销状态差,竞争能力弱,在市场上处于不利地位。

2. 评价内容

(1)行业分析和评价。

(2)营销环境分析和评价。

(3)竞争对手分析和评价。

(4)消费者研究和分析。

(5)产品优缺点分析和评价。

(6)市场占有率和市场地位分析。

(7)企业内部分析和评价。

(8)SWOT分析。

三、物流市场营销策划效果评价报告的撰写

撰写评价报告的难点在于评价指标的设计与量化过程的处理,特别是量化问题,如果量化方法不科学,评价结果的可靠性就差。

评价内容要对企业年度计划控制效果、盈利效果、效率控制效果以及战略控制效果进行详细说明。

评价报告的格式没有定性要求，但需要条理清晰，引用数字真实可靠。一般格式为：

（1）策划书封面。

① 策划书的名称：将策划主题体现出来，尽量简洁明了，让使用者一目了然，但必须具体全面。如果标题不足以说明问题，可以加上副标题。

② 策划者姓名：策划小组名称及成员姓名列示出来。

③ 策划书制作时间：年、月、日。

④ 策划书的编号。

（2）目录。

（3）前言及摘要。

（4）正文。

正文内容一般按以下分类：① 项目的总体介绍，包含策划方法、目的等；② 本次评价的时间段、方法等；③ 评价指标标准的制订；④ 对本次市场营销效果的评价打分，可制订表格按标准打分；⑤ 评分结论说明；⑥ 对结论进行分析，包括成功或失败的原因，或者是造成这种原因的分析等；⑦ 改进或者建议。

（5）策划书的附录。

任务四　物流市场营销的国际化管理

一、物流市场营销的国际化市场分析

1. 国际物流概念

（1）国际物流是不同国家之间的物流，其狭义的理解是当供应和需求分别在两个或两个以上国家独立进行时，为了克服供应需求之间的空间距离和时间间隔，而发生的商品物质实体在不同国家之间跨越国境的流动。

（2）国际物流市场是指从事交通运输、仓储等一体化物流服务的企业，通过整体营销努力满足一个以上国家或地区的顾客对物流产品和服务的需求，从而实现国际物流企业利益目标的活动过程。

2. 国际物流的特点

（1）市场广阔性，它所面对的是国际市场，全世界有 224 个国家和地区，人口超过 60 亿。此外，种族、习惯等因素注定它是一个多层次、多维体的市场。

（2）国际性，涉及多个国家，物流系统的地理范围大。

（3）复杂性，一个国家的物流系统要在几个不同法律、人文、语言、科技、社会标准的环境下运行。

（4）高风险性，主要包括政治风险、经济风险和自然风险。

3. 国际营销特点

第二次世界大战以来，随着世界经济的迅速发展，各国在商品、劳动力、资本、科技情报等方面的交流日益频繁，经济全球化的步伐日益加快，越来越多的国家都积极参与到国际市场的竞争中来。在这种环境的发展趋势下，市场营销拓展到了新的领域，形成了新的营销分支——国际市场营销。

国际市场营销与国内市场营销从本质上来说，并无根本的区别，市场营销的基本原则对其都适用。具体而言，国际市场营销和国内市场营销都要进行环境分析、选择目标市场都要做出营销决策，完成商品和劳务的交换，实现商品从生产者到消费者的转移。但是国际市场营销和国内市场营销毕竟处于两个不同的营销地域，前者与后者相比，有跨国界、异国性、多国性的特点，在具体的营销过程中，国际市场营销又有不同于国内市场营销的操作层面。

国际市场营销与国内市场营销相比，其特点主要表现在以下方面。

（1）复杂性。各国由于特定的社会文化、政治法律和技术经济环境不同，使国际市场营销的复杂性远远大于国内不同地区的市场营销。社会文化不同表现在语言障碍、文化差异、风俗习惯、社会制度不同等，给国际营销带来市场调查不易、了解贸易对手困难、交易双方沟通障碍、交易接洽不便等诸多困难；政治法律不同表现在政治体制、海关制度及有关贸易法规不同等，给国际市场营销带来障碍；技术经济环境不同表现在居民收入水平不同、经济发展水平不同、经济体制不同等，对国际市场营销也产生极大影响。

（2）风险性。国际市场营销由于进行跨国界的交易活动，很多情况不易把握，其产生的风险，如信用风险、汇兑风险、运输风险、政治风险、商业风险等，远远大于国内市场营销。

（3）激烈性。进入国际市场的物流企业都是各国实力强大的企业，使国际市场营销企业参与的国际竞争比国内市场的竞争更为激烈，也更为残酷。世界各国在国际市场上，营销的参与者与国内也有很大不同，除国内市场竞争的常规参与者外，政府、政党、有关团体也往往介入营销活动中，政治力量的介入，使国际市场的竞争更加微妙，竞争的激烈程度也比国内市场大为提高。对于发展中国家的物流企业来说，参与国际竞争必然要承受巨大的竞争压力。

4. 国际营销环境分析

国际市场营销在本质上是国内营销在国际市场上的延伸，因此，国际市场营销学的基本原理同国内市场营销是一致的。许多指导国内物流企业营销活动的范畴、策略和方法，诸如营销调研、环境分析、购买者行为研究、细分市场和目标市场选择、市场营销组合策略的制订与实施等，均可以用来指导国际市场营销活动。但是国际市场营销作为跨越国界的贸易活动，却又不是国内营销在国际市场的简单延伸。国际市场营销所面对的是本国以外的其他国家的市场。国外市场范围广且距离遥远，各个国家的政治制度、法律体系、经济体制、人口状况、技术水平、消费方式、风俗习惯等不可控制的环境因素均有较大差异，环境特性成为国际市场营销与国内市场营销之间质的区别。这意味着从事国际市场营销活动的企业将面临极为复杂的国际营销环境。

在这里我们不再对从事国际营销所考虑的一般环境因素进行分析。下面我们将提供给大家一些新的环境发展趋势，正是这些趋势的存在带来了国际营销新的内容。

（1）政治的多极化。自从 20 世纪 90 年代，苏联发生巨变以来，美国成为唯一具备超级大国一切因素的国家。因此，美国试图建立一种单极体制的世界政治体制。单就经济实力而言，美国霸主地位开始动摇，西欧经济实力迅速增长，亚洲太平洋地区正在成为新的世界经济中心，亚太地区将和北美、欧盟鼎足而立。世界政治多极化的趋势越来越明显。

（2）经济的全球化。近 20 年来，世界经济全球化日趋明显，已成为不以某一国家利益为转移的必然趋势。科学技术的进步、信息网络的发展、低成本宽带通行能力的增强，对经济全球化趋势的形成起到了不可低估的推动作用。经济全球化以各国国内市场国际化为依托，其发展又促进了国内市场国际化程度的提高。

（3）知识经济的全面到来。21 世纪将是知识经济的时代。在直接依据知识和信息的生产、分配和使用的经济中，知识已成为生产的支柱和主要产品，服务业将在国民经济中占据主要地位，高新技术产业的飞速发展是重要标志之一。知识经济为物流企业创新提供了良好的外部环境，给物流企业的发展带来全方位的影响。物流企业必须进行营销因素的重新组合才能更好地生存和发展。在营销中引入知识的要素，如依靠知识进行产品的创新，充分利用新近发展起来的网络渠道等。

（4）网络的普及。当前网络用户群的规模不断扩大，中国"网民"数量已突破 5 亿。由于电子商务的发展，消费者可从因特网上得到任何产品的图片，阅读产品说明书，并按最适宜的价格和条件从自动售货机上买到商品。商店的交易量趋于减少，更多的商店经营娱乐性项目。大多数的公司建立了专门客户的基本资料，以向个别客户提供按要求定做的产品。网络的普及带来的是营销活动的虚拟化。

5. 进入国际物流市场方式的影响因素

（1）东道国物流市场规模的大小。物流市场规模的大小，直接影响物流企业进入该国物流国际化的意愿和进入方式。

（2）东道国的资源状况。东道国丰富低廉的生产资源往往是促进物流企业选择直接投资方式的重要原因。

（3）东道国政府的政策法规。国外投资政策必然会促使物流企业考虑投资规模和进入方式等，严格的外汇管理政策直接影响投资收益和资本汇率，也会影响物流企业投资信心。

（4）东道国与母国之间的文化差异。东道国与母国之间的文化差异会影响营销活动的开展，东道国与母国之间的文化发生冲突时，就会受到抵制，这也会影响物流企业进入的方式。

二、物流市场营销的国际化发展战略

1. 物流市场营销国际化发展策略

全球营销策略包括 4 个主要方面：全球营销任务、全球市场细分、全球竞争定位及全球市场营销组合。

（1）确定全球营销任务

全球市场营销的中心任务不再是对别国的特定市场营销活动的个别优化，而是更多地优先考虑不同国家的商业利益如何隶属于物流企业的全球性战略目标。既然全球营销对物流企业获取其全球性战略目标有重要作用，物流企业的全球营销就应与物流企业的整体发展相适应，为了物流企业的整体发展，物流企业在必要的时候甚至放弃某国的市场。物流企业在确定全球任务时，应以战略的眼光看待全球市场的选择与进退，注重全球市场规模的整体优化。

（2）全球市场细分

进行全球市场细分，有 3 种方式可供选择。

①　全球性市场细分，此方式要求细分标准必须跨越国界，重在找出不同国家的消费者在需求上的共性，而避免地域或文化方面的差异。

②　国别性市场细分，这一方式强调不同国家之间文化上的差异，市场细分主要以地理位置和国籍为基准，即把世界市场看成是由许多不同国家的市场组成的。

③　混合型市场细分，这种方式是前两种细分方法的结合型，某一国别市场可个别化，而另一些国别市场则可组合成一个共同的细分市场。

（3）选择全球竞争定位

除进行全球市场细分外，物流企业还要选择其在每一个市场上的竞争地位。通常情况下，4 种主要的竞争定位是：市场领导者、市场挑战者、市场追随者和市场补缺者（即小市场份额占有者）。如果物流企业在所有的外国市场采取同样的竞争定位方式，则称之为全球性竞争定位策略；反之，如果物流企业在不同市场采取不同的竞争定位方式，则称之为混合型竞争定位策略。

（4）设计全球营销组合

根据物流企业的全球市场细分和竞争定位策略，可以设计相应的市场营销组合决策。

理想的全球营销组合指采用统一的营销计划，在一个全球性细分市场上营销一种标准化的产品。当某一全球物流企业向所有的消费者出售同样的产品并提供相同的服务时，它注意的是全球市场的相同点，全球营销者充分认识到产品、定价、渠道与促销的标准化能给物流企业带来的巨大经济利益。

全球营销体现出国际市场营销的重新定位，是国际营销的一种新战略。为充分利用与全球营销紧密相关的国际市场机会，物流企业必须在全球营销战略实施前，结合物流企业的内部因素与外在环境进行全面的分析，以确保全球营销战略的实现。

2. 进入目标市场的方式

（1）投资方式，具体形式主要有购买航线、建立物流设施、追随进入、设立分公司、成立合资物流公司。

（2）建点方式，将物流活动中的某一环节设在目标市场所在国。

（3）贸易方式，主要形式有加工贸易、补偿贸易等。

（4）契约方式，主要采取授权经营、技术协议、服务合同、管理合同、分包合同等形式。

3. 企业竞争战略分析法

（1）成本领先战略是指当企业与其竞争者提供相同的产品或服务时，采取的使产品和服务的成本长期低于竞争对手的战略。

（2）集中化战略也称为专一化战略，是指把物流企业的注意力和资源集中在一个有限的领域的战略。

（3）差异化战略是指物流企业针对客户的特殊需求，把自己同竞争者或替代产品区分开来，向客户提供不同于竞争对手的产品或服务，形成全行业中具有独特性的地方，而且这种差异是竞争者短期内难以模仿的。

◇ **项目小结**

本项目主要讲述了物流服务营销管理的内容，介绍了市场营销组织设计的程序、营销组织建立时应考虑的因素、营销组织的主要类型，介绍了物流营销策划控制和管理的方法、物流营销策划的效果评价，以及阐述了物流市场营销的国际化管理。

重点概念：市场营销策划组织、年度计划控制、盈利能力控制、效率控制、战略控制、营销策划效果评价、国际物流。

◇ **知识巩固**

一、简答题

1. 建立市场营销组织的原则是什么？
2. 影响营销组织结构的因素有哪些？
3. 简述市场营销部门的组织形式。
4. 简述市场营销组织的五种形式。
5. 简述效率控制的主要内容。
6. 进行年度计划控制的主要步骤有哪些？
7. 物流市场营销策划效果评价的方法有哪些？
8. 物流市场营销策划效果评价的主要指标是什么？
9. 物流市场营销策划效果评价的主要内容有哪些？
10. 何谓国际物流？国际物流有什么特点？
11. 国际营销具有哪些特点？
12. 简述物流国际市场定位的策略。
13. 影响选择进入国际物流市场方式的因素有哪些？

二、思考题

1. 物流企业建立营销组织有何意义？
2. 物流企业应如何建立营销组织结构？
3. 物流企业营销控制的意义是什么？
4. 如何进行物流企业营销控制？
5. 如何选择合适的方法进行物流市场营销策划效果评价？
6. 怎样撰写物流市场营销策划效果评价报告？
7. 试述物流市场营销国际化对我国物流企业的意义。
8. 国际物流市场营销与国内物流市场营销的共同点和不同点是什么？

◇ **案例讨论**

某公司专门从事家电生产厂家原材料及各大卖场家电配送业务，G省市场50%的配送业务由该企业完成，公司在家电生产厂家及各大卖场口碑很好。公司赵总经理决定进一步扩大配送市场规模，并要求尽快在全国建立分销网络。公司将全国分为东北、华北、华东、华中、西北、华南、西南七个大区，在每个大区的中心城市设立配送营销分公司，在其他省会城市设立配送营销处。每个大区的配送营销公司由 G 公司总部直接派人负责，每个配送营销处则是由有经验的可靠代理商或经销商负责配送。大区配送公司负责领导各配送处的营销工作。经过两年的努力，G 公司的分销网络基本建成，公司营销部门的人员也从 20 人增加到 120 人。G 公司为加强对配送营销公司的管理，做出三项规定：（1）配送款须在配送业务完成后一个月内返回 G 公司财务部；（2）各配送公司必须每周向公司营销部报告所在中心城市及各省会城市配送服务情况与市场信息；（3）各营销配送公司只能以本企业的名义开展配送业务，不得以其他公司的名义开展业务。若违反上述三项规定，公司将严肃查处。

问题：

（1）公司决定在各大区中心城市设立配送公司，在其他省会城市设立配送处。你认为采取这一组织结构的最大好处是什么？

（2）你认为该公司出台的三项规定将会带来什么问题？

◇ 实训拓展

市场营销组织设计

【项目情景】

张总是 R 物流企业的创始人兼董事长，R 公司是典型的家族式企业，公司中层以上人员均是家族成员，有些中层干部甚至是一些高层干部的长辈，加上不同部门之间的业务交叉严重，导致基层人员经常接受多重指挥，无所适从，中层领导不按高层领导意图办事的情况越来越多。日益下降的效益引起了张总的注意，他想对企业组织进行重新设计，不仅要提高企业效益，也要结合公司的实际情况，毕竟该公司是家族共同努力的结果。为此，他陷入深深的苦恼中。

【实训目标】

（1）能够根据企业不同阶段的特点建立合理的市场营销组织。

（2）学会对从企业的全局出发，考虑各种影响因素，以保障市场营销组织能更好地发挥作用。

（3）能够根据企业现状确定市场营销组织的类型。

【实训准备】

（1）学生每 5 人为一个小组，每个小组选 1 名组长。

（2）教师现场指导。

（3）训练时间安排：2 学时。

【实训步骤】

（1）以每位学生为单位，独立思考情景案例中张总要进行组织设计时应该考虑哪些因素，并在纸上写出自己的意见。

（2）各组通过汇总、讨论写出最终意见。

（3）每组派一位代表陈述结果。

【注意事项】

（1）一丝不苟、书写认真。

（2）每个成员汇总后小组长要负责归类。

（3）陈述内容要清晰明了。

【实训评价】

请完成技能训练后填写"技能训练评价表"（见表15-1）。

表 15-1　考评表

考评人		被考评人			
考评地点					
考评内容		市场营销组织设计			
考评标准	具体内容		分值	实际得分	
	知识回顾		20		
	针对项目情景要求讨论		20		
	罗列各种观点		20		
	归纳整理		30		
	团队合作和职业素养		10		
合　　计			100		

参 考 文 献

1. 胡延华. 物流营销[M]. 北京：中国人民大学出版社，2014.
2. 张莉，李秀丽. 现代物流管理项目化教程[M]. 沈阳：东北大学出版社，2014.
3. 金涛，张利分. 物流服务营销[M]. 北京：化学工业出版社，2014.
4. 宣玲玲. 物流服务与营销[M]. 北京：电子工业出版社，2014.
5. 张勤. 物流市场营销技术[M]. 北京：北京大学出版社，2012.
6. 黄碧蓉. 物流与市场营销学[M]. 北京：人民交通出版社，2012.
7. 苑晓峰. 物流市场营销基础[M]. 北京：中国铁道出版社，2008.
8. 王桂姣. 物流营销[M]. 重庆：重庆大学出版社，2009.
9. 黄福华，李坚飞. 物流营销[M]. 大连：东北财经大学出版社，2009.
10. 李雪松. 现代物流营销管理[M]. 北京：中国水利水电出版社，2008.
11. 李祖武. 物流市场营销[M]. 北京：清华大学出版社，2008.
12. 曲建科. 物流市场营销[M]. 北京：电子工业出版社，2007.
13. 王少愚. 物流与市场营销学[M]. 北京：对外经济贸易大学出版社，2005.
14. 袁炎清，范爱理. 物流市场营销[M]. 北京：机械工业出版社，2005.
15. 李雪松. 现代物流营销管理[M]. 北京：中国水利水电出版社，2006.
16. 韩丽蛟，范国勇. 营销渠道评价指标体系的构建[J]. 企业研究，2006（8）.